3·1운동과 경기, 인천지역

3·1운동과 경기, 인천지역

한국역사연구회 편

경인문화사

서 문

　1919년 3월 1일 탑골공원에서 외친 "대한독립만세!"의 함성이 기폭제
가 되어, 만세시위의 불길은 전국각지로 순식간에 퍼져나갔습니다. 학생·
지식인·상인·농민·노동자 등 계층과 남녀노소를 가리지 않고 거의 모든
식민지 조선인들이 만세시위에 참여하였습니다. 일본 제국주의의 무자비
한 탄압에도 불구하고, 수그러들지 않고 오랫동안 지속되었던 3·1운동은
우리 역사에 지대한 영향을 미쳤습니다. 3·1운동을 통해 표출된 자주 독립
을 향한 열망은 임시정부가 수립되는 계기가 되었습니다. 새로운 국가는
왕정복고가 아닌 국민이 주인이 되는 민주공화정을 지향하였습니다. 제2
차 세계대전의 과정에서 연합국들이 한국의 독립을 고려했던 것도 3·1운
동 이후 조선인들의 자주 독립에 대한 열망과 무관하지 않을 것입니다.

　2019년은 3·1운동 100주년이 되는 뜻깊은 해입니다. 경기·인천 지역
은 만세시위가 가장 격렬하게 전개되었고, 많은 희생자를 냈던 3·1운동의
중심지 가운데 하나입니다. 이에 한국역사연구회는 (재)인천문화재단·
(재)경기문화재단과 함께 지난 4월 27일 "3·1운동과 경기·인천지역"이라
는 주제로 3·1운동 100주년기념 학술회의를 개최하였습니다. 이를 통해
경기·인천지역 3·1운동의 보편적 양상과 개성, 수원, 인천, 안성 등 각 지
역 만세시위의 특수성을 확인하고자 하였습니다. 그리고 수준 높은 발표
와 토론을 통해 소기의 성과를 거두었다고 자부합니다.

　한국역사연구회와 (재)인천문화재단·(재)경기문화재단은 인천·경기 지

역사의 전문적인 연구와 보급 및 활용을 위해 기관 간에 긴밀한 업무 협력이 필요함을 인식하고, 올해 3월 26일 업무협약을 체결하였습니다. 그리고 이 책은 그 첫 번째 결실이라는 점에서 세 기관 모두에게 매우 특별한 의미가 있습니다.

끝으로 이 책의 출간에 이바지한 분들께 감사의 인사를 전하고자 합니다. 학술회의를 기획하고 운영하신 한국역사연구회 연구위원장 박종린 교수님, 3·1운동100주년기획위원회 김정인 교수님, 연구년 중임에도 도쿄에서 와서 기조강연을 해주신 도면회 교수님, 재미있게 종합토론을 이끌어주신 임경석 교수님을 비롯하여 발표·토론을 해주신 집필자 여러분들께 감사드립니다. 아울러 한국역사연구회와 업무협약을 맺고 장기지속적인 협력을 해주시기로 한 (재)인천문화재단 최병국 대표이사님과 (재)경기문화재단 강헌 대표이사님께도 고마운 마음을 전하고 싶습니다. 어려운 출판시장의 사정에도 선뜻 책의 출판을 맡아주신 경인문화사 한정희 사장님과 훌륭하게 책을 꾸며주신 편집자 여러분의 고마움도 잊을 수 없습니다.

2019년 11월
한국역사연구회 회장 이진한

발간사

이 책은 2019년 3·1운동 100주년을 기념하여 개최한 학술회의 '3·1운동과 경기·인천지역'에 발표한 원고를 묶은 연구서입니다. 지난 봄(2019. 4.27) 역사학계의 연구자와 일반인 등 200여명이 경기도박물관에 모여 학술대회를 개최하였습니다.

경기문화재단·인천문화재단·한국역사연구회 3개 기관이 체결한 업무협약을 바탕으로 준비한 이번 행사는 그간의 성과를 바탕으로 지역사의 관점에서 3·1운동을 재조명하고자 했습니다.

실제로 3·1운동 관련 연구는 발생 직후부터 시작하여 해방 이후에도 이념적 성향에 따라 남북한 역사학의 차이로 이어지기도 했습니다. 남한에서는 10년 단위로 3·1운동에 관한 학술회의가 개최될 만큼 3·1운동에 대한 관심은 계속되어 왔습니다.

이번 학술회의는 3·1운동 100주년을 맞이하여 상대적으로 소홀했던 경기지역 3·1운동의 전개양상을 살펴보고, 이 운동을 각지에서 주도했던 운동가들을 발굴하고자 하였습니다. 이러한 작업은 3·1운동이 전국적인 대규모 항쟁이라는 거시적인 시각에서 벗어나 지역사회의 측면에서 새롭게 재조명하고자 했습니다. 이를 위해 경기와 인천 그리고 개성과 수원 등 경기 각 지역의 항일 운동의 양상을 검토하고 나아가 3·1운동에 대한 미시적 접근들이 모여 전국 단위의 항일운동으로 성장하는 과정을 재확인할 필요성도 도출되었습니다. 또한 3·1운동에 관한 연구서 편찬과 함께 사료가 부족한 지역별 항일 운동의 심층연구의 필요성도 지속되어야 할 것으로 생각됩니다.

경기도박물관은 앞으로도 근현대사에 관심을 갖고 학계에 축적된 연구 성과를 전시에 반영하기 위해 노력하고자 합니다. 이번 학술회의에 좋은 논문을 발표해주신 연구자들께 감사드립니다. 그리고 행사를 공동으로 기획해 주신 한국역사연구회 회장님이하 여러 임원들과 인천문화재단에게도 감사의 뜻을 전합니다. 이 책을 통해 경기도와 인천의 항일 독립운동사의 전개와 의미를 새롭게 인식하는 기회가 되기를 기대해 봅니다.

2019.10
경기문화재단 강 헌

인사말

지난 2019년 4월 27일 인천문화재단과 경기문화재단, 한국역사연구회는 함께 '3·1운동과 경기·인천지역'이라는 주제로 학술회의를 열었습니다. 그날 논의된 내용을 바탕으로 의미 있는 책을 출간하게 된 것은 인천과 경기 지역에서 활동한 독립운동가와 현재를 살아가는 우리 모두에게 뜻 깊은 일입니다.

올해는 3·1운동 및 대한민국 임시정부 수립 100주년이 되는 해로 국가와 지역 차원의 다양한 행사와 기념식이 있었습니다. 그만큼 우리 역사에서 3·1운동이 갖는 의미는 대단합니다. 게다가 인천의 자유공원은 1919년 3·1운동 이후 한성정부 수립을 위한 전국 13도 대표자대회가 열린 역사적인 장소이기도 합니다.

한성정부는 대한민국 임시정부의 모태가 되었던 국내 조직이며, 이것을 주도적으로 이끈 홍진 선생은 인천과 인연이 깊은 독립운동가입니다. 선생은 세 번에 걸쳐 대한민국 임시정부의 임시의정원 의장을 역임하셨는데, 업적에 비해 주목을 못 받은 분이기도 합니다. 이렇게 인천에는 누구나 알고 있는 독립운동가 보다 알려지지 않은 애국지사들이 많습니다. 이름 없이 살다간 많은 독립운동가를 발굴해 후대 사람들에게 널리 알리는 것이 우리들의 역할이라고 생각합니다.

그런 의미에서 지난 학술회의는 각 지역에서 들불처럼 일어난 자발적 운동이라는 의미를 되새기고 밝혀낸 의미 있는 자리였습니다. 3·1운동은 특별한 계층이 아닌 우리 고장에 살고 있는 농민, 상인, 학생, 여성 등 각 계층이 주체적으로 참여한 운동입니다. 바로 옆집에 사는 이웃이었고 한 마을의 구성원이었습니다. 100년 전이나 지금이나 달라지지 않은 모습이며 우리가 주목할 점입니다.

인천문화재단은 이름 없이 살다간 많은 독립운동가를 발굴하기 위해 이를 조명하는 아카이브를 만들고, 홍진 선생에 관한 다큐멘터리도 제작하여 시민들에게 알리는 등 다양한 활동을 펼치고 있습니다. 앞으로도 여러 기관·단체와 협력하여 널리 알려지지 않았지만 의미 있는 우리 이웃의 역사적 활동을 밝혀내고, 이를 시민들과 함께 나누는 역할을 충실히 해 나가겠습니다. 많은 관심과 격려를 부탁드립니다. 고맙습니다.

인천문화재단 대표이사 최병국

차 례

총론 : 3·1운동과 경기·인천지역

도 면 회(대전대학교 역사문화학과 교수)

1. 경기·인천지역 3·1운동을 보는 시각

3·1운동은 일반적으로 1919년 3월 1일부터 5월 말까지 한국의 거의 모든 인민이 일본의 지배와 억압에 저항하여 투쟁한 전민족적 독립운동으로 기억되고 있다. '민족대표'의 「독립선언서」와 48인의 행동 지침에 따라 중앙에서 지역으로 파급되어 갔으며, '민족의 독립'이라는 공통의 목표 아래 동질적인 민족으로 거듭나게 만든 운동이라고 정리된다.

그러나 3·1운동과 같은 거대한 민중의 운동을 영웅적 엘리트와 이를 지지하고 참여한 민중의 활약이라는 공식으로만 기억하는 것은 지나간 20세기의 국민국가 형성·유지를 위한 역사학에 불과할 뿐이다. 3·1운동에는 문중, 지역민, 양반·상천민, 학생, 여성, 농민 등 '민족'이라는 이름으로 포괄할 수 없는 다양한 행위 주체가 참여하였다. 민주주의를 지향하는 21세기의 역사학이라면 지역의 운동이 중앙의 지도적 엘리트와 관계없이 자체적으로 운영될 수 있었던 작동 원리가 있음을 밝혀 지역의 정체성을 새로 만들어나가는 데 도움을 줄 필요가 있다.

지난 4월 27일 한국역사연구회·경기문화재단·인천문화재단이 공동 개최한 「3·1운동100주년 기념 학술대회 : 3·1운동과 경기·인천지역」은 이러한 관점에서 경기·인천지역에서 3·1운동에 참여한 다양한 계층이 각자의 독자적 정체성을 가진 행위 주체라 간주하고 그들의 치열한 투쟁을 정리하고자 하였다. 이로써, 향후 경기·인천지역의 독자적 정체성을 만들어가는 데 조금이나마 기여하고자 하였다.

1919년 3·1운동 시기 경기·인천지역의 만세 시위를 검토하기 위해서는 당시의 행정 구역이 오늘날과 차이가 있었다는 점을 감안해야 한다. 경기도는 1896년 한성부·인천부 및 36개 군으로 편제되었다가 일본의 한국 병탄 이후인 1914년 경성부·인천부 및 20개 군으로 통폐합되었다.

1936년 경성부가 확장되면서 시흥군, 고양군, 김포군 일부가 경성부에 편입되고 1946년 경성부가 경기도로부터 독립하고 이후 대한민국의 수도가 되었다. 이후에도 고양군, 시흥군, 양주군, 김포군, 부천군, 광주군이 지속적으로 서울시의 일부로 편입되어 경기도의 면적은 축소되었다. 이 과정에서 인천부 역시 인천시로 바뀌고 1981년에는 경기도에서 분리되어 인천직할시로 독립하였으며 1995년에는 경기도의 강화군, 옹진군, 김포군 검단면을 끌어들여 인천광역시로 확장되었다.[1]

---

1 경기문화재연구원, 2014 『육백년 경기도』, 34~35쪽 ; 인천광역시사편찬위원회, 2003 『인천의 역사와 문화』, 23~25쪽

이러한 행정구역상의 변화가 있었기 때문에 경기·인천지역 3·1운동의 역사를 정리할 때는 1919년 당시의 경기도 관련 자료에서 현재 서울시에 속하는 경성부와 시흥·고양·양주·김포 등 인근 군들을 제외하여야 한다. 하지만 현재 서울시로 편입된 경성부 인근 군에 관한 자료는 대부분 과거 경기도 소속으로 처리되어 있어 명확히 분리하여 서술하기 어렵다. 따라서 본 특집 논문들에서는 관련 통계가 별도로 독립되어 있는 경성부만 제외하면서 논의를 진행할 것이다.

2. 경기·인천지역 만세시위의 특질

많은 연구성과에 언급되어 왔듯이 3·1운동을 지역별로 나누어 보면 경기도의 시위 횟수와 참여 인원이 가장 많았다. 뿐만 아니라 가장 오랜 기간 동안 지속적으로 일어났으며, 일본 군경과 관헌에 저항하는 강도도 가장 격렬하였다. 즉, 시위의 참여 인원과 횟수, 지속성과 격렬성 측면에서 가장 높은 수치를 보이고 있다.

3·1운동 이후 지금까지 관련 통계는 조선총독부 측과 독립운동 계열 측이 현격하게 차이가 났으며, 독립운동 측의 통계도 편자에 따라서 각각 달랐다.[2] 올해 3·1운동 100주년을 맞이하여 국사편찬위원회에서 그간의

---

2 삼일운동 100주년을 전후하여 관련 통계의 불일치와 차이에 대한 보정 분석 작업이 다수 이루어졌다. 최우석, 2018 「3·1운동, 그 기억의 탄생 −『한일관계사료집』, 『한국독립운동지혈사』, 『한국독립운동사략 상편』을 중심으로 −」 『서울과 역사』 99 ; 류준범, 2019 「3·1운동 DB로 추정한 3·1운동의 규모: 참여자 및 사망자 추계」 국사편찬위원회 편, 『백년만의 귀환 : 3·1운동 시위의 기록』(3·1운동100주년 기념 국사편찬위원회·동아일보사 공동 학술회의 자료집) 참조

각종 자료와 통계를 총정리한 바에 의하면, 1919년 3월 1일부터 5월 31일까지 시위 발생 횟수는 전체 1,692건 중에서 경기도[경성부 제외]가 367회로 20%를 점한다. 그 뒤로 평안도의 260회, 경상도의 258회, 충청도 201회의 순서이다.[3]

경기도는 참여 인원 면에서도 최대 다수였다. 3·1운동 전체 참여 인원 80만~103만 명 중 경기도 참여 인원은 17만~21만 명이었다. 그 다음이 평안북도의 11만~14만 명, 경상남도의 10~12만, 충청남도·평안남도의 6만~7만, 황해도 5만~6만 명의 순이다.[4]

3·1운동 직전인 1918년 말 경기도[경성부 제외] 인구는 150만여 명으로, 이는 경북의 203만 명, 전남의 185만 명, 경남의 168만 명 다음 순위였다.[5] 즉, 인구 규모는 4위였지만 참여 횟수와 인원이 가장 많았을 뿐만 아니라 다른 도 참여 인원의 2~3배 이상을 기록하였다.

지속성 면에서도 경기도에서의 시위는 3월 초순부터 4월 초순까지 거의 매일 발생하고 3월 하순부터 4월 초순까지 폭발적으로 발생하였다. 이에 비해 평안도와 함경도는 3월 초순과 4월 초순에 집중적으로 나타났다가 잦아들고, 경상도·충청도는 3월 중순 이후 폭발적으로 발생하였다.

격렬성 면에서도 경기도의 시위는 기록적이다. 시위 과정에서 폭행, 파괴, 방화, 집단 항의 등 폭력적 양상을 보인 시위 건수도 총 시위횟수 380건 중 174건[45.8%]을 기록하였다. 그 다음으로 보이는 것이 평안남북도[249건 중 99건, 39.8%], 경상남북도[252건 중 96건, 38.0%], 충청남북

---

3 http://db.history.go.kr/samil/home/common/infographic_list.do(국사편찬위원회,『삼일운동 데이터베이스』중 「인포그래픽으로 보는 삼일운동」의 <삼일운동 총도> 및 <경기도> : 2019. 4. 30 열람)
4 류준범, 2019 앞의 글, 20쪽
5 朝鮮總督府, 1920『朝鮮總督府統計年報 大正七年度』, 36~37쪽

도[197건 중 86건, 43.7%] 순서이다.[6]

3·1운동 기간 시위 민중에게 공격당한 관공서는 군청 5개 소, 면사무소 47개 소, 경찰관서 45개 소, 초등학교 6개 소, 우편국 11개 소 등 총 116개 소였는데 이 중 가장 많은 수치를 기록한 곳도 경기도였다. 경기도는 군청 2개 소, 면사무소 19개 소, 경찰관서 6개 소, 우편국 3개 소 등이 전부 또는 일부가 파괴되었다.[7]

이러한 경기·인천지역 3·1운동에 대해서는 각 지역별 운동의 전개 양상을 추적한 연구 성과들이 많이 축적되어 있다. 특히 운동이 격렬하게 일어났던 수원·화성, 용인, 안성, 강화, 부평, 김포 등 몇몇 지역에 대해서는 독립된 연구 논문과 단행본 연구서 등 다수가 발표되었다.[8] 경기도 전체를 다룬 성과들도 단행본 또는 개별 논문 형태로 출간되었다.[9] 그러나, 이러한 연구 성과들은 대체로 만세 시위의 주도자와 준비 단계, 전개 과정 및 결과에 이르기까지는 상세히 다루고 있지만, 각 지역민들이 주도자들에 호응하여 봉기에 나서게 된 근본적 원인에 대해서는 분석하지 않은 경우가 많았다.

---

6 주 3)의 <권역별 주제도>. 이하 나머지 지역들은 황해도[158건 중 51건], 함경도 [134건 중 37건], 강원도[77건 중 32건], 전라도[73건 중 10건]의 순서이다.
7 朝鮮總督府,「騷擾事件報告臨時報第十八 騷擾ノ影響」(1919. 5. 12) 姜德相 編, 1967『現代史資料 26 −朝鮮Ⅱ−』東京 : みすず書房, 496~498쪽
8 이들 개별 지역 연구 성과에 대해서는 박환, 위의 책, 37~89쪽 및 이정은, 2015 「3·1운동 연구 100년」『유관순연구』 20 각주 18번의 지역사 연구 목록 참조.
9 이지원, 1989「경기도지방의 3·1운동」한국역사연구회·역사문제연구소,『3·1민족 해방운동연구』, 청년사 ; 경기도사편찬위원회, 1995『경기도항일독립운동사』, 경기도사편찬위원회 ; 김호일, 1998「3·1운동에 있어서 지방의 역할 − 경기지방의 운동을 중심으로 −」『史學志』 31 ; 박환, 2007『경기지역 3·1 독립운동사』, 선인 ; 김정인·이정은, 2009『한국독립운동의 역사 19(국내 3.1운동 Ⅰ −중부·북부)』, 독립기념관 한국독립운동사연구소

3. 경기·인천지역 3·1운동의 배경과 원인

경기·인천지역민들이 3·1운동 과정에서 격렬하고 지속적으로 참여하게 만든 원인은 무엇일까? 먼저 3·1운동의 원인을 말할 때는 일반적으로 일제의 폭압적인 무단통치와 경제적 수탈, 1910년대 독립운동 세력의 성장, 제1차 세계대전 이후 민족자결주의와 고종의 장례식을 이용한 국내 종교 지도자 및 학생들의 만세 시위 주도를 언급해 왔다.[10] 그렇지만, 전국 각지에서 지속적으로 발생한 만세 시위를 이러한 논리로만 설명하는 것은 매우 불충분한 것이었다.

다소 다른 각도에서 3·1운동의 원인을 검토해 보자. 1919년 6월 3·1운동 책임을 지고 사임한 조선총독 하세가와 요시미치(長谷川好道)는 후임 사이토 마코토(齋藤實)에게 사무를 인계하면서 작성한 의견서 중에서 운동의 원인을 몇 가지로 요약하였다. "재외 불령선인이 해외에서 불령운동을 일으킨 것", "천도교주 손병희가 천도교 기독교 및 학생 등을 규합하여 민족자결주의를 고창하여 주도한 것", "독립에 대한 현혹과 조선인의 일반적 성격인 뇌동성(雷同性)", "정치가 번쇄하고 간섭적이었던 점", "사회의 차별적 대우에 대한 조선인의 평소에 치올라 왔던 불평" 등을 들고 있다.[11]

이보다 조금 앞서 일본 정계의 야당격이었던 헌정회의 대표로 한국에 건너와 3·1운동 실상을 조사한 모리야 고노스케(守屋此助)는 운동의 원인으로 네 가지를 들었다. 첫째, 관직 취득 등 모든 면에서 일본인과 조선인

---

10 도면회, 2018 「3·1운동 원인론에 관한 성찰과 제언」 『역사와 현실』 109에 의함
11 「長谷川總督の事務引繼意見書」 姜德相 編, 1966 『現代史資料 25 － 朝鮮 Ⅰ －』, 東京 : みすず書房, 494쪽

을 차별 대우하는 데 대해 한국 지식계급이 분노한 점, 둘째, 각종 위생 단속, 번잡한 세금 징수, 도로 공사 부역 등 통치 방식이 과도하게 번쇄한 점, 셋째, 극단적인 언론 억압으로 인해 교회 또는 천도교당을 불평을 호소하는 위안소로 생각하여 종교 세력의 영향력이 커진 점, 넷째, 5천년 간 오랜 역사 습관을 가진 민족을 모두 일본인화하려고 동화 정책을 강제한 점 등을 들었다.[12]

지방 사회의 여론을 수집한 결과도 볼 필요가 있다. 만세 시위가 잦아든 1919년 6월 각 지역 일본 헌병대장·경무부장들이 제출한 조사 보고서에서도 조선인의 불평 원인으로 ① 조선인에 대한 차별대우, ② 식민지 근대적 제도와 법령, ③ 조세 징수의 과중 등 식민지 재정을 위한 수탈, ④ 무단 통치 등을 열거하고 있다.

① 조선인에 대한 차별대우 양상으로는, 일본인과 조선인 관리의 대우에 차별이 있는 것, 시비가 일어나기만 하면 옳고 그름을 구분하지 않고 일본 관헌이 조선인을 즉시 구타하는 것, 하급 일본인 관리가 조선인을 오만하게 대하는 것, 양반·유생에게 아무런 특권을 주지 않는 것, 교육의 불평등 등이다. ② 식민지 근대적 제도와 법령에 대한 불평으로는 조선인에게만 적용한 태형, 각종 행정 신고가 번잡한 것, 산림 단속이 엄중한 것, 공동묘지 제도, 도수(屠獸) 규칙 등 수백 건의 법령이 빈발하는 것, ③ 재정적 수탈은 세금 부담이 과중하고 주세·연초세·인지세 등 세금 종목이 무수히 많아져서 대한제국 시기의 폭정보다 더 하다는 것, 부역 동원과 토지 수용 등이 과중한 것 등이다. ④ 무단정치는 언론 자유의 억압, 조선인 민의를 수용하지 않는 것 등이었다.[13]

---

12 「暴動の四主因 守屋此助氏談」『讀賣新聞』大正8年 4月 18日, 2면
13 도면회, 2018 앞의 논문, 476~479쪽

이상은 대체로 전국 공통적인 배경 또는 봉기 원인이라고 할 수 있을 것이다. 경기도에만 한정된 특별한 원인에 대해서는 별도로 찾아볼 필요가 있다. 현재까지 연구된 바에 의하면 일본인의 오만함이나 일본 순사의 가혹한 탄압을 언급하는 경우들이 많았다. 2천여 명이 참여하고 일본인 순사를 살해한 경기도 수원군 장안·우정면 만세 시위가 대표적이다. 이 지역 시위에서 면사무소와 주재소를 공격한 이유로는 면사무소가 세금을 다액 징수한 점, 일본인 순사가 도박을 심하게 단속하고 위생검사를 하면서 주민의 뺨을 때리는 등의 포악질을 한 점, 발안 장터 시위에서 잡힌 어른을 일본인 아이가 게다짝으로 구타한 것, 토지조사사업 결과 일본인 지주가 다수 등장한 점, 기타 인근에 설립된 각종 회사와 공공기관에 소속된 일본인들이 다수 이민해 들어온 점, 일본인 주도의 간척 사업 등이 격렬한 반감을 불러일으킨 점 등 주로 일본인과의 차별 대우 및 일본인의 횡포 등이 지적되었다.[14]

7천여 명 이상이 참여한 김포군 시위 연구에서는 토지조사사업의 결과 조세원이 포착된 조선인 지주 및 유산층에게 과도한 조세금이 부과되었다는 점이 밝혀졌다. 1천여 명이 참여한 수원군 송산면 시위에 대해서는 토지조사사업 결과 토지 잃은 농민의 소작농 전락과 일본인 지주 및 동양척식주식회사의 침탈이 거론되었다.[15]

5백여 명 전후가 참여한 용인군 시위는 금광을 둘러싼 일본인 자본의 조선인 자본 침탈이 거론되었다.[16] 또, 안성군 원곡·양성면의 대규모 시위는 일제에 의한 구(舊) 양성군 및 양성장의 폐지가 불러온 상대적 박탈감

---

14 박환, 2007 앞의 책, 제2장 「수원군 우정면 화수리 3·1운동의 역사적 성격」
15 김인호, 2009 「김포군 3·1운동 발발의 경제적 기초」 『한국독립운동사연구』 32
16 박환, 2007 앞의 책, 제3장 「용인지역의 3·1운동」

등이 시위 발생의 사회경제적 원인으로 거론되었다.[17]

이처럼 경기도 전체 또는 만세 시위가 발생한 지역의 현실적 문제나 사회경제적 불평불만을 중심으로 3·1운동의 전개 과정을 연구한 성과는 얼마 되지 않는다. 3·1운동에 대한 그동안의 연구가 대체로 시위의 기획과 준비, 전개 양상, 일본 군경의 탄압과 고문, 희생을 중심으로 이루어져 왔기 때문이다. 그 결과 우리는 죽음을 무릅쓰고 민족을 위해 헌신한 영웅적 인물들과 그에 상반하는 악마적인 일본 군경, 이를 지휘한 일본 정치가들로 3·1운동의 역사를 구성해 왔다. 그 영웅적 인물 뒤에 숨은 수백 수천의 인물들이 왜 그 위험한 행동에 나섰는지, 또는 나서지 않았는지는 여전히 설명되지 않은 채 남아 있다.

4. 시위를 지속적으로 발생시킨 원인

지배세력의 억압과 착취의 크기가 곧 피지배 민중의 저항의 크기를 결정하는 것은 아니다. 또는 일본 제국주의 억압과 수탈에 대한 분노가 강하다고 하여 시위의 규모가 큰 것도 아니었다. 만세 시위 운동이 물리적 힘의 결집과 충돌인 한, 일본 헌병경찰과 맞설 수 있는 저항 세력을 조직할 수 있는 능력, 곧 조직력과 민중을 통제하고 지휘할 수 있는 지도력이 더 중요한 요인이라고 보아야 한다. 물론, 같은 조직력과 지도력을 지녔다고 하더라도 일본 헌병경찰 또는 군사력의 대응 상황 역시 중요한 요인으로 고찰해야 할 것이다.

---

17 허영란, 2009 「3·1운동의 지역성과 집단적 주체의 형성」 박헌호·류준필 편, 『1919년 3월 1일에 묻다』, 성균관대학교출판부

그런 면에서 일제 군경에 대해 공세적 만세 시위를 전개한 지역에서는 공고하고 치밀한 조직력 또는 권위있는 지도력의 존재를 볼 수 있다. 일단 다른 지역의 사례를 먼저 보자. 경상남도 합천군은 기독교·천도교 등 신흥 종교의 전파도 거의 없었고, 학생층의 활동도 거의 미미하여 근대적 문물의 전파가 더딘 곳이었지만 강력한 문중의 존재가 있었다. 합천군 시위는 국장 참여차 상경한 인물이 독립선언서를 지참하고 돌아온 이후 3월 18일 삼가 시위를 출발로 하여 3월 말까지 합천군 전역에서 2만 명 이상이 참여했다. 합천군은 동족 부락이 117개가 될 만큼 많았고, 여기에 초계 정씨, 금녕 김씨, 인천 이씨, 파평 윤씨, 청송 심씨 등 대성(大姓) 가문 인물들이 주도하였기 때문에 그 영향력 하에 있던 주민들도 참여할 수밖에 없었다.[18]

황해도, 평안남북도, 함경남북도 등 북부 지역에서는 3월 초·중순경 대규모 시위가 일어나는데, 거의 대부분 기독교 아니면 천도교 조직이 시위를 주도한 것으로 알려져 있다. 즉, 일상적인 종교 활동을 통해서 조직망이 확보되어 있었고, 종교 교단 간부와 신도, 그 사이를 잇는 전도사 등의 위계적인 질서망이 만세 시위를 전개하는 데 훌륭한 동원 매개체 역할을 한 것이다. 철도 연변 및 도심 시위는 대체로 기독교인이 주도하고, 농촌과 산간의 시위는 주로 천도교인에 의해 주도되었다.[19]

천도교 중간 간부 이하는 대체로 손병희가 대통령이 되고 나라가 독립된 후 자신들이 권력을 잡을 것으로 기대했던 것 같다.[20] 평안남도 천도교도 중에는 자기가 헌금한 액수에 따라 독립 후 군수가 될 것이라고 자칭

18 이정은, 1989 「경남 합천의 3·1운동」 『한국독립운동사연구』 3
19 김정인·이정은, 2009 앞의 책, 170~338쪽
20 조선총독부, 1924 「조선3.1독립소요사건」 독립운동사편찬위원회, 1973 『독립운동사자료집』 6, 1136쪽

하는 자, 혹은 경찰서장을 자임하는 자가 있었다 한다.[21] 강원도 신도들 중에는 독립이 자신들의 사명이라고 생각하여 기회 있을 때마다 독립을 전파하였다 한다. 강원도 기독교도 역시 암암리에 독립 사상의 고취에 힘써, "조선은 이미 독립했다"고 전파하고 다녔다.[22]

중북부 지방, 특히 황해·평안 지역 천도교는 농촌의 지주·자작농·농촌지식인 중심으로, 기독교는 상공인·지식인층을 중심으로 확산되었다. 이들은 조선시대 이래의 정치적 차별로 인한 피해 의식을 극복하고 서구적 문명화·근대화를 통한 자본주의 세계에서 권력 쟁취를 꿈꿔 왔다고 할 수 있다. 이들에게 일본의 한국 병탄과 무단 통치는 좌절이자 절망이었을 것이다. 그러나 10여 년간 교육과 전교에 매진하여 상당한 규모의 신도와 청년 학생들을 양성한 상태였기 때문에 이들의 자신감은 대단했다고 할 수 있겠다.

경기도에서도 마찬가지였다. 기독교와 천도교 등 신흥 종교가 주도한 지역의 시위는 격렬하거나 대규모 군중을 동원하였다. 강화도는 감리교 지도자들이 주도하여 1만여 명이 참여한 이후에도 감리교 또는 성공회 지도자들이 시위를 계속하였다.[23] 제암리 학살을 낳은 수원군 발안장터 시위, 장안면·우정면 시위 모두 지역에 뿌리내린 천도교와 기독교 간부들의 주도로 이루어졌다. 1천여 명 이상이 참여한 부평군 황어장터 시위는 천도교와 기독교, 전주 이씨 등이 관여하였다. 3월에서 5월까지 1만 3천여 명이 참여한 용인군 시위 역시 유교, 천주교, 기독교 등과 일정한 연계

21 조선헌병대사령부, 1919 「조선소요사건상황」 독립운동사편찬위원회, 1973 앞의 책, 485~487쪽
22 조선헌병대사령부, 1919 「조선소요사건상황」 독립운동사편찬위원회, 1973 앞의 책, 490~491쪽
23 이지원, 1989 앞의 글, 335~337쪽 ; 김정인·이정은, 2009 앞의 책, 34~38쪽

속에 이루어졌다.[24]

학생들이 주도하여 시위를 일으킨 경우도 있지만 이는 경성부를 제외하면 지역 사회의 역학 관계를 고려할 때 그다지 일반적이지 않다. 서울 유학생은 지역의 자기 집에서, 지역 학생들은 동급생 및 선후배 사이의 네트워크를 동원하여 시위를 주도하지만, 도시 지역이 아닌 경우에는 대체로 중장년층의 지원을 받지 않으면 민중 동원이 어려웠다. 개성은 도시 지역이므로 기독교계 호수돈여학교와 송도고등보통학교 학생이 시위를 주도할 수 있었다.[25] 인천 역시 내리공립보통학교와 공립상업학교, 인천 공립보통학교에서 동맹휴학을 주도하였다.[26]

황해도·평안도·함경도가 기독교·천도교 등 종교계가 주도한 경우가 압도적인 데 반해, 경기도는 위에서 언급한 7~8개 지역을 제외하면 나머지 지역은 식민지화 이전부터 작동해 왔던 네트워크가 동원된 것으로 보인다. 즉, 대성 가문과 구장 또는 면장 등 농촌 민중과 실질적으로 대면하는 직접적 권력 또는 권위 소지자들이 만세 시위의 주체로 나선 점을 주목할 필요가 있다.

수백 명이 참여하고 일본인 순사를 참살할 만큼 격렬했던 수원군 송산면 시위에서는 종교 세력은 거의 관여하지 않고 그 지역의 대성(大姓)인 남양 홍씨들의 참여가 두드러지게 나타났다.[27] 수원군 우정면·장안면은 종교계 간부의 역할도 있지만 면내 구장들의 회의에서부터 시위가 기획되고 동원되었다는 점을 주목할 필요가 있다.[28] 인천과 개성에서 철시 투

---

24 박환, 2007 앞의 책, 253~360쪽
25 이지원, 1989 앞의 글 및 본 특집의 글 ; 김정인·이정은, 2009 앞의 책, 19~20쪽
26 김정인·이정은, 2009 앞의 책, 22~23쪽
27 박환, 2007 앞의 책, 203~235쪽
28 이정은, 1995 「화성군 장안면 우정면 3·1운동」 『한국독립운동사연구』 9 ; 박환,

쟁이 전개되었는데, 인천의 투쟁을 주도한 것은 10대 후반의 청소년이었고, 개성은 22~25세 중소상인들이었다. 전자는 성공하지 못했지만 후자는 개성 시내 거상들의 지지를 받으면서 일정 기간 성공할 수 있었다.[29]

이처럼 천도교·기독교 등 종교 조직, 유력 가문, 구장 등 지방 행정의 말단직, 상인 조직 등이 지방의 민중을 동원하는 주체로 나서고 있음을 확인할 수 있다. 그렇다면 이러한 시위 주도체들이 만세 시위에 나서라고 했을 때 일반 인민은 왜 자신의 일상이 파괴될지도 모르는 일에 참여했을까? 이 부분이 3·1운동의 전국적 확대를 설명할 수 있는 관건이 될 것이다.

시위 발생의 동기 및 시위 참여 민중의 심리 상태를 각 도별로 조사한 일본 헌병의 보고서에 의하면, 경기도의 시위 참여자를 운동자(運動者), 유식자(有識者), 뇌동자(雷同者) 등 세 부류로 나누고, 뇌동자를 "자신(自信)은 없지만 만일 참가하지 않고 독립이 된 날에는 불리한 지위에 설 것이라고 생각한 자", "독립이라는 일종의 군중 심리에 의해 의리적으로 망동에 투신한 자", "하등 자신이나 자각도 없이 무의식적으로 뇌동하여 정신없이 방황한 자"로 설명하고 있다.[30]

오늘날처럼 신문이나 방송 등 매스컴이 없던 시기에 일반 조선인은 독립이든 민족자결주의든 그것이 무엇인지 알 수가 없었고, 오로지 마을의 유식자 또는 유력자들의 의향을 따라갈 수밖에 없었을 것이다. 이 점을 감안한다면 시위 민중에는 위의 세 번째 부류가 가장 많았을 것이고 이들

2007 앞의 책, 253~289쪽

29 남기현, 2019 「3·1운동기 인천지역 시위의 양상과 특징」 한국역사연구회, 『3·1운동 100주년 기념 학술회의 발표자료집 : 3·1운동과 경기·인천지역』, 145~146쪽 ; 김정인·이정은, 2009 앞의 책, 20쪽

30 조선헌병대사령부, 1919 「조선소요사건상황」 독립운동사편찬위원회, 1973 앞의 책, 493~494쪽

은 조선시대 이래의 지방 조직 또는 유력 가문 중심의 전통적인 네트워크에 의해 동원되는 것이 일반적이었다.

이러한 전통적 네트워크를 가능하게 한 기제는 무엇이었을까? 이웃 마을에 대한 의리 또는 체면을 유지해야 한다는 관념 또는 시위 불참했을 경우의 후환에 대한 두려움 등이 아니었을까?

"우리 동리도 이에 호응하여야만 한다"[양주군 시둔면 자일리], "만세를 부르지 않으면 금수와 같은 무리들이다"[강화군 양사면 철산리], "만일 여기 있는 군중 속에서 한 사람이라도 빠지면 그 집은 불살라 버리겠으니 그리 아오."[수원군 우정면, 파주군 와석면], "모현면에서부터 순차적으로 만세를 부르고 있으니 너희 동리에서도 만세를 불러라."[용인군 보곡면], "독립만세 시위를 일으키라. 만일 불참하면 뒤에 큰 환(患)이 있으리라"[진위군 서탄면, 연천군 관인면] 등 전통적인 동원 방식이 각지 선동 연설이나 격문에 사용되었다.³¹

이처럼, 다른 마을에서 독립만세 시위를 했으니 우리 마을도 해야 한다, 참여하지 않으면 후환이 있을 것이라는 등의 언설은 어떻게 해석해야 할까? 이를 우리 민족 고유의 공동체적 유대로부터 나온다고 해석하는 경우도 있지만, 조선 후기까지 지속된 지역 연좌제에서도 찾을 수 있다고 본다. 조선시대에는 삼강오륜에 어긋나는 불효·불목·대역 등의 범죄가 일어나면 그 개인뿐만 아니라 같은 마을의 이웃들까지 그 화를 입게 마련이었다. 그가 살던 집터는 파괴되거나 연못으로 바꾸기도 하고, 군을 폐지하거나 읍의 등급을 낮추기도 했다.³² 살인 사건이 발생하면 그 피의자의 친척은 물론이고 이웃집, 더 나아가 마을 전체가 사건을 조사하러 나온

---

31 독립운동사편찬위원회, 『독립운동사 제2권 : 삼일운동사(상)』 145~199쪽
32 『大典會通』 刑典 推斷條

지방관과 향리 및 군관들로부터 엄청난 수탈과 고문을 당하기 일쑤였다.[33] 이러한 과정에서 대부분의 마을은 구장 또는 유지 중심으로 질서를 유지해 왔기 때문에 일단 마을의 구장이나 유력 가문 인물이 시위에 나서면 구성원들이 거부하기 힘들었던 것이다. 정보 통신의 발달이 거의 미약했던 농촌 마을의 경우, 시위 주도자들이 선동했듯이 정말 나라가 독립하면 시위에 참여하지 않은 주민은 조선후기 이래 겪어 왔던 고통을 당할지도 모른다는 두려움을 가질 수 있었을 것이다.

5. 경기·인천지역 정체성의 모색

근대적 종교와 교육의 세례를 받은 천도교·기독교 등 종교 신도들과 각급 학교 학생들은 시위를 준비하고 주도하는 과정에서 '민족'으로서의 소속감을 구체화하고 민족의 실체를 느꼈을 것이다. 그러나 앞서 언급했듯이, 농촌과 산간 마을의 농민들은 적어도 1960년대 조국근대화를 내세운 박정희 정권기에 들어서야 그 같은 단계에 도달할 수 있었다.

3·1운동을 직접 겪은 종교 신자, 학생, 농민, 상인들도 일본의 총칼 앞에서, 징역과 태형의 고통 속에서 민족이라는 공동체, 독립 이후 등장할 국가의 모태로서 민족을 구체화하였을 뿐, 지역으로서의 경기도는 정체성 형성의 대상으로 삼을 수 없었다. 즉, 그들에게 민족이라는 '상상된 공동체'는 쉽게 다가왔지만, '경기도민'이라는 정체성은 3·1운동 이후의 '조선민족'이라는 거대 정체성으로 인해 만들어지기 어려웠다.

따라서 '경기도민'이라는 지역적 정체성이 만들어지는 계기는 조선총

---

33 도면회, 2014 『한국근대형사재판제도사』, 푸른역사, 103~104쪽 및 365~368쪽

독부가 구성한 도평의회, 부협의회, 면협의회에서부터 찾아볼 수 있을 것이다. 특히 1931년 이들 회의 기구가 자문기구로부터 의결 기구[도회, 부회, 읍회]로 바뀐 이후 조선인 중 유력자들이 지방 의회 의원으로 일부 선출되어 '경기도'의 재정, 교통, 교육, 복지 등의 문제를 논의하기 시작하였다. 이와 아울러 이율곡, 권율, 정약용, 실학, 수원 화성 등 일본의 침략 이전의 인물과 사건을 중심으로 지역의 정체성을 형성하는 과정을 볼 수 있다.[34] 물론, 일본 침략 이후 항일적인 인물이나 사건을 논하는 것은 애초 불가능한 일이었다.

이후 일본 지배로부터 해방되고 나서 1991년에 이르러서야 지방자치제가 실질적으로 이루어지기 시작하였다. 그러나 그동안 민주주의와 개인주의는 해방 이후에 비하여 엄청난 속도로 발전하였다. 여기에 광속으로 발전하는 정보 통신 기술로 인한 SNS의 확대로 인하여 민족, 국가는커녕 가문의 정체성도 형성 유지하기 어려워졌다. 3·1운동에 참여했던 수십 만 경기도민의 헌신과 민족 공동체를 향한 소속감은 어디서 찾을 수 있을지 난감한 상황에 봉착하였다.

이러한 시기에 우리는 다시금 백 년 전에 민족을 상상하면서 자신을 헌신한 경기도민들의 개별적인 사례 연구를 시작해야 한다. 앞서 언급했 듯이, 일제 강점기 이래 지역 정체성은 대체로 일제 침략 이전의 사건과 인물을 중심으로 논의되고 형성되어 왔다. 그 결과 해방 70주년이 지났음에도 불구하고 경기도 2부 20개 군에서 일어난 수백 건의 만세시위 중 구체적인 연구가 이루어진 지역은 많아야 10여 곳 전후에 불과하다.

---

34 1930년 이후 『京畿道事情大要』(1931) 『京畿道ノ敎育ト宗敎』(1934) 『京畿道道勢概要』(1936) 『京畿道會會議錄』(1936~1937) 등 경기도 전체를 대상으로 한 지식 체계와 도회 회의록 등이 출간되는 추세가 나타나면서, '경기도'라는 정체성을 형성하기 시작한 것으로 볼 수 있을 것이다.

3·1운동 100주년을 맞이하여 구체적인 시위 상황과 참여 인물들을 찾아내고, 그들의 투쟁이 지역 사회에 어떻게 기여하였는지를 밝혀낼 필요가 오늘날 더욱 필요하다. 이러한 연구 성과들이 하나하나 결실을 맺을 때 비로소 경기도민의 지역적 정체성을 만들어갈 수 있는 역사적 기초를 튼튼하게 만들어 낼 수 있을 것이다. 본 특집에 실린 경기·인천지역 3·1운동의 전체상과 아울러 각 지역별 투쟁에 관한 각론들이 그러한 역사적 기초의 한 부분이 되기를 기대한다.

제1부

경기·인천지역 만세시위의 추이와

일제의 탄압

경기·인천지역 3.1운동의 배경 재검토

김 헌 주(충북대학교 역사교육과 박사후연구원)

1. 머리말

주지하듯 2019년은 3.1운동 100주년이 되는 해이다. 100주년을 맞이하여 많은 연구성과가 발표되었고 기념학술대회가 열렸다.[1] 100주년은 그간의 연구사를 정리하고 새로운 모색을 하는 계기였다. 이 글은 경기·인천

---

[1] 3.1운동 100주년 기념 국사편찬위원회·동아일보사 공동 학술회의, 『백년만의 귀환: 3.1운동 시위의 기록』, 2019.2.27.; 한국역사연구회·한국학중앙연구원·한겨레신문사 주최, 『3.1운동 100년, 과거, 현재 그리고 미래』, 2019.2.28.; 목포대학교 인문대학 사학과, 목포대학교 도서문화연구원 주최, 『3·1운동 100주년 기념 학술회의: 전남 서남권 3·1운동의 전개 과정과 그 의의』, 2019.4.10.

지역[2] 3.1운동의 배경을 재검토할 목적으로 작성되었다. 따라서 기왕의 3.1운동사 연구사를 재검토할 필요가 있을 것이다. 그러나 이 주제에 관한 선행연구는 1990년 이후에 나온 논문 수만 241편에 이를 정도로 많은 연구가 진행되었고,[3] 관련한 연구사 검토도 수차례 진행되었기 때문에 이 글에서 해방 이후 3.1운동에 관한 연구사 정리를 반복할 필요는 없을 듯하다.[4] 그러므로 머리말에서는 해방 이후 3.1운동사 연구의 분기점을 간단히 정리한 후 본 연구의 문제의식과 서술방향을 언급하도록 하겠다.

현재까지 3.1운동 연구의 큰 분기점은 세 차례 있었다. 첫 번째는 3.1운동 50주년을 맞아 해방 이후 3.1운동 연구를 총결산한 1969년이었다.[5] 이 시점에서 거족적 민족항쟁이라는 틀이 정립되었으며, 이 주제에 대한 연구가 본격화되는 계기가 되었다. 두 번째 분기점은 민주화가 진행되면서 변혁주체 민중론이 역사학계의 주류적 흐름으로 자리를 잡았던 1989

---

2 본 연구에서는 경기도와 인천을 합쳐 '경기·인천지역'이라고 지칭한다. 경기·인천지역의 범위는 현재 서울시의 전신인 경성부를 제외한 전 지역이다. 당시 인천부는 경기도 소속이었으므로 본 연구에서 언급하는 경기·인천지역 관련 각종 통계 및 사례는 경기도 관련 기록에 한정했음을 밝힌다. 아울러 강화도는 현재 인천광역시에 편입되었지만, 당대에 강화군으로 별도로 존재했으므로 본고에서는 경기도 郡 지역 사례와 묶어서 언급하고 인천부(仁川府)의 특성을 언급할 때는 제외하도록 하겠다. 그리고 당시와 현재의 '인천'의 영역은 많이 다른데 본 연구에서는 '인천'의 범위를 1919년 당시 인천부(仁川府)의 영역을 기준으로 논의를 전개하도록 하겠다.

3 정용욱, 「3.1운동사 연구의 최근동향과 방향성」, 『역사와 현실』 110, 2018, 272쪽.

4 3.1 운동에 관한 연구사 검토는 이정은, 「3.1운동 연구의 성과와 과제」, 『광복 70년, 독립운동사 연구의 성과와 과제』, 국사편찬위원회, 2016; 배석만, 「3.1운동 경제배경 서술의 변화과정 분석」, 『역사와 현실』 108, 2018; 도면회, 「3.1운동 원인론에 관한 성찰과 제언」, 『역사와 현실』 109, 2018; 정용욱, 위의 논문, 2018을 참조했다.

5 동아일보사, 『3.1운동 50주년 기념논집』, 1969.

년이었다. 3.1운동 70주년이었던 이 시기를 기점으로 3.1운동사 연구에서 민중사적 성격이 강화되었고, '민족해방운동사'라는 개념의 등장은 그 귀결점이었다.[6] 그리고 2009년에는 포스트 담론이 수용[7]되면서 주체 형성과 재현의 관점에서 3.1운동이 새롭게 정의되었다.[8] 이 시기 연구는 민족과 민중 중심의 저항서사를 탈피하여 분석 방법과 연구 소재 선택의 큰 변화를 몰고온 계기가 되었다. 100주년을 맞은 2019년에는 그간의 문제의식을 집대성하여 연구주제의 다변화, 기존 연구의 오류에 대한 교정, 사료발굴 및 실증연구의 확대 등이 이루어졌다.[9]

본 연구는 경기·인천지역 3.1운동의 배경에 대한 그간의 연구사를 살펴보고, 이 지역의 3.1운동이 일어나게 된 원인과 배경은 무엇인지 재검토하는 것이 목적이다. 따라서 그간의 연구성과를 새롭게 정리하고 그 성과를 토대로 경기·인천지역 3.1운동이 일어난 원인과 배경에 대 한 추가적 해석을 하는 것에 주안점을 두었다.

이러한 문제의식에서 1장에서는 경기·인천지역 3.1운동의 배경을 분석한 선행 연구들을 재검토하도록 하겠다. 2장에서는 경기·인천지역 3.1

---

6 한국역사연구회·역사문제연구소 엮음, 『3.1 민족해방운동 연구』, 청년사, 1989.

7 '포스트 담론'은 탈근대, 탈식민, 탈민족주의 등 'post'를 접두사로 한 일련의 논의들을 함축하는 개념을 말한다. 한국에서 포스트 담론이 수용되는 과정에 대해서는 「특집: 탈근대, 탈식민, 탈민족: 포스트 담론 20년의 성찰」, 『민족문화연구』 57, 2012를 참조.

8 박헌호·류준필 편집, 『1919년 3월 1일에 묻다』, 성균관대학교 출판부, 2009. 이 책의 문제의식은 목차에서도 드러난다. 제1부 이념과 시각, 제2부 주체와 제도, 제3부 기억과 재현.

9 대표적인 연구성과로 한국역사연구회 3.1운동100주년기획위원회가 발간한 『3.1운동 100년』, 휴머니스트, 2019를 꼽을 수 있다. 총 5권으로 구성되었으며 각 권별 제목은 다음과 같다. 1권 메타역사, 2권 사건과 목격자들, 3권 권력과 정치, 4권 공간과 사회, 5권 사상과 문화.

운동의 현황을 개관하고 그 현황과 1910년대 경기·인천지역의 지역성에 관해서도 분석을 시도하겠다. 3장에서는 경기·인천지역 3.1운동의 배경과 운동 발생의 원인에 대해 살펴보도록 하겠다.

2. 경기·인천지역 3.1운동의 배경에 대한 연구사 검토

선행연구에서는 3.1운동의 배경으로 1910년대 무단통치와 경제적 수탈, 민족적 차별 등을 제시하였다. 그리고 3.1운동을 발생시킨 직접적 원인으로는 미대통령 월슨의 민족자결주의, 2.8 독립선언, 고종 독살설 유포, 종교계 대표의 독립선포와 준비 등을 들 수 있다.[10] 이것이 전국적으로 3.1운동이 일어난 배경으로 제시된 일반론이었다. 이러한 연구의 진행하에서 경기·인천지역 3.1운동에 대해서도 다양한 시각에서 연구가 이루어졌다. 경기(인천) 지역이 전국적으로 시위가 가장 활발했던 곳이니만큼 해당 지역에 대한 연구성과의 분량 또한 상당하므로 모든 연구를 다 언급할 수는 없고 연구경향을 유형별로 분류하도록 하겠다.

첫째, 정책적·제도적 차원에서 일제의 무단통치를 운동의 기원으로 보는 연구성과들이 있다.[11] 해당 연구들에서는 운동의 배경으로 일제 무단통치의 폭력성을 우선적 요인으로 들고 있다. 구체적으로 헌병 분대장의 즉결권 행사, 태형 실시, 105인 사건의 조작 등을 예시로 들고 있다. 아울

---

10 이정은, 앞의 논문, 2016; 도면회, 앞의 논문, 2018; 정용욱, 앞의 논문, 2018.
11 경기도사편찬위원회, 『경기도항일독립운동사』, 1995; 김정인·이정은, 『국내 3.1운동 I 중부·북부』, 독립기념관 한국독립운동사연구소, 2009. 운동의 배경으로 일제의 무단통치를 지적하는 것은 어찌 보면 모든 연구가 공통적일 것이다. 여기에서는 그 대표적인 연구만 언급하겠다.

러 토지조사령, 회사령, 임야조사령, 광업령 실시를 언급하면서 이 조치들이 조선인의 생활 기반을 상실케 했다고 서술하고 있다. 또한 3.1운동의 세계사적 배경으로 1917년 러시아 혁명, 1919년 윌슨의 민족자결주의 원칙 선포, 동경 유학생들의 2.8독립선언 등을 언급하고 있다. 아울러 서울과 직접적으로 연결된 지리적 특성, 애국계몽운동과 의병운동의 경험이 운동의 동인이 되었다고 분석했다.

둘째, 3.1운동 이전의 동학과 의병투쟁의 경험이 3.1운동에 반영되었다고 보는 시각의 연구들이다.[12] 예컨대 화성 송산면에서의 동학 및 해안 의병의 영향은 운동에 중요한 영향을 미쳤고, 포천에서는 채응언 부대를 비롯한 경기도 인근의 의병활동의 연속성, 1910년대 비밀결사 단체인 독립의군부와 대한광복회의 활동과 민족교육운동이 운동의 중요한 배경으로 작동했다는 것이다.

셋째, 사회경제적 배경과 지역적 맥락에 주목한 연구들이다. 일찍이 이러한 문제의식을 가졌던 연구자는 조동걸이었다. 그는 중앙의 특징을 전국적으로 보편화하는 시각을 넘어 각 지방의 고유한 성격을 규명하는 방법론을 취해야 한다고 주장하면서 강원도 지역 사례를 연구한 논문을 발표하였다.[13] 조동걸의 연구 이후 3.1운동 지역사 연구는 각 지역의 사례 연구를 축적하면서 논의의 층위가 풍부해졌다.[14] 이후 지역사 연구의 수

---

12 박환, 「경기도 화성 송산지역의 3.1운동」, 《정신문화연구》89, 한국정신문화연구원, 2002; 『경기지역 3.1독립운동사』, 선인, 2009; 김용달, 「경기도 포천지역 3.1운동의 전개와 성격」, 『한국근현대사연구』32, 2005.

13 조동걸, 「3.1운동의 지방사적 성격-강원도지방을 중심으로-」, 『역사학보』47, 1970.

14 김진봉, 「호서지방 3.1운동의 성격」, 『한국독립운동사연구』1, 1987; 황부연, 「충북지방의 3.1운동」, 『충북사학』1, 1987; 이윤상, 「평안도 지방의 3.1운동」·이지원, 「경기도 지방의 3.1운동」·정연태, 「경남 지방의 3.1운동」, 『3.1 민족해방운동

준을 한 단계 끌어올린 것은 이정은의 연구였다. 그는 3.1운동 지방시위의 배경에 대해 1910년대 지방행정체제 개편, 쌀 값 폭등과 스페인 독감으로 인한 민심의 이반 등을 실증적으로 규명하여 운동이 일어난 원인을 구조적으로 접근했다. 그리고 이러한 배경에서 지역의 조선인들이 저항할 수 있는 원천은 지방사회의 공동체성이며 그 저항을 이끈 것은 향촌 유지로 통칭되는 지방사회 엘리트들이었다고 주장했다. 그 사례는 대부분 경기지역에 집중되었다. 구체적으로 수원군 장안·우정면과 안성군 원곡면·양성면을 분석했다. 수원군의 경우에 이 지역의 천도교 설치 현황을 분석하여 이 지역이 1911년 천도교회 선교 실적 포상 대상 교구중 경기도 1위를 기록했고, 1918년 천도교 중앙교당 신축자금 명목으로 독립운동 자금을 모금하였을 때 이 지역 교인들이 대규모의 논밭을 헌납한 점 등을 언급했다. 또한 해당 지역에 기독교와 천주교가 전파된 점도 언급했다. 그리고 1914년의 지방행정조직 변화로 인해 면단위 지역의 조정이 있었고, 개간사업 등이 진행되면서 주민들의 불만이 고조된 점을 배경으로 보았다.[15]

이후 지역사의 문제의식을 토대로 경기·인천지역 향촌공동체의 저항에 주목한 연구들이 진행되었다. 안성과 죽산지역 3.1운동의 배경에 관해서는 지역의 상권 문제와 결부시켜 이해하는 연구가 진행되었다. 즉 병합 이전의 일본 상인들의 불법적인 상업활동에 대한 불만이 누적되어 있었고, 더하여 철도 개통으로 안성 인근인 평택 등에 기차역이 설치되었을 뿐 아니라 병합 이후에 시장세 신설과 일본제 도자기 제품의 유통으로 인해 안성의 상권이 쇠퇴하였다는 것이다. 또한 1910년대에 진행된 군면 통폐합을 이 지역 3.1운동의 배경으로 지적된다. 즉 군면 통폐합으로 원곡·

연구』, 1989.
15 이정은, 『3.1독립운동의 지방시위에 관한 연구』, 국학자료원, 2009.

양성지역 주민들이 독자적 시장을 유지하지 못하는 상황에서 불만이 누적되었고, 이 상황에서 촌락공동체의 결속감이 강화되었다는 것이다.[16]

다음으로 인천의 사례를 살펴보자. 먼저 인천시에서 나온 연구성과들을 살펴보면 먼저 1993년에 발간된『인천시사』에서는 운동의 배경으로 식민지적 경제구조를 언급했다. 요컨대 일본은 자국내 미곡 부족을 해소하기 위해 조선 쌀을 대량 수입했는데 인천항은 주요 수출시장 항구로 기능했다는 것이다. 이러한 식민지적 경제구조 모순의 결과 인천지역에서 3.1운동이 일어났다고 설명하고 있다. 2003년에 나온『인천광역시사』에서는 3.1운동 이전의 인천지역의 변화에 대해 상세하게 설명하고 있다. 요컨대 개항 이후 일본인과 청국인 등 외국상인의 유입으로 인한 다문화사회의 형성, 인천부 행정구역의 변화과정 등에 대해 세밀하게 언급하고 있다. 그리고 1919년 3.1운동 당시 인천부의 인구 중 다수가 일본인이라는 인구 구조의 특수성에 대해서도 설명하고 있다.[17]

3. 경기·인천지역 3.1운동의 현황과 지역성

1) 경기·인천지역 3.1운동의 현황

경기·인천지역 3.1운동을 이해하기 위해서는 1910년대 경기·인천지역의 지역적 기반을 분석하는 것이 필수적이다. 그리고 이러한 지역적 기반

---

16 황민호,「안성읍내와 죽산지역 3.1운동의 전개」,『한국민족운동사연구』46, 2006; 허영란,「3.1운동의 지역성과 집단적 주체의 형성—경기도 안성의 사례를 중심으로」, 《역사와경계》72, 2009.
17 윤병석,「3.1운동과 인천」,『인천시사(상)』, 1993; 이현주,「조선인 사회의 자각과 항일민족운동」,『인천광역시사』, 2013.

과 운동의 발생배경을 이해하기 위해서는 우선적으로 3.1운동 당시의 현황에 대한 기초적인 분석이 필요하다. 최근 공개된 국사편찬위원회 삼일운동 데이터베이스[18]를 바탕으로 1910년대 경기·인천지역의 3.1운동의 추이와 현황에 대해 살펴보도록 하겠다.

경기·인천 지역 3.1운동은 운동의 발생 시기(3월 1일~5월 31일 기준) 동안 시위 건수와 참여 인원이 전국 최대치를 기록했다. [표 1]은 삼일운동 데이터베이스를 바탕으로 작성한 당시 전국의 시위 건수와 참여인원이다.

[표 1] 전국 각 지역별 시위건수와 참여 인원(1919.3.1~12.31)

지역구분	시위 건수	참여 인원 추정(최소)	참여인원 추정(최대)
서울	30	44,385	85,306
경기도	**367**	**170,139**	**209,189**
충청북도	84	36,338	45,328
충청남도	117	58,113	72,629
전라북도	44	8,080	11,115
전라남도	36	4,856	9,030
경상북도	118	25,455	46,492
경상남도	140	100,925	122,350
강원도	79	20,176	25,429
함경남도	83	27,590	33,056
함경북도	58	21,077	24,297
평안남도	112	56,431	73,703
평안북도	148	106,504	136,555
황해도	177	46,593	56,529
국외	99	72,355	79,065
합계	1,692	799,017	1,030,073

전거 : 국사편찬위원회 삼일운동 데이터베이스/삼일운동 DB
(http://db.history.go.kr/samil/home/demons/select_demons_list.do) 최소치와 최대치 구분은 류준범, 「삼일운동 DB로 추정한 3.1운동의 규모 : 참여자 및 사망자 추계」, 국사편찬위원회·동아일보, 『백년만의 귀환: 3.1운동 시위의 기록』, 2019, 20쪽을 참고.

---

18 삼일운동 데이터베이스는 2019년 2월 20일 기준 서비스를 활용하였다.

[표 2] 각 지역별 폭력화 관련 항목 건수(1919.3.1~5.31)

지역	건수	비율(%)
경성부	5(총 30건)	16.6
경기도	**135(총 367건)**	**36.8**
충청도	35(총 201건)	17.4
전라도	2(총 80건)	2.5
경상도	46(총 258건)	17.8
강원도	11(총 79건)	15
함경도	8(총 141건)	5.6
평안도	79(총 260건)	30.4
황해도	15(총 177건)	8.5
합계	336(총1,692건)	19.9

전거 : 국사편찬위원회 삼일운동 데이터베이스/삼일운동 DB
(http://db.history.go.kr/samil/home/demons/select_demons_list.do)

시위 양상에 관한 전국별·도별 통계, 행동양상·매체·주체별 시위 건수 등의 데이터들로 유추할 수 있는 점은 무엇일까.

첫째, 경기·인천지역은 시위 건수와 참여 인원 모두 전국 최대 규모였다는 점이다. 이것은 인구 분포와도 관련이 되며 경성 시위의 영향을 직접적으로 받은 것도 중요한 이유일 것이다.

둘째, 행동양상은 만세가 가장 많았는데 이 부분은 3.1운동의 정체성과도 같은 것이라 너무나 당연한 것이라고 본다면, 주목할 부분은 폭행과 파손/파괴, 방화, 처단 항목이다. 이것은 3.1운동의 폭력화 양상과도 관련되는 부분이다. 경기도는 합치면 135건으로 총 367건의 시위 중 36.8%에 해당한다. 반면에 다른 지역의 양상은 경성부 5건(30건 중 16.6%), 충청도 35건(201건 중 17.4%), 전라도 2건(80건 중 2.5%), 경상도 46건(258건 중 17.8%), 강원도 11건(79건 중 15%), 함경도 8건(141건 중 5.6%), 평안도 (260건 중 30.4%), 황해도(177건 중 8.5%)이다. 경기도의 폭력화 양상이 다른 지역보다 상대적으로 두드러짐을 알 수 있다. 36.8%의 비율로 경기도 시위 일반을 폭력화로 논할 수는 없을 것이다. 다만, 다른 지역보다 상대적으로 많다는 사실만 지적하도록 하겠다.

셋째, 다른 지역과 대비해서 인천부의 경우는 상대적으로 폭력화 양상이 덜한데 이 부분은 3장에서 집중적으로 논하도록 하겠다.

2) 경기·인천지역의 지역성

경기도는 중심부로 한강이 흐리고 북서부로는 임진강 유역에 속해 있는 자연환경 때문에 도로와 수운(水運)이 발달했고, 넓은 평야지대로 쌀농사에 유리하고 사람이 살기 좋은 지리적 여건을 가지고 있었다. 따라서 경기도 지역은 고려시대 이래로 역로와 조운이 모여드는 물자유통의 중심지이자 정치적 중심지로 기능했다.[19]

그러나 이러한 경기도 지역 역시 일제 식민지배의 영향을 비껴가지는 못했다. 1910년 이후 일제는 면(面)을 최말단 행정단위로 설정하여 지역에 대한 직접지배의 통로로 삼았다. 그해 9월 30일 「조선총독부 지방관관제」를 공포하여 지방행정 단위를 도(道)ー부(府)ー군(郡)ー면(面)으로 규정하고 13도 12부 317군 4,408면으로 이루어진 지방행정체계를 수립했다. 대한제국기 수부(首府)였던 한성부는 경성부로 변경하여 일반부로 격하시키고 인천부와 함께 경기도에 편제시켰다. 1910년 10월 1일에는 「면에 관한 규정」을 제정하여 면의 지위를 확정하였고 1913년 12월에는 「도의 위치관할구역 및 부군의 명칭위치관할구역」을 공포하여 1914년 3월 1일부터 한반도 전역이 일제의 지배체제에 통합되었다. 이런 과정을 거쳐서 1914년 3월 1일 결정되어 부분적인 개편을 거쳐 1916년에 이르러 완결된 경기도 관할 지역은 가평군, 강화군, 개성군, 고양군, 광주군, 김포군, 부

---

19 경기도사편찬위원회, 『경기도 역사와 문화』, 1997, 10~14쪽.

천군, 수원군, 시흥군, 안성군, 양주군, 양평군, 여주군, 연천군, 용인군, 이천군, 장단군, 진위군, 파주군, 포천군의 20개 군과 인천부였다.[20]

인천부는 다른 군 지역과 다른 지역적 특성을 가지고 있으므로 경기도 지역 중 인천부와 기타 군 지역을 분리해서 설명하도록 하겠다. 인천은 개항기부터 다문화사회가 형성되면서 교류와 갈등이 공존했던 지역이었다. 청국조계, 일본조계, 각국 조계로 섞인 다문화 국제도시로 기능했다. 그러나 청일전쟁 이후 많은 수의 일본인이 대량 유입되어 조선인 거주지역과 청국조계를 침식하고 있었다. 그리하여 인천내 일본 조계를 중심으로 영사관, 거류민회, 상업회의소, 금융기관 등이 연계하면서 세력을 확장했다. 그런 과정을 거쳐 병합 이후 인천은 경성과 함께 경기도의 2개 부 중 하나로 재편되어 옛 인천부 일대를 관할하게 되었다.[21]

식민지화 이후에도 인천에는 재조일본인들이 많이 활동하고 있었고 1919년에 조선총독부가 조사한 인구 통계에 따르면 1918년 12월말 기준 인천부 인구 29,989명 중 8,973명(30%)이 일본인이었다.[22] 그렇다면 일본인이 많았던 공간적 특성을 어떻게 해석해야 할까. 이러한 특성과 운동의 발발요인은 어떤 관계가 있을까. 그 의문점을 풀기 위해 봉기가 일어나기 직전인 1918년 경기도내 지역별 인구와 일본인 비율을 살펴보자.

---

20 경기도사편찬위원회, 『경기도사』, 2002, 48~50쪽.

21 인천광역시사편찬위원회, 『인천광역시사』, 2013, 341~347쪽.

22 선행연구 중 김정인·이정은, 『국내 3.1운동 Ⅰ 중부·북부』, 독립기념관 한국독립운동사연구소, 2009; 『인천광역시사』 2013에서 당시 인천부의 일본인 인구 비율을 전체 인구 20,211명 중 일본인 8,973명(44.4%)이라고 서술하고 있다. 하지만 이 서술은 조선인 인구 20,211명을 전체 인구로 오인한 것에 따른 오류이다. 『朝鮮總督府統計年報』 大正7年度(http://dl.ndl.go.jp/info:ndljp/pid/974935) 참조.

[표 3] 1918년 경기도내 각 지역별 인구

| 지역구분 | 인구 | | | 일본인 비율(%) |
	일본인	조선인	합계 (기타 외국인 포함)	
인천부	8,973	20,211	29,989	30
가평군	108	31,781	31,889	0.34
강화군	132	72,426	72,560	0.18
개성군	1,832	116,563	118,477	1.55
고양군	1,610	123,396	125,130	1.29
광주군	300	86,668	86,971	0.34
김포군	163	47,281	47,444	0.34
부천군	897	66,439	67,486	1.33
수원군	2,818	136,094	138,982	2.03
시흥군	1,587	59,799	61,409	2.58
안성군	299	69,293	69,635	0.43
양주군	642	103,564	104,217	0.62
양평군	125	73,609	73,754	0.17
여주군	183	59,604	59,860	0.30
연천군	367	70,158	70,544	0.52
용인군	390	73,939	74,362	0.52
이천군	287	53,468	53,791	0.53
장단군	229	61,376	61,637	0.37
진위군	722	58,045	58,836	1.23
파주군	313	53,222	53,560	0.58
포천군	127	61,080	61,220	0.21
합계	22,104	1,498,016	1,521,753	1.45

전거 : 『朝鮮總督府統計年報』大正7年度(http://dl.ndl.go.jp/info:ndljp/pid/974935).

경기도 내 전체 일본인 비율이 1.45%인데 인천부는 30%에 육박하는 것을 볼 수 있다. 인천부는 다른 지역과 비교했을 때 일본인의 비율이 압도적으로 높은 것을 볼 수 있다. 이것은 인천부만의 특징은 아니다. 1918년 기준으로 개항장이 있던 부산부의 경우 일본인의 비율이 43.9%, 군산부는 49.3%, 원산부는 29.9%이다.[23] 이렇듯 개항장이 있던 인천에는 일본인의 영향력이 강했고 개항 이후 일본 상인의 진출이 두드러졌던 만큼 상인들의 영향력도 강했음을 알 수 있다.

반면에 경기도 군 단위 농촌지역의 일본인 비율은 인천부에 비해 매우 적었다. 농촌지역 조선인들이 경찰이나 행정공무원이 아닌 민간 일본인과의 일상적 교류가 드물었음을 짐작할 수 있는 대목이다.

[표 4] 1918년 경기도 직업별 인구(경성부 포함)

	일본인		조선인	
	인구	비율(%)	인구	비율(%)
농업·임업·목축업 등	5,264	6.13	**1,233,544**	**75.6**
어업 및 제염업	283	0.33	17,809	1.09
공업	11,758	13.7	41,450	2.54
상업·교통업	**19,342**	**22.5**	150,024	9.2
공무 및 자유업	**26,695**	**31.1**	45,781	2.8
기타	22,460	26.1	141,898	8.7
합계	85,802	100	1,630,506	100

전거 : 『朝鮮總督府統計年報』 大正7年度(http://dl.ndl.go.jp/info:ndljp/pid/974935) ; 『朝鮮總督府統計年報』 大正8年度(http://dl.ndl.go.jp/info:ndljp/pid/974936);

그리고 위 표는 경기도 직업별 인구[24]이다. 경성부를 포함한 것을 고려해도 조선인은 농업 관련 인구가 압도적으로 많고 일본인은 상업·교통업과 공무·자유업 등이 많다. 1918년 기준으로 전국 일본인 직업별 인구 구성 비율이 상업·교통업 28.49%, 공무·자유업 27.20%인 것을 보면 경기도와 크게 다르지 않은 것을 알 수 있다. 같은 시기 조선인의 직업별 인구 구성 비율은 농업 84.82%. 상업·교통업이 5.98%이다.[25] 조선인의 직업은 단연 농업을 비롯한 1차산업이 가장 많았고 일본인의 경우는 상업과 공무

---

23 『朝鮮總督府統計年報』 大正7年度(http://dl.ndl.go.jp/info:ndljp/pid/974935).
24 경성부를 제외한 통계가 없어 부득이하게 그대로 활용했다.
25 송규진 외, 『통계로 본 한국근현대사』, 아연출판부, 2004, 102쪽.

자유업이 가장 많았는데 공무자유업의 경우는 식민지 관료가 이 지역에 많이 거주하고 있기 때문이다. 그리고 상업 인구도 많은데 이것은 경기도가 교통의 중심지이며 특히 인천부의 경우 개항 이후 일본상인이 꾸준히 진출했던 지역이니만큼 다른 지역보다 상인의 비율이 높다고 볼 수 있다.

3. 경기·인천지역 3.1운동의 발생 원인 재검토

3장에서는 지역별 운동양상의 차이, 특히 인천부와 기타 군 지역의 차이를 분석하는 방법을 통해서 경기·인천지역 3.1운동의 발생 원인을 재검토하도록 하겠다. 3.1운동의 배경, 즉 운동이 일어난 원인을 이해하기 위해서는 우선 당시 각 지방관과 일본 군경에서 파악한 3.1운동의 원인에 대해 알아볼 필요가 있다. 각 도장관의 경기도 3.1운동의 원인 조사내용은 ① 일본인의 한국인 멸시, ② 천도교 일파의 음모를 들고 있다. 다음으로 조선헌병대사령부의 3.1운동 원인 조사내용 중 경기지역 내용을 살펴보면 ① 독립선언서 및 각종 독립운동 문서의 게시, ② 주도자의 선동 및 협박, ③ 경성만세운동 목격자의 선전을 들고 있다.[26] 운동 주체들의 활동을 빼면 일본인의 한국인 멸시 부분이 눈에 들어온다. 여기서 일본인의 멸시는 총독부와 지방행정관료, 재조일본인들을 총괄하는 개념으로 볼 수 있다. 특히 재조일본인의 조선인에 대한 멸시는 상하층 계급을 가리지 않고 진행된 것으로 보인다. 아래 사례를 살펴보자.

---

26 이양희, 「조선총독부의 3.1운동 탄압책과 피해 현황」, 국사편찬위원회·동아일보, 『백년만의 귀환: 3.1운동 시위의 기록』, 2019, [표 13], [표 15]를 참조.

① 내지인은 일반적으로 조선인을 노예시하며, 심지어는 지방 굴지의 자산가에 대해서조차 '요보'라고 부르는 자가 있다. 금일 '요보'라는 말은 '오 마에'의 대명사가 되어 모욕으로 인식할 수밖에 없다. 분개해 마지않는다.(경남)

② 일본 하등인민에 이르기까지 조선인을 열등 취급하여 위세를 부리는 반면 强慾, 악랄을 다한다. 이를 제재할 관리는 내지인을 편들어 하등 일시동인의 주의가 행해지지 않는다.(충북)

③ 理非 여하에 상관없이 곧바로 구타한다.(경기)[27]

즉, 총독부 관료나 헌병경찰의 통치 못지않게 재조일본인의 조선인에 대한 멸시 부분이 운동의 중요한 요건임을 주목할 필요가 있다. 그러므로 지역별 재조일본인의 숫자, 직업, 일본인의 조선인과의 교류 형태 등은 중요한 변수가 된다고 할 것이다.

우선 개항 이후부터 일본인과 조선인이 잡거하고 있었던 인천부의 사례를 살펴보자.

[표 5] 인천부 시위 내용(1919.3.1~5.31)

날짜	운동성격	세부장소	내용	주요참여자 인적사항
3.6	동맹휴교	인천공립 보통학교 (우각리)	인천부 우각리 인천공립보통학교 학생들이 3월 6일부터 동맹휴교. 3월 8일 밤에는 학교 침입하여 계단위 전화선 절단하고 전화수화기 격파.	김명진 (학생, 18세) 이만용 (학생, 18세) 박철준 (무직, 19세)

---

27 『신한민보』 1913년 6월 30일. 139호 1면.

날짜	운동성격	세부장소	내용	주요참여자 인적사항
3.9	독립선언서 배포 및 만세시위	내동리	3월 9일경 황해도 송화군 출신의 학생 오은영 등이 3월 9일 새벽에 인천부 조선인 가옥에 배포. 3월 9일 300명이 만세시위. 밤 8시 30분경에는 인천부 동단 경성가도에서 약 50명이 만세 시위.	오은영(학생, 21세) 강봉희(미상) 우소식(미상)
3.9	만세시위	인천부동단 경성가도	경성가도 부근에서 100~300명의 시위	미상
3.10	만세시위 (無폭행)	인천부내	3월 10일 인천부에서 약 200명이 만세시위를 벌였으며, 9명이 체포됨.	미상
3.27 ~4.1	상점 철시	외리 내리 인천부청	3월 26일경부터 철시를 선동하는 격문이 인천부내에 배포되었으며, 3월 27일부터 31일까지 인천 시가지에서 철시가 진행됨.	김삼수(잡화상, 19세) 임갑득(객주조합 급사, 16세)
4.1	시위 미수	외리	4월 1일 인천부에서 외리에서 약 20명이 모여 시위를 벌이려는 조짐이 있었다.	미상

전거 : 국사편찬위원회 삼일운동 데이터베이스/삼일운동 DB
(http://db.history.go.kr/samil/home/demons/select_demons_list.do)

총 6건의 시위 중 만세 시위 3건, 동맹휴교 1건, 상점 철시 1건, 시위 미수 1건이었다. 만세와 휴교와 철시로 분류된다. 그리고 주요 참여자들이 10대 후반 20대 초반의 청년층에 한정되는 특징을 보인다.[28]

---

28 좀 더 이해를 돕기 위해 인천과 비슷한 지역적 특성 즉 府 단위면서 개항장이 설치되어 상업적 교류가 활발한 몇 개 지역의 특성을 살펴보겠다. 한반도 북부 지방 도시들은 개신교의 영향이 강하는 등 여러모로 다른 특징을 지니고 있으므로 원산 이남 지역의 개항장 도시들로 한정했다. 각 개항장 도시의 시위 양상과 주도세력의 범위는 인천부와 비슷했다. 3월 1일~5월 31일 기준으로 부산부는 총 9건의 시위

[표 3]에서 언급한 바와 같이 1919년 3.1운동이 일어난 시점에서 인천부 인구 29,989명 중 8,973명(30%)이 일본인이었다. 그리고 인천지역의 일본인 인구는 주로 상업종사자들이 많았다. 그것은 인천의 3.1운동에서 철시가 중요한 비중을 차지한 것에서도 드러난다.[29] 그 사례로 3월 27~4월 1일 경기 인천부 상점 철시 과정을 살펴보자. 아래는 철시사건의 개요이다.

3월 27일 仁川府內 조선인 商家에 대하여 脅迫文書와 朝鮮獨立新聞이 배부되자 仁川府尹은 警察官憲과 협력하여 각 商店에 대해 폐점하는 일이 없도록 懇篤히 설유를 가하였으나 3월 29일 아침에 이르러 폐점 휴업하는 자가 다수임. 3월 30일에는 거의 대부분이 폐점하였으므로, 3월 31일 仁川府尹은 府參事, 府協議會員 및 商業會議所職員 등 朝鮮人有力者를 仁川府廳에 소집하고 警察署長 입회 하에 개점하기를 懇諭함. 다시 4월 1일 조선인 상인 대부분을 소집하여 설유하기로

선언서배포 1건, 시위계획 2건, 동맹휴교 2건 만세시위 3건, 기타 투석 1건이었다. 이 중 폭력투쟁은 4월 27일에 있었던 부산진역 기차 투석사건이 유일했다. 군산부는 총 4건인데 만세시위가 2건 있었고 1건은 계획, 1건은 시위 조짐이 있었다는 내용이며 폭력투쟁은 3월 23일 군산공립보통학교 방화 사건이 유일했다. 함경남도 원산부는 총 3건인데 3월 1일의 원산 시위 외에 4월 5일부터 3일 동안 철시 투쟁이 있었다. 원산부 역시 초기의 시위가 있었지만 폭력투쟁은 거의 보이지 않았고 4월 즈음에 장기간 철시투쟁이 있었는데 이 전개과정은 인천부와 매우 유사하다. 주요 참여자들은 부산부는 경성학생단, 일신여학교, 부산공립상업학교 학생이었고 군산부는 대부분 학생 계층이 주도했다. 원산부는 31월 1일 만세시위는 기독교 인사들이 주도했고 철시투쟁은 무직의 20세 청년인 김진수가 주도했다. 삼일운동 데이터베이스/사건정보/ 부산부, 군산부, 원산부 항목.

29 3.1운동이 집중적으로 벌어지던 3월~4월 간 인천의 3.1운동은 총 6건인데 동맹휴교 1건, 만세시위 3건에 시위 미수 1건, 그리고 철시 1건이었다. 이 중 인천부 상점 철시 과정은 약 6일간에 걸친 사건이므로 매우 중요한 비중을 차지했다고 볼 수 있다.

하였으나 앞의 정세로 말미암아 시민은 공포를 느끼는 모양임.[30]

여기서 눈에 띄는 것은 '협박문서'와 '앞의 정세'이다. 이는 일제 측 기록에서 파악한 조선인 상인들을 움직인 動因이라고 볼 수 있다. 아래의 기록을 살펴보자.

京城과 기타 각지의 상인들이 조선독립운동을 성원할 목적으로 점 포를 폐쇄함에도 불구하고 京畿道 仁川府에서는 폐점하지 않음을 유 감으로 생각한 金三壽, 林甲得은 1919년 4월 1일 '점포를 폐쇄하지 않으면 최후의 수단을 강구하겠다'는 내용의 협박문 18통을 작성하여 그날 오후 11시경 인천부 外里 李福鉉 외 16명의 점포에 투입하고, 4월 2일에는 '경고'라는 제목의 협박문 20통을 작성하여 인천부 內里 張智爕 외 여러 명의 점포에 투입하여 폐점을 요구했지만 상인들은 불응했다. 이에 김삼수와 임갑득은 4월 3일 '최후통첩'이라는 제목의 협박문을 여러 통 작성하여 인천부내 점포들에 투입하려다가 체포되 었다.[31]

요컨대 철시투쟁의 배후에서는 전국 각지의 철시투쟁에 감응한 김삼 수와 임갑득의 투쟁 독려가 있었던 것이다. 그렇다면 김삼수와 임갑득은 누구일까? 그들의 이력에 대해 간단하게 살펴보았다. 당시 수형기록에 의 하면 김삼수의 직업은 잡화상이었으며 1901년 2월 17일생으로 철시운동 당시 19세의 나이였다. 그의 죄명은 보안법위반/협박이었으며 10개월 형 을 받았다. 임갑득의 직업은 여관조합 급사였으며 1904년 8월 3일 생으로 당시 나이 16세에 불과했다. 그 역시 보안법위반의 죄목을 받았고 징역

---

30 朝鮮總督府 內秘補 448;秘第244號 「騷擾事件ニ關スル件報告」, 松永武吉(경기 도장관), 1919년 4월 2일.
31 大正8年刑第1091號, 「김삼수 등 2명 판결문」, 1919년 5월 15일.

6개월 형을 받았다. 프로필로만 느껴지지 않는 감각을 이해하기 위해 두 인물의 수형 카드를 살펴보자.

[그림 1] 김삼수(좌), 임갑득(우)의 수형 카드

전거 : 한국사데이터베이스/일제감시대상인물카드/카드번호 : ia_0836, ia_4491
http://db.history.go.kr/item/level.do?levelId=ia_0836_0636(김삼수)
http://db.history.go.kr/item/level.do?levelId=ia_4491_3483(임갑득)

수형 카드에서 보이는 것처럼 김삼수는 건장한 청년의 체격이었지만 앳된 끼가 남아있었고 임갑득의 경우는 체격도 작을 뿐 아니라 얼굴에서도 아직 소년티를 벗어나지 못했음을 알 수 있다. 이러한 인상착의만으로 이들의 영향력을 쉽사리 규정할 수는 없을 것이지만 최소한 이들이 지역사회에서 권력을 가진 존재들은 아니었다는 점은 예측할 수 있을 것이다. 3월 6일 인천공립보통학교 동맹휴교를 주도하여 치안유지법, 주거침입, 전신법 위반으로 징역 1년 6개월을 선고받았던 김명신(金明辰) 또한 1902년 10월 생으로 당시 18세였는데, 이는 인천지역 운동에서 세대변수를 유념해야 함을 알 수 있는 대목이다.[32] 당시 조선총독부는 3.1운동 참여자들

---

32 3.1운동을 세대론적 관점에서 접근한 연구로는 주동빈, 「3.1운동 초기 경성시위에 대한 세대론적 분석」, 『동방학지』 184, 2018이 있다.

을 분류하면서 30세 이하를 청년, 30~50세를 장년으로 구분했는데,[33] 인천지역 주동자들은 10대 중후반의 나이였으므로 사실상 '청소년'에 가까운 청년들이었다고 볼 수 있다.

아울러 김삼수와 임갑득의 경우 직업이 잡화상과 여관조합 급사였던 점도 주목할 만하다. 경성시위를 주도한 청년들이 대부분 당대의 엘리트 계층인 학생신분이었다는 것을 생각해보면[34] 인천 철시투쟁 주체들의 이러한 주변부적 성격은 특징적이다. 여기서 인천지역의 운동양상의 특징을 발견해낼 수 있다. 인천 내의 3.1운동 활동은 대부분 만세시위, 철시, 동맹휴교 등 도시에서 유통망의 흐름을 끊는 등의 방식이 많았고 물리적인 폭력은 통제되는 양상이었다는 것이다. 상술한 바와 같이 이것은 인천 뿐 아니라 개항장이 설치되었던 도시 지역에서 공통으로 발견할 수 있는 현상이었다.

그렇다면 폭력투쟁이 드물었으며 철시투쟁과 동맹 휴교, 비폭력 만세시위 등에 집중된 운동 양상의 원인은 무엇일까. 먼저 개항장 도시인 인천의 특징을 들 수 있다. 선행 연구에서 지적한 바와 같이 도시의 시위는 동맹휴학, 철시, 동맹파업 등의 특징을 보인다.[35] 인천의 조건 또한 유사했다. 개항 이후 일찍부터 영사관과 교회·은행·학교 등이 설립된 거점 도

---

33 朝鮮總督府官房庶務部調査課, 「朝鮮騷擾事件ノ思想及運動(1924.11)」, 朝鮮憲兵隊司令部 編, 『朝鮮三·一獨立騷擾事件(復刻)－槪況·思想及運動』 東京 : 巖南堂書店, 1969, 451~453쪽.
34 사실 3.1운동 초기 경성시위에서도 학생과 청년 집단의 역할은 매우 중요했다. 경성시위 당시 학생－청년세대의 운동 참여에 대해서는 최우석, 「재일유학생의 국내 3·1운동 참여 － 「양주흡 일기」를 중심으로」, 『역사문제연구』 31, 2014; 주동빈, 앞의 논문, 2018 참조.
35 김정인, 「3.1운동, 대중시위와 시위문화의 근대적 전환」, 『내일을 여는 역사』 33, 2008, 55쪽.

시켰기 때문이다. 아울러 일본인 상인의 진출이 활발했고, 상술한 바와 같이 인천지역의 일본인 비율은 30%에 해당하며, 19세기 후반부터 인천지역 조선인들과 일본인들의 잡거(雜居) 역시 광범위한 현실이었고 그 양상은 식민지 시기에 들어와서도 이어지고 있었다.[36]

　　다음으로 경찰 권력의 차이를 들 수 있다. 일제의 경찰력이 지방 면단위까지 침투하고 있었던 것이 사실이지만,[37] 재조일본인의 입장에서 보면 도시와 농촌 사이에는 '치안수준'은 큰 차이가 있었다고 보는 것이 합리적일 것이다. 1910년대 도시의 기준은 1914년 조선총독부의 행정구역 재편에 따라 새로 창설된 '府制' 실시 지역과 指定面을 의미하는데, 이 지역들 중 특히 府는 "거류민단 소재지 또는 다수 일본인소재지를 府로 한다"는 원칙에 따라 창설된 지역이었다.[38] 따라서 '도시 = 일본인 밀집 지역'이라는 등식의 성립이 가능하고 해당 지역에 행정, 교통, 경찰 등의 시설도 동시에 밀집하는 양상으로 도시 구조가 형성되었던 것이다. 그러므로 도시는 재조일본인의 시각에서 보면 도시는 '치안'이 보장된 곳이었고 조선인에겐 경찰의 영향력이 강한 곳이라고 볼 수 있을 것이다. 실제로 인천지역 경찰은 학생들의 동맹휴학 동향을 학교 측을 통해 보고 받고 있었고,[39] 철시투쟁에 대해서도 신속하게 대응하고 있었다.[40] 이러한 상황에서

---

36 박준형, 「日本專管租界 내 잡거문제와 공간재편 논의의 전개」, 『도시연구』 12, 2014; 김종근, 「식민도시 인천의 거주지 분리담론과 실제」, 『인천학연구』 14, 2011.
37 朴起緖, 金敏喆, 「日帝의 朝鮮警察權 侵奪過程에 대한 硏究」, 『경희사학』, 19, 1995.
38 손정목, 「일제강점 초기(1919~20)의 지방제도와 행정구역 개편」, 『한국지방제도·자치사연구(上)』, 일지사, 1992, 130쪽.
39 독립운동사편찬위원회, 『독립운동사자료집』 5, 310쪽.
40 大正8年刑第1091號, 「김삼수 등 2명 판결문」, 1919년 5월 15일.

인천지역 조선인들이 취할 수 있는 운동방식은 결국 철시와 휴교 비폭력 만세시위 등으로 귀결되었다고 볼 수 있을 것이다.

경기도내 다른 농촌지역의 양상은 폭력투쟁 양상이 많았다는 점에서 인천 지역과 대비된다. 1919년 9월 총독부에서 3.1운동의 경과를 정리한 문서에 의하면 경기도 농촌지역의 시위 양상은 매우 격렬했다. 3월 21일 이후에 18여개 지역에서 운동이 발발하여 헌병, 경찰관헌, 우편소, 면사무소를 습격하고 또는 일본인 가옥에 방화를 하는 등의 폭력적 투쟁이 전개되었다. 특히 수원, 안성지방에서 방화 파괴는 물론 일본인 순사 1명을 살해하는 수준의 격렬한 저항이 있었던 것이다. 예컨대 수원군 장안면 화수리 주재소의 가와바다 순사가 위생검사를 하면서 조선인의 뺨을 때리면서 모욕하고, 도박 등을 가혹하게 단속하면서 만세 시위 과정에서 살해당했다.[41] 이러한 강력한 투쟁의 중심은 농촌지역이었다고 볼 수 있다. 그것은 경기도 지역에서 3.1운동 관련 피기소자 655명 중 75%에 해당하는 495명이 농민인 것에서도 증명된다.[42]

그리고 농민층의 연령대도 대체로 청장년층(장년층 근소 우위) 주도인 것으로 보인다. 예컨대 농촌지역이었던 안성 원곡·양성지역에 대한 이정은의 연구를 토대로 이 지역 3.1운동의 주도인물에 대해 살펴보자. 당시 원곡면의 주도인물은 이덕순, 최은식, 이근수, 이희룡, 이유석, 홍창섭, 이양섭 등이었다. 아래는 안성 원곡면 시위의 주도인물의 연령과 직업에 관한 표이다.

---

41 『朝鮮騷擾事件關係書類 共7冊 其1』,「朝鮮問題에 關한 件」密受 第102號/陸密 第301號/「朝鮮騷擾經過槪要」 大正 8年 9月.
42 배성준,「3.1운동의 농민봉기적 양상」,『1919년 3월 1일에 묻다』, 성균관대학교 출판부, 2009, 298쪽.

[표 6] 안성 원곡면 주도인물

출신지역	주도인물	나이	직업
내가천리	이덕순	41	농업
	최은식	22	농업
외가천리	이근수	31~32	대서업
	이희룡	47	농업 겸 주막
칠곡리	이유석	33	서당
죽백리	홍창섭	27	농업
	이양섭	25	농업

전거 : 이정은, 앞의 책, 2009, 331쪽.

[표 6]을 통해 알 수 있듯이 원곡면의 주도층은 농업이 중심이었고 30 대 이상이 2명, 40대 이상이 2명이었고 20대는 3명이었으므로 장년층의 비중이 약간 높은 수준이었다. 그리고 참여자 전체의 분포를 보면 안성 원곡·양성 지역의 전체 구속자 127명 가운데 31세 이상이 62명으로 48.8%, 26세 이상은 68.5%였다. 당시에는 대부분 20대 초반에 가정을 이 루었던 것을 생각하면,[43] 안성 원곡·양성 지역 시위는 청장년층 주도의 시위라는 것을 알 수 있다.[44] 대체로 경기도 농촌지역의 시위양상은 이와 크게 다르지 않았을 것으로 예상된다. 또한 30대이며 농민들의 행정문서 작성을 도와주는 대서업이란 직업을 가진 이근수, 서당을 운영하는 33세 이유석 등은 연령과 직업으로 미루어 볼 때, 지역사회에서 일정한 권위를 행사하는 인물이었을 가능성이 높다.

농촌지역의 투쟁이 대개 향촌공동체의 기반 하에 존재했었던 점을 감 안하면 청장년층이 중심이 된 경기도 군 지역의 시위가 10대 청년이 주도 한 인천부의 시위보다 더 체계적이고 공세적일 수 있었던 것이다.

---

43 이기훈, 「청년, 근대의 표상 - 1920년대 '청년' 담론의 형성과 변화」, 『문화과학』 37, 2004, 224쪽.
44 이정은, 앞의 책, 2009, 330~337쪽.

일제의 '문명화' 통치에 대한 거부감 역시 만만치 않았다.[45] '문명화'
는 일제 식민통치의 기본 구조였으며 이것은 조선인의 전통적 정서와도
충돌하였다. 3월 14일 경기 고양군에 게시되었던 격문을 살펴보자.

> 저 잔학하고 무도한 일본인들은 아무런 무기도 없는 우리를 향해
> 칼을 빼서 머리를 치고 총을 쏘아 학살하는 것이 짐승보다도 더 심하
> 였다. **저들은 스스로 문명국이라 내세우면서도 연약한 청년과 여자의
> 머리채를 움켜쥐고 길거리를 끌고 다니는 것이 소나 말의 고삐를 잡
> 은 것보다도 심하게 하였다.**……(중략) 이러저러한 구구한 핑계는 휠
> 휠 떨쳐버리고 금수강산 삼천리를 회복하기 위해, 단군 자손 이천만은
> 한 방울 피까지 다해 싸우기를 …… 우리들은 마지막 한 방울 피까지
> ……[46]

'문명'이라는 구호에 배치되는 폭력적 지배양태를 비판하는 격문이다.
일제의 '문명화' 통치의 이면에는 조선사회의 전통을 야만시하는 멸시 섞
인 시선이 바탕에 깔려 있었다.[47] 조선인들이 정서적으로 분노할 수밖에
없었던 상황이었다. 그리고 이러한 '문명화' 통치에 저항하는 상징적 존
재로 단군을 내세운 것은 흥미롭다. 문명의 외피를 쓴 이민족의 폭력적
통치를 비판하는 근저에 단군 민족주의가 있었던 것이다.[48]

---

45 3.1운동 '거족성'의 배경을 1910년대 '문명화' 통치와 연결시킨 연구는 권태억,
「1910년대 일제의 '문명화' 통치와 한국인들의 인식 — 3.1운동과 '거족성' 원인
규명을 위한 하나의 시론」, 『한국문화』 61, 2013이 있다.
46 「3월 14일 고양군 용강면 아현리로부터 연희리로 통하는 삼거리 게시판에 붙어있
던 것 : 연희면으로 통하는 삼거리에서 발견된 격문」, 작성자 : AKP단, 구분 : 일
본시가현립대학도서정보센터(박경식문고), 국편DB/격문·선언서
http://db.history.go.kr/samil/home/manifesto/select_manifesto_detail.do
47 권태억, 앞의 논문, 358쪽.
48 3.1운동 당시 발표된 16건의 선언서 중 단기(檀紀)를 사용하여 발표일을 적은 것은

농촌지역에서 폭력투쟁이 많았던 또 다른 요인은 무엇일까. 선행연구에서는 농촌이 일제 지배통치에 직접적으로 노출되었기 때문이라고 보고 있다. 지세와 호세, 지세부가세, 시장세, 도장세(屠場稅), 연초세, 주세, 면비, 학교조합비 등 각종 조세 부담과 주재소 설치로 인한 헌병경찰의 억압을 이유로 들고 있다.[49] 더하여 1910년대부터 진행되었던 동양척식주식회사의 이민사업도 무시할 수 없는 변수이다. 1910년부터 1918년까지 토지조사사업이 실시되었고 국유지와 역둔토 등 전국 농토의 일부가 총독부 소유로 넘어갔고 총독부는 동양척식주식회사(이하 동척)에 토지를 불하하고 일본인 이민자를 지주로 받아들였다. 경기도 수원에도 동척의 지사가 설치되었다. 동척 이민사업은 1911년 제1회 이민부터 1927년까지 17회의 이민을 진행했다.[50] 일제는 이민사업이 '日鮮同化'에 기여했다고 평가했지만 다수의 조선인은 대부분 이민사업에 반대했다. 현재까지의 연구성과를 종합하면 동척사업은 이민시작 10여 년만에 일본과 만주로 수만 명의 조선농민을 쫓아내어 원성의 대상이 되었던 사업이었다.[51] 따라서 동척의 이민사업은 3.1운동의 배경 중 하나로 볼 수 있다. 그리고 동척 이주민으로 온 일본인들이 뿌리내린 곳은 당연히 농촌지역이었다. 1920년대 전개된 동척이민반대운동은 이러한 저항의 연장선상에 있었던 것이다.

이렇듯 개항장 도시였던 인천은 청년세대가 주도한 동맹휴교와 철시투쟁의 양상을 보여주었고, 경기도 농촌 지역에서는 청장년 세대가 주도

「대한독립선언서」를 비롯한 7건이나 되는 것을 감안하면 3.1운동과 단군 민족주의의 관계 또한 중요한 분석대상이라 하겠다. 이에 대한 선행연구는 정영훈, 「삼일운동과 단군민족주의」, 『한국동양정치사상사연구』 11(2), 2012를 참조하라.

49 경기도사편찬위원회, 『경기도사』, 2002, 170~171쪽.

50 최원규, 「동양척식주식회사의 이민사업과 동척이민 반대운동」, 『한국민족문화』 16, 2000, 79쪽.

51 위의 논문, 100쪽.

한 폭력투쟁의 양상이 나타나고 있었다. 두 지역의 차이는 인천과 경기도 농촌 사이의 지역적 특수성의 차이에 기인하는 것이었고 더 나아가 도시와 농촌 지역의 일반적 차이인 측면도 있었다고 볼 수 있을 것이다.

5. 맺음말

경기·인천지역 3.1운동의 배경을 설명하기 위해 본 연구에서는 기존의 연구성과를 재검토하고, 최근의 식민지 시기 연구의 다양한 문제의식을 받아들였다. 그런 과정에서 새롭게 설정한 문제의식은 개항장 도시와 농촌지역의 차이점, 세대론적 분석이었다. 그 결과 본 연구에서 정리한 경기·인천지역 3.1운동의 배경과 원인은 다음과 같다.

우선 도시와 농촌 지역의 조건에 따라 운동발발과 양상의 차이가 있었다. 그것은 인천부와 기타 군 지역 간의 운동 양상의 차이에서도 드러난다. 인천부는 개항 이후 일본영사관과 교회·은행·학교 등이 설립되었고 재조일본인 상권이 구축되었으며, 상대적으로 강한 도시지역 치안의 영향을 받고 있었다. 이러한 조건 하에서 투쟁 양상은 철시와 휴교 등에 집중되었던 것이다. 반면에 농촌지역은 달랐다. 동척사업의 이민자가 농촌에 꾸준히 유입되었고, 처음 보는 식민자의 조선인에 대한 멸시는 조선인들에게 참을 수 없는 행위였다. 여기에 농촌 지역 향촌공동체는 좀 더 체계적이고 강력한 투쟁을 할 수 있는 여건을 마련해주었다.

다음으로 주도층과 지역사회의 지위의 차이도 중요한 변수 중 하나였다. 인천부 시위를 주도한 인물은 10대 중후반의 잡화상, 여관조합 급사 등의 직업을 가진 청년들과 동맹휴교를 주도한 학생 등이었는데 반해 경기도 군 단위 농촌지역의 투쟁을 주도한 인물들은 30대 전후의 농민, 서당운영자 등이 많았다. 양자가 놓인 생물학적, 사회적 기반이 매우 다름을 알 수 있었다.

　본 연구에서는 상기한 사항들을 경기·인천지역 3.1운동의 발생 배경으로 제시했다. 물론 이 글은 연구의 진행 과정에서 작은 단서를 제공했을 뿐이다. 향후 새롭게 밝히고 연구해야 할 과제들이 많을 것이다. 후일에 더 보완할 것을 기약하며 글을 맺는다.

[토론문]

경기·인천지역 3.1운동의 배경 재검토

홍 종 욱(서울대학교 인문학연구원 부교수)

1. 식민지 근대와 3.1운동

이 논문에서는 선행 연구을 체계적으로 소개, 분석함으로써, 일제의 침략을 강조하는 수탈론적 시각 그리고 지역의 특성을 고려하지 않는 중앙 중심적 시각을 극복하고, 일제 통치가 가지는 '문명화' 측면까지를 고려하는 복안적 시각 그리고 지역 공동체의 대응 등을 살피는 지역사의 시각이 나타나는 과정을 잘 정리하였다.

이러한 성과를 바탕으로 경인 지역에서 3.1운동이 일어난 배경과 원인을 다각적으로 고찰하였다. 그 가운데 하나로 특히 경기도 농촌 지역에서 벌어진 동양척식주식회사를 앞세운 일제의 경제적 침략에 주목하였다. 발표문에서는 선행연구를 원용하여 "동척 사업은 이민 시작 10여 년 만에 일본과 만주로 수만 명의 조선 농민을 쫓아내어 원성의 대상이 되었던 사업이었다"고 지적하였다. 얼핏 보아 전통적인 수탈론의 입장에 선 분석으로 받아들여지는데, 동양척식의 조선 진출을 이른바 식민지 근대론의 입장에서 해석한 선구적인 연구를 조금 소개하고자 한다.[1]

---

1 이하 안병태의 연구에 대해서는, 졸고, 「내재적 발전론의 임계 -가지무라 히데키와 안병태의 역사학-」, 강원봉 외, 『가지무라 히데키의 내재적 발전론을 다시 읽는다』,

재일조선인 연구자 안병태(安秉珆)는 1975년에 발표한 「일본인 지주의 경제적 합리주의와 경영 방식」[2]에서 동양척식주식회사가 중층적인 토지 소유 구조에 의거한 조선의 '중간계층'을 배제해 가는 과정을 분석했다. 아울러 1973년에 발표한 「조선의 경제적 개화운동과 일본 제국주의 형성의 일 특질 ―조선 관료·상인과 정상(政商) 부르주아·거류 상인의 활동을 중심으로―」[3]에서는 조선의 자주적 근대화 노력과 이를 배제하면서 침투해 오는 일본 세력과의 대결을 분석하여, 일본 국가의 강력한 보호와 더불어 상인들이 몸에 지니고 있던 '경제적 합리주의'가 일본 측이 조선 측을 압도한 요인임을 밝힌 바 있다. 안병태의 연구는 일본의 침략에 '합리주의'의 관철이라는 측면이 존재했음을 지적함으로써 일본 제국주의의 성격을 이해하는 데 많은 시사를 준다. 나아가 1976년에 발표한 동양척식회사와 조선인 지주·민중과의 대립을 다룬 두 편의 논문에서는[4] '경제적 합리주의'를 내건 일본의 침략에 맞서 조선 측의 '유교적 이데올로기'가 역으로 '저항의 에네르기'로 전화해 가는 과정을 밝혔다.

이 논문에서는 일제 통치가 지닌 '문명화' 측면에 주목하는 동시에, 거기에는 "조선 사회의 전통을 야만시하는 멸시 섞인 시선이 바탕에 깔려

아연출판부, 2014, 참조.

2 安秉珆, 「日本人地主の經濟的合理主義と經營方式」, 『社會科學硏究年報』 6, 1975(안병태 사후 발행된 『朝鮮社會の構造と日本帝國主義』, 龍溪書舍, 1977에 수록).

3 安秉珆, 「朝鮮の經濟的開化運動と日本帝國主義形成の一特質 ―朝鮮の官僚·商人と政商ブルジョア·居留日本商人の活動を中心に―」, 『經濟學論集』 13-3, 1973(『朝鮮社會の構造と日本帝國主義』 수록).

4 安秉珆, 「東洋拓殖株式會社の土地收奪について ―全羅南道旧宮三面土地收奪事件―」, 『社會科學硏究年報』 7, 1976; 「東洋拓殖株式會社の土地經營方式と在來朝鮮人地主の經營方式について」, 『經營史學』 8-1, 1976(두 편 모두 『朝鮮社會の構造と日本帝國主義』 수록).

있었다"고 지적하였다. 동양척식의 경제적 침략에 대해서도 전통적인 수탈론적 시각에서 바라보기보다 이러한 복안적 시각에서 재해석한다면 3.1운동의 배경으로서 식민지 근대가 가져온 변화에 주목하는 최근 학계의 연구성과와도 더욱 잘 부합하지 않을까 생각한다.

또한 이 논문에서는 일제의 '문명화' 통치에 대한 조선인들의 정서적 분노에 천착하여 저항의 상징으로서 단군 민족주의가 등장한 것에 주목하였다. '근대'에 '전근대'로 맞선 셈인 이러한 상황에 대해서 안병태는 다음과 같이 해석한 바 있다. "동척(및 일본인 기업지주)의 토지경영을 자본적(및 권력적)인 것(즉 앞선 것)으로 보고, 재래 조선인 지주의 토지경영을 봉건적인 것(즉 뒤처진 것)으로 보는 종래의 시각, 구분 방식은 일면적으로는 타당하다. 그러나 이는 조선인이 '유교주의, 유교원리에 바탕한 경직성'을 주체적으로 극복할 원리와 기회를 가지지 못한 채 일본제국주의에 의해 초래된 거침없는 '경제적 합리주의, 상황대응적 유연성'에 저항한 결과이기도 하다고, 보다 긍정적으로 볼 수는 없을까."[5] 일제의 식민통치와 이에 대한 조선인의 저항을 살피는 데 중요한 참조점이 될 수 있는 시각이라고 생각한다.

2. 농촌형과 도시형

이 논문에서는 경기와 인천에 대해 3.1운동의 전개 양상과 그 특징을 구별하여 서술하였다. 주된 차이는 '폭력화 양상'과 시위 주도층의 연령

---

5 安秉珆, 「東洋拓殖株式會社の土地経營方式と在來朝鮮人地主の経營方式について」, 257~258쪽.

이었다. 이 같은 차이를 논문에서 추적하고 있는 배경과 원인까지를 포함하여 예컨대 농촌형 운동과 도시형 운동으로 일반화, 범주화할 수 있지 않을까 생각된다.

이 논문에서는 농촌 지역인 경기도에서 3.1운동이 폭력화 양상을 띤 데 반해 도시 지역인 인천에서는 폭력이 절제되는 상황에 주목하였다. 그리고 이와 같은 차이가 나타난 원인으로서 먼저 "인천지역의 일본인 비율은 30%에 해당하며, 19세기 후반부터 인천지역 조선인들과 일본인들의 잡거 역시 광범위한 현실"이었다는 요컨대 '개항장 도시인 인천의 특징'을 들었다. 아울러 "재조일본인 시각에서 보면 도시는 '치안'이 보장된 곳이었고 조선인에겐 경찰의 영향력이 강한 곳"이라는 즉 도시와 농촌의 치안력의 차이를 들었다.

한편 "경기도 내 다른 농촌지역의 양상은 폭력투쟁 양상이 많았다는 점에서 인천 지역과 대비된다"고 파악하였다. 그 원인으로서는 "농촌지역의 투쟁이 대개 향촌공동체의 기반 하에 존재했었던 점을 감안하면 청장년층이 중심이 된 경기도 군 지역의 시위가 10대 청년이 주도한 인천부의 시위보다 더 체계적이고 공세적"이었다고 설명한다.

이와 관련해서는 농촌 지역의 3.1운동이 "조선후기 민란의 전통 위에서 민중이 자발적으로 진행"되었다는 조경달의 분석을 떠올리게 된다. 배성준과 허영란도 마찬가지로 농촌지역 3.1운동의 자율성에 주목한 바 있다. 즉 농촌에는 일제 침략이 전통적인 공동체를 해체시킬 정도로 진행되지 않아, 그러한 공동체가 바탕이 되어 적극적인 운동이 표출되었다는 분석이다. 이에 반해 도시의 경우 특히 일본인의 진출에 따라 형성된 도회지에서는 이와 같은 공동체가 존재하기 어려웠다. 시위 주도층의 연령도 이와 관련이 있다. 농촌에서는 기존 공동체 질서를 바탕으로 하여 전통적인 여론 주도층이 운동을 지도하였으므로 청장년이 중심이 되었다. 이에 반해 식민 도시에서는 보다 젊은 세대들의 활약이 눈에 띈다. 이른바 3.1운동 세대 혹은 청년의 등장이라고 부를 수 있을 것이다.

그 밖에 논문에서는 농촌 지역 운동의 특성으로서 일제의 문명화 통치에 대한 반감, 그리고 동척의 진출과 여러 세금 부담 등 일제 지배 통치에 직접적으로 노출된 점을 들었다. 이 점에 대해서는 위에 지적한 바와 같이 일제 식민 통치가 지니고 있던 개발과 수탈, 문명화와 식민주의라는 복합적 성격을 음미할 필요가 있다.

경기·인천지역 만세시위의 확산 양상

최 우 석(독립기념관 한국독립운동사연구소 연구원)

1. 머리말

1919년 3월 1일, 서울과 평양, 진남포, 안주, 선천, 의주, 원산 등 7개 도시로부터 만세시위가 시작되었다. 그 이후 두 달이 넘는 기간 동안 전국에서 1,700여건에 달하는 만세시위가 이루어졌다. 3·1운동이 전국적·전 민족적으로 일어나는 가운데에서도 가장 가열찬 투쟁이 벌어진 지역은 경기도 지역이었다. 2019년 2월말, 국사편찬위원회에서 구축한 삼일운동데이터베이스에서도 경성 지역을 포함한 경기도 지역의 만세시위 횟수가 총 397건으로 집계되었다. 이는 3·1운동의 전체 만세시위 중 4분의 1

을 차지하는 수치로 경기·인천 지역의 중요성을 다시금 확인시켜주는 결과물이었다.[1] 본고에서는 이러한 중요성을 염두에 두는 한편, 경기·인천 지역에서 일어났던 만세시위의 확산 양상에 대해 분석하고자 한다.

그 동안 3·1운동 연구를 진행하는 과정에서 '지역'은 중요한 매개이자 연구대상 단위였다. 3·1운동이 워낙 거대한 운동이었기에 그것을 하나의 흐름으로 정리하기 힘들었고, 각 지역 단위의 운동 양상을 설명하고 이를 결합하는 방식으로 운동의 전체상을 그리고자 했다. 이 같은 접근은 1966년 국사편찬위원회에서 편찬한 『한국독립운동사』 2권에서 처음 시도되었고, 1971년 독립운동사편찬위원회에서 편찬한 『독립운동사』 2~3권은 각 지역에서 수집한 증언이나 지역 운동에 관련된 판결문 자료를 발굴하여 그 구체성을 더하였다.[2]

경기도 지역으로 한정해서 연구가 본격화된 것은 3·1운동 70주년 기념으로 1989년에 한국역사연구회와 역사문제연구소가 공동 기획한 『3·1민족해방운동 연구』에 실린 이지원의 연구였다. 1910년대 경기도지방의 민족운동과 3.1운동 조직과정, 투쟁양상과 이념을 분석하였다.[3] 1995년에 경기도사편찬위원회가 편찬한 『경기도 항일독립운동사』로 각 지역별로 기본적인 정리가 이루어졌고, 이후 여러 작업들을 통해 조금씩 연구의 진척이 이루어졌다.[4]

---

1 국사편찬위원회 삼일운동데이터베이스 참고(2019.2.20.)

2 국사편찬위원회, 1966 『한국독립운동사』 2, 국사편찬위원회 ; 독립운동사편찬위원회 편, 1971 『독립운동사 제2권 : 3·1운동사 상』, 독립유공자사업기금운용위원회

3 이지원, 1989 「경기도지방의 3·1운동」, 한국역사연구회·역사문제연구소 엮음, 『3·1 민족해방운동 연구─3·1운동 70주년 기념논문집』, 청년사

4 경기도사편찬위원회, 1995 『경기도항일독립운동사』, 경기도사편찬위원회 ; 경기도사편찬위원회, 2006 『경기도사 제7권 일제강점기』, 경기도사편찬위원회 ; 박환, 2007 『경기지역 3.1독립운동사』, 선인 ; 독립기념관 한국독립운동사연구소 편,

또 한편으로는 1990년대 이후에 지방자치제가 강화되면서 각 시군 단위의 3·1운동 양상에 대한 관심과 연구가 본격화되었다.[5] 이들 연구를 통

2009 『한국독립운동의 역사 19권 국내3·1운동 I -중부·북부』, 독립기념관 ; 박환·최재성, 2019 『한권으로 읽는 경기도의 3·1운동』, 경기문화재단

5 성주현, 2013 『식민지시기 종교와 민족운동』, 선인 : 2014 『일제하 민족운동 시선의 확대 - 3·1운동과 항일독립운동가의 삶 -』, 도서출판 아라 ; 이정은, 2009 『3.1 독립운동의 지방시위에 관한 연구』, 국학자료원 ; 조성운, 2003 『일제하 수원지역의 민족운동』, 국학자료원 : 2016 『일제하 경기도의 민족운동과 증언』, 선인 ; 한국사연구회 편, 2019 『3·1운동의 역사적 의의와 지역적 전개』, 경인문화사 ; 김권정, 2010 「수원지방 기독교계의 3·1운동과 이후 동향」, 『역사와 교육』 11, 역사와교육학회 ; 金性玟, 2002 「강화지역 3·1운동의 전개와 성격」, 『한국근현대사연구』 22, 한국근현대사학회 ; 김세영, 2003 「일제강점기 수원 지역 천도교의 항일독립운동」, 『祥明史學』 8·9, 祥明史學會 ; 김승태, 2014 「일제의 기록을 통해서 본 경기도 고양 지역의 3.1독립운동」, 『한국기독교와 역사』 40, 한국기독교역사연구소 ; 金容達, 2005 「경기도 포천지역 3·1운동의 전개와 성격」, 『한국근현대사연구』 32, 한국근현대사학회 ; 盧千鎬, 1988 「水原地方 三·一運動 研究」, 단국대 교육대학원 역사교육과 석사학위논문 ; 박환, 2002 「경기도 화성 송산지역의 3·1운동」, 『정신문화연구』 89, 한국정신문화연구원 : 2006 「인천 황어장터 3·1운동의 전개와 역사적 의의」, 『한국민족운동사연구』 46, 한국민족운동사학회 ; 成周鉉, 2001 「수원지역의 3·1운동과 제암리 학살사건에 대한 재조명」, 『水原文化史研究』 4, 水原文化史研究會 ; 신효승, 2018 「일제의 '제암리 학살사건'과 미국 선교사 기록의 형성 과정」, 『學林』 41, 연세사학연구회 ; 이계형, 2018 「경기도 화성지역 3·1운동의 연구동향과 과제」, 『韓國學論叢』 50, 國民大學校 韓國學研究所 ; 이덕주, 1997 「3·1운동과 제암리사건」, 『한국기독교와역사』 7, 한국기독교역사연구소 ; 李東根, 2003 「水原 3·1운동에서 天道敎의 역할 -雨汀·長安面을 중심으로-」, 『京畿史學』 7, 京畿史學會 : 2004 「1910년대 水原지역의 사회경제적 상황과 3·1운동의 전개과정」, 『水原文化史研究』 6, 水原文化史研究會 : 2008 「김포지역 3·1운동의 전개와 특징」, 서굉일 교수 정년기념논총 간행위원회 편, 『지배문화와 민중의식』, 한신대학교 출판부 ; 이승원, 2019 「평택지역 3·1운동 주요세력과 시위형태의 특징」, 『역사와 교육』 28, 동국대학교 역사교과서연구소 ; 이연복, 1998 「1910~20년대 양주지역의 항일민족운동」, 『首善社會』 9, 서울교육대학교 ; 이용창, 2018 「재판 관련 기록으로 본 화성 장안·우정면 3·1만세운동」, 『한국독립운동사연구』 62, 독립기념관 한국독립운동사연구소 ; 李正善, 1990 「始興

해 주요 지역들의 운동양상이 세부적으로 정리되기 시작했다. 그런데 세부 지역 단위 연구의 본격화는 다른 한편에서는 몇 가지 문제점을 나았다. 우선, 각 지역별로 연구가 이루어지는 과정에서 운동 규모나 피해 규모에 비례하여 몇몇 지역으로만 연구가 편중되는 현상이 발생하였다. 수원, 화성, 안성 등의 지역 연구는 활성화되었지만, 현재 대한민국과 북한 사이에 끼인 지역으로 행정구역이 말소된 '장단군' 같은 지역은 연구가 진행되지 못 했다.[6] 그리고 각 시군별로 연구가 진행되면서 1919년 당시 혹은 현재의 행정구역 단위에 연구대상 범위가 국한되었다. '시-군-면-리' 단위로 더 작게 연구가 진행되면서 3·1운동의 연구를 '부분화-분절화'시키는 효과를 나았다.

본고에서는 경기·인천지역 3·1운동의 의미를 새롭게 재조명하기 위해서 기존의 '군 단위' 접근방법론으로부터 일정하게 벗어나고자 경기·인천

地方 三·一運動 硏究」, 국민대 교육대학원 역사교육과 석사학위논문 ; 李廷銀, 1987 「安城郡 元谷·陽城의 3·1운동」, 『한국독립운동사연구』 제1집, 독립기념관 한국독립운동사연구소 : 1991 「3.1運動의 地方 擴散과 性格」, 서울대 국사학과 석사학위논문 ; 이희환, 2018 「인천의 독립운동가 범주 설정과 향후 연구의 과제」, 『畿甸文化硏究』 39-1, 경인교육대학교 기전문화연구소 ; 임형진, 2017 「동학에서 천도교로의 개편과 3·1독립혁명 - 수원지역을 중심으로 -」, 『동학학보』 45, 동학학회 ; 조성운, 2009 「김포지역 3·1운동의 역사적 의의 -김포지역사적 관점에서」, 『崇實史學』 22, 숭실사학회 ; 진주완, 2019 「평택지역 3·1운동의 검토와 과제」, 『한국민족운동사연구』 98, 한국민족운동사학회 ; 崔洪奎, 1988 「水原地方과 抗日民族運動의 精神史的 脈絡」, 『畿甸文化』 4, 기전향토문화연구회 ; 허영란, 2009 「3·1운동의 지역성과 집단적 주체의 형성 -경기도 안성의 사례를 중심으로」, 『역사와 경계』 72, 부산경남사학회 ; 황민호, 2006 「安城邑內와 竹山地域 3·1운동의 전개」, 『한국민족운동사연구』 46, 한국민족운동사학회 : 2012 「경기도 광주군 지역의 3·1운동」, 『한국민족운동사연구』 72, 한국민족운동사학회 ; 洪錫昌, 1992 「水原·華城地方의 三·一運動史(상)」, 『畿甸文化』 제10집, 畿甸鄕土文化硏究會
6 이외에도 연천군이나 이천군 등 만세시위 규모가 약하다고 인식된 지역들은 별도의 연구논문이 발표된 바가 없다.

지역을 하나의 분석대상으로 살펴보고자 한다. 그리고 기존의 연구들에서 경기·인천지역 3·1운동 확산 양상에 대해서 제시한 몇 가지 명제나 문제 제기들을 재검토하고 검증하는 작업을 시도하고자 한다.

이를 위해 3·1운동 초기 확산에서 주요한 역할을 했던 민족대표의 기획과 철도라는 교통망의 역할이 경기·인천지역 3·1운동의 확산 양상에 끼친 영향을 살펴보도록 하겠다. 그리고 경기·인천지역의 각 부군별로 첫 번째 만세시위가 이루어진 시점과 그 내용적 특징을 살펴보는 것을 통해 경기·인천지역의 만세운동 확산 양상을 파악하겠다. 3·1운동에서 지역적 네트워크로서 중요한 역할을 했다고 평가받는 장시에 대해서 경기·인천 지역에서의 양상을 중심으로 실증적으로 검토해보겠다. 마지막으로 3·1 운동의 규모와 공세성이 재조선일본인의 침투에 대한 반발로부터 비롯된 것인지, 아니면 전통적 공동체가 온존하면서 저항할 수 있는 힘을 보존한 결과인지에 대해 시론적인 검토를 시도해 보겠다.

이러한 분석 과정에서 우선적으로 경기·인천지역에 대한 규정을 두고 시작하고자 한다. 2019년 현재 경기·인천지역은 서울특별시를 제외하고 1광역시, 28시, 3군으로 이루어져 있다.[7] 그에 반해 1919년 3·1운동 당시 에는 과거 경성부였던 서울을 포함해서 2부 20군이 경기·인천지역에 속해 있었다.[8] 본고에서는 1919년 당시의 지역 구분에 기반하여 서술하겠다.

---

7 인천광역시, 가평군, 고양시, 과천시, 광명시, 광주시, 구리시, 군포시, 김포시, 남양 주시, 동두천시, 부천시, 성남시, 수원시, 시흥시, 안산시, 안성시, 안양시, 양주시, 양평군, 여주시, 연천군, 오산시, 용인시, 의왕시, 의정부시, 이천시, 파주시, 평택시, 포천시, 하남시, 화성시
8 경성부, 가평군, 강화군, 개성군, 고양군, 광주군, 김포군, 부천군, 수원군, 시흥군, 안성군, 양주군, 양평군, 여주군, 연천군, 용인군, 이천군, 인천부, 장단군, 진위군, 파주군, 포천군

2. 초기 만세시위 전국화와 철도의 역할

경기·인천지역에서 3·1운동이 전파되지 않은 부군은 없었지만 3월 1일 이전에 경성에서 진행된 운동계획과 사전 연락이 있었던 곳은 드물었다.[9] 이러한 사실에 기반하여 경기·인천지역 3·1운동은 '민족대표'와의 연계가 미약한 가운데 운동이 시작되었다고 평가되었다.[10] 개성과 수원 정도에만 직접적으로 연결이 이루어졌고, 그 중 개성 지역에서만 즉각적인 만세시위가 일어났다. 왜 경기·인천지역은 초기 3·1운동 주도세력의 계획과 미약한 연계를 갖게 되었던 것일까?

이는 민족대표 33인이 '운동의 전국화'를 계획하는 과정에서 의도적으로 경기·인천지역을 누락하는 형태로 운동을 계획한 결과가 아닌가 추정된다. 1919년 3월 1일 만세시위를 준비했던 주체들은 『독립선언서』 외에도 여러 문건들을 함께 만들어냈다. 그 중 하나인 『조선독립신문』 제1호에는 의미심장한 문구가 있다.

> "전 국민 향응. 동일 대표[민족대표] 제씨(諸氏) 구인되는 동시에 전 국민이 제씨의 소지(所志)를 관철하기 위하여 일제 향응한다 하더라."[11]

『조선독립신문』 제1호는 2월 27일에 보성사에서 『독립선언서』 인쇄가 완료된 이후, 천도교계의 이종일(李鍾一), 이종린(李鍾麟), 윤익선(尹益

---

9 국사편찬위원회, 1966 앞의 책, 225쪽

10 이지원, 1989 앞의 논문, 322쪽

11 『조선독립신문 제1호』, 1919.3.1., 우남이승만문서편찬위원회 편, 1998 『(梨花莊 所藏)雩南 李承晩 文書 : 東文篇 제4권. 3·1運動 關聯文書 1』, 연세대 현대한국 학연구소, 71쪽

善) 등의 주도로 제작해 2월 28일부터 3월 1일에 걸쳐 1만부 가량을 인쇄하였다.[12] 이 신문은 3월 1일 서울에서 만세시위가 시작됨과 동시에 시내에 뿌려졌는데, 그 내용에는 민족대표 33인이 3월 1일 오후 2시 경성 태화관에서 독립선언서를 발표하고 종로경찰서로 잡혀갈 것이라는 내용이 담겨있었다.[13] 운동을 시작하기 이전부터 운동을 시작하자마자 민족대표들이 체포될 것이라는 사전 계획이 있었음을『조선독립신문』제1호 내용은 보여준다. 이 신문은 1919년 3월 1일 운동이 시작됨과 동시에 민족대표 혹은 천도교 측의 3·1운동 계획을 대중에게 공표하고 공식화하기 위해 만든 문건이기도 한 것이다.

그러한『조선독립신문』제1호의 다음 항목에서는 위의 인용문과 같이 민족대표들의 행동에 전 국민이 일제히 향응할 것이라는 문구를 담아두었다. 이는 무엇을 의미하는 것일까? 전 국민이 일제히 향응할 것이라는 문구 역시 단순한 기대나 예측이 아니라 체포를 미리 예고한 것과 마찬가지로 사전 계획된 내용을 밝힌 부분으로 읽어야 할 것이다.

실제로도 그랬다. 1919년 3월 1일 7개 도시에서 독립선언식이 개최되고 만세시위가 일어남과 동시에 전국 각지로 독립선언서와 만세시위가 확산되고 있었다. 그 양상은 다음 표와 같다.

---

12 독립운동사편찬위원회 편, 1972『독립운동사자료집 5 : 삼일운동 재판기록』, 독립유공자사업기금운용위원회, 147~148쪽
13 「조선독립신문 제1호」, 1919.3.1., 우남이승만문서편찬위원회 편, 1998『(梨花莊所藏)雩南 李承晩 文書 : 東文篇 제4권. 3·1運動 關聯文書 1』, 연세대 현대한국학연구소, 71쪽

[표 1] 3월 1일~5일 사이 만세시위와 독립선언서의 확산 양상[14]

	시위만	독립선언서만	시위+독립선언서
3월 1일		강서, 개성, 마산, 봉산, 서흥, 선천, 수안, 연백, 영흥, 옹진, 용강, 익산, 전주, 중화, 철원, 해주, 황주, 회양	경성, 고양, 선천, 안주, 원산, 의주, 진남포, 평양
3월 2일	경성, 선천, 진남포	개성, 곡산, 광양, 구례, 김제, 남원, 논산, 부여, 서흥, 순천(전남), 여수, 이천(강원), 임실, 장수, 정평, 청주, 평양, 화천	강서, 대동, 옹진, 의주, 중화, 황주
3월 3일	강서, 봉산, 선천, 순천(평남), 안주, 예산, 의주, 중화, 평양	금천, 김화, 대구, 부산, 삭주, 순창, 안변, 영변, 통천	개성, 대동, 수안, 옹진, 용강, 용천, 중화, 함흥, 황주
3월 4일	개성, 선천, 용강, 중화, 함흥	춘천	강서, 곡산, 대동, 성천, 순천(평남), 신의주, 용천, 의주
3월 5일	강동, 강서, 개성, 고양, 곡산, 대동, 선천, 성천, 수안, 신의주, 중화, 철산, 평양, 평원	간성, 함흥	경성, 개천, 덕천, 순천(평남), 양덕, 옥구, 용강, 의주

위 표에서는 3가지 사례로 독립선언서 배포와 만세시위 확산 양상을 정리하였다. 만세시위와 독립선언서 배포가 결합된 경우, 만세시위만 일어난 경우, 독립선언서 배포만 있었던 경우, 이상 3가지 사례다. 이에 따르면 만세시위는 벌어지지 않았지만, 3월 1일에 이미 익산, 전주, 마산 등 전라도와 경상도 지역에 독립선언서가 전달되었고 3월 2일에는 광양, 구례, 순천(전남), 김제, 남원, 임실, 여수, 곡산 등 철도망으로 바로 연결되지 않은 지역들에까지 독립선언서가 확산되었다. 3월 3일에는 부산과 대구에서도 독립선언서 배포가 확인되었다.

---

14 국사편찬위원회 삼일운동데이터베이스를 참고해 작성.(2019.4.15.)

이 같은 확산양상은 일제 군경이 파악한 사실들에만 기초한 것이다. 즉, 비밀리에 전달된 독립선언서 중 발각되지 않은 지역이 [표 1]에는 누락되었을 가능성도 있다. 북으로는 의주, 남으로는 부산과 여수, 동으로는 김화, 통천, 간성, 원산, 함흥 등 강원도와 함경도 지역에 이르기까지 독립선언서가 단 5일 만에 전달되었다. 이는 2월 27일 2만1천여 매의 독립선언서 인쇄를 마침과 동시에 다양한 루트로 독립선언서와 만세운동을 전파시킨 천도교, 기독교, 불교, 학생계의 초기 계획에 의해 가능했던 것이다.[15]

독립선언서와 만세시위의 즉각적인 확산은 사전계획을 통해서만 가능한 것은 아니었다. 바로 철도라는 문명의 이기가 존재했던 덕분에 하루 만에 의주-마산 등지까지 독립선언서와 만세시위 소식이 전달될 수 있었다.[16] 15년 전 러일전쟁 당시 대한제국 침범의 도구로 사용되었던 철도가 이제 '해방의 도구'로 작동하게 된 것이었다.

3·1운동은 1919년 1월 21일 고종이 사망하고 3월 3일로 그 장례식 일정이 잡히면서 급속도로 추진된 운동이었다. 운동 주최 측 자체에서 고종의 죽음을 추모하려는 의지는 크지 않았지만, 고종의 장례를 배관하러 오는 식민지 조선인들을 대상으로 '혁명적 분위기'가 조성될 것이라는 기대감은 독립을 꿈꾸었던 사람들 다수에게 공통적으로 존재하는 인식이었다.[17]

---

15 독립운동사편찬위원회 편, 1972『독립운동사자료집 5 : 삼일운동 재판기록』, 독립유공자사업기금운용위원회, 22~25쪽
16 전체 만세시위 양상에서 철도역이 위치한 지역과 위치하지 않은 지역 사이에 만세시위 발생시점과 강도 등에 차이가 발생했다는 견해도 존재한다. 김두얼 미발표 원고 "Revolution Rides on Railroads:Transporatation Network and Diffusion of Demonstrations during The March First Movement in Colonial Korea, 1919" (2018.7.17. 업데이트 버전) 참고 ; 독립운동사편찬위원회 편, 1972『독립운동사자료집 5 : 삼일운동 재판기록』, 독립유공자사업기금운용위원회, 22~25쪽
17 「양주흡 일기」 1919년 1월 24~25일. 최우석, 2019 「청년 양주흡, 혁명을 꿈꾸다」, 한국역사연구회 3·1운동100주년기획위원회 엮음, 『3·1운동 100년 2권 사건과 목

이러한 분위기를 이용하기 위해 운동 거행 날짜가 3월 1일로 정해졌다.

1919년 경성의 인구는 25만 명 정도였다.[18] 그런데 이때 고종 장례를 보기 위해 지방에서 경성으로 온 인파가 20만 명에 달하고 있었다.[19] 경성 시내는 말 그대로 인산인해를 이루었다. 시내의 여관들은 모두 만원을 이루었고 길거리에 노숙하는 사람들도 많았다.[20] 이렇게 많은 이들이 고종 장례를 보기 위해 올 수 있었던 것은 철도 덕분이었다.

3·1운동 초기에 경성에서 진행되었던 큰 시위는 3월 1일과 5일이었다. 이 두 시위는 모두 경성 시내와 남대문역(현재 서울역)을 중심으로 펼쳐졌다. 이는 고종 장례를 배관하러 왔던 이들에게 조선독립선언을 각인시키는 효과를 노린 전략적 시위운동이라고 이해할 수 있다.[21]

[표 2] 2월 27일~3월 9일 사이 남대문역(현재 서울역) 이용승객 인원표[22]

	승차인원	하차인원
2월 27일	1,667	6,006
2월 28일	3,226	14,080
3월 1일	3,075	9,686
3월 2일	2,314	25,902
3월 3일	12,235	8,111
3월 4일	12,826	3,372

격자들』, 휴머니스트, 229~230쪽
18 朝鮮總督府, 1921 『大正9年 朝鮮總督府統計年報』, 조선총독부, 44~45쪽
19 「남대문역의 대혼잡」, 『매일신보』 1919년 3월 5일, 3면
20 「차편 많이 증가되는 남대문역의 하차객」, 『매일신보』 1919년 3월 1일, 3면 ; 「일일 십만원의 대금」, 『매일신보』 1919년 3월 3일, 3면 ; 이희승, 1969 「내가 겪은 3·1운동」, 『3·1운동 50주년 기념논집』, 동아일보사, 400쪽
21 박찬승, 2019 『1919 대한민국의 첫 번째 봄』, 다산초당, 215~216쪽 ; 주동빈, 2019 「3·1운동 초기 경성 시위에 대한 세대론적 분석」, 한국역사연구회 3·1운동100주년기획위원회 엮음, 『3·1운동 100년 3권 권력과 정치』, 휴머니스트, 246~247쪽
22 「國葬과 南大門驛」, 『매일신보』 1919년 3월 11일, 3면

	승차인원	하차인원
3월 5일	10,072	2,506
3월 6일	7,864	1,714
3월 7일	6,408	2,149
3월 8일	3,874	1,770
3월 9일	3,369	1,735

　위의 표는 1919년 2월 27일부터 3월 9일 사이에 경성부 남대문역의 승하차인원수를 표시한 것이다. 이 표의 2월 27일 남대문역 승차인원과 3월 8~9일 남대문역 하차인원을 보았을 때, 평소 남대문역의 승하차인원은 각각 1,500~1,600명가량으로 추정된다. 그러던 것이 2월말부터 2천명이 넘는 사람들이 하차하기 시작했고 2월 27일부터 3월 3일까지 남대문역 하차 인파가 기하급수적으로 늘어났다. 특히 고종 장례를 하루 앞둔 3월 2일에는 25,902명이 남대문역을 통해 경성으로 들어왔다. 이렇게 경성으로 모여든 인파는 3월 3일 고종 장례식이 거행되자 이제 반대로 빠져나가기 시작했다. 3월 3일부터 9일까지 많게는 1만2천여 명, 적게는 3천여 명이 승차하면서 평소의 2~8배 인원이 남대문역을 이용하였다.

　이 표에서 주목되는 시점은 3월 3일이다. 고종 장례가 진행되면서 승하차인원의 역전현상이 일어났고 경성에 모여 들었던 인파가 귀향하기 시작한 시점이다. 즉, 3·1운동을 경성에서 목격했던 사람들은 3월 3일 이후에나 귀향길에 올랐다는 사실을 확인할 수 있다. 귀향길에 오른 이들이 고향 집에 도착한 시점은 빨라도 3월 5일 언저리였을 것이고 그들이 독립선언서와 만세시위 소식을 고향에 전달하더라도 그것을 논의하고 운동으로 구체화하는 데는 일정 시간이 더 소요될 수밖에 없었다.

　그런데 이미 3월 5일까지 전국적으로 독립선언서가 확산되고 있었고 만세시위도 이에 맞물려 들불처럼 번져나가고 있었다. 이는 고종 장례를 이용해서 운동이 '자연적으로 확산'되기를 기대하기도 했지만 독립선언서를 준비한 주체들의 '계획적인 확산'과 지역단위의 사전 준비가 초기 만세시위 확산에 중요한 역할을 했다는 사실을 재확인시켜준다.

[표 1]로 되돌아가 독립선언서와 만세시위가 확산된 지역들을 살펴보면, 운동의 1/4를 차지해 3·1운동의 주요 거점이라고 할 수 있는 경기·인천지역이 오히려 초기 확산 계획에서는 소외된 듯 한 정황이 보인다. 계획에 따라 독립선언서가 배포되었던 개성이나, 경성부를 둘러싸고 있던 고양군 지역을 제외하고는 독립선언서와 만세시위가 전파된 양상이 포착되지 않는다. 철도로 연결되지 않은 전라남도 각지에도 독립선언서가 매우 빠른 시점에 전달되었던 반면 경성부와 인접한 경기·인천지역에 그 영향이 적은 양상을 보인다.

이에 대한 답을 맨처음 제시했던 『조선독립신문』 제1호에서 찾고자 한다. 결국 '전 국민의 향응'에 준하는 운동의 확산을 운동 준비 주체들이 바랐던 의도에서 비롯된 것으로 보인다. 그렇기에 독립선언서와 만세시위를 확산 시킬 지역 거점을 확보하고자 했던 것 같다. 물론 초기 계획에서 추진한 남부지역으로의 만세시위 확산은 당장의 성과를 거두지 못 했다. 그리고 독립선언서가 전달된다고 하더라도 그것만으로 만세시위가 곧바로 일어나는 것은 아니었다. 해당 지역에서 운동을 주도할 주도체가 일정하게 구성되어 사전 논의가 있어야만 즉각적인 만세시위 확산도 더불어 가능했다.[23] 그래도 독립선언서 배포지역을 통해 볼 경우 만세시위의 '전국화'를 유도하기 위한 준비를 한 것으로 해석할 수 있다.

---

23 전라도 지역은 독립선언서가 빠르게 전파되었지만 운동은 뒤늦거나 횟수가 적게 일어난 경우들이 많았다. 이는 천도교구를 매개로 한 독립선언서 배포 계획이 초기에 발각되어 상당한 천도교 인사들이 초기에 체포된 결과로도 볼 수 있을 것이다. 조한성, 2019 『만세열전』, 생각정원 참고

3·1운동의 기획자들은 매우 촉박한 시간 동안 독립선언서류들을 만들고 대표를 규합하고 운동의 확산방식을 고민했다.[24] 그러했기 때문에 그들이 계획할 수 있던 '전국화'라는 것은 빠르게 지역의 거점을 확보하고 그곳을 토대로 파생하여 지역별 확산이 이루어지도록 하는 것이었다. 그 결과 오히려 경성과 인접해있고 교통이 비교적 편리한 경기·인천지역은 초기 확산 계획에서 누락되었던 것이다.

3. 경기·인천지역의 첫 번째 만세시위들의 전개양상

초기 확산 계획에서 누락되었던 경기·인천지역의 3·1운동은 생각보다 늦게 불붙은 경향이 있다. 경기·인천지역의 만세운동 횟수는 3월 1~10일이 23건, 3월 11~20일 21건, 3월 21~31일 229건, 4월 1~10일 104건, 4월 11일~5월 31일은 11건으로 나타난다.[25] 통상적으로 3·1운동의 절정기라고 표현되는 3월 하순부터 4월 초순까지 대다수 만세시위가 집중되어 있음을 알 수 있다.

이에 비교하여, 경상도 지역은 3월 1~10일이 4건, 3월 11~20일 72건, 3월 21~31일 77건, 4월 1~10일 80건, 4월 11~5월 31일 25건으로 나타난다. 3월 11일부터 4월 10일까지 점차적인 고양을 보이며 3월 중순부터 굉장히 강한 운동이 추진되었다. 함경도 지역은 3월 1~10일이 23건, 3월 11~20일 86건, 3월 21~31일 12건, 4월 1~10일 16건, 4월 11~30일 4건으로

---

24 최우석, 2019 「독립선언서 작성과정」, 『대산문화』 71, 대산문화재단 참고
25 본 수치에는 경성부에서 있었던 만세시위 횟수도 포함된 것이다. 국사편찬위원회 삼일운동데이터베이스 인포그래픽(2019.2.20. 기준) 참고

나타난다. 첫 번째 10일간은 경기·인천지역과 비슷한 수치였으나 3월 중순의 규모는 경기·인천지역의 운동보다도 더 빠르고 활발하게 운동이 전개되었던 상황을 보여준다.[26] 이런 특징에 따라 경기·인천지역의 각 부군별 최초 만세시위 일자 역시 상당히 늦은 편이다. 그 상세한 상황은 부군별로 아래 표와 같다.

[표 3] 경기·인천지역 각 부군별 최초 만세시위[27]

지역명	최초 만세시위 정보	지역명	최초 만세시위 정보
가평군	3월 15일 북면과 가평읍내 만세시위	양평군	3월 19일 서종면 문호리 만세시위
강화군	3월 12일 강화공립보통학교 동맹휴학 및 만세시위	여주군	4월 1일 이포리 만세시위
개성군	3월 3일 호수돈여자고등보통학교 학생 만세시위	연천군	3월 21일 백학면 두일리시장 & 미산면 마전리 만세시위
고양군	3월 1일 연희면 만세시위	용인군	3월 24일 수여면 김량장시장 학생 만세시위
광주군	3월 26일 구천면 상일리, 대왕면 수서리, 동부면, 중대면 송파리·산성리 만세시위	이천군	3월 30일 마장리 오천리시장 만세시위
김포군	3월 22일 월곶면 군하리장날 만세시위	인천부	3월 9일 인천 만세시위
부천군	3월 20일 계양면 만세시위	장단군	3월 23일 진남면 만세시위
수원군[28]	3월 25일 수원읍내 만세시위	진위군	3월 11일 병남면 만세시위
시흥군	3월 23일 북면 노량진리, 영등포면 당산리·양진리·양평리 만세시위	파주군	3월 10일 와석면 교하공립보통학교 만세운동

---

26 국사편찬위원회 삼일운동데이터베이스 인포그래픽(2019.2.20. 기준) 참고
27 국사편찬위원회 삼일운동데이터베이스(2019.2.20.) 참고

지역명	최초 만세시위 정보	지역명	최초 만세시위 정보
안성군	3월 11일 양성면양성공립보통학교 만세시위	포천군	3월 13일 군내면 포천공립보통학교 만세운동
양주군	3월 13일 미금면 평내리 만세시위		

3월 10일 이전 경기·인천지역의 운동은 많지 않았다. 총 21개 지역 중에서 개성군, 고양군, 인천부, 파주군 등 4개 지역에서만 만세시위가 진행되었으며 3월 11일 이후 가평군, 강화군, 부천군, 안성군, 양주군, 양평군, 진위군, 포천군 등 8개 지역으로 확산되었다. 3월 21일 이후 최초 만세시위가 일어난 지역도 광주군, 김포군, 수원군, 시흥군, 여주군, 연천군, 용인군, 이천군, 장단군 등 9곳이 있을 정도로 상당히 만세시위의 시작 자체가 늦었다고 할 수 있다. 특히 이천군이나 여주군은 3월 30일, 4월 1일이 되어서야 최초 만세시위가 진행되었을 정도로 늦었다. 경기·인천지역의 최초 시위 날짜의 평균을 내보면 3월 17일 정도로 측정된다.

함경남북도 지역은 총 29개 지역 중 만세시위가 확인되지 않는 덕원군, 문천군, 안변군, 경원군 등 4개 지역을 제외한 25개 지역의 최초 시위 날짜 평균이 3월 16일로 측정된다. 3월 10일 이전에 원산부(3.1), 함흥군(3.3), 정평군(3.7), 북청군(3.8), 신흥군(3.9), 회령군(3.9), 단천군(3.10), 성진군(3.10), 이원군(3.10) 등 9개 지역에서 만세시위가 일어났고, 3월 11일에서 3월 20일 사이에 길주군(3.11), 장진군(3.14), 풍산군(3.14), 갑산군

---

28 수원군의 경우에는 이병헌이 저술한 『3·1운동비사』에 1919년 3월 1일 "북문안 용두각(華虹門)에 수백 명이 모였는데 경찰이 이곳에 무슨 일로 모였느냐고 하면서 집으로 돌아가라고 하니 군중은 이리 저리 피하는 척 하다가 별안간 만세를 부르자 순사는 깜짝 놀라 경찰서로 달려가 버렸다. 만세소리를 듣고 각처에서 모여든 군중이 수천 명이었다."라는 기록이 있다. 그러나 이와 같은 내용은 다른 자료들을 통해 교차검증이 되지 않아 본 표에서는 부득이 제외하였다. 이병헌, 1959 『3·1운동비사』, 시사신보사출판국, 868쪽

(3.15), 경성군(3.15), 명천군(3.15), 무산군(3.15), 삼수군(3.15), 홍원군(3.16), 고원군(3.17), 영흥군(3.17) 등 11개 지역으로 운동이 확산되었다. 경기·인천지역의 최초 시위 날짜 평균인 3월 17일 이전에 이미 20개 지역에서 만세시위가 벌어지고 있었다. 함경남북도 지역의 나머지 지역은 지역의 고립도가 커서 오히려 이후에는 상당히 늦은 시기에 최초 시위가 진행되었다. 3월 31일 청진부, 4월 1일 부령군, 4월 2일 온성군, 4월 8일 경흥군, 4월 9일 종성군에서 최초 만세시위가 있었다.[29] 그 외의 다른 도들과도 비교검토가 필요하겠으나 3·1운동을 기획한 경성과의 인접성에 대비해서 생각해보면 지역적 확산이 꽤 늦었다는 사실을 알 수 있다.

경기·인천지역 확산에서 두드러지는 특징은 최초 시위 날짜가 평균보다 앞선 지역들에서는 학생들이 만세시위를 주도한 예들이 많다는 점이다. 3월 1일 연희면 일대에서 만세시위를 시작한 고양군의 경우에는 연희전문학교의 동맹휴교와 연동되어 있었고 3월 5일에는 용강면 동막리 홍영여학교 학생시위가 이어졌다.[30] 그리고 같은 고양군이지만 경성부의 동쪽에 위치했던 독도면(현재 뚝섬)에서도 3월 12일 학생 만세시위가 진행되었다.[31] 개성군도 마찬가지다. 3월 3일 호수돈여자고등보통학교 학생들의 시위가 만세시위의 시작을 알렸다.[32] 3월 10일 파주군 와석면 교하공

---

29 국사편찬위원회 삼일운동데이터베이스(2019.2.20.) 참고
30 朝鮮總督府 警務總監部 高等警察課, 「高第5439號 獨立運動에 관한 건(제3보)」, 1919년 3월 2일, 『朝鮮騷擾事件關係書類 7』; 朝鮮總督府 警務總監部 高等警察課, 「高第5884號 獨立運動에 관한 건(제6보)」, 1919년 3월 5일, 『朝鮮騷擾事件關係書類 7』
31 경성지방법원, 『大正8年刑第859號 손홍복 등 3명 판결문』, 1919년 4월 25일
32 朝鮮總督府 警務總監部 高等警察課, 「高第5725號 獨立運動에 관한 건(제5보)」, 1919년 3월 4일, 『朝鮮騷擾事件關係書類 7』

립보통학교, 3월 11일 안성군 양성면 양성공립보통학교, 3월 13일 포천군 영중면 영평보통학교와 군내면 포천공립보통학교에서 만세시위를 계획하고 추진하는 작업이 선행되었다.[33] 3월 11일 진위군 병남면 평택역 앞 만세시위의 경우에도 학생들이 다수 참여하였다고 한다.[34] 평균일자보다는 늦지만 용인군의 경우에도 최초의 만세시위가 3월 24일 수여면 김량장시장 학생 만세시위로 시작되었다.[35]

만세시위로 발현되지 않았지만 수원군, 시흥군, 인천부에서도 학생들의 동맹휴학과 행동들이 만세시위를 예비하는 모습을 나타내기도 했다. 수원군에서는 3월 4일 일형면에 위치한 수원농림학교 학생들이 동맹휴학에 들어갔고[36] 시흥군에서는 3월 7일 동면 시흥공립보통학교 학생들이 동맹휴학에 동참했다.[37] 인천부에서는 3월 6일 인천공립보통학교 학생들이 동맹휴교를 한 것을 넘어서 학교의 전화선을 절단하는 행위까지 나

---

33 경성지방법원, 『大正8年刑第1163號 김수덕 등 4명 판결문』, 1919년 6월 3일 ; 朝鮮總督府 警務總監部 高等警察課, 「高第6922號 獨立運動에 관한 건(제14보)」, 1919.3.13., 『朝鮮騷擾事件關係書類 7』. 朝鮮總督府 警務總監部 高等警察課, 「高第7277號 獨立運動에 관한 건(제17보)」, 1919년 3월16일, 『朝鮮騷擾事件關係書類 7』; 朝鮮軍參謀部, 「朝特報 第13號 騷擾事件에 關한 狀況(5月1日~5月10日)」, 1919년 5월 13일, 『朝鮮騷擾事件關係書類 4』

34 朝鮮憲兵隊司令官, 「朝憲警 第107號 朝鮮騷擾事件一覽表에 關한 件」. 1919년 10월 2일, 『朝鮮騷擾事件關係書類 1』.

35 朝鮮總督府 警務總監部 高等警察課, 「高 第8946號 獨立運動에 관한 건(제28보)」, 1919년 3월 27일, 『朝鮮騷擾事件關係書類 7』; 朝鮮軍參謀部, 「朝特報 第13號 騷擾事件에 關한 狀況(5月1日~5月10日)」, 1919년 5월 13일, 『朝鮮騷擾事件關係書類 4』

36 「양주흡 일기」, 1919년 3월 4일

37 朝鮮總督府 警務總監部 高等警察課, 「高 第6099號 獨立運動에 관한 건(제9보)」, 1919년 3월 8일, 『朝鮮騷擾事件關係書類 7』; 朝鮮軍參謀部, 「朝特報 第13號 騷擾事件에 關한 狀況(5月1日~5月10日)」, 1919년 5월 13일, 『朝鮮騷擾事件關係書類 4』

아갔다.[38]

이상 언급한 지역들은 1919년 당시 경기·인천지역의 1부 20군 중에서 10개 지역에 이른다. 절반에 가까운 지역의 초기 투쟁을 학생들이 주도했음을 볼 수 있다. 개성과 고양군 용강면 동막리 홍영여학교 사례의 경우에만 학생 이외의 외부로부터의 운동 권유가 확인되며, 나머지 경우에는 자료가 부족하기에 정확히 알 수 없으나 보통학교 학생들의 주체적인 정세판단 아래 만세시위와 동맹휴교가 추진된 것으로 보인다. 특히 이러한 과정에는 지역 보통학교 출신으로 경성 지역의 상급학교로 진학하여 공부하던 학생들이 3·1운동의 준비과정과 시작을 체험하고 자신의 출신지로 옮겨와 전파했을 가능성이 크다. 이러한 운동과정에서 민족대표를 구성했던 종교계의 역할이 눈에 띄지 않는 특징도 있다. 개성지역 정도만이 기독교계 주도로 만세시위가 빠른 시기에 진행되었다.

평균보다 최초 시위 날짜가 늦은 지역들의 경우에는 지역 최초의 만세시위가 장시와 연계되어 추진된 경우들이 많다. 3월 21일 연천군 백학면 두일리시장&미산면 마전리 만세시위, 3월 22일 김포군 월곶면 군하리 만세시위, 3월 24일 용인군 수여면 김량장시장 학생 만세시위, 3월 25일 수원군 읍내 만세시위, 3월 30일 이천군 마장리 오천리시장 만세시위, 4월 1일 여주군 이포리 만세시위가 바로 이에 해당한다. 3월 21일 이후 만세시위가 시작된 9개 지역 중 6개 지역이 장시를 연관해서 만세시위가 벌어졌다. 이는 소식의 전파나 3·1운동의 계획이 늦어진 지역들의 경우에는 지역에서 고민과 준비단계를 거치면서 거족적인 운동을 실시하기 위해 장시를 매개로 한 운동을 추진했을 가능성이 존재한다.

---

38 朝鮮總督府 警務總監部 高等警察課, 「高第6335號 獨立運動에 관한 건(제10보)」, 1919년 3월 9일, 『朝鮮騷擾事件關係書類 7』; 경성지방법원, 『大正8年刑第1220號 김명진 등 3명 판결문』, 1919년 6월 21일

4. 경기·인천지역 만세시위에서 장시의 역할

3·1운동의 확산에 지역의 오일장 등을 비롯한 시장들이 영향을 미쳤을 것이라는 가설은 그동안 많은 연구들에서 제시된 바가 있다.[39] 본 연구에서는 경기·인천지역의 사례를 토대로 이를 실증적으로 검토해보고자 한다.

1919년 발간된 『조선지지자료』에 근거해서 확인되는 경성부를 포함한 경기·인천지역 시장은 총 85개다. 『대정8년 조선총독부통계연보』에서 확인되는 시장 개소가 총 94개인 것과 9개 정도의 차이를 나타내고 있다. 약간의 누락이 있으나 『조선지지자료』는 1919년 당시의 시장 정보를 그나마 가장 정확하게 확인할 수 있는 자료다.[40] 본 장에서는 『조선지지자료』에 등장하는 장시 데이터와 만세시위 시위정보를 비교검토해서 만세시위가 장시와 어떤 연관성을 가졌는지 살피겠다. 다음은 만세시위가 있었던 경기·인천지역 시장 규모와 만세시위 관련 내용을 정리한 표이다.

[표 4] 경기·인천지역 장시와 만세시위[41]

	지명	시장명	시장 매출액	개시일 (음력)	만세시위 일시	시위규모
1	강화군부내면관청리	강화읍내	56,075	2,7	3월 18일	20,000
2	고양군중면일산리	일산	4,769	5,10	3월 26일	500
3	광주군중대면송파리	송파	128,340	5,10	3월 26일	300~600
4	광주군경안면경안리	경안	20,305	3,8	3월 28~29일	600~900
5	김포군양촌면양곡리	오라리	22,350	2,7	3월 23일	2000~8000

---

39 박환, 최재성, 2019 『한권으로 읽는 경기도의 3·1운동』, 경기문화재단 참고
40 1919년 장시관련 정보에 대해서는 허영란, 2009 『일제시기 장시연구』, 역사비평사 참고

	지명	시장명	시장 매출액	개시일 (음력)	만세시위 일시	시위규모
6	김포군월곶면군하리	군하리	4,408	1,6	3월 22일	400
7	부천군계양면장기리	황어[41]	9,234	3,8	3월 24일	600~800
8	부천군소래면신천리	사천	73,218	1,6	4월 1일	300
9	수원군반월면팔곡일리	반월	2,422	1,6	4월 1일	600
10	수원군성호면오산리	오산	174,307	3,8	3월 29일	800
11	수원군수원면산루리	수원성외	165,830	4,	3월 25일	20[42]
12	수원군향남면발안리	발안	37,264	5,10	3월 31일	1000
					4월 15일	400
13	안성군읍내장기리	안성	217,141	2,7	3월 31일	3000
14	안성군이죽면죽산리[43]	죽산읍내	760	5,10	4월 2일	2000
15	양주군이담면동두천	동두천	3,327	미상	3월 26일	1300
16	양평군갈산면양근리[44]	읍내	58,818	3,8	3월 24일	1000
17	양평군저제면곡수리	곡수	42,000	4,9	4월 4일	3000
18	양평군청운면용두리	용두리	18,131	2,7	3월 23일	150
19	여주군금사면이포리	이포	21,815	1,6	4월 1일	3000
20	연천군백학면두일리	두일	9,499	5,10	3월 21일	200~260
21	연천군북면삭녕리	삭녕	2,001	5,10	4월 5일	600
22	이천군마장면오천리	오천리	5,986	4,9	3월 30일	100~1000
23	이천군읍내관고리	이천	123,450	2,7	4월 2일	300
24	이천군청미면장호원리	장호원	151,820	4,9	4월 4일	2000
25	장단군강상면구화리	구화	6,121	1,6	4월 1일	1500~2000
26	장단군장남면고랑포리	고랑포	28,329	2,7	4월 2일	100
27	파주군조리면봉일천리	봉일천	171,779	2,7	3월 28일	3000
28	파주군임진면문산리	문산리	62,212	5,10	3월 26일	500~700
29	포천군소흘면송우리	송우리	124,190	4,9	3월 30일	600~2000
번외	진위군병남면	평택[45]	미상	미상	3월 11일	150~300

41 朝鮮總督府 土地調査局, 1919『朝鮮地誌資料』, 朝鮮總督府, 347~352쪽. 만세시
위정보는 국사편찬위원회 삼일운동데이터베이스 참고.(2019.4.15.) 다만, 국사편찬
위원회 삼일운동데이터베이스에서 '3월 26일 경기 파주군 주내면 파주시장 만세시
위'라고 파악한 경우는 파주군 임진면 문산리의 문산시장 만세시위를 잘못 기재한
것으로 파악하고 제외하였다. 경무총감부 일일보고에는 3월 26일 파주시일(坡州市
日)을 맞아 만세시위가 벌어졌다고 기록되어 있는데 이때 헌병 2명이 부상을 입었
다고 보고하였다. 후일에 정리된 「조선소요사건일람표」에는 3월 26일 주내면 파주
리 만세시위에서는 헌병 부상자가 기록되어 있지 않고 임진면 문산시장 만세시위

『조선지지자료』에 소개된 시장 총 85개 중 경성부에 소재한 시장이 13개다. 이를 제외하면 72개 시장 중에서 만세시위 정보가 존재하는 시장은 총 29개를 확인할 수 있었다. 장시 시일 당일에는 만세시위가 없었으나 그 전후로 만세시위가 있었던 시장들도 있다. 위 표에서는 일단 장날 당일에 만세시위가 있었던 지역들의 경우만 제시한 것이다.

72개 시장의 총 매출액은 2,587,088원으로 각 시장별 평균은 35,932원

에 헌병 2명의 부상이 기록되어 있다. 즉, 일일보고에서 말한 '시장'은 문산시장으로 보는 것이 타당하다. 파주 주내면 소재의 시장은 『조선지지자료』에서도 존재여부가 확인되지 않는다. 朝鮮總督府 警務總監部 高等警察課, 「高 第8946號 獨立運動에 관한 건(제28보)」, 1919년 3월 27일, 『朝鮮騷擾事件關係書類 7』; 朝鮮憲兵隊司令官, 「朝憲警 第107號 朝鮮騷擾事件一覽表에 關한 件」, 1919년 10월 2일, 『朝鮮騷擾事件關係書類 1』

42 국사편찬위원회 삼일운동데이터베이스에는 3월 25일 수원읍내 만세시위가 장날을 기해서 이루어진 것이 아닐 수 있다는 의견이 달려있다. 그러나 수원읍내의 장시는 성 밖에서 음력 4일마다, 성안에서 음력 9일마다 나누어 진행되었기 때문에, 3월 25일 역시 수원읍내의 성외장시 장날로 볼 수 있을 것이다. 朝鮮總督府 土地調査局, 1919 앞의 책, 350쪽

43 『조선지지자료』에는 죽산읍내시장은 음력 5,10일이 장날로 기록되어 있다. 그러나 1919년 3·1운동 과정에서 확인된 장날은 4월 2일이다. 이는 『조선지지자료』의 내용과는 전혀 다른 것이나 장시에 기반을 두어 만세운동이 일어난 것으로 확인되기에 목록에 포함시켰다. 「李寅永에 관한 수사」, 『韓民族獨立運動史資料集 13권 三一運動 III』, 국사편찬위원회(한국사데이터베이스 참고.) ; 朝鮮總督府 土地調査局, 1919 앞의 책, 350쪽

44 양평군 갈산면 양근리 시장의 사례는 양근리 시장 장날에 시장으로 향하던 사람들이 양근리 바로 강건너편 강상면 교평리 나루에서 모여 만세운동을 했던 상황을 파악한 것이다. 경성지방법원, 「大正8年刑第1130號 신석영 판결문」, 1919년 5월 13일 ; 경성복심법원, 「大正8年刑控第449號 신석영 판결문」, 1919년 6월 13일

45 진위군 병남면 평택시장은 『조선지지자료』에는 등장하지는 않으나 3·1운동 관련 자료에서 장날을 맞아 만세시위를 진행했다는 내용이 확인된다. 경성지방법원, 「大正8年刑第861號 이도상 등 4명 판결문」, 1919년 4월 11일 ; 朝鮮總督府 土地調査局, 1919 앞의 책, 350쪽

정도다. 만세시위가 있었던 29곳으로만 제한할 경우 총 매출액 1,745,901원, 평균값은 60,203원이다. 만세시위가 있었던 시장의 숫자는 전체의 40.28%지만 매출액은 전체의 67.49%에 달한다. 시장규모가 큰 곳에서 만세시위가 일어났음을 확인할 수 있다.

29개 시장에서 장날에 벌어진 만세시위로 총 30번이 확인된다. 장시 만세시위 참가인원은 최대치 기준으로 59,730명이고 1회 참가인원 평균은 1,991명이다. 이는 경기·인천지역의 참가인원 평균이 571.3명인 것에 비해 약 3.5배에 달하는 수준이다. 3월 25일에 있었던 수원성외 장날을 이용하여 청년 학생들 20명이 만세시위를 일으킨 사례는 장날에 벌어진 만세시위 중 가장 작은 운동이었다. 이때 일제는 주모자 10명을 검거하고 해산시켰는데 장날을 이용한 만세시위를 미리 예측하고 있었던 경찰이 즉각적으로 체포했던 것으로 보인다.[46] 이와 정반대로 강화도 읍내에서 3월 18일에 있었던 만세시위는 전국에서 가장 큰 규모의 만세시위로 기록된 경우다. 장날을 기해 2만여 명의 군중들이 모여 강화읍내에서 만세를 외쳤다. 최대치와 최소치 두 지역을 제외하고 만세시위 참가자 수치의 최소치 합계는 29,850명이고, 평균인원은 1,066명이다. 이 경우에도 경기·인천지역의 참가인원 평균의 약 2배에 달하는 수준으로 장날에 벌어진 만세시위의 규모를 가름할 수 있다.

[표 4] 마지막에 번외로 진위군 병남면 평택시장의 경우를 기입한 이유는『조선지지자료』에서는 존재여부가 확인되지 않지만 3·1운동 관련 자료에서 장날을 이용해 평택시장에서 만세시위가 일어났다는 기록이 존재하기 때문이다. 국가기록원에 소장중인「이도상(李道相) 등 4명의 판결

---

46 朝鮮總督府 警務總監部 高等警察課,「高 第8874號 獨立運動에 관한 건(제27보)」, 1919년 3월 26일,『朝鮮騷擾事件關係書類 7』

문」에서 3월 11일 평택 장날을 기해 평택시장과 평택역 앞에서 학생 및 군중 3백여 명이 만세시위를 진행했다고 기록하고 있다.[47]

지역에 따라서는 장시의 이동 일정과 맞물려 만세시위가 이동하는 양상도 확인가능하다.

① 3월 22일 김포군 월곶면 군하리와 23일 김포군 양촌면 양곡리.
② 3월 23일 양평군 청운면 용두리와 24일 양평군 갈산면 양근리.
③ 3월 26일 파주군 임진면 문산리와 28일 파주군 조리면 봉일천리.
④ 3월 29일 수원군 성호면 오산리와 31일 수원군 향남면 발안리, 4월 1일 수원군 반월면 팔곡일리.
⑤ 4월 1일 장단군 강상면 구화리와 2일 장단군 장남면 고랑포리.
⑥ 4월 2일 이천군 읍내 관고리와 4일 이천군 청미면 장호원리

이상의 6건의 경우는 만세시위와 장시가 연속적으로 이루어진 예이다. 물론 이것이 장시를 기반으로 한 '만세꾼'의 존재로 인해 시위가 전파된 것인지, 각 지역에서 사람들이 많이 모일 수 있는 개시일를 계기로 만세시위 기획한 결과인지 확실치 않다. 실제로 장소를 이동하고 다니며 만세를 권유하거나 만세를 외친 '만세꾼'이라는 존재를 사료상에서 찾기는 극히 어렵다. '만세꾼(萬歲軍)'이라는 용어는 대구지방법원 판결문에서 발견된다. 3월 15일부터 3월 19일까지 경북 의성군 안평면 면내 각 마을에서 독립만세운동을 전개하고 3월 19일에는 봉양면 사부동, 도리원 시장까지 가서 독립만세를 외친 이원춘(李元春) 등 17명의 판결문과 3월 18일 경북 영덕군 병곡면과 영해면 성내동시장 만세시위에 참여했던 이들의 판결문에도 '만세꾼' 용어가 나타난다.[48] 다만 '만세꾼'이라는 용어 자체가 체포

---

47 경성복심법원, 「大正8年刑控第235號 이도상 등 4명 판결문」, 1919년 5월 5일

된 사람들의 심문과정에서 진술된 발언이라는 것에 유의할 필요가 있다. 대구지방법원 판결문 3건에서 확인되는 '만세꾼'은 분명히 장시와 관련하여 이동하는 운동참가집단을 표현한 것이다. 하지만 자신은 적극적인 참가자가 아니었고 '전문적인 주도층'이 있어서 그들에 의해 참여당했다는 식의 알리바이를 제시하기 위한 표현으로 심문과정에서 등장했을 가능성도 있다.[49]

만세시위의 강도는 일제 측의 탄압 양상을 통해 역으로 추론해볼 수 있을 것이다. 경성부를 포함한 경기·인천지역 만세시위 총 397건 중 61건(15.4%)의 발포·도검 등의 탄압행위가 있었던 것으로 현재 확인된다.[50] 장시에서 일어난 30건의 만세시위 중 15건(50%)에서 탄압행위가 이루어졌다. 비율적으로 3배 이상에 달하는 높은 비중으로 탄압행위가 확인된다. 일제 측의 탄압이 강한 만큼 장시에서 이루어진 투쟁이 거셌다는 것을 알 수 있다.[51]

장시의 장날을 기해 만세시위가 지역에서 크게 일어났던 사실은 위에서 확인할 수 있었다. 그러나 장날이 아니더라도 장시가 위치한 지역은 일반적으로 행정적·경제적 중심지 역할을 하는 곳이었다. 그리고 평소에도 운영하는 상점들도 상당히 있어서 장날이 아닌 경우에도 만세시위의

---

48 '일을 전문적으로 하는 사람'이나 '일을 잘 하는 사람'을 뜻하는 접미사 '-꾼'은 한자로는 '-군(軍)'으로 표현했다. 대구지방법원, 「大正8年刑第656號 이원춘 등 17명 판결문」, 1919년 5월 10일 ; 대구지방법원, 「大正8年刑第786~823號 김세영 등 96명 판결문」, 1919년 6월 5일 ; 대구지방법원, 「大正8年刑第845, 944, 907 ,953號 남응하 등 74명 판결문」, 1919년 7월 11일

49 본 문단의 '만세꾼'에 대한 정리는 '3·1운동과 경기·인천지역' 학술심포지엄(2019. 4.27.)에서 토론을 맡아주신 김진호 선생님(충남대)께 크게 사사받았음을 밝혀둔다.

50 국사편찬위원회 삼일운동데이터베이스(2019.8.21.) 참고.

51 탄압과 저항의 상관관계에 대해서는 윤해동, 2019 「3·1운동의 폭력과 비폭력Ⅰ − '폭력성'에 대한 거시적 접근 −」,『사학연구』133, 한국사학회 참고.

중심지로 활용된 경우들이 있다. 3월 24일 용인군 수여면 김량장 시장에서는 김량장공립보통학교 학생 30명이 졸업 및 수업식(修業式)을 거행하고 집으로 돌아가면서 독립만세를 외쳤다.[52] 양주군 광적면 가납리 시장에서는 장날 하루 전인 3월 28일에 군중 400여 명이 모여 공세적인 시위를 진행했다.[53] 시흥군 남면 군포장 부근 2곳에서는 3월 30일에 300~1000명 가량의 군중이 만세시위를 일으켰다.[54] 3월 31일에 수원군 반월면 반월시장에서 3월 30일 수암 만세시위에 연속해서 5~600명이 모여 만세시위를 진행했다.[55]

이같이 명시적으로 장날이 아닌 날 만세시위가 있었던 지역들이 있는가 하며, 장날에 만세시위가 진행되고나서 다른 날 또 만세시위가 재차 일어난 지역들도 존재한다. 3월 29일 김포군 양촌면 오라리시장에서는 3월 23일 만세시위에 뒤이어 운동이 진행되었다. 군중들은 오라리시장에서 솔잎 약 200단에 불을 붙였고 이를 신호삼아 사방의 산꼭대기에서 만세함성이 울려 퍼졌다. 그리고 경찰주재소에 대하여 공세적이 시위가 시도되었다.[56] 안성군 읍내 안성시장에서는 3월 31일 장날을 전후해서 3월

---

52 김량장시장의 시일은 음력 5,10일이었다. 朝鮮總督府 警務總監部 高等警察課, 「高 第8946號 獨立運動에 관한 건(제28보)」, 1919년 3월 27일, 『朝鮮騷擾事件 關係書類 7』

53 가납리시장의 시일은 음력 4,8일이었다. 朝鮮總督府 警務總監部 高等警察課, 「高 第9351號 獨立運動에 관한 건(제30보)」, 1919년 3월 29일, 『朝鮮騷擾事件關係 書類 7』

54 군포시장의 시일은 음력 1,6일이었다. 朝鮮軍參謀部, 「朝特報 第9號 騷擾事件에 관한 狀況(1919.3.26.－1919.4.5.)」, 1919년 4월 7일. 『朝鮮騷擾事件關係書類 7』

55 반월시장의 시일은 음력 1,6일이었다. 경성지방법원, 「大正8年刑第1282號 윤병소 등 6명 판결문」, 1919년 5월 27일

56 京畿道長官, 「秘第244號 騷擾事件二關スル件報告」, 1919년 4월 2일, 『大正八年 騷擾事件二關スル道長官報告綴 七册ノ内四』

30일부터 4월 1일까지 거센 만세시위가 지속되었다.[57]

또 경우에 따라서는 장날을 이용해서 만세시위를 기획했으나 '미수'에 그친 경우들도 있다. 3월 27일 연천군 군내 차탄리 차탄시장, 3월 29일 광주군 남종면 우천리 우천시장, 3월 31일 여주군 주내면 홍문리 읍내시장 등에서 만세시위 조짐이 있었지만 사전에 활동이 차단당하였다.[58] 이 중 여주군 주내면 읍내시장의 경우에는 그 다음 장날인 4월 5일에도 재차 만세시위가 시도되기도 하였다. 3월 31일 장날에 만세시위가 좌절된 직후인 4월 1일 경성공립농업학교 학생 이원기(李元基)가 '4월 5일 여주 읍내 장날을 기하여 독립운동을 할 것이니 읍내 누문 앞으로 집합하라'는 경고문을 기초하고 여주군 내 각 곳에 배포하였다. 그러나 이후 지역에서 4월 3일 만세시위가 일어나자 계획을 변경하여 4월 3일 여주군 읍내 만세시위에 동참하였다.[59]

이 외에도 시장을 매개로 한 만세시위에는 만세시위는 진행되었지만 3월 26일 수원군 송산면 사강리(沙江里)시장 만세시위 처럼 시장에 대한

---

57 京畿道長官, 「秘第232號 騷擾二關スル件報告」, 1919년 4월 4일, 『大正八年 騷擾事件二關スル道長官報告綴 七册ノ内四』; 朝鮮總督府 警務總監部 高等警察課, 「高 第9722號 獨立運動에 관한 건(제34보)」, 1919년 4월 1일, 『朝鮮騷擾事件關係書類 7』

58 우천시장은 음력 4,8일, 차탄시장은 음력 6일, 여주군 읍내시장은 음력 5,10일이 각각 시일이었다. 이 세 건은 모두 조선소요사건일람표에 일제 탄압자 측 입장에서 '미연방지(未然防止)'했다고 기재되어 있을 뿐, 그 상황을 상세히 알 수 있는 자료가 존재하지 않는다. 그래서 어느 정도 수준에서 만세시위가 준비되었다가 중단되었는지는 명확치 않다. 朝鮮憲兵隊司令官, 「朝憲警 第107號 朝鮮騷擾事件一覽表에 關한 件」. 1919년 10월 2일, 『朝鮮騷擾事件關係書類 1』.

59 朝鮮憲兵隊司令官, 「騷密 第43號 獨立運動에 관한 건(제48보)」, 1919년 4월 15일, 『朝鮮騷擾事件關係書類 7』; 경성지방법원, 「大正8年刑第1460號 최영무 등 10명 판결문」, 1919년 5월 20일

정보가 구체적으로 확인되지 않는 경우도 있으며, 3월 31일 충청북도 음성군 감곡면과 경기도 이천군 청미면에 걸쳐있는 장호원시장에서 만세시위 진행이 미수로 그친 경우도 있다.[60] 그리고 특이한 예로는 과거에 시장이었던 장소를 집합장소로 삼아 만세시위를 진행한 지역들도 있었다. 4월 2일 장단군 장도면 항동리 구 시장터에 모여 고랑포시장을 왕래하는 통행인 100여 명과 함께 조선독립만세를 외쳤고, 4월 6일 시흥군 군자면 옛 시장에 모여 독립을 축하하자는 문서가 배포되기도 하였다.[61]

경기·인천지역의 장시투쟁은 1919년 3월 21일에서 4월 5일 사이에 주로 이루어졌다. 만세시위가 가장 치열하게 이루어졌던 절정기에 일치한다. 장시투쟁의 시점은 장시라는 공간을 활용하기 위해 만세시위 참가 주체들이 논의하고 준비하는데 3월 1일로부터 20일 가량은 소요된 이후에나 가능했다는 사실을 보여주는 것이기도 하다.

경기·인천지역의 예에서 확인되지는 않지만 일제는 거센 장시투쟁의 확산을 막기 위해 시장 자체를 폐쇄하는 방법까지도 동원하였다. 『도장관보고철』에 수록된 충청남도 도장관의 보고문건들 속에서는 4월 5~7일 사이에 상당한 수의 장시들에 폐시조치가 내려졌고 1919년 5~7월 사이에 점차적으로 '시장개시정지해제(市場開市停止解除)' 명령을 내렸다.[62] 경기·

---

60 『조선지지자료』에 사강리시장의 정보는 없으며, 장호원시장의 시일은 음력 4,9일이었다. 沙江警察官駐在所 巡査 大木喜市, 「기소사실」, 『韓民族獨立運動史資料集 22권 三一運動 ⅩⅡ』, 국사편찬위원회 ; 忠淸北道長官, 「忠北機第269號 地方狀況報告」, 1919년 4월 5일, 『大正八年 騷擾事件二關スル道長官報告綴 七册ノ內四』

61 경성지방법원, 「大正8年刑第1477號 권희 등 2인 판결문」, 1919년 5월 15일 ; 경성복심법원. 「大正8年刑上第660號 우정시 판결문」, 1919년 9월 11일

62 조선총독부 내무국 편, 『大正八年騷擾事件二關スル道長官報告綴』6 ; 이양희, 2013 「일본군의 3·1운동 탄압과 대응 : 『朝鮮騷擾事件關係書類』를 중심으로」, 충남대학교 사학과 석사학위논문, 23쪽

인천지역에서 장시를 매개로 한 마지막 만세시위는 4월 15일 발안장터 시위다. 그러나 그보다 앞서 4월 5일 이후부터는 장시를 매개로 한 운동이 대부분 사라진 상태였고 4월 6~14일 사이의 공백을 깨고 터져나온 것이 4월 15일 발안장터 시위였다. 현재 사료상으로는 확인할 수 없지만, 충청남도와 마찬가지로 '시장개시정지(市場開市停止)' 조치에 상응하는 대응이 경기·인천지역에서도 이루어졌을 가능성이 있다.[63]

5. 경기·인천지역 만세시위 규모와 재조선일본인의 침투

기왕의 3·1운동 연구들 대다수는 일제의 '수탈'이 강한 지역에 강한 저항도 형성되었다는 논리로 3·1운동의 지역적 배경을 설명해왔다. 2009년 이정은 연구를 통해 일제 초기부터 해체하고자 했던 전통적 향촌공동체의 힘이 보존 또는 잔존되어 조선총독부라는 일원적 권력에 저항할 수 있었다는 주장을 제기했다.[64] 본고에서는 이정은이 제기한 주장을 경기 인천 지역을 대상으로 재조선일본인의 지역 침투 양상과 3·1운동의 규모를 비교하는 것을 통해 시론적으로 검토해보고자 한다.

---

63 함경남도의 경우에도 함흥군, 고원군, 영흥군 등지에서 시장폐쇄 명령이 확인된다. 김진호, 2018 「함경남도의 3·1운동」, 『충청문화연구』 20, 충남대학교 충청문화연구소, 156, 183쪽.
64 이정은, 2009 『3.1독립운동의 지방시위에 관한 연구』, 국학자료원, 346쪽

[표 5] 일본인의 지역침투와 3·1운동 규모의 상관관계[65]

지역명	일본인 인구	지역 전체인구	일본인 인구비율	운동 횟수	운동참여 인원	1회평균 참가인원	공세 1회평균 참가인원	공세 횟수 (비율%)	조선인 운동 참여율
가평군	85	32663	0.26%	3	1290	430	200	1 (33)	3.96%
강화군	166	72785	0.23%	21	22640	1078	20000	1 (5)	31.18%
개성군	1790	123830	1.45%	33	13300	403	919	8 (24)	10.91%
고양군	1961	124565	1.57%	47	15750	335	431	9 (19)	12.86%
광주군	383	86093	0.44%	16	10330	646	540	5 (31)	12.05%
김포군	179	48750	0.37%	11	9883	899	2967	3 (27)	20.35%
부천군	915	67884	1.35%	16	5778	361	613	4 (25)	8.66%
수원군	2929	139828	2.09%	24	11020	459	967	6 (25)	8.06%
시흥군	1745	61821	2.82%	26	12435	478	583	4 (15)	20.71%
안성군	308	71353	0.43%	17	11100	652	1650	6 (35)	15.64%
양주군	622	104542	0.59%	29	10180	351	594	8 (28)	9.80%
양평군	134	75301	0.18%	14	21890	1563	3000	4 (29)	29.13%
여주군	187	60524	0.31%	11	6910	628	805	6 (55)	11.47%
연천군	392	72287	0.54%	13	5180	399	432	5 (38)	7.21%
용인군	436	74964	0.58%	11	9430	857	957	7 (64)	12.66%
이천군	304	54678	0.56%	9	2500	278	263	4 (44)	4.60%
인천부	9550	32023	29.82%	2	500	250	0	0	2.31%
장단군	209	62061	0.34%	26	11980	461	1550	4 (15)	19.38%
진위군	711	61358	1.16%	14	8863	633	1520	2 (14)	14.63%
파주군	303	53867	0.56%	11	8750	796	1360	5 (45)	16.34%
포천군	118	61730	0.19%	12	9380	782	1667	3 (25)	15.22%
합계 및 평균	23,427	1,542,907	1.52%	366	209,089	571.3	1221.5	95 (26)	13.78%

---

65 인구에 대한 수치는 조선총독부, 1919『대정8년 조선총독부 통계연보』, 조선총독부 참고. 운동 횟수 및 참여인원, 공세적 운동에 대한 판단은 국사편찬위원회 삼일운동데이터베이스(2019.2.20.)에 기초함. 공세적 운동은 삼일운동데이터베이스에서 '집단항의', '파손파괴', '폭행', '처단', '방화' 등으로 분류해놓은 사례들을 포괄하여 수치를 확인하였음. 표에 표시된 색은 해당수치의 평균치를 넘어서는 지역들을 확인할 수 있도록 표시한 것이다.

우선 이를 위해『조선총독부 통계연보』1919년도 판에서 나타나는 식민지 조선의 인구를 살펴보고자 한다. 경성 지역을 제외한 경기·인천 지역의 1919년 전체 인구는 1,542,907명이었다. 그 중 조선인이 1,517,536명, 일본인이 23,427명, 그 외의 외국인이 1,944명이었다. 경기·인천 지역의 일본인 인구 비율은 1.52% 정도였으며, 이 비율을 넘어서 일본인이 많이 거주했던 지역은 인천부, 시흥군, 수원군, 고양군 등 총 4곳이었다. 그 외에 인구 비율이 1%가 넘는 지역으로 개성군, 부천군, 진위군이 있었다. 이들 지역은 공통적으로 경인선, 경부선, 경의선 철도 노선을 끼고 있는 지역들이었다.

이 같은 인구비율에 비교하기 위한 3·1운동 관련 수치로는 지역별 만세시위 횟수, 총 참가자 수, 만세시위 1회 당 평균 참가자 수, 공세적 만세시위 횟수, 공세적 만세시위 1회 당 평균 참가자 수, 지역별 조선인 인구 대비 3·1운동 만세시위 참가자 비율 등을 정리하였다. 경기·인천지역의 3·1운동은 총 366번의 만세시위가 존재했고 일제 측 추산자료에 근거했을 때, 209,089명이 만세시위에 참여하였다. 이때 지역 당 평균적으로는 17회, 9957명의 참가자가 3·1운동에 참가하였다. 운동 횟수와 참가인원에서 평균치를 넘는 지역들은 강화군, 개성군, 고양군, 광주군, 수원군, 시흥군, 안성군, 양주군, 장단군 등으로 경부선과 경의선 철도 라인에 접해있는 경우가 많았다. 기본적으로는 지역 전체인구가 많은 지역에서 운동횟수도 많았고 전체 운동참여인원도 많은 추이를 나타냈다. 그리고 운동 횟수가 많은 만큼 이들 지역에서는 큰 규모의 만세시위보다도 빈번하고 소규모의 만세시위가 존재했다.

지역 간의 비교를 하는 과정에서 단순히 전체 만세시위 참가인원을 비교하는 것보다 만세시위 1회당 평균 참가인원과 지역의 인구 대비 만세시위참가인원을 중요한 수치로 설정할 필요가 있다. 그래야 지역에서 어느 정도의 규모로 운동이 진행되었는지와 전체적인 참여율을 보였는지 환산할 수 있기 때문이다. 만세시위 1회 당 평균 참가자 수, 공세적 만세시위 1회 당 평균 참가자 수, 공세적 만세시위의 비율, 지역별 조선인 인구 대비 3·1운동 만세시위 참가자 비율 등 4가지 지표에 대해서는 위의 표에서 경기·인천 지역 평균을 넘어선 지역들에는 배경색을 표시하여 가시적으로 검토할 수 있도록 하였다.

이와 같은 데이터들을 비교했을 때, 경기·인천 지역에서는 일본인 인구비율이 1%를 넘어서는 지역과 3·1운동의 규모가 반비례하는 경향을 보이는 것을 확인할 수 있다. 특히 경기·인천 지역 중에서 가장 일본인 인구가 많고 그 비율도 높은 인천 지역의 경우에는 단 두 차례의 만세시위에, 500명 가량의 참가자만이 존재했다. 그리고 공세적인 만세시위도 나타나지 않았다. 이와 반대로, 일본인 200명 이하 지역인 가평군, 강화군, 김포군, 양평군, 여주군, 포천군 중에서 가평군을 제외하고는 3·1운동의 규모나 공세성이 강하게 표출되었다. 김포군, 안성군, 양평군, 파주군은 만세시위 1회 당 평균 참가자 수, 공세적 만세시위 1회 당 평균 참가자 수, 공세적 만세시위의 비율, 지역별 조선인 인구 대비 3·1운동 만세시위 참가자 비율 등 4가지 지표에서 모두 지역의 평균치를 넘어서고 있다. 이들 지역은 일본인 인구가 300명 이하, 인구비율이 0.56% 이하라는 점에서 일본인의 물리적 침투가 약한 지역에서 만세시위의 규모와 공세성이 강해졌다는 주장을 제기할 수 있을 것이다.

물론 [표 5]의 경우에는 다른 변수들에 대한 검토 없이 1919년의 인구 상황과 3·1운동의 규모 및 공세성을 바로 비교분석하고 있다는 점에서 일정한 한계가 있다. 일반적으로 3·1운동 발생과 규모에 영향을 미쳤다고 평가되는 요인들 중에서 [표 5]에 누락된 것들이 상당히 많다. 특히 '재조선일본인 침투'라는 문제로 한정해보더라도, 재조선일본인 자체의 물리적 침투와 함께 살펴야할 토지소유 등 경제적 침투 같은 것도 전통적 향촌공동체의 온존 문제에 중요한 변수일 것이다. 그러나 아직 본고에서는 이러한 부분을 포괄하지 못 했다.[66]

그렇다 할지라도 일본인이 식민지 조선으로 이주해서 물리적으로 침투한 규모와 3·1운동의 통계적 내용이 반비례하는 경향을 보인다는 점은 분명 유의미할 것이다. 본 글에서는 본격적으로 검토하지는 않았지만, 일본인의 침투 강도는 3·1운동이 지역에서 발발했을 때, 그에 대응하는 일제 식민권력의 탄압강도와도 연계될 수밖에 없는 것이었다. 3·1운동이 거세진 시점에 일제는 군경 및 지역의 행정단위들의 철수 및 집중을 명령하기도 하였다.[67] 이는 일본인이 거류하는 곳에 더욱 집중하여 그들의 안전을 지키고 3·1운동에 대응하겠다는 조치한 것이었다.

---

66 이정은은 합천군 소장 토지대장에 근거하여 합천군 상백면 평구리, 가회면 덕촌, 함방리의 일본인 토지소유 상황을 분석하고 지역의 공동체적 질서가 온존되었는지 여부를 확인한 바 있다. 이정은, 앞의 책, 219쪽.

67 평안남도 덕천군에서는 만세시위가 지속되자 재조선일본인들이 헌병관사로 '피난'가기도 했으며, 용강군에서도 진남포로 재조선일본인들이 '피난'을 갔다. 경상남도 합천군 초계면 만세시위로 그 지역 재조선일본인들은 합천읍내로 옮겨갔다. 경기도 광주군에서도 만세시위 이후 재조선일본인들을 한 지역에 집합시키는 조치를 취하였다. 충청북도 괴산군 청천시장 주변 재조선일본인들은 청주로 '피난'을 갔다. 工藤英一(평안남도장관), 「平南機密第118號 朝鮮人ノ不穩行動ニ關スル件」, 1919년 3월 10일, 『大正八年 騷擾事件ニ關スル道長官報告綴 七冊ノ內二』; 工藤英一(평안남도장관), 「平南機密第118號 朝鮮人不穩行動ニ關スル件追報」, 1919년 3월 7일, 『大正八年 騷擾事件ニ關スル道長官報告綴 七冊ノ內二』; 佐佐木藤太郎(경상남도장관), 「[電報]」, 1919년 3월 22일, 『大正八年 騷擾事件ニ關スル道長官報告綴 七冊ノ內二』; 松永武吉(경기도장관), 「秘第183號 騷擾ニ關スル件報告」, 1919년 3월 28일, 『大正八年 騷擾事件ニ關スル道長官報告綴 七冊ノ內四』; 張憲植(충청북도장관), 「忠北機第269號 地方狀況報告」, 1919년 4월 5일, 『大正八年 騷擾事件ニ關スル道長官報告綴 七冊ノ內四』

6. 맺음말

본고에서는 그동안 연구들이 개별 지역의 운동양상에 주목하면서 분석하지 못 했던 몇 가지 지표들을 중심으로 경기·인천지역 3·1운동의 확산양상을 새롭게 조망하고자 하였다.

경기·인천지역은 국내 3·1운동의 핵심적인 지역이었다. 그럼에도 불구하고 초기 주도층의 '전국화' 확산계획에서 경기·인천지역이 누락되면서 만세시위 최초 발생 자체는 조금 늦은 편이었다. 3·1운동 초기에는 경기·인천지역에 만세시위를 전파하는 데에는 학생층이 주요한 역할을 했고 3월 20일이 넘어간 이후 지역에서 만세시위가 진행되는 과정에 장시가 중요한 역할을 했다. 장시를 매개로 큰 규모의 만세시위가 진행되었고 김포, 양평, 파주, 수원, 장단, 이천 등의 지역에서는 장시의 이동에 따라 만세시위도 함께 이동하는 양상을 보였다. 장시를 통한 만세시위는 더 거셌고 그에 대한 일제의 탄압도 가혹했다.

그리고 그동안 일제의 침투가 강한 지역에서 강한 반발로 3·1운동도 거세게 일어났다는 주장이 지역 3·1운동의 배경을 이해하는데 중요한 요소로 작용하였는데, 본고에서는 경기·인천지역의 재조선일본인 인구 비율과 3·1운동 규모 및 공세성을 살펴보는 것을 통해 오히려 일본의 침투와 3·1운동의 강도가 반비례할 가능성을 발견하였다. 본고에서 검토한 변수들이 제한적이고 그 검토방식도 고도화되어있지 않기에 향후 연구를 통해 정밀한 분석을 다시금 진행해야할 것이다. 본고에서는 지역 3·1운동에 대한 이해방식을 새롭게 할 필요성을 시론적으로 문제제기했다는 데에 의의를 두고자 한다. 이 같이 다양한 방법론을 활용하여 지역 단위의 연구를 갱신하고 3·1운동의 전체사를 새롭게 써나가야하는 것이 2019년 3·1운동 100주년 이후 연구자들의 과제일 것이다.

참고문헌

경기도사편찬위원회, 1995 『경기도항일독립운동사』, 경기도사편찬위원회

경기도사편찬위원회, 2006 『경기도사 제7권 일제강점기』, 경기도사편찬위원회

국사편찬위원회, 1966 『한국독립운동사』 2, 국사편찬위원회

독립기념관 한국독립운동사연구소 편, 2009 『한국독립운동의 역사 19권 국내3·
　　　1운동Ⅰ－중부·북부』, 독립기념관

독립운동사편찬위원회 편, 1971 『독립운동사 제2권 : 3·1운동사 상』, 독립유공
　　　자사업기금운용위원회

박찬승, 2019 『1919 대한민국의 첫 번째 봄』, 다산초당

박환, 2007 『경기지역 3.1독립운동사』, 선인

박환·최재성, 2019 『한권으로 읽는 경기도의 3·1운동』, 경기문화재단

성주현, 2013 『식민지시기 종교와 민족운동』, 선인

성주현, 2014 『일제하 민족운동 시선의 확대 － 3·1운동과 항일독립운동가의 삶
　　　－』, 도서출판 아라

이정은, 2009 『3.1 독립운동의 지방시위에 관한 연구』, 국학자료원

이지원, 1989 「경기도지방의 3·1운동」, 한국역사연구회·역사문제연구소 엮음,
　　　『3·1 민족해방운동 연구－3·1운동 70주년 기념논문집』, 청년사

조성운, 2003 『일제하 수원지역의 민족운동』, 국학자료원

조성운, 2016 『일제하 경기도의 민족운동과 증언』, 선인

조한성, 2019 『만세열전』, 생각정원

한국사연구회 편, 2019 『3·1운동의 역사적 의의와 지역적 전개』, 경인문화사

허영란, 2009 『일제시기 장시연구』, 역사비평사

김권정, 2010 「수원지방 기독교계의 3·1운동과 이후 동향」, 『역사와 교육』 11,
　　　역사와교육학회

金性玟, 2002 「강화지역 3·1운동의 전개와 성격」, 『한국근현대사연구』 22, 한국
　　　근현대사학회

김세영, 2003 「일제강점기 수원 지역 천도교의 항일독립운동」, 『祥明史學』 8·9,
　　　祥明史學會

김승태, 2014 「일제의 기록을 통해서 본 경기도 고양 지역의 3.1독립운동」, 『한

국기독교와 역사』 40, 한국기독교역사연구소

金容達, 2005 「경기도 포천지역 3·1운동의 전개와 성격」, 『한국근현대사연구』 32, 한국근현대사학회

盧千鎬, 1988 「水原地方 三·一運動 研究」, 단국대 교육대학원 역사교육과 석사학위논문

박환, 2002 「경기도 화성 송산지역의 3·1운동」, 『정신문화연구』 89, 한국정신문화연구원

박환, 2006 「인천 황어장터 3·1운동의 전개와 역사적 의의」, 『한국민족운동사연구』 46, 한국민족운동사학회

成周鉉, 2001 「수원지역의 3·1운동과 제암리 학살사건에 대한 재조명」, 『水原文化史研究』 4, 水原文化史研究會

신효승, 2018 「일제의 '제암리 학살사건'과 미국 선교사 기록의 형성 과정」, 『學林』 41, 연세사학연구회

윤해동, 2019 「3·1운동의 폭력과 비폭력 I − '폭력성'에 대한 거시적 접근 −」, 『사학연구』 133, 한국사학회

이계형, 2018 「경기도 화성지역 3·1운동의 연구동향과 과제」, 『韓國學論叢』 50, 國民大學校 韓國學研究所

이덕주, 1997 「3·1운동과 제암리사건」, 『한국기독교와역사』 7, 한국기독교역사연구소

李東根, 2003 「水原 3·1운동에서 天道教의 역할 −雨汀·長安面을 중심으로−」, 『京畿史學』 7, 京畿史學會

이동근, 2004 「1910년대 水原지역의 사회경제적 상황과 3·1운동의 전개과정」, 『水原文化史研究』 6, 水原文化史研究會

이동근, 2008 「김포지역 3·1운동의 전개와 특징」, 서굉일 교수 정년기념논총 간행위원회 편, 『지배문화와 민중의식』, 한신대학교 출판부

이승원, 2019 「평택지역 3·1운동 주요세력과 시위형태의 특징」, 『역사와 교육』 28, 동국대학교 역사교과서연구소

이양희, 2013 「일본군의 3·1운동 탄압과 대응 : 『朝鮮騷擾事件關係書類』를 중심으로」, 충남대학교 사학과 석사학위논문

이연복, 1998 「1910~20년대 양주지역의 항일민족운동」, 『首善社會』 9, 서울교육대학교

이용창, 2018 「재판 관련 기록으로 본 화성 장안·우정면 3·1만세운동」, 『한국독

립운동사연구』 62, 독립기념관 한국독립운동사연구소

李正善, 1990 「始興地方 三·一運動 硏究」, 국민대 교육대학원 역사교육과 석사
　　학위논문

李廷銀, 1987 「安城郡 元谷·陽城의 3·1운동」,『한국독립운동사연구』제1집, 독
　　립기념관 한국독립운동사연구소

이정은, 1991 「3.1運動의 地方 擴散과 性格」, 서울대 국사학과 석사학위논문

이희환, 2018 「인천의 독립운동가 범주 설정과 향후 연구의 과제」,『畿甸文化硏
　　究』39-1, 경인교육대학교 기전문화연구소

임형진, 2017 「동학에서 천도교로의 개편과 3·1독립혁명 － 수원지역을 중심으
　　로 －」,『동학학보』45, 동학학회

조성운, 2009 「김포지역 3·1운동의 역사적 의의 －김포지역사적 관점에서」,『崇
　　實史學』22, 숭실사학회

주동빈, 2019 「3·1운동 초기 경성 시위에 대한 세대론적 분석」, 한국역사연구회
　　3·1운동100주년기획위원회 엮음,『3·1운동 100년 3권 권력과 정치』,
　　휴머니스트

진주완, 2019 「평택지역 3·1운동의 검토와 과제」,『한국민족운동사연구』98, 한
　　국민족운동사학회

최우석, 2019 「청년 양주흡, 혁명을 꿈꾸다」, 한국역사연구회 3·1운동100주년기
　　획위원회 엮음,『3·1운동 100년 2권 사건과 목격자들』, 휴머니스트

최우석, 2019 「독립선언서 작성과정」,『대산문화』71, 대산문화재단

崔洪奎, 1988 「水原地方과 抗日民族運動의 精神史的 脈絡」,『畿甸文化』4, 기
　　전향토문화연구회

허영란, 2009 「3·1운동의 지역성과 집단적 주체의 형성 －경기도 안성의 사례를
　　중심으로」,『역사와 경계』72, 부산경남사학회

황민호, 2006 「安城邑內와 竹山地域 3·1운동의 전개」,『한국민족운동사연구』
　　46, 한국민족운동사학회

황민호, 2012 「경기도 광주군지역의 3·1운동」,『한국민족운동사연구』72, 한국
　　민족운동사학회

洪錫昌, 1992 「水原·華城地方의 三·一運動史(상)」,『畿甸文化』제10집, 畿甸鄉
　　土文化研究會

경기·인천지역 만세시위의 확산 양상

김 진 호(충남대학교 충청문화연구소 연구원)

경기·인천지역 3·1독립운동은 3·1독립운동의 시발지인 경성, 즉 서울과 인접한 지리적인 요인으로 '朝鮮民族代表者' 33명의 명의로 '朝鮮建國四千二百五十二年 三月 日'에 '宣言書'가 발표된 1919년 3월 1일에 고양군 연희면 합정리 양화진, 신촌리 연희전문학교 부근에서 각각 약 200명이 주민 및 학생들이 독립만세를 외쳤다. 서울의 독립만세운동이 일제 군경과 기마대의 무력 진압과 시위로 오후 5시 이후 점차 해산되면서 오후 7시경에는 독립만세의 함성은 잠잠해졌다. 그러나 이후에도 곳에 따라 간간히 독립만세를 외치는 움직임이 있었다. 고양 연희면에서는 서울의 독립만세운동의 영향으로 야간에 양화진에서 주민들이 만세를 외쳤다. 또한 연희전문학교 부근에서는 학생들 중심으로 오후 11시경에 집합해 만세를 부르고 해산했다.

'경기·인천지역 만세시위의 확산 양상'을 살피기 위해 경기·인천지역 3·1독립운동의 전개와 그 통계 자료가 필요하다. 우선 경기·인천지역에서는 3·1독립운동의 추진 세력이나 '조선민족대표자'들과 직접적인 연계를 가지지 않았다. 다만 기독교계에서 독립청원에 대표자로서 서명 날인할 인사들을 규합하는 과정에서 수원 삼일학교 교사 金世煥이 朴熙道의 부탁을 받았다. 즉 2월 21일 밤 세브란스 병원내 李甲性 집에서 회합한 후 김세환은 이갑성 등과 각 지방을 맡아 동지를 규합하고자 했다. 그는 이전에 1월 17·8일경 충남 서산 해미 읍내리 야소교회당으로 金秉濟(감리파 목사)를 방문한 일이 있은 후 2월 22일 경성을 출발해 다시 서산으로 내려 갔으나 협조와 서명을 받지 못하고 2월 24일 이후 水原, 利川 등지로 가서 동지 모집 활동을 하다가 3월 1일 경성으로 돌아왔다. 따라서 3·1독립운동의 추진 세력이나 '조선민족대표자'들과 연계되지 않은 경기도·인천지역 3·1독립운동은 연계된 지역의 8곳에서 3월 1일 독립만세를 외친 것과 달리 대체로 독립만세운동의 시작이 늦었다. 특히 군별로는 독립만세운동의 시작 시기의 차이가 크다.

경기·인천지역 3·1독립운동의 전개 과정을 살펴보면,[1] '선언서'가 배포된 개성은 3월 3일 호수돈여학교 학생 주도로 독립만세를 외치며 시작해 3월 7일까지 매일 독립만세를 외쳤다. 이어 시흥(3월 7일), 인천(3월 9일), 양평, 파주(3월 10일), 안성, 진위(평택)(3월 11일), 강화, 양주, 포천(3월 13일), 가평(3월 15일), 부천(3월 20일), 연천(3월 21일), 김포(3월 22일), 장단(3월 23일), 용인(3월 24일), 수원(3월 25일), 광주(3월 26일), 이천(3월 30일), 여주(4월 1일)에서 독립만세를 외쳤다.

경기·인천지역 3·1독립운동에 있어서 독립만세와 횃불독립만세를 일자별로 그래프로 작성하면 다음 [표 1]과 같다.

---

1 이하 서술의 자료로 국사편찬위원회 삼일운동데이터베이스를 활용했다. 1건의 자료에 1회 이상의 독립운동 자료를 포함하는 경우도 있다.

[표 1] 경기·인천지역 3·1독립운동의 일자별 독립만세와 횃불독립만세 상황

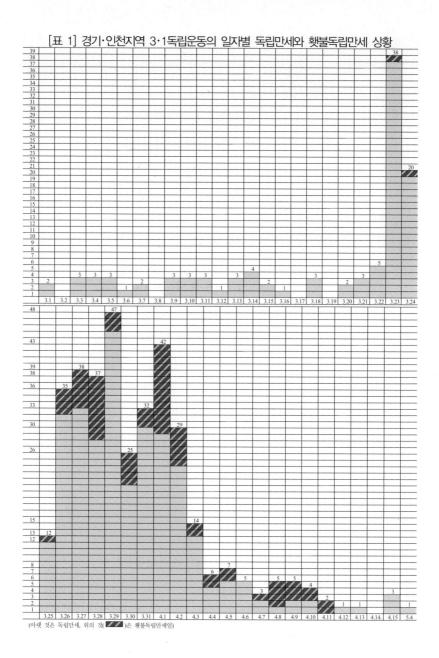

(아랫 것은 독립만세, 위의 것( )은 횃불독립만세임)

또한 일자별로 독립운동을 전개한 군의 숫치는 3월 1일, 3일, 4일 1개군, 3월 5일 2개군, 3월 6일 1개군, 3월 7일, 9일 2개군, 3월 10일 3개군, 3월 11일 2개군, 3월 12일 1개군, 3월 13일 3개군, 3월 14일 1개군, 3월 15일 2개군, 3월 16일 1개군, 3월 18일 2개군, 3월 20일, 21일 2개군, 3월 22일 5개군, 3월 23일 9개군, 3월 24일 7개군, 3월 25일 6개군, 3월 26일 12개군, 3월 27일 11개군, 3월 28일 12개군, 3월 29일 13개군, 3월 30일 10개군, 3월 31일 13개군, 4월 1일 15개군, 4월 2일 11개군, 4월 3일 9개군, 4월 4일 5개군, 4월 5일, 6일 4개군, 4월 7일 3개군, 4월 8일 2개군, 4월 9일 3개군, 4월 10일 2개군, 4월 11일, 12일, 13일 1개군, 4월 15일 2개군, 5월 4일 1개군이다.

이를 통해 보면, 경기·인천지역 3·1독립운동은 3월 1일부터 3월 21일까지는 1~3개군에서 4회 이하의 독립만세나 횃불독립만세를 외쳤다. 그러나 3월 22일 5개군에서 5회의 독립만세를 외치면서 3월 23일에는 9개군에서 37회의 독립만세, 1회의 횃불독립만세로 38회의 독립운동을 전개하여 급격히 확산됐다. 3월 24일 7개군 20회, 3월 25일 6개군 12회, 3월 26일 12개군 35회, 3월 27일 11개군 38회, 3월 28일 12개군 37회, 3월 29일 13개군 47회, 3월 30일 10개군 25회, 3월31일 13개군 32회, 4월 1일 15개군 42회, 4월 2일 11개군 29회, 4월 3일 9개군 13회, 4월 4일 5개군 6회, 4월 5일 4개군 7회, 4월 6일 4개군 5회의 독립운동이 있었다. 하지만 4월 7일부터 4월 15일까지는 1~3개 군에서 3회 이하의 독립만세나 횃불독립만세가 있었다. 따라서 3월 1일부터 연속해 4월 15일까지의 독립운동에서 46일 기간 동안에 5일을 제외한 41일간에 독립운동을 전개했고, 3월 22일 부터 4월 6일까지 16일 동안 그 가운데에서도 특히 3월 26일부터 4월 2일까지 8일 동안 가장 활발한 독립운동을 전개했다.

군별로 독립만세와 횃불독립만세를 그래프로 작성하면 아래 [표 2]와 같다.

[표 2] 경기·인천지역 3·1독립운동의 군별 독립만세와 횃불독립만세 상황

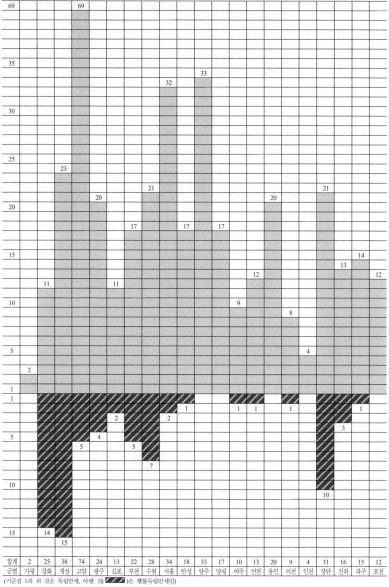

합계	2	25	38	74	24	13	22	28	34	18	33	17	10	13	20	9	4	31	16	15	12
군별	가평	강화	개성	고양	광주	김포	부천	수원	시흥	안성	양주	양평	여주	연천	용인	이천	인천	장단	진위	파주	포천

(기준점 1의 위 것은 독립만세, 아랫 것(▨)은 횃불독립만세임)

이를 통해 보면, 독립만세를 가장 활발히 외친 군은 고양으로 69회이며 그 다음이 양주 33회, 시흥 32회, 개성 22회, 수원과 장단 21회, 광주와 용인 20회, 부천과 안성 및 양평 17회, 파주 14회, 포천 12회, 연천과 진위 13회, 강화와 김포 11회, 여주 9회, 이천 8회, 인천 4회, 가평이 2회이다. 횃불독립만세를 가장 활발히 전개한 군은 개성으로 15회이며 그 다음이 강화 14회, 장단 10회, 수원 7회, 고양과 부천 5회, 광주 4회, 진위 3회, 시흥과 김포 2회, 안성, 여주, 연천, 이천, 파주가 1회이다. 그리고 독립만세와 횃불독립만세를 함께 활발히 전개한 군은 고양으로 74회이며 그 다음이 개성 37회, 시흥 34회, 양주 33회, 장단 31회, 수원 28회, 강화 25회, 광주 24회, 부천 22회, 용인 20회, 안성 18회, 양평 17회, 진위 16회, 파주 15회, 연천 14회, 김포 13회, 포천 12회, 여주 10회, 이천 9회, 인천 4회, 가평이 2회이다.

경기·인천지역 3·1독립운동은 이상의 독립만세, 횃불독립만세 이외에 독립선언서를 인쇄 배포한 사례가 1건(오은영, 인천), 격문, 유인물 등을 인쇄, 배포한 사례가 12건(가평1, 강화1, 개성5(횃불만세 전개1), 고양2, 광주1, 파주1, 포천1), 일제의 군용선 절단, 전선과 전신주 붕괴, 전차 등을 공격하거나 학교 전화선과 전화기 등을 파괴한 사례가 6건, 독립만세를 권유한 사례가 3건, 면사무소에서 면직원들이 독립가를 제창한 사례가 1건(강화 삼산면), 학생들의 동맹 휴교한 사례가 6건(시흥공립보통학교(만세 전개1), 강화공립보통학교, 개성공립상업학교, 연희전문학교, 수원 농림학교, 인천공립보통학교), 시흥 서면 면장 집, 이천 옥하교 등의 방화 사례가 2건, 독립만세를 외치려는 움직임이 있었거나 일제에 의해 사전에 탐지되어 독립만세를 외치지 못한 사례가 34건, 일본 국왕에게 서한을 보낸 사례가 1건(양주 별내의 유해정), 주재소와 면사무소 방화와 일본인 살육 등의 소문으로 군경의 경계가 강화하게 한 사례가 1건(고양 독도), 독립만세를 추진 시도하다가 중단 및 해산당한 사례가 2건(이천의 함규성, 인천의 공립보통학교와 상업학교 학생들의 소집단 결성), 독립만세를 외치기 위한 조직체를 결성한 사례가 1건(조선독립개성회), 독립만세를 외친 인사들이 면사무소에 들어 온 것을 허용했다고 당직 면서기와 소사가 체포당한 사례가 1건(고양 송포), 독립만세운동으로 폐점했거나 철시한 사례가 7건(개성1, 수원1, 시흥1, 안성1, 인천2, 진위1), 일제 군대(79연대)가 독립만세운동을 진정시키면서 주민을 사망시킨 사례가 1건(수원), 독립만세운동 참가가 색출 검거를 저지하고 항거해 탄압을 당한 사례가 5건(여주2, 안성1, 진위1, 수원1) 등 독립만세운동과 관련한 활동이 84건이 있다.

이와 같이 경기·인천지역 3·1독립운동은 3월 1일부터 5월 4일까지 독립만세 387회, 횃불독립만세 72회, 합계 459회와 독립만세운동 관련 활동 84건(회)를 합하면 총 543회(이상)에 걸친 독립운동으로 전개되었다.[2]

경기·인천지역 3·1독립운동은 다양한 주도 세력에 의해 전개됐다. 대표적 사례로서 기독교 신자들이 주도한 사례로 강화(4.2.), 개성(4.4., 4.6.), 고양(3.24.), 광주(3.27., 4.6.), 시흥(3.30., 3.31., 4.1.), 안성(3.31., 4.1., 4.2.), 양주(3.15.), 양평(4.7.), 여주(4.3.), 연천(4.10.), 이천(4.2.(2회)), 장단(4.1.(3회)), 파주(3.10.) 등 22회, 천도교 교도들이 주도한 사례로 양평(3.23., 3.30.), 용인(3.30.), 이천(3.31.), 진위(4.10.) 등 5회, 유생들이 주도

---

2 독립운동의 횟수 통계는 논자에 따라 달라 질 수 있다. 예를 들어 4월 2일 안성 이죽면 죽산리에서는 18명의 주도 인사가 6건의 별건 재판으로 통해 보면 각자 활동을 했음에도 본 통계 처리에서 일자와 장소가 동일하여 1건으로 처리했다.
참고로 1회는 주도 인사와 참여자가 한 곳에서 독립만세를 외친 것이고 이들이 다른 곳으로 이동해 계속 전개하거나 연속해서 일자를 넘겨도 1건으로 했다. 다만 주도 인사가 다르고 참여자가 변동하거나 시간을 달리해서 다른 장소에서 전개했을 경우에는 2건으로 통계 처리를 했다.

한 사례로 여주(4.3.), 천주교 신자들이 주도한 사례로 용인(3.29.), 교사가 주도한 사례로 고양(3.5.), 파주(3.25., 3.25), 학생들이 주도한 사례로 개성 (3.3., 3.4.), 고양(3.1., 3.12., 3.23.(2회)), 수원(3.25.), 용인(3.24.), 인천 (3.10.), 파주(3.22.), 노동자와 농민이 주도한 사례로 고양(3.26.) 등이 있 다. 또한 연합 형태로 천도교 교도와 야소교 신자들의 연합으로 전개된 사례로 가평(3.15.), 강화(3.18.), 광주(3.27., 4.2.), 수원(3.29., 3.31.(2회), 4.1.), 시흥(4.4.), 양평(3.24., 3.30., 4.1., 4.3., 4.4.), 여주(4.3.), 용인(3.31., 4.1.) 등 17회, 야소교 신자와 학생들의 연합으로 전개된 사례로 강화 (3.23.), 고양(3.26.), 김포(3.22.), 안성(4.2.), 여주(4.3.), 장단(3.30., 4.1.), 파 주(3.23.) 등 8회, 천도교 교도와 기독교 신자와 학생들의 연합으로 전개 된 사례로 광주(3.26.)가 있다. 그리고 학생들이 참여한 사례로 강화(4.7., 어린 학생), 개성(3.5., 3.26.), 고양(3.5.), 부천(4.9.), 양평(3.10.), 진위 (3.11.), 파주(3.26.(2회)) 등 9회가 있다. 특이한 사례로 승려와 야소교 신 자들의 연합으로 전개된 사례로 여주(4.2.)에서 있었다.

경기·인천지역 3·1독립운동은 대부분이 주도 인사의 선창에 따라 독립 만세를 외치는 극히 평화적인 독립운동이었다. 그 전개 과정에서 태극기를 흔들면서 독립만세를 외친 사례가 46회이고, 선언서 등이 배포된 사례가 4회 등이 있었다. 그러나 독립운동의 전개 과정에서 공격적 독립운동으로 전환하는 사례도 있었다. 일제 군경과 충돌해 부상을 입히거나 참살하기 도 하고 면장 등 행정 관리들을 응징하기도 했다. 또한 치안기관, 행정기 관, 교육기관 및 민간인 가옥을 공격해 건물을 파괴하는 한편 서류, 기물 등을 파손하거나 소각하기도 했으며[3] 방화 활동을 전개하기도 했다.[4]

---

3 가평 1회(3.16), 강화 1회(3.18), 개성 8회(3.3., 3.6., 3.29., 3.30., 3.31., 4.1.(2회), 4.6.), 고양 8회(3.23.(3회)), 3.26.(3회), 4.4., 4.8.), 광주 5회(3.26.(2회), 3.27.(3회)), 김포 4회(3.22., 3.24., 3.29.(2회)), 부천 4회(3.20., 3.24.(2회), 3.25.), 수원 5회

독립만세운동의 전개지로[5] 독립만세를 외친 장소로 강변 2곳, 마을 앞 도로 2곳, 경찰서 1곳, 나루터 1곳, 병원 앞 1곳, 역 앞 1곳, 해안 1곳, 공자묘와 면사무소 및 군(郡) 관아에서 전개한 곳이 1곳, 산 18곳, 산과 면사무소, 주재소에서 전개된 곳이 2곳, 부내 2곳, 읍내 27곳, 시장 17곳, 시장을 중심으로 읍내나 면소재지 각처에서 전개된 곳이 12곳, 학교 7곳, 학교와 마을 기타 장소에서 전개된 곳이 2곳, 군청 3곳, 면사무소 41곳, 면사무소와 주재소에서 전개된 곳이 13곳, 면사무소와 군청 등 기타의 장소에서 전개된 곳이 5곳, 주재소 16곳, 주재소와 학교 기타 장소에서 전개된 곳이 2곳, 마을이나 마을 중심으로 전개된 곳이 210곳이었다. 경기·인천 지역 3·1독립운동 전개지에서는 387회의 독립만세에서 시장이나 시장을 중심으로 전개된 것은 29곳(회)에 지나지 않는다. 이로써 지방의 독립만세운동이 시장을 중심으로 전개되었다는 인식에 제고가 필요할 것으로 보인다. 횃불독립만세운동의 전개지는 독립운동의 형태상 특성으로 산에서 전개되었다. 그러나 면사무소나 학교에서 독립만세를 외치기 위한 횃불(장단 대남), 원정 독립만세운동을 위한 횃불(안성 원곡-양성), 산에서

(3.29.(2회), 3.31., 4.1., 4.3.), 시흥 3회(3.23.,3.28., 3.29.), 안성 2회(3.30., 4.1.(~2.)), 양주 3회(3.28.(2회), 3.30.) 양평 3회(3.24., 4.07., 5.4.), 여주 2회(4.7.(2 회), 체포반 공격), 연천 3회(3.21., 3.22., 4.10.), 용인 2회(3.31.(2회)), 이천 2회 (3.31., 4.02.), 인천 1회(3.08.), 장단 6회(3.26., 3.30., 4.01.(3회), 4.03.), 진위 1회 (4.20.), 파주 4회(3.26.(2회), 3.27.(2회)), 포천 2회(3.24., 3.30.)에 걸쳐 공격적 활동을 전개했다.

4 3월 24일 부천 계양면, 3월 29일 수원 성호면, 시흥 서면, 용인 내사면, 4월 1일 수원 향남면, 장단 강상면, 군내면·진동면, 안성 원곡·양성면(4월 2일까지), 4월 3일 수원 우정면, 4월 6일 개성 영북면, 4월 10일 시흥 서면, 4월 19일 이천 옥하교 등에서 전개됐다.

5 독립만세, 횃불독립만세 이외의 독립운동은 활동 내용과 관련된 지역에서 전개됐다. 즉 동맹 휴학의 경우는 학교, 철시는 시장에서 전개되었으므로 구분하지 않았다.

횃불독립만세를 외치고 면사무소로 이동한 횃불(광주 동부, 개성 동면), 언덕에서 횃불(강화 삼산과 불온), 읍내 각처에서 횃불(개성 중서, 시흥 과천), 집터에서 횃불(수원 장안) 등을 올리거나 들고서 독립만세를 외쳤다.

경기·인천지역 3·1독립운동에 참가 인원은 최소 160,238명, 최대 207,027명[6]으로 추산되며, 탄압으로 사망 순국 인원은 최소 113명, 최대 134명이고, 부상 인원은 최소 234명, 최대 281명이며, 체포 인원은 최소 2,694명, 최대 3,208명이며,[7] 경성지방법원 재판에 회부된 인사는 680여 명이다.

본고는 기존의 3·1독립운동사의 연구(방법)를 탈피하고 새로운 시각과 접근으로 분석하고 고민하면서 작성한 것으로 보인다. 우선 3·1독립운동의 전파 양상을 독립만세운동과 독립선언서 배부를 관련지어 제시하고 특히 남대문(서울)역의 승하차 인원 통계를 활용한 교통기관인 철도에 주

---

6 참가 인원이 수치로 기록되어 있지 않은 것으로 군중 5회, 다수 6회, 다중 2회, 소수 1회, 수백명 4회, 수십명 24회, 십여명 2회, 주민(및 폭민) 15회이다. 또한 인원을 파악할 수 없는 것이 98건이나 된다. 이들의 수치를 합산하면 157회(건)가 되고 1회(건)를 최소한 100명으로 추산하면 15,700명이 된다. 이를 수치가 기록된 인원과 합산하면 최소한 175,938명, 최대한 222,727명이 된다.

7 한국독립운동지혈사(박은식)의 경기도 3·1운동의 통계는 아래와 같다.

구분	회집횟수	회집인원	사망인수	피상인수	피수인수	비고
경기도	240	95,900	1,467	2,432	3,480	지혈사 통계
수원	27	11,200	996	889	1,365	지혈사 통계
수원 제외*	240	95,900	471	1,543	2,115	횟수, 인원은 포함
국편삼일 데이터베이스	367	170,139 ~209,189	115~138			숫치 미기재를 추정해 합산함
본 통계	543	160,238 ~207,027	113 ~134	234 ~281	2,694 ~3,208	3.31.수원 사상자 30명 미포함
참가자 본 추계 통계		175,938 ~222,727				각주 6) 참조

목했다. 즉 국장이 다가 오면서 하차 인원이 증가하여 국장 전날인 3월 2일에 정점을 이루었고, 반면 국장일인 3월 3일과 5일까지 1만 이상이 승차하여 귀향하는 양상을 보였다. 또한 각군의 최초의 3·1독립운동을 제시하며 이것은 '절반에 가까운 지역의 초기 투쟁을 학생들이 주도했음을 볼 수 있다'며 이는 '보통학교 학생들의 주체적인 정세 판단 아래 만세 시위와 동맹휴학을 추진된 것으로 보인다'고 했다. 그리고 '장시와 만세 시위'의 연관에 촛점을 맞추어 72개 시장 중 26개 시장에서 3·1독립운동이 전개된 것을 확인했다. 이를 통해 시장 규모가 큰 시장에서 만세시위가 일어났고, 지역의 장시 일자에 따라 독립만세가 이어 전개되는 사례를 제시했다. 일제의 발포 건수와 연관지어 장시에서 투쟁이 거셌다고 추론하고, 장시 투쟁은 3월 21일~4월 5일 사이에 전개되어 만세 시위의 절정기와 일치한 점을 확인했다. 마지막으로 재조선일본인의 침투, 즉 일본인이 많이 거주하는 지역에서는 3·1독립운동의 규모가 적고, '일본인의 물리적 침투가 약한 지역에서 만세시위의 규모와 공세성이 강했다'는 것을 지역의 '일본인 인구 비율'을 근거로 추론했다.

토론자로서 몇 가지 언급하고자 한다. 우선 당시 철도는 독립선언서의 지방 배부에 뿐만 아니라 경성 3·1독립운동을 지방에 전달하는 중요한 매체였다는 것은 사실이다. 누구도 철도가 3·1독립운동의 지방 확산에 주요 요인이었다는 점은 부정하지 않을 것이다. 다만 독립선언서의 전달, 배부와 아울러 철도편으로 고종 국장을 참례하거나 경성을 볼 일로 상경했다가 귀가하여 독립선언과 독립만세를 지방에서 전했다고 해서 바로 그 지방의 3·1독립운동으로 이어지지 않았다는 점도 유의해야 할 것이다. 즉 경성의 3·1독립운동이라는 사실을 보거나 전해 듣고 3·1독립운동을 인지했다고 하여 3·1독립운동을 전개하지는 않았다는 것이다. 인지와 '인지의 행동화'는 별개로 보아야 한다. 독립선언과 독립만세를 보거나 듣고서 실제로 독립만세를 외치는 '행동화'에는 여러 요소들이 게재될 수 있다. 특히 주도 인사들에게는 무엇보다도 독립만세를 부르겠다는 의지 결정과 이를 행동화하는 실행에 '진정한 용기'가 필요하다고 본다. 이외에도 지역사회의 여건과 정서(역사, 사회, 경제적 배경 등), 분위기(3·1독립운동의 전파 확산 정도) 및 주도 인사 자신의 지역 사회 위치나 영향력 정도 등이 3·1독립운동 실행에 영향을 미쳤을 것이다. 따라서 이와 같은 요인들이 3·1독립운동의 전개 시기가 지역별로 차이를 나게 하는 것으로 보인다. 본고는 경기·인천지역 3·1독립운동 전개에 있어 철도의 영향이 얼마나 미쳤을까 하는 것을 실증적으로 검토한 점에서 의의가 있다.

둘째 3·1독립운동의 초기 전개에서 있어서 학생들의 주도나 주도적 참여가 21개 부·군 가운데 8개군을 제외한 13개 부·군에서 3·1독립운동을 전개했다. 본고에서도 구체적인 사례 제시를 통해 (사료의 한계가 있겠지만) 가능한 범위 내에서 정리했다. 하지만 학생들의 3·1독립운동을 학생들의 직접 주도 사례, 학생들의 참여(교사 주도, 종교세력 주도, 지역인사 주도) 등의 형태로 구분할 수도 있을 것이다. 이에 참여 인원과 활동 내용 등을 서술하면 학생들의 3·1독립운동이 더욱 분명해질 것이고 그 평가나 위상도 제고될 것으로 보입니다.

셋째 3·1독립운동과 3·1독립운동의 전개지로서 장시의 연관성에 있어 전체 3·1독립운동 전개지에서 장시는 그렇게 큰 비율을 차지 않고 있다는 점입니다. 비록 토론자의 통계이지만, 전개지 387곳(회)(중복) 가운데 시장 17곳, 시장을 중심으로 읍내나 면소재지 각처에서 전개된 것이 12곳 등으로 29회에 지나지 않는다. 물론 본고에서 밝힌 장시에서 대규모로 전개되고 또한 그에 따라 일제의 탄압이 극심했다는 것에는 토론자도 전적으로 동의한다. 단지 3·1독립운동의 전개 규모면에서 '대규모 3·1독립운동의 전개지는 장시였다'는 단서가 필요한 것으로 보인다.

넷째 또한 장시와 관련해 6개 사례를 통해 조심스럽게 '만세꾼'의 존재로 인해 시위가 전파된 것인지, 각 지역에서 사람들이 많이 모일 수 있는 개시일을 계기로 만세시위를 기획한 결과인지 확실치 않다고 했다. 기존에도 '만세꾼'의 존재에 대해서 언급되기도 했다. 우선 '만세꾼'의 용어 정의가 필요하겠지만, 장소를 이동하고 다니며 만세를 권유하거나 만세를 외치는 인사를 '만세꾼'이라 한다면 사례를 찾기는 극히 어렵다.[8] 만세군(萬歲軍)이란 용어는 3월 15일부터 3월 19일까지 경북 의성군 안평면 면내 각 마을에서 독립만세운동을 전개하고 3월 19일에는 봉양면 사부동, 도리원 시장까지 원정해 독립만세를 외친 이원춘(李元春) 등 17명에 대한 대구지방법원의 판결문에 기재되어 있다.[9] 즉 '이화실이 이끄는 만세군에 참가하여', '20~30명의 만세군과 함께', '동월 OO일 만세군에 참가하여' 등등으로 기재되어 있다. 하지만 대구복심법원의 판결문에는 '약 20명의 군중과 함께', '십여명의 동민(洞民)과 함께', '다수 주민과 함께' 등등으로 기재되어 있다. 따라서 판결문의 문맥상 의미로 만세군이 '만세를 외치는 무리(군중)'을 의미하는 것으로 보인다.[10] 즉 '전문' 만세꾼들은 아니다. 그러나 5일 동안 안평면 일대는 '행방구'와 같이 주도 인사들이 이웃 마을이나 여러 장소들을 활보하면서 독립만세운동을 전개했다. 단정적으로 말할 수 없지만 3월 15일부터 19일까지 비록 면내이지만 타 지역의 독립

---

8 '꾼'의 의미는 긍정적 의미로 '어떤 일을 전문적으로, 습관적으로, 지속적으로 잘하는 또는 즐겨하는 사람'이나 부정적 의미로는 긍정적 의미의 사람을 '낮잡아' 이르는 말로 사용되기도 한다.

9 이원춘 등 17명 판결문(판결, 대구지방법원, 1919.5.10. : 대정8년형공제474호, 대구복심법원, 1919.6.26.).

10 같은 사례로 3월 19일 경북 영덕군 창수면 3·1독립운동의 판결문이 있다(김세영 등 96명 판결문(대정8년형제786~823호, 대구지방법원, 1919.6.5.), 남응하 등 74명 판결문(대정8년형제845 907 944 953호, 대구지방법원, 1919.7.11.).

만세운동과 달리 이 마을 저 마을 심지어 다른 면까지 가서 독립만세를 외친 주도 인사들은 만세꾼으로 상정할 수 있지 않을까 한다.

또한 긍정적 의미로 주도 인사들의 활동을 확대 해석한 사례를 제시하면 다음과 같다. 그 대표적인 사례로 활동지를 벗어나 다른 장소에서 독립만세를 권유하거나 만세를 외친 사례로 경기도 유익수(柳益秀)를 들 수 있다. 그는 3월 30일 시흥군 수암면 면소재지에서 독립만세를 주도하고 이어 다음날인 3월 31일 수원 반월면 시장에서 독립만세를 지휘했다.[11] 경북 성주 가천면에서 붓(筆) 판매상 심성백(沈聖伯, 愼性伯)이 거창군의 독립만세를 전하면서 가천에서도 독립만세를 외치도록 권유한 사례,[12] 충남에서 4월 4일 밤 예산 대흥면 대율리에서 정인하(鄭寅夏)는 횃불독립만세를 전개하고 20일 후인 4월 24일 홍성군 결성면 용호리 강진호(姜鎭瑚) 집에 그에게 독립만세를 권유한 사례,[13] 4월 5일 밤 예산 삽교면 목리에서 박성식(朴性植)은 횃불독립만세를 전개하고 다음날 4월 6일 홍성군 홍북면 상하리 엄중삼 집에서 김헌식(金憲拭)에게 독립만세를 외치지 않는다고 구타한 사례,[14] 함북 길주의 권명주(權明周)는 3월 15일 단천군 북두일면의 황희종(黃熙鍾)에게 선언서를 전달하며 경성 방면과 길주 지방의 독립만세를 전하고 '(단천) 대신리에서는 어찌 만세를 부르지 않느냐?'며 독려한 사례가 있다.[15]

---

11 유익수 판결문(대정8년형제1282호, 경성지방법원, 1919.5.27. : 대정8년형공제581호, 경성복심법원, 1919.7.31.)

12 이상해 판결문(대정8년형제791호, 대구지방법원, 1919.4.28. : 대정8년형공제422호, 대구복심법원, 1919.5.19. : 대정8년형상제274호, 고등법원, 1919.6.26.)

13 정인하 판결문(대정8년公第188호, 공주지방법원, 1919.5.30.)

14 박성식 판결문(대정8년公第140호, 공주지방법원, 1919.4.30.)

15 권명주 판결문(대정8년형공제649호, 경성복심법원, 1919.7.14. : 대정8년형상제743호, 고등법원, 1919.9.15.)

마지막으로 재조선일본인의 침투과 3·1독립운동의 전개의 상관성의 검토는 기존의 주장들을 재고하게 한다. 본고에서도 밝혔듯이 '일본인 인구 비율'을 근거로 한 추론이라는 한계가 있지만 분명히 시사점이 있다. 이에는 일제의 행정 치안 기관의 위치, 경제적 침투와 관련한 일본인의 직업, 경제 활동 규모, 연령층 등, 지역 사회의 단체 결성과 참여 정도 등을 통한 일본인의 지역 사회 침략 내지 지배력 정도의 검토를 통한 연구를 기대한다.

일제의 경기·인천지역 3.1운동 탄압 양상

이 양 희(충남대학교 충청문화연구소 연구원)

1. 머리말

3월 1일 서울, 평양, 원산 등과 함께 경기도 개성, 고양군에서도 만세운동이 일어났다. 이후 첫날의 만세운동이 이어지는 가운데 3월 4일 수원, 3월 6일 인천, 3월 7일 시흥 등지에서 독립선언서 배포, 동맹휴학, 만세시위 등 다양한 형태의 운동이 경기도 전 지역으로 확산되기 시작했다. 일제는 3월 1일 만세운동이 일어나기 전부터 한국인 동향을 주시했다. 파리 강화회의에 대한 한국인들의 기대감이 높아지고 있었고 더구나 일본 東京에서 2.8독립선언이 일어났기 때문이었다. 이에 조선총독부는 이미 1월부터 민족자결주의, 2.8독립선언 등에 대한 기사를 게재하지 못하도록 언론을 통제했다.[1] 그럼에도 불구하고 3.1운동은 발발했다.

3.1운동은 독립운동의 분수령으로서 위치하기 때문에 이에 대한 연구도 방대하다. 독립운동 계획단계, 독립선언문 인쇄 및 전달 과정, 전국적인 운동 현황과 운동주체별 활동양상, 지역별 운동과정과 특색 등 그 분야 또한 다양하다. 서울을 포함한 경기도 지역의 3.1운동에 대해서도 적잖은 연구가 축적되었다. 특히 서울은 3.1운동의 출발점으로서 관련 연구에서 가장 많이 다루어진 지역이기도 하다. 이와 같은 3.1운동 연구는 대부분이 운동 분야에 치중되어 있었다. 경기도의 경우도 예외는 아니다. 화성, 포천, 안성, 광주, 고양 등의 만세운동에 대한 연구가 이루어졌으나 화성을 제외하면 대부분이 운동 과정 연구의 비중이 높다.[2] 최근 3.1운동 100주년을 맞아

---

1 『大正8年 騷擾事件ニ關スル道長官報告綴－雜報』「電報」, 大正8年1月17日, (조선총독부 경무총감부 고등경찰과장 → 각道 부장)
2 경기도만 특정화한 3.1운동 연구로는 이지원, 「경기도지방의 3.1운동」, 1989 『3.1 민족해방운동 연구－3.1운동 70주년 기념논문집』, 한국역사연구회·역사문제연구소 ; 박환, 2002 「경기도 화성 송산지역의 3.1운동」『정신문화연구』89 ; 김용달, 2005 「경기도 포천지역 3.1운동의 전개와 성격」『한국근현대사연구』32 ; 박환, 2007 『경기지역 3.1독립운동사』, 선인 ; 김형목·한동민·이동근·박철하, 2008 『수원지역 여성과 3.1운동』, 경기도 ; 허영란, 2009 「3.1운동의 지역성과 집단적 주체의 형성 － 경기도 안성의 사례를 중심으로」『역사와 경계』72 ; 황민호, 2012 「경기도 광주군지역의 3·1운동」『한국민족운동사연구』72 ; 김승태, 2014 「일제의 기록을 통해서 본 경기도 고양 지역의 3.1독립운동」『한국기독교와 역사』40 ; 이용창, 2018 「재판 관련 기록으로 본 화성 장안·우정면 3.1만세운동」『한국독립운동사연구』62 ; 이계형, 2018 「경기도 화성지역 3.1운동의 연구동향과 과제」『한국학논총』50 등이 있으며, 서울지역 3.1운동만을 대상으로 한 연구로는 김원모, 1990 「서울시에서의 三·一運動: 新發掘資料:朝鮮과 日本」『향토서울』49 ; 이현주, 2003 「3.1운동기 서울에 배포된 전단과 정치적 지향 － 『3.1運動 獨立宣言書와 檄文』을 중심으로 －」『인하사학』10 ; 황민호, 2006 「『매일신보』에 나타난 서울지역 3.1운동의 전개」『서울문화』10 ; 박찬승, 2019 「3.1운동기 서울의 독립선언과 만세시위의 재구성 － 3월 1일과 5일을 중심으로」『한국독립운동사연구』65 등이 있다.

3.1운동에 대한 새로운 방향을 모색하는 연구들이 진행되었다. 만세운동, 정치, 종교 등 기존의 연구 범위를 넘어 공간, 문화 등으로 3.1운동의 연구범위가 넓어졌다.[3] 그러나 지역내에서 군경의 치안기관, 행정기관 등의 구체적인 탄압책을 고찰하지는 못했다. 본고에서는 당시 만세운동에 대한 일제측의 탄압이 전국적으로 조밀한 치안망과 치밀한 정보망으로 이루어졌던 사실에 주목하고 경기도내 만세운동에 대한 일제측 탄압에 대해 전면적인 검토를 하고자 한다.

당시 조선총독부는 헌병·경찰, 군대, 도-군-면 체계를 통해 만세운동과 탄압 상황에 대해 보고를 받았다. 이러한 문건에는 지역 내 만세운동과 탄압 상황, 만세운동 방지대책 등이 그대로 드러나 있다. 특히 경기도 경무부가 보고한 사찰 문건에는 도내 만세운동을 비롯해 종교계 동향, 재한외국인 활동, 여론 등에 대한 정보가 망라되어 있다. 본고는 이와 같은 자료를 바탕으로, 1919년 당시 행정구역과 지역명을 기준으로 3.1운동에 대한 일제의 탄압양상에 대해 분석하고자 한다. 이후 행정구역의 범위와 지역명의 변화로 인해 만세운동 당시 경기 도-군-면의 행정과 헌병·경찰의 배치 상황을 연계하기가 어렵기 때문이다. 따라서 본고는 당시 경기도 경무부의 관할이기도 했던 서울을 포함했다. 이에 서울과 경기도를 분석 대상으로, 우선 만세운동 발발과 이에 대한 헌병·경찰의 즉각적인 대응을 살피고, 병력의 파견 지역과 탄압에서 군대의 역할을 고찰하고자 한다. 나아가 만세운동 재발을 방지하기 위한 경기도와 군경의 대책과 일제 군경의 탄압으로 인해 발생한 경기도내 한국인 피해 현황에 대해서 일제측 자료와 한국측 자료를 비교 검토하고자 한다. 이를 통해 경기도내 만세운동에 대한 일제의 전방위적 탄압책과 실상을 파악할 수 있을 것이다.

---

3 윤해동, 2019 「3.1운동의 폭력과 비폭력 I － '폭력성'에 대한 거시적 접근」『사학연구』 133 ; 이기훈, 2018 「3.1운동과 깃발」『동방학지』 185 ; 한국역사연구회 3.1운동100주년기획위원회, 2019 『3.1운동 100년』 1~5, 휴머니스트 등이 있다.

2. 군경(軍警)의 배치와 무력동원

3월 1일 만세운동이 일어난 직후 조선총독부는 수만에 달하는 만세운동 민중을 진압하기 위해 용산에서 보병 3개 중대와 기병 1소대를 배치해 헌병·경찰을 원조하도록 했다. 3월 5일 아침 4,000~5,000명의 군중이 남대문역에 집합했을 때, 3월 23일 4일간에 걸쳐 밤마다 시내외에서 전차에 투석하는 시위가 있었을 때, 3월 27일 약 100명의 군중이 재동파출소를 습격했을 때 등 보병 3개 중대와 기병 2개 소대의 군인, 서울내 경찰이 상황에 따라 진퇴를 반복하며 만세운동을 탄압했다. 서울 이외에 3월 3일~6일 개성, 3월 6일~9일 인천, 3월 21일 이후에는 경기도내 약 80개소 이상 지역에서 443건의 만세운동이 발발했다. 군중은 경찰서(주재소), 우편소, 면사무소를 습격·방화하는 등 점차 과격해졌다. 군경의 병기 사용도 강도를 높여갔다. 일례로 서울의 근교였던 뚝섬에서는 3월 26일 밤 약 500명의 군중이 면사무소를 습격하고, 면서기를 구타해 부상을 입히는 등 만세운동이 격렬해졌다. 조선총독부에서는 3월의 경기도 만세운동 중 가장 과격한 곳으로 수원군 오산, 안성군 양성을 꼽았다. 양주군 화도면 마석우리와 장흥면, 포천군 신북면, 연천군 백학면, 부천군 계양면 장기리, 광주군 구천면 상일리, 파주군 조리면 봉일천리와 와석면 교하리, 용인군 용인과 원삼면 사암리, 이천군 마장면의 만세운동도 거셌다.

1919년 경기도 내에는 22개 부군 안에 249개 면이 있었다. 이 중 서울은 헌병분대와 경찰서가 함께 배치되어 있었고, 14개군 178면은 헌병이, 인천부를 비롯한 71면은 경찰이 배치되어 있었다. 따라서 지역내 만세운동 진압은 헌병과 경찰이 동시에 투입되었다기보다 각 관할 경무기관이 담당했다. 당시 경기도내 헌병·경찰의 배치는 아래 [표 1]과 같다.

[표 1] 3.1운동시 경기도내 헌병·경찰 배치 지역 및 인원[4]

지역		헌병		경찰	
부군명	면수	관할헌병분대	산하 기구 배치지역수	관할경찰서	산하 기구 배치지역수
서울	-	용산헌병분대	6	창덕궁경찰서 1 경성본정경찰서 20 경성종로경찰서 29	50
고양	12	경성헌병분대	23	-	-
가평	6		3	-	-
수원	21		1	수원경찰서	11
용인	12	용인헌병분대	6	-	-
광주	16		6	-	-
여주	10		3	-	-
이천	11	여주헌병분대	3	-	-
양평	12		7	-	-
양주	16		5	-	-
포천	12	양주헌병분대	6	-	-
연천	13		7	-	-
개성	16		8	개성경찰서	1
장단	10	개성헌병분대	4	-	-
파주	11		6	-	-
인천	-	-	-	인천경찰서	7
부천	15	-	-	인천경찰서	6
시흥	10	-	-	영등포경찰서	7
진위	11	-	-	진위경찰서	4
안성	12	-	-	안성경찰서	5
김포	9	-	-	김포경찰서	4
강화	14	-	-	강화경찰서	7
합계	249	6	94	12	102

경기도 경무기관은 특별구역화되었던 서울을 제외하면 경기도내 249 면에 140개의 출장소, 주재소, 파출소가 있었다. 파출소 1개당 관할 면이 1.7개였던 셈이다. 한편 1918년 12월 기준으로 경기도내 헌병인원은 856

---

4 국사편찬위원회 삼일운동DB(http://db.history.go.kr/samil) 탄압기구 참조.

명, 경찰인원은 1,159명이었다. 이 중 헌병인원의 절반이 넘는 478명은 한국인 헌병보조원이었다. 따라서 경기도 1개면 당 경무인원은 약 8명이었다. 그러나 한국인 헌병보조원이 한국인 탄압에 적극적일 수 없었다. 이를 고려하면 면당 경무인원은 약 6.2명에 불과했다. 때문에 헌병·경찰의 인원만으로는 수십에서 수천명의 시위 군중을 진압하기에는 역부족이었다.[5] 이에 헌병·경찰은 산하 반관반민(半官半民) 조직원들을 동원해 만세운동 군중을 직접적으로 탄압했다. 그럼에도 군중 진압이 여의치 않을 경우 도장관은 관할 내 일본군에게 지원요청을 했다. 당시 만세운동 지역과 일본군 파견 지역의 변화를 보면 아래 [그림 1]과 같다.

[그림 1] 3.1운동 당시 경기도내 일본군 파견지역 변화[6]

① 3월 20일 전후	② 3월 31일 전후

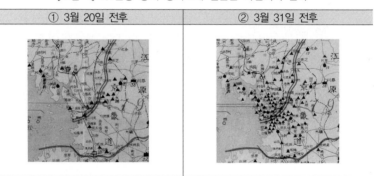

---

5 국가통계포털(http://kosis.kr)
6 『朝鮮騷擾事件關係書類』「騷擾事件ニ關スル狀況(3月16日~3月25日)」朝特報第8號/密第102號其152, 大正8年3月31日, (조선군참모부 → 육군성), 일본방위성방위연구소 소장 자료번호 Ref.C06031114900 ;「騷擾事件ニ關スル狀況(3月26日~4月5日)」朝特報第9號, 大正8年4月7日, (조선군참모부 → 육군성), 일본방위성방위연구소 소장 자료번호 Ref.C06031205400 ;「增派派遣部隊ノ行動及之力配置ニ關スル件 報告)」朝參密第477號/密第160號其40, 大正8年4月12日, (조선군사령관→육군대신), 일본방위성방위연구소 소장 자료번호 Ref.C06031084500

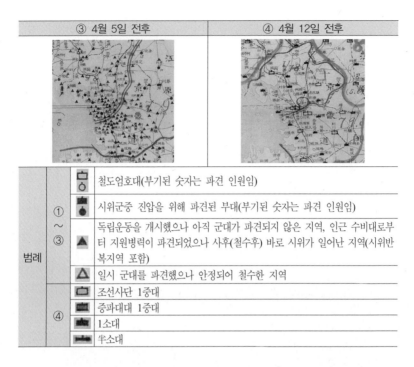

범례	① ~ ③	⊟	철도엄호대(부기된 숫자는 파견 인원임)
		⊞	시위군중 진압을 위해 파견된 부대(부기된 숫자는 파견 인원임)
		▲	독립운동을 개시했으나 아직 군대가 파견되지 않은 지역, 인근 수비대로부터 지원병력이 파견되었으나 사후(철수후) 바로 시위가 일어난 지역(시위반복지역 포함)
		△	일시 군대를 파견했으나 안정되어 철수한 지역
	④	⊡	조선사단 1중대
		▥	증파대대 1중대
		▰	1소대
		▰	½소대

3월 14일(또는 15일) 양주군에서 만세운동이 시작된 후 서울에 본부를 두고 있었던 제78연대와 제79연대에서 병력이 각지에 파견되었다. 경기도 북동쪽과 남서쪽의 사선을 경계로 제78연대와 제79연대의 관할 구역이 구분되어 있었기 때문에 일본군 파견 지역도 서울-화천을 경계로 해서 이북은 제78연대가 관할했으며, 이남은 제79연대가 담당했다. 당시 일본군 보고에 의하면 4월 30일까지 경기도내에 출동한 일본군 병력은 825명으로, 26개 지역에 파견되었다. 헌병·경찰이 배치되어 있던 지역에 비하면 군대의 파견지역은 적다. 이는 군대의 역할이 탄압에 직접 투입되기보다는 '위압'을 통한 공포심 조장에 있었기 때문이다. 일본군은 무기를 장착하고 시장에서 총검 연습을 하거나 사열한 채 시가지 행진을 연출하

는 등 위력을 과시했다. 이는 만세운동을 사전에 방지하기 위한 것으로, 이후에도 계속 이어졌다.[7]

한편 3.1운동 발발 직후 조선총독부 경무부는 사찰반을 조직했다. 사찰반의 주요 업무는 만세운동 참여 여부를 넘어 민중 전체에 대한 감시였다. 일제 당국은 각 지역 만세운동의 직접적인 원인으로 '선동적' 문서의 배부를 꼽았다. 이와 같은 문서는 민심을 자극하고 경찰과 행정 관헌에 근무하는 한국인들을 동요시켜 사직을 종용한다고 보았기 때문이다. 사찰반은 만세운동 계획 및 주도자, 독립선언서 또는 격문과 같은 인쇄물 배포자 등에 대한 정보를 수집하고, 만세운동 참여자에 대한 체포를 용이하게 하기 위해 조직되었다. 경기도 경무부는 3월 17일을 기해 사찰반 조직을 완비했다. [표 2]와 같이 사찰반원은 12명의 일본인 아래 한국인과 일본인 166명이 9개 반으로 조직되었는데, 한국어에 능통한 일본인 순사, 한국인 순사보로 구성되었다. 이들은 주로 한국인 복장으로 변장하고 오전 5시 30분부터 오전 11시까지 한국인 마을을 집중적으로 사찰했다.

[표 2] 1919년 3월 경기도 경무부 사찰반 구성표[8]

| 지휘관 | 반장 | 소속인원 | | 시찰지역 |
		일본인	한국인	
長谷川副官	佐土原警部	9	9	광화문통 서쪽 지역의 한국인 마을

7 『朝鮮騷擾事件關係書類』,「獨立運動二關スル件(第35報)」高第9808號, 大正8年 4月2日, (→조선총독 외) ;「獨立運動二關スル件(第37報)」高第9833號, 大正8年 4月4日, (→조선총독 외) ;「騷擾事件報告臨時報 第8」, 大正8년4月25日, (조선총독부→조선총독 외) ; 조선헌병대사령부, 1919『密大正8年 朝鮮騷擾事件狀況 (大正8年6月 憲兵隊長警務部長會議席上報告)』, 199~257쪽

8 『査察彙報』,「京畿道警務部査察彙報(第9回)」京高秘第3030號, 大正8年3月16 日, 국사편찬위원회 소장 ; 이양희, 2017『3.1운동기 일제의 한국인 자위단체 조직과 운용』『한국근현대사연구』 83, 177쪽

지휘관	반장	소속인원		시찰지역
		일본인	한국인	
	津村曹長	9	9	
	佐佐木軍曹	9	9	
永野警視	平山警部	9	9	
	高檜曹長	9	9	광화문통, 창덕궁앞 한국인 마을
	指山警部	10	10	
安警視	渚態警部	9	9	
	浜野警部	10	10	창덕궁 앞 동쪽 지역의 한국인 마을
	藤田警部	9	9	
3	9	83	83	

[표 2]의 사찰반원이 수집한 정보를 보면 파리강화회의와 일본군 증병에 대한 소문, 천도교인을 비롯한 각 종교계와 외국인 선교사들의 동향, 학교 개교상황과 학생들 출석 인원, 만세운동시 연락 암호, 상인들의 철시 등 한국인 생활상의 전반적인 부분이 해당되었다. 예를 들면, 3월 4일 순사보가 사복차림으로 영등포 일대 한국인 촌락을 순찰하다가 시흥군 북면 동작리에서 한국인 40~50명이 모여 있는 것을 보았다. 그는 한국인들이 「국민회보」를 소지하고 있는 것을 발견하고 바로 체포해 취조를 했다. 3월 15일에는 학생 5명이 모여 있었기 때문에, 직공들이 배회하고 있었기 때문에 이들을 체포했다. 한국인이 모여 있는 것만으로도 체포해 조사를 했던 것이다. 경기도 경무부는 사찰반원이 제공한 정보에 의해 330여명을 불심검문(不審檢問)했으며, 격문배부혐의자 2명을 체포했다. 「독립신문」 제6호와 유사인쇄물 18건, 기타 인쇄물과 편지 4건, 한국기 인쇄물 3건을 압수하고, 관련 낙서 18건 등을 발견해 제거했다.[9] 또한 사찰반원은 만세

---

9 『査察彙報』,「京畿道警務部査察彙報(第20回)」京高秘第3030號, 大正8年3月16日, 국사편찬위원회 소장 ;「京畿道警務部査察彙報(第9回)」京高秘第2415號, 大正8年3月5日 ;「京畿道警務部査察彙報(第20回)」 京高秘第3030號, 大正8年3月16日 ;「京畿道警務部査察彙報(第21回)」京高秘第2081號, 大正8年3月17日 ;

운동 기획에 대한 정보가 있을 경우 현장에 배치되어 관련자 감시를 했다. 만세운동이 일어나면 군중 속으로 잠입해 만세운동 주도자를 색출했다. 주도자가 체포되었을 경우 피체포자의 만세운동 참여 사실을 확인시켜 주는 등 일제 군경측의 증인 역할도 했다.[10]

재한선교사에 대한 사찰도 이루어졌다. 경기도 헌병대장겸경무부장은 재한선교사들이 이재자(罹災者)를 위문, 기부금 모집, 한국인 구휼에 힘을 쏟고 있다고 비난했다. 미국 선교사들은 만세운동을 사전에 알았다하더라고 이를 중지시키려 하지 않았으며 도리어 군중 사이를 오가며 성원을 보내고, 사상자가 있을시 산하 병원에 입원한 환자들의 상태를 촬영하고 만세운동에 관한 각종 자료를 수집하고 있다고 보고했다. 특히 미국총영사 버그홀츠, 세브란스병원장 에비슨, 선교사 스코필드와 테일러, 빌링스, 그리고 당시 한국에 체재 중이었던 『Sacramento Bee』신문 발행인 매클레치, 개성 호수돈여학교장 와그너와 송도고등보통학교장 왓슨 등의 동향을 철저하게 조사했다.[11]

사찰반원에 대한 한국인들의 반감은 상당히 컸다. 경기도 경무부는 3.1운동 주도 세력 중에 결사대, 암살대와 같은 별동조직이 있다고 판단했다. 이러한 암살대는 사찰반원이나 만세운동 군중 속의 밀정(密偵)을 암살하려 한다는 것이었다.[12] 경무부에서 암살대의 조직 여부를 확인한 것 같지는 않으나, 사찰에 동원된 한국인, 또 그 가족들이 협박을 당한 것은 사실

『不逞團關係雜件 朝鮮人ノ部 在內地』,「朝鮮騷擾事件ノ槪況」秘受6424號, 大正8年5月31日

10 이양희, 2017 앞의 논문, 176~178쪽

11 『不逞團關係雜件 朝鮮人ノ部 在內地』,「朝鮮騷擾事件ノ槪況」秘受6424號, 大正8年5月31日 ; 조선헌병대사령부, 1919 앞의 책, 296쪽

12 『査察彙報』,「京畿道警務部査察彙報(第9回)」京高秘第2415號, 大正8年3月5日, 국사편찬위원회 소장

이다. 그만큼 군중 속에 파고든 사찰 종사자로 인해 한국인 피해가 극심했으며, 이로 인해 민중이 한국인 순사보나 헌병보에 대해 격분했음을 짐작할 수 있다.

만세운동은 4월에 들어서면서 더욱 치열해졌다. 군중은 군청과 면사무소를 습격하고, 헌병·경찰 주재소를 습격하거나 방화했다. 조선총독부 보고에 의하면, 4월 1일 진위군 평택과 안성, 장단군 대남·강상면, 연천군 중면 삼곶리, 여주군 이포, 장단군 구화, 개성군 풍덕, 2일 여주군 여주, 3일 수원군 우정·서안면, 안성군 이죽면, 여주군 여주면, 양평군 양평읍 및 지제면 곡수, 6일 광주군(廣州郡) 실촌면, 개성군 영남면, 7일 양평군 양동면 석곡리, 10일 시흥군 시흥면, 19일 이천군 부발면이 이에 해당했다. 때문에 군경은 치안 인력 보완이 필요했다. 수원군 향남면 발안시장에서 민간인인 일본인 9명이 무장하고 군경의 치안을 보조했다.[13] 발안시장의 경우와 같이 재한일본인들은 민간인임에도 불구하고 무장단체를 조직해 군경의 만세운동 탄압에 동원되었다. 무엇보다 일본인 가옥 방화와 같은 소문은 재한일본인 간에 자위단(自衛團)을 조직하는 데 영향을 미쳤다.

이와 같은 재한일본인자위단은 대부분 소방조원과 재향군인들로 구성되었다. 소방조원은 경찰서의 지도·감독을 받았으며, 재향군인은 헌병대의 지도·감독을 받았다. 경기도 지역의 재한일본인자위단은 3월 5일 안성, 6일 서울, 26일 고양, 28일 광주군 경안면과 수원군 송산면, 29일 이후 수원군 수원과 오산 등지에서 조직되었다. 안성, 서울, 광주군 경안의 경우 만세운동시 한국인에 대한 직접 탄압은 물론 주도자 수색에도 동원되었다. 일본인 자위단원 중 소방조원들은 '도비구치(鳶口)'라는 쇠갈고리와

---

13 『不逞團關係雜件 朝鮮人ノ部 在內地』, 「朝鮮騷擾事件ノ槪況」 秘受6424號, 大正 8年5月31日 ; 「朝鮮騷擾事件ノ槪況 其2」 秘受6884號, 大正8年6月10日

같은 소방용구를 무기로 썼으며, 재향군인들은 경찰서에서 지급한 총과 곤봉 등으로 무장했다.

재한일본인자위단의 조직과정과 활동은 안성지역의 사례를 통해 상세히 알 수 있다. 안성의 재한일본인들은 野口순사부장이 군중에게 참살되었다는 소식을 듣고 자위단을 조직했다. 자위단원은 군경과 함께 조단위로 편성되었으며 곤봉, 일본도, 엽총, 권총을 휴대했다. 이들은 2~3일 가량의 양식을 상비하고, 이중으로 방어선을 구축했다. 여의치 않을 경우 제2방어선에서는 군중에게 총격을 가해 사살할 것을 결정했다. 또한 주민들에게 야간 소등, 야간 외출 금지를 강요했다. 이들은 '자위단 이외에 외출하는 자가 있을 경우 누구를 막론하고 죽일 것, 일본인 가옥 한 채라도 방화하는 자가 있다면 한국인 가옥 전부를 태워버릴 것이며, 일본인 한 사람이라도 살상을 당한다면 가능한 한 많은 한국인을 죽일 것'이라며 협박했다. 이들의 활동은 조선총독부가 '안성은 손댈 필요가 없었다'고 평가할 정도로 위협적이었다.[14] 이러한 재한일본인자위단의 군중 탄압은 일본인의 한국인에 대한 멸시가 전제된 것이었다. 이를 일제 군경이 만세운동 탄압에 이용한 것이라 볼 수 있다. 재한일본인들의 탄압 동원은 한국인의 반일 감정을 더욱 높게 해 도리어 만세운동을 격화시키는 원인이 되었다. 이에 조선총독부와 헌병대사령부는 재한일본인의 한국인에 대한 멸시적 언동을 자제시켜야 했다.

경기도는 4월 중순 일본으로부터 파견되었던 임시조선파견보병대대 6개 대대의 배치에서 제외되었다. 이는 더 이상 경기도내 만세운동이 일어나지 않을 것이라고 판단했기 때문으로 보인다. 경기도 경무부에서는 제

---

14 조선총독부, 1924 『朝鮮の獨立思想及運動』, 97~101쪽 ; 이양희, 2016 「재한일본인 自衛團의 3.1운동 탄압」『한국근현대사연구』 76, 126~139쪽

령(制令) 제7호 반포와 임시조선파견보병대대 파견 이후 단속이 치밀해짐에 따라 만세운동이 잦아들었으며, 기독교와 천도교의 전도사들이 상당히 자중하고 있다고 파악했다.[15]

3. 회유와 위협

3월 9일 이후 서울, 인천, 개성 등지에서 상인들의 철시 운동이 일어나 하순에는 관내 시가지의 거의 모든 상점이 일시적으로 문을 닫았다. 상업회의소와 각 경찰서에서 개점 권유를 했으나 철시운동은 지속되었다. 그러자 경기도 헌병대장겸경무부장은 이를 거래 중지에 의한 경제적 타격뿐만 아니라 민심에 악영향을 주는 시위운동으로 판단했다. 이에 철시운동 주도자 체포에 주력하는 한편 4월 1일 경기도 도장관 및 헌병대장겸경무부장의 이름으로 경고문을 배부하고 주요 상점주들을 경기도청에 소환했다. 헌병대장겸경무부장은 상점주들에게 개점할 것을 경고하고 계고장(戒告狀)을 발부했다. 이와 함께 보병 100명을 출동시켜 개점을 강제했다.[16] 같은 날 경성전기회사 전차차장 운전수들도 동맹파업에 들어갔다. 조선총독부는 전차운전수를 긴급 공모하고 재한일본인을 투입해 전차 46대를 교대로 운전하게 했다. 하지만 한국인 운전수들에 대한 협박이 우려되었다. 이를 방지하기 위해 경관연습소생 50명을 제복 차림으로 전 노선의 전차마다 2명씩 승차케 하여 위압을 주는 동시에 만세운동자에 대한

---

15 『査察彙報』, 「京畿道警務部査察彙報(第52回)」 京畿密第112號, 大正8年4月18日, 국사편찬위원회 소장
16 『不逞團關係雜件 朝鮮人ノ部 在內地』, 「朝鮮騷擾事件ノ槪況 其2」 秘受6884號, 大正8年6月10日 ; 조선헌병대사령부, 1919 앞의 책, 76~77·464쪽

체포를 담당하도록 했다. 일부 구간의 전차에는 경부 4명, 순사 40명을 승차시켜 통근자와 전차 승무원을 경호하도록 하고, 공장 내 순찰도 하도록 지시했다. 이외에 동아연초회사 등을 비롯한 공장 직공들이 파업에 돌입하자 경기도 경무부는 '불령자(不逞者)들의 협박'에 의한 것이라며 주도자 체포에 진력했다.[17]

학생계층에서는 개성 호수돈여자고등보통학교를 비롯해 경기도내 학교들이 동맹휴학으로써 만세운동에 합류했다. 양주, 장단, 영등포 등 각지 신입생 수도 전년도에 비해 현저히 감소했다. 조선총독부 학무국장은 경성부윤 및 경기도장관, 각 군수 등에게 학생들을 만세운동에 참여하지 못하도록 일시 귀향시키도록 하고, 개교 때는 등교학생 보호를 위해 경계를 강화하도록 했다. 각 학교의 개교를 종용하고 경무부 소속 사복순사를 파견해 학생들의 등교 현황을 조사했으며 유사시를 위해 경계를 강화시켰다.[18] 또한 조선총독부는 일제히 호구조사를 실시하고 하숙집과 여관의 불시검문을 실시하는 등 학생들에 의한 만세운동 확산을 방지하고자 했다.[19] 독립선언서와 관련 격문 등 인쇄물의 발행 및 배포에 대해서는 발행 장소를 추적하고, 경고장을 각 곳에 게재해 한국인들을 위협했다. 민간인의 야간 외출을 금지하고, 여관과 음식점은 물론 민가까지 수시로 검문 수색을 행했으며, 의심되는 자는 언제라도 불심검문을 해 휴대품 일체를 검사했다.[20]

---

17 『査察彙報』,「京畿道警務部査察彙報(第14回)」京高秘第2644號, 大正8年3月10日, 국사편찬위원회 소장 ;「京畿道警務部査察彙報(第15回)」京高秘第2716號, 大正8年3月11日 ;「京畿道警務部査察彙報(第18回)」京高秘第2914號, 大正8年3月14日 ; 조선헌병대사령부, 1919 앞의 책, 199~202·465쪽
18 『査察彙報』,「京畿道警務部査察彙報(第48回)」京高秘第4723號, 大正8年4月14日, 국사편찬위원회 소장
19 조선헌병대사령부, 1919 앞의 책, 476~477쪽

당시 군경의 탄압으로 체포자와 사상자가 발생된 지역의 경우 뒤이어 일어난 만세운동은 결코 평화적이지 않았다. 군중의 대상은 경찰서만이 아니었다. 3.1운동으로 인해 군−면의 행정업무가 마비된 지역이 많았다. 조선총독부 조사에 의하면 3.1운동 당시 군중에 의해 피해를 입은 관공서는 군청 5개소, 면사무소 47개소, 경찰관서 45개소, 우편국 11개소 등으로 116개소였다. 이 중 가장 많은 피해는 경기도로, 전체 30개소의 관공서가 피해를 입었다. 관공서에 근무했던 한국인들은 사직 압박을 받았으며, 헌병보의 경우 가족들까지 위협을 받았다. 때문에 행정 및 경무 관련의 한국인들의 결근 사태가 이어졌으며 이로 인한 행정 마비는 심각했다. 더구나 군수나 면장과 같이 지역의 유력세력들이 만세운동을 주도할 경우 행정 마비 이상의 영향이 있었다. 3월 23일 경기도 고양군 송포면에서는 면서기와 소사 2명이 만세운동 연루자로 체포 되었다가 중면장과 송포면장의 보증으로 석방되었으며, 4월 3일 경기도 수원군 장안면과 양평군 양서면, 강하면, 고읍면, 강상면에서는 수천명의 군중 앞에 면장, 면서기들이 있었다.[21] 이와 같이 경기도내에서 면 관리들이 만세운동을 주도하거나 참여한 지역은 광주군, 고양군, 개성군, 부천군, 양평군, 용인군, 장단군, 화성군 등지로 당시 22개 府郡 중 21郡이었다. 이 중 고양군 독도면·숭인면·지도면·중면·송포면·은평면의 17명, 광주군 실촌면·동부면·서부면의 5명, 양주군 별내면의 12명, 연천군 중면·서남면의 2명, 포천군 신지면의

---

20 조선헌병대사령부, 1919 앞의 책, 199~202쪽
21 『大正8年 騷擾事件ニ關スル道長官報告綴』,「騷擾ニ關スル件報告」朝鮮總督府內秘補299/秘第170號, 大正8年3月27日, (경기도장관 → 정무총감) ;「騷擾ニ關スル件」朝鮮總督府內秘補459/秘第286號, 大正8年4月9日, (경기도장관 → 내무부장관) ;「騷擾ニ關スル件報告」朝鮮總督府內秘補478/秘第293號, 大正8年4月7日, (경기도장관 → 정무총감)

5명, 가평군 북면의 1명, 여주군 주내면·점동면·금사면·능서면·대신면·북내면의 6명, 이천군 신둔면의 9명, 용인군 수지면·원삼면의 2명, 안성군 양성면의 2명, 진위군 서탄면의 1명, 수원군 송산면·장안면의 7명, 시흥군 향암면의 1명, 김포군 대관면의 1명, 강화군 부내면·송해면·삼산면의 6명, 파주군 광탄면의 1명, 장단군 장남면·소남면·대남면·장도면의 5명, 모두 17개 군(郡)의 83명 관리들이 면직을 당했다.[22]

조선총독부는 각 지역 행정 업무의 회복과 지역 유력세력들의 만세운동 참여에 대한 대책이 필요했다. 4월 5일 조선총독부는 각 도에 내밀(內秘) 제138호 통첩을 내려 민심안정을 위한 조치를 취할 것을 지시했다. 강구된 대책 중 하나가 한국인자위단이었다. 한국인자위단은 '관민일치(官民一致)'를 전제로 했으며, '자중자위(自重自衛)' '자경자립(自警自立)'을 목적으로 내세웠다.[23] 이는 만세운동이 무력으로 진압되었으나 일시적일 뿐이라고 판단했기 때문이었다. 이에 만세운동이 있었던 곳, 불안한 조짐이 보이는 곳, 이외 필요하다고 판단되는 곳에 민심을 회유하기 위한 전위조직으로써 한국인자위단을 조직하기로 했던 것이다. 한국인자위단은 면단위를 기준으로 지역내 유력자를 중추로 해 조직되었다. 지역에 따라 자제단(회)(自制團(會)), 자성단(회)(自省團(會)), 야경단(夜警團), 방지회(防止會) 등 다른 명칭들이 있었으나 경기도에서는 거의 자위단이라고 썼다.

---

22 「騷擾事件報告臨時報第18」, 大正8年5月12日, (→ 조선총독부), 국사편찬위원회, 1966 『한국독립운동사』 2, 879~881쪽 ; 『大正8年 騷擾事件ニ關スル道長官報告綴』, 「騷擾事件ニ關スル件報告」, 大正8年5月23日, (경기도장관 → 정무총감) ; 이양희, 2017 앞의 논문, 178~179쪽

23 『大正8年 騷擾事件ニ關スル道長官報告綴』, 「人心ノ安定ニ關スル件」忠南騷秘第43號, 大正8年5月13日, (충청남도장관 → 정무총감) ; 「人心ノ安定ニ關スル件報告」 平南機秘第190號, 大正8年5月22日, (평안남도관 → 조선총독) ; 이양희, 2017 앞의 논문, 180쪽

3.1운동 당시 경기도내에서 한국인자위단이 조직된 것으로 확인된 지역
은 아래 [표 3]과 같다.

[표 3] 3.1운동시기 경기도내 한국인자위단 조직 지역[24]

조직 일자	지 역	범 위			명 칭
		도	군	면	
4월 13일 이후	수원군 오산			○	야경단
4월 21일	진위군		○		자위단
4월 21일	안성군		○		자위단
5월 6일 이전	강화군		○		자위단/자제회
5월 15일 이전	경기도	○			자위단
5월 15일	강화군 강화부면			○	자위단
6월 2일 전후	수원군 송산면			○	자위단
	수원군 서신면			○	자위단
	수원군 우정면			○	자위단
	수원군 장안면			○	자위단
일자 불분명	고양군 일산			○	자위단

[표 3]을 보면 경기도에서는 5월 15일 전후로 한국인자위단이 도차원
에서 조직된 것을 알 수 있다. 경기도 도장관은 4월 7일부터 12일까지 제
1·2부장을 연천군, 양주군, 포천군, 광주군, 이천군, 여주군, 용인군, 수원
군, 진위군, 안성군으로 파견해 지역 유력자들과 간담회를 개최했다. 당시
간담회에서는 만세운동 진압을 위해 '조만간 군대와 헌병이 증파될 것이
니 생명을 잃고 일가가 멸망을 당하지 않으려면 선후책을 마련해야 할
것'이라며 자위단을 조직하도록 위협했다. 따라서 경기도에서는 적어도
4~5월 중에 전체적으로 한국인자위단이 조직되었던 것으로 판단된다.[25]

---

24 『大正8年 騷擾事件ニ關スル道長官報告綴』, 『한국독립운동사』 2, 『朝鮮騷擾事
件關係書類』, 『密 大正8年 朝鮮騷擾事件狀況』, 『매일신보』를 검토해 작성하였
다(이양희, 2017 앞의 논문, 187쪽 참조).
25 『大正8年 騷擾事件ニ關スル道長官報告綴』, 「地方民情等報告ノ件」 朝鮮總督府內

한국인자위단은 경찰서나 헌병대의 지도·감독을 받아야 했으며, 임원은 군(郡)과 경찰관헌의 허락 하에 임면될 수 있었다. 자위단은 조직시 규칙을 정했다. 경기도에서는 도차원에서 자위단규칙을 제정했으며, 군단위에서는 수원군이 규칙을 만들었다.[26]

<**경기도 자위단 규약**>

1. 본단은 서로 삼가고 경계하여 경거망동(輕擧妄動)을 막고 촌락의 평화를 유지함을 목적으로 함
2. 본단은 자위단이라 칭함
3. 본단은 구역 안에 거주하는 호주로써 조직함
4. 단원은 그 가족과 용인(傭人)으로, 본 규약을 준수케 할 의무가 있음
5. 본단에서 단장과 위원 약간명을 둠
6. 단원은 망동(妄動)에 참가하지 않을 것을 서약하고 아래의 사항을 준수할 것
   1) 망동을 계획하고 또는 이에 참가하는 자가 있다면 계고 폐지하고 근처 경찰관헌에 급보함
   2) 협박 또는 선동 등 불온한 문서를 발견했을 때는 즉시 군수, 면장 또는 근처 경찰관에 제출할 것
   3) 망동을 하는 자 또는 거동이 수상한 자가 있다면 그 도주하는 것을 막고, 근처 경찰관헌에 급보할 것
   4) 폭동이 일어나면 군청, 경찰관서, 면사무소 등을 원조하여 그 진정에 노력할 것
7. 단장과 위원은 구역 안을 순시하여 민정을 사찰하고 그 상황을

秘補853/秘第397號, 大正8年5月08日, (경기도장관 → 정무총감) ; 이양희, 2017 앞의 논문, 181쪽
26 『매일신보』 1919년 6월 2일자, 「京畿 各郡에 自衛團, 소요를 예방할 각군의 자위단」 ; 『매일신보』 1919년 7월 1일자, 「水原 四面 自衛團 조직」

면장에게 통보할 것이요, 본단은 비용을 받지 않으며, 군청 또는
경찰관헌의 지휘 감독을 받을 것

<수원군 송산면·서신면·우정면·장안면 자위단 규약>

제1조 본단은 인우상계(鄰佑相戒)하여 경거망동을 방어함으로써
　　　마을의 평화를 유지함을 목적으로 함

제2조 본단은 ○면자위단이라 칭함

제3조 본단은 구역 내에 거주하는 호주로써 조직함

제4조 단원은 그 가족 및 용인으로 하여금 본 규약을 준수케할 책
　　　임이 있음

제5조 본단에 단장 및 위원 약간명을 둠

제6조 단원은 망동에 참가하지 아니할 것을 서약하고 아래의 사항
　　　을 준수함

　1. 망동을 계획하거나 또는 이에 참가하고자 하는 자가 있을 때는
　　　이를 계고(戒告) 제지하고 가장 가까운 경찰관서에 급보할 것

　2. 협박 또는 선동 등 불온 문서를 발견할 때는 즉시 군수, 면장
　　　또는 가장 가까운 경찰관헌에게 제출할 것

　3. 망동을 행한 자, 망동을 선동한 자 또는 거동불심자 등이 있을
　　　때는 그 도주를 막고 면장, 가장 가까운 경찰관헌에게 급보할 것

　4. 폭동이 일어났을 때는 곧 경찰관서, 면사무소 등을 원조하여
　　　그 진정에 노력할 것

제7조 단장 및 위원은 수시로 구역 내를 순시해 민정을 사찰하여
　　　그 상황을 면장에게 통보할 것

제8조 본단은 비용을 징수하지 아니함

제9조 본단은 군(郡) 및 경찰관헌의 지휘감독을 받음

　이들 규칙에서 알 수 있듯이 호주의 단독 날인으로 가족이 자위단에
소속되도록 규정했다. 자위단원은 만세운동 불참을 다짐하는 서약을 해야
했으며 사찰, 검문 등 치안 경계에 동원되었다. 자위단 임원은 지역 내를

수시로 순시해 얻은 정보와 민정 상황을 수시로 자위단 지부장이나 면장에게 보고해야 했다.[27]

동시에 조선총독부는 한국인 회유를 위해 대정친목회(大正親睦會)를 이용했다. 대정친목회는 1916년에 한국인 전직 관료·귀족·대지주·실업가들로 조직된 친목단체였다. 대정친목회에서는 '지방민정 시찰 및 민심완화'이라는 목적을 내걸고 임원들 중 6~7명을 선출했다. 이들은 4월 19일부터 각도에 파견되어 지역의 유력자들을 만났다. 경기도에 파견된 이는 최강(崔岡)이었다. 그는 수원에서 시작해 각 군을 순회하며, '독립불능론'을 주장했다. 아울러 '일제의 통치에 순응해 산업발달과 문화향상을 꾀해야 한다'고 강조했다. 강원도를 담당했던 예종석(芮宗錫)은 귀경하는 길에 4월 22일 연천군 중면 삼곶리에 들러 면내 유력자 11명을 불러 모아 놓고 독립설이나 만세운동에 동요하지 말 것을 설득했다. 그는 '만세운동은 천도교주 일파와 기독교 선교사들이 신도 증가를 꾀한 수단에 불과한 것이다. 민족자결주의는 제1차 세계대전 패전국의 식민국가에 해당하는 것으로 한국과는 하등 관계없는 것이다. 일본이 독립을 승낙할리도 만무하며 파리강화회의에서도 거론되지 않을 것'이라며 한국의 독립불능을 강조했다.[28]

---

27 『大正8年 騷擾事件二關スル道長官報告綴』,「自衛團組織二關スル件報告」秘第419號, 大正8年5月15日, (경기도장관 → 정무총감) ; 이양희, 2017 앞의 논문, 190~195쪽.

28 『大正8年 騷擾事件二關スル道長官報告綴』,「大正親睦會員講演ノ狀況通報」忠南騷秘20號, 大正8年7月7日, (충남도장관 → 내무부장관) ;『査察彙報』,「京畿道警務部査察彙報(第53回)」京騷密第160號, 大正8年4月19日 ; 친일인명사전편찬위원회, 2004『일제협력단체사전 - 국내 중앙편 -』, 민족문제연구소, 207~209쪽 ; 장신, 2007「대정친목회와 내선융화운동」『대동문화연구』60, 365쪽 ; 이양희, 2017 앞의 논문, 192~193쪽 ; 이양희, 2019『일본의 自衛團 운영과 성격』, 충남대학교 국사학과 박사학위논문, 115쪽

이와 같은 회유 공작은 만세운동이 소강된 6월 이후에도 계속되었다. 조선총독부에서는 6월 4일자로 지역 내 민심을 '진무(鎭撫)'하기 위해 지역 유력자를 선발해 설유(說諭)작업을 하도록 지시했다. 경기도에서는 아래와 같이 각 군(郡) 유력자 31명을 선발해 지역내 민심을 회유하는 데 동원했다.

[표 4] 경기도내 지역 민심의 진무를 위해 선발된 유력자[29]

양주군	연천군	포천군	가평군	양평군	여주군
김진원(金秦元)	홍현상(洪顯庠) 김명환(金命煥)	이재훈(李載薰) 김재헌(金在憲)	이익승(李益承) 정학영(鄭學永)	이경렴(李敬濂)	송문현(宋文賢) 윤교영(尹喬榮)
용인군	안성군	진위군	수원군	시흥군	부천군
이윤영(李潤永) 정규한(丁奎漢)	황돈수(黃敦秀) 나호(羅鎬)	이범창(李範昌) 윤종민(尹鍾敏)	우성현(禹成鉉)	조중완(趙重完)	이계현(李啓賢) 박교문(朴敎文)
김포군	강화군	파주군	장단군	개성군	서울
기동식(奇東式) 김중기(金重驥)	김동식(金東植) 권태형(權泰亨)	이영우(李英雨) 김재성(金在聲)	최성준(崔晟浚)	김근용(金謹鏞) 윤덕용(尹悳鏞)	최강(崔岡) 예종석(芮宗錫)

각 군의 지역 유력자 중에서도 아직 만세운동에 참여하지 않은 인사에 대해서는 참여하지 말 것을 경고했다. 이미 만세운동에 참여한 자는 회유해 주모자를 체포하고, 연락책을 찾아 만세운동 확산을 방지하는 데 진력했다. 여주에서는 학생을 중심으로 민심이 동요함을 알아채고, 헌병분대장이 군수를 앞세워 지역의 유력자를 불러 모아 간담회를 실시했다. 천도교도의 집을 불시에 수색하도록 지시도 했다. 강화도 사기리 경찰주재소에서는 주임순사가 한국인으로부터 만세운동 기획에 대한 정보를 입수하고 구장(區長)들을 불러 만세운동에 참여하지 않겠다는 서약서를 쓰도록

---

29 『大正8年 騷擾事件ニ關スル道長官報告綴』, 「人心ノ安定ニ關スル件」 地第3415號 /朝鮮總督府內一補2427, 大正8年9月20日, (경기도지사 → 조선총독부 정무총감)

종용했다. 일산에서도 '앞으로 시위에 참여하지 않겠다'는 서약서를 쓰게 했다. 또한 헌병주재소 상등병이 한국인 유력자 20명과 일본인 5명을 소집해 '거동이 의심되는 자'에 대한 신고, 나아가 체포와 인도에 대한 약속까지 받아냈다. 개성군 동면에서도 지역민 63명으로 하여금 연명사죄장을 작성해 헌병주재소에 제출하고 시위불참에 대한 서약을 하도록 했다. 반면 일제는 이러한 만세운동 진압책에 협조한 관리들을 '공로자'로 추켜세웠다. 경기도내에서는 면장 16명, 면서기 6명, 구장 18명, 군주사 3명, 민간인 16명이 선정되었다.[30]

일제는 만세운동 초기 사후 진압에서 점차 사전 방지에 역점을 두었던 것이다. 이에 각 도에서는 군경의 지원 아래 만세운동 미연 방지에 효과적인 수단을 강구했다. 경기도에서는 지역 유력자의 간담회, 사전 수사, 서약서 강제, 경찰 및 군대 배치로 기선 제압, 시장 폐쇄 등을 통해 만세운동을 사전에 방지하고자 했다. 이와 같은 사전 방지책은 한국인의 저항 의지를 근원적으로 제거하려는 책략이었다. 이는 군경의 무력동원과 함께 만세운동을 내외적으로 억압했다.

4. 탄압 현황과 실상

경기도 헌병대장겸경무부장 鹽澤 헌병대좌는 고종의 국장 때문에 강력한 수단을 채택할 수 없었으나 국장 이후 만세운동이 전차 투석, 경무관헌 파괴, 순사의 사택 방화 등 폭력을 동반했기 때문에 '부득불' 병기를

---

30 『大正8年 騷擾事件二關スル道長官報告綴』,「騷擾事件二關スル件報告」, 大正8年5月23日, (경기도장관 → 정무총감)

동원했다고 보고했다. 그는 3월 30일 『大阪每日新聞』 인터뷰에서 '파리채로는 감당되지 않는다, 단호한 처치만 있을 뿐'이라며 '한 치의 용서도 없이 최후의 수단을 취할 것'을 밝혔다.[31]

조선총독부는 4월 30일까지 경기도내 44개 지역에 발포(發砲)가 있었으며, 이 중 37개 지역은 헌병·경찰에 의해, 7개 지역은 군대에 의해 발포가 실시되었다고 보고했다.[32] 그러나 실상을 살펴보면 더 많은 지역에서 병기사용이 있었음을 알 수 있다.

[표 5] 일본 군경의 경기도내 3.1운동 탄압 현황[33]

일 자	장 소	시위내용	시위양상	탄압양상	사망자수	
					현장	사후
3. 1	서울	독립선언서 낭독 및 가두 시위	만세, 파괴	발검	–	–
3. 5	서울	남대문역 앞 학생 시위	만세	발검	–	–
3. 14(15)	양주군 와부면	덕소리 만세시위 미수	만세	발검	–	–
	양주군 주내면	시위 미수	만세	발포	–	–
3. 16	가평군 북면	구금자 석방을 위해 시위	만세, 집단항의, 폭행	발포	–	–

---

31 『朝鮮騷擾事件關係書類』, 大正8年3月11日, (내각서기관장 → 육군대신) ; 「鮮人ノ騷擾二關スル件」密受第102號, 大正8年 3月11日發 3月11日着, (육군성차관 → 조선헌병대사령관) ; 「騷擾事件二付軍隊分散配置二關スル件」朝參密第265號, 大正8年3月12日, (조선군사령관 → 육군대신) ; 「騷擾事件二關スル狀況(3月26日~4月5日)」朝特報第9號, 大正8年4月7日, (조선군참모부 → 육군대신 외) ; 『大阪每日新聞』 1919년 3월 30일자, 「파리채로는 감당되지 않는다」 ; 윤소영 편역, 2009 『일본신문 한국독립운동기사집Ⅱ - 3.1운동편(2) 大阪每日新聞』, 독립기념관 한국독립운동사연구소, 221쪽 ; 이양희, 2013 「일본군의 3.1운동 탄압과 조선통치방안」 『한국근현대사연구』 65, 120쪽

32 『不逞團關係雜件 朝鮮人ノ部 在內地』, 「騷擾事件經過槪覽表(3月1日~4月30日)」 騷擾事件報告臨時報第12/秘受5673號, 大正8年5月10日, (조선총독부 → 내각총리대신 외)

33 국사편찬위원회 삼일운동DB(http://db.history.go.kr/samil)의 내용을 검토 활용하였다.

일자	장소	시위내용	시위양상	탄압양상	사망자수 현장	사망자수 사후
3. 18	양주군 화도면	마석우리 만세시위	만세, 집단항의, 폭행	발포	5	—
	강화군 부내면	강화읍내시장 일대의 만세시위	만세, 집단항의, 폭행	발검	—	—
3. 22	연천군 미산면	만세시위	만세, 폭행, 파괴	발포	3	
3. 23	서울	만세시위, 전차 투석	만세, 폭행, 파괴	발검	—	
3. 23 ~24	김포군 양촌면	양곡시장 만세시위	만세, 집단항의, 폭행	발포		
3. 24	포천군 소흘면	송우리 만세시위	만세	발검	—	
3. 24 ~25	부천군 계양면	장기리 장날의 만세시위와 계양면사무소 습격	만세, 집단항의, 폭행, 방화, 파괴	발검 발포	1	
3. 26	고양군 뚝도면	만세시위와 면사무소 습격	만세, 집단항의, 파괴	발포		
	서울	만세시위, 경찰서 및 전차에 투석	만세, 폭행, 파괴	발검	—	
3. 27	광주군 서부면, 구천면	만세시위	만세, 폭행	발포	1~2	—
	광주군 중부면	만세시위와 면사무소 습격	만세, 집단항의, 폭행, 파괴	발포	3	
	파주군 와석면	만세시위	만세, 폭행, 파괴	발포	2	
3. 28	수원군 송산면	사강리 만세시위와 순사 참살	만세, 폭행, 처단	발포 방화 파괴	—	11~16
	양주군 광적면	가납리 만세시위	만세, 폭행, 파괴	발포	1~3	
	양주군 장흥면	교현리 만세시위	만세, 폭행	발포	—	
	용인군 모현면, 수여면	모현면, 포곡면, 내사면, 수여면 일대를 경유하는 만세시위	만세	발포	—	—
	파주군 광탄면, 조리면	광탄면사무소, 조리면 봉일천시장 만세시위	만세, 폭행, 파괴	발포	4~5	
3. 28 ~29	광주군 경안면, 오포면	오포면사무소와 경안면 광주군청에서 만세시위	만세, 집단항의	발포	6	—
3. 29	수원군 성호면	오산시장 만세시위	집단항의, 폭행, 방화, 파괴	발포	—	
	양주군 장흥면	만세시위	만세, 폭행	발포	—	

일 자	장 소	시위내용	시위양상	탄압양상	사망자수	
					현장	사후
	용인군 내사면	남곡리 만세시위	만세, 폭행, 파괴, 방화	발포	-	-
3. 30	용인군 읍삼면, 수지면	수지면과 읍삼면 일대를 순회하며 만세시위	만세, 폭행	발포	2	-
	포천군 소흘면	송우리헌병주재소 공격	만세, 폭행	발포	6~9	-
	포천군 신북면, 서면	면사무소 일대 만세시위	만세, 폭행	발포	3	-
3. 31	수원군 향남면	발안리 만세시위	만세, 폭행	발검 발포	1	-
	시흥군 남면, 수원군 의왕면	남면 당리와 수원군 의왕면에서 만세시위	만세	발포	-	-
	용인군 외사면	면사무소와 헌병주재소에서 만세시위	만세, 폭행	발포	2	-
	용인군 원삼면	사암리 만세시위	만세, 폭행	발포	2	-
	이천군 마장면	장암리와 오천리 만세시위	만세, 폭행	발검 발포	-	-
3. 31 ~4. 1	개성군 대성면, 광덕면	광덕면 및 대성면 면사무소, 풍덕헌병주재소 습격	만세, 집단항의, 폭행, 파괴	발포	1	-
4. 1	여주군 금사면	이포리 만세시위	만세, 폭행, 파괴	발포	-	-
	연천군 중면	삼곶리의 만세시위	만세, 집단항의, 폭행	발포	-	
	장단군 강상면	구화리 장날 만세시위	만세, 폭행, 방화, 파괴	발포	1	-
	진위군 병남면, 부용면	두 면 일대 화톳불 시위와 평택리 만세시위	만세	발포	2	-
4. 1 ~2	개성군 송도면	중서면 곡령리 주민이 개성읍내로 시위행진 하다가 경찰과 충돌	만세, 폭행	발검	-	-
	안성군 양성면, 원곡면	두 면민이 양성면과 원곡면을 오가며 만세시위	만세, 집단항의, 폭행, 방화, 파괴	발포	-	-
4. 2	안성군 이죽면	죽산시장 만세시위	만세, 파괴	발포	3	-
	이천군 마장면	덕평리 만세시위	만세, 폭행	발포	-	-
	이천군 읍내면	이천읍내 만세시위	만세, 폭행	발포	0~1	-
	진위군 북면	만세시위	만세	발포	-	-
4. 3	양평군 갈산면, 고읍면	만세시위	만세, 폭행, 파괴	발포	6	-

일 자	장 소	시위내용	시위양상	탄압양상	사망자수 현장	사후
4. 3 ~11	여주군 북내면	당우리 만세시위	만세, 폭행, 집단항의	발포	–	–
	안성군 삼죽면, 이죽면	만세시위	만세	발포	2	–
	수원군 장안면, 우정면	만세시위와 순사 참살	만세, 폭행, 처단, 방화, 파괴	발포	1	–
4. 4	시흥군 군자면	거모리 만세시위	만세, 폭행	발포	–	–
	양평군 지제면	곡수리 만세시위	만세, 폭행	발포	5	–
	이천군 청미면	일대의 산상 화톳불 시위	만세, 폭행	발포		
4. 5	양평군 양동면	석곡 시위	만세	발포	–	
	연천군 북면	삭녕 만세시위	만세, 폭행	발포	3	–
4. 6	개성군 영북면	양합리 만세시위	만세, 폭행, 방화	발포	–	–
4. 7	여주군 북내면	현암리에서 주민들이 군경 체포반을 공격	폭행	발포	3	–
	양평군 양동면	석곡리 헌병주재소 습격	만세	발포	–	–
4. 8	강화군 양도면	강화군 내 다수 지역에서 산상 화톳불 시위	만세	발검 발포		
	강화군 선원면	냉정리 외 4곳에서 산상 화톳불 시위	만세	발검 발포		
	양주군 와부면	덕소리 만세시위	만세, 폭행	발포	–	–
4. 10	진위군 서탄면	금암리 주민과 경관 충돌	집단항의, 폭행	발포	1	
4. 11	여주군 개군면	주읍리에서 헌병이 발포		발포	1	
4. 15	수원군 팔탄면, 향남면, 장안면	향남면 발안장 만세시위와 제암리 방화 학살 사건	만세	발검 발포 방화 파괴	29~39	–
5. 4	양평군 청운면	용두리의 저항		발검	1	–
합 계					101~119	11~16
					112~135	

출전 : 국사편찬위원회 삼일운동DB(분석시점 2019. 7. 14)

[표 5]는 국사편찬위원회 삼일운동DB를 토대로 한 것이다. 당시 경기도내 모든 만세운동을 포함했다고는 할 수 없다. 이 삼일운동DB의 근거 자료 이외 자료에서 또다른 만세운동이 발굴될 가능성이 있기 때문이다.

그러나 이 DB의 근거자료가 일본 육군성·외무성과 조선총독부의 3.1운동 관련문서, 경성지방법원 검사국문서, 3.1운동 관련 판결문, 재한선교사 자료를 바탕으로 하고 있기 때문에 경기도내 만세운동의 대부분이 망라되어 있다고 판단된다. 따라서 만세운동 양상과 일제의 탄압양상을 총체적으로 살필 수 있다.

국사편찬위원회 삼일운동DB에 의하면 1월부터 12월까지 서울을 포함해 경기도내에서 있었던 만세운동은 544건이었다. 3월부터 국치일이 있었던 8월까지는 535건이었다. 이 중 발포, 발검, 방화 등 일제측 탄압이 있었던 사건은 64건이었다. 15개 지역에서 발검이 행해졌으며, 대부분 지역에서 발포가 행해졌다. 6개 지역에서는 발검과 발포가 동시에 이루어졌다. 집단항의와 폭력적 시위를 수반한 만세운동의 경우 실포(實砲) 발사는 필수적이었다. [표 5]에 의하면 만세운동 현장에서 적어도 100명에서 120명의 사상자가 발생했다. 사후 사망자까지 포함한다면 135명 이상이었을 것이다.

경기도 헌병대장겸경무부장은 만세운동 참여자들이 '완미(頑迷)한 무리'들이기 때문에 병기를 동반한 고압적 수단이 가장 효과가 좋다고 보고했다. 수원경찰서 산하 오산의 경우 상당한 병력이 있었음에도 '온화한 수단'으로 대처했기 때문에 오히려 만세운동이 일대로 파급되었다고 비판했다. 이어 의병운동시기 군경이 극단의 강력한 탄압을 했기 때문에 그 영향으로 가평군 및 양주군의 만세운동이 '많은 사람이 모였으나 어떤 폭거(暴擧)도 없었다'며 '고압적 수단'의 효과를 강조했다.[34] 그는 만세운동 진압에 '좋은 수단이라고 인정된 사항'으로 세 가지 사례를 들어 보고했다. 3월 18일 600명이 마석우리 헌병주재소에서 취조 중의 체포자를 탈환

---

34 조선헌병대사령부, 1919 앞의 책, 199~202쪽

하려고 시도한 사건이 있었다. 시도 순간 헌병주재소에서는 기선 제압을 위해 발포를 했다. 결국 한국인 사상자 13명을 내고 군중을 해산시켰다. 3월 26일 재동파출소에서도 군중을 향해 발도(拔刀)함으로써 한국인 사상자가 발생했다. 3월 27일 광주군 경안리에서는 약 3,000명이 군청으로 몰려든다는 정보를 입수한 용인헌병분대가 인근의 일본인 재향군인을 동원하고 병기를 사용해 군중을 해산시켰다. 이와 같은 사례는 발포, 발검 등의 강력한 진압으로 만세운동 재거(再擧)를 방지했기 때문에 꼽힌 경우였다. 발포의 실상은 4월 1일부터 3일까지 안성군 죽산 일대에서 있었던 탄압과정에서 더 확연히 드러난다.

> 안성에서 5리 떨어진 죽산 읍내의 화공(火攻)이 시작되었다. 급보가 안성에 이르자, 안성에서 응원대(應援隊)가 자동차로 급행해 밤 12시에 도착했다. 군중은 보통학교, 면사무소 앞에서 만세를 고창하고 있다가, 자동차가 오는 것을 보고 이를 포위하고 투석했다. 응원대 병사의 명령에 의해 자동차 안에서 [병사들이] 3~4정의 소총으로 일제히 사격을 했다. 군중은 해산했다. 그러다 갑자기 어디선가 일대의 군중이 처들어와 주재소, 면사무소를 향해 만세를 고창하면서 몰려들었다. 그러나 병사들의 발포로 모두 해산되었다.[35]

경기도 헌병대장겸경무부장은 특히 광주군 경안리의 경우 '한국인들이 스스로 자업자득이라고 말하며 한치의 불평도 하는 자가 없다'고 보고했다. 이로써 민간인 대상의 가혹한 병기사용을 정당화했다. 4월 15일 발안장과 제암리 일대에서는 거의 모든 무력수단이 동원되었다.

당시 수원·안성 일대의 대규모 체포를 위해 헌병특무조장 이하 6명과

---

35 조선총독부, 1924 앞의 책, 97~101쪽

경찰관 4명으로 구성된 특별검거반이 조직되었다. 이들은 4월 2일부터 14일까지 일대의 64개 마을에서 19명을 사상하고 약 800명을 체포했다. 검거반원들은 주로 야간을 이용해 만세운동 혐의자를 체포했다. 이들은 '확실한 검거'를 위해 방화도 서슴지 않았다. 당시 수원·안성 일대 17지역에서 276채가 소실되었다. 헌병대는 검거반의 방화가 공무행위로 인정해선 안된다고 판단하고 전부 실화(失火)로 처리했다. 이 와중에 4월 15일 수원군 제암리 학살 사건이 일어났던 것이다. 헌병대사령부는 '기독교회당에 집합한 교도들이 반항을 해 사격했으며 이로 인해 21여명의 사상자가 났다. 이 혼란한 중에 서쪽 인가로부터 불이 발생했으며 폭풍이 일어 교회당과 민가 20여채가 소실되었다'고 보고했다.[36] 그러나 실상은 현장 사망자만 해도 29명에서 39명으로 추정되며, 소실 가옥도 기독교예배당과 천도교회당을 포함해 28채 이상으로 짐작된다. 일제측도 제암리를 포함해 발안장 일대의 학살에 대한 심각성을 인식했다.

검거반의 향남지역 화재 발생에 대해 취조한 결과 한 마을은 야간에 혼잡해서 실화(失火)한 것이고, 다른 한 마을은 폭민의 영악한 행위, 특히 순사 2명을 참살한 것에 대해 보복심이 생겨 검거반원이 방화(放火)한 것임을 확인하였다. 제암리의 살생 및 방화는 발안장에서 제암리 기독교와 천도교 두 교도들이 발안소학교를 방화하고 폭력행위를 했다고 같은 마을 일본인으로부터 신고를 받았고, 또 [한국인] 군중을 소멸시켜달라는 마을사람의 간청을 받아 나온 조치이다. 그러나 도리어 [한국인들이] 반항했기 때문에 그와 같은 [학살] 행위를 한 것으로 보인다. 검거반원 및 군대의 [학살] 행위는 유감이다. 그러나 폭민에 대한 방화는 분명 형사상 범죄를 구성하는 것이지만, 지금 저

---

36 『不逞團關係雜件 朝鮮人ノ部 在內地』,「朝鮮騷擾事件ノ槪況 其2」秘受6884號, 大正8年6月10日

들[검거반원]의 [학살] 행위를 인정하는 것은 군경의 위신과 관련해 진압상 불리하게 작용할 것이다. 뿐만 아니라 외국인들의 평판도 있으니, 방화는 검거로 인해 혼잡해서 발생한 실화로 인정하고, 당사자[검거반]에게는 수단방법을 가리지 않았다는 혐의가 있으므로 그 지휘관을 행정처분에 부치도록 한다. 제암리 일대 [학살] 상황에 대한 소문이 서울 주재 외국인 사이에 퍼져서 영국총영사대리, 미국영사 및 외국선교사 일부가 현장을 시찰하였으니 참고하기 바란다.[37]

4월 19일 영국 대리공사인 로이드가 수원군 향남면 일대를 시찰했다. 로이드는 자신이 방문한 5개 마을의 상황에 대해 '시체가 매장되어 있었던 것을 제외하고 제암리와 동일하다'고 말했다. 일제는 재한선교사나 외국영사들이 학살 현장을 조사하고, 학살 사실을 국외로 알리는 것을 방해했다. 검거반의 책임자였던 경기도 헌병대장겸경무부장 鹽澤義夫, 경성헌병대 津村勇 등은 중근신(重謹愼) 5일~15일의 징계를 받았을 뿐이었다. 제암리사건의 주범인 有田俊夫중위는 단지 '상사의 훈시 위반'을 이유로 행정처분 중근신 30일에 처해진 후 군법회의에 회부되었다. 그러나 심리 결과 '有田중위의 행위는 자기의 임무수행상 필요한 수단이었으며, 당연히 해야한다는 확신에서 나온 것으로 죄를 범했다고 볼 수 없는 행위'라 하여 무죄가 되었다.[38] 엄연한 학살이었음에도 관련 군경이 가벼운 처벌을

---

37 『不逞團關係雜件 朝鮮人ノ部 在內地』,「(暗號)電報」秘受04764號, 大正8年4月24日, (→ 척식국장관)

38 『朝鮮騷擾事件關係書類』, 密第102號其217/第01號, 大正8年4月21日, (조선헌병대사령관 → 육군대신) ;「有田中尉 軍法會議審理件」密第102號/軍事密第127號/陸密 第224號, 大正8年7月19日, (→ 조선주차군사령부) ;「朝鮮問題ニ關スル件」密受第102號/陸密第301號, 大正8年10月25日, (→ 군무국군사과) ; 조선헌병대사령부, 2000 『朝鮮憲兵隊歷史』5, 不二出版, 238쪽 ;『재한선교사보고자료』,「For Freedom Celebration」, Mattie Wilcox Noble 작성, The General Commission on Archives and History of The United Methodist Church 소장 ; 김정인·이정은,

받은 것은 조선총독, 조선군사령관, 일본 육군성의 협의가 있었기 때문이었다. 이미 4월 20일 조선군사령관과 조선총독은 '학살·방화는 부인하고, 진압 방법이 적당하지 않았으므로 중근신에 처하되, 대대장으로서 20일과 연대장으로서 10일을 가벌(加罰)해 30일로 처할 것'을 결정했다. 6월 29일에는 조선헌병대사령관 兒島惣次郎의 제안으로, 조선군사령관 宇都宮太郎, 조선군참모장 大野豊四, 제20사단장 淨法寺五郎은 발안장 사건과 有田俊夫중위 행위에 대한 적나라한 진상 보고서를 공람하고 이에 대한 선후 대책을 논의했다. 이후 육군성과 협의 아래 有田俊夫중위는 군법회의에 회부되었으나 결국 무죄가 되었던 것이다. 9월 3일 조선군사령관은 有田俊夫중위가 무죄임을 이유로 들어 발안장 및 제암리 사건에 대한 연대책임으로 사직서를 냈던 사단장 이하의 사직서를 반려했다.[39]

이와 같은 군경 탄압의 주된 목적은 만세운동 군중 해산과 시위 계획 및 인쇄물 배포 등 만세운동을 주도한 이들의 체포였다. 당시 일제측과 한국측 자료에 나타난 경기도와 서울의 만세운동 참여자수와 피탄압자수의 최소 추정인원은 [표 6]과 같다.

2009 『국내 3.1운동 I』, 독립기념관 한국독립운동사연구소, 65·89쪽 ; 강덕상 편, 1967 『3.1運動編』 현대사자료 25·26, みすず書房, 309~312쪽 ; 이양희, 2013 앞의 논문, 121쪽

39 宇都宮太郎關係資料研究會 편, 2007 『日本陸軍とアジア政策－陸軍大將 宇都宮太郎 日記－』 3, 岩波書店, 246·274·281·300쪽

[표 6] 경기도내 3.1운동 참여인원 및 피탄압인원 현황[40]

출 처		참여자 인원			피탄압 인원				
					사	상	피 해	체 포	소 계
국편 삼일운동DB	경기	170,139	~	209,189			1,297	4,794	6,091
	서울	44,385	~	85,306			119	290	409
	합계	214,524	~	294,495			1,416	5,084	6,500
일본헌병대 보고				169,300	72	243	—	5,614	5,929
한국독립운동지혈사				694,900	1,472	3,124	—	4,680	9,276
한일관계사료집				698,300	1,472	3,053	—	15,143	19,668

출전 : 국사편찬위원회 삼일운동DB(분석시점 2019. 7. 14)
비고 : 국편 삼일운동의 각 수치는 최소인원으로 추정되는 수치이다.
　　　일본헌병대 보고내용 중 참여자수는 3월 1일부터 4월 말일까지, 체포자수는 5월 10일까지 조사된 수치이다.
　　　당시 경기도 한국인 인구는 1918년 1,680,223명이었으며, 1919년은 1,696,443명이었다.

[표 6]에서 보는 바와 같이 일제측 기록에 의하면 서울을 포함해 경기도내 만세운동 참여자는 최소 169,000여명에서 294,000여명이라고 볼 수 있으나 한국측 기록에 따르면 695,000여명에서 698,000여명에 이른다. 탄압을 받은 인원에서도 수치 차이가 있다. 한국측과 비교해 일제측이 파악한 한국인 피탄압 인원은 상당히 적은 수치이다. 일본헌병대 보고와 비교할 때 한국독립운동지혈사는 약 1.6배, 한일관계사료집은 3.3배 차이가 나고 있다. 서울을 포함해 경기도내에서 피탄압 인원은 적어도 6,500여명 이상이었음은 분명하다. 국사편찬위원회 삼일운동DB가 일제측 보고문을 주요 자료로 했음에도 일본헌병대 보고와 차이가 있는 것은 일본헌병대 보고의 체포자수가 5월 10일까지만 조사된 것인데다가 만세운동 현장을 벗어나 파악되지 않았던 사상자들이 다수 있었기 때문으로 보인다.

---

40 국사편찬위원회 삼일운동DB를 바탕으로 한 수치 추정 기준은 아래와 같다.
　- 道>郡>面 포함 관계를 고려해 사건일자와 사건장소(面단위)가 같은 경우 동일 사건으로 상정
　- ○여명, 약○, ○이상 등의 경우 수치 그대로 계상

일본헌병대 보고에 의하면 체포되었던 5,614명 중 4,779명이 처분을 받았다. 처분받은 이들은 검사송치 되었거나 훈계방면, 태형과 같은 즉결처분을 받았다. 조선총독부 보고에 의하면 3월 1일부터 6월 30일까지 경성지방법원의 피고인원은 3,683명으로, 이 중 구속된 이들은 2,756명이었으며 나머지 927명은 불구속된 상태였다. 그러나 12월 31일 조사 당시에는 피고인원이 4,141명으로 증가했다.[41]

경기도 헌병대장겸경무부장은 강압적 탄압으로 인해 표면적으로 평온상태로 돌아왔으나 '뇌리에 박힌 독립사상은 일생 빠지지 않을 것'이라며 3.1운동과 같은 운동은 이후에도 몇 번이고 재발할 수 있다고 강조했다. 따라서 3.1운동과 같은 '한번의 돌발사건'으로 경찰 인력을 감소시키거나 인원이 적다는 이유로 경무기관의 배치지역을 축소하는 것은 안 된다고 피력했다. 그는 '동화정책으로 한국인이 황국의 신민이 된다는 것은 불가능하니, 이후 경무인원을 2배로 증가시켜야 하며, 한국인 순사보와 헌병보의 경무능력이 유사시 전체 인원의 절반 정도에 불과한 것을 감안해 일본인과 한국인 경무인원 비율을 1대 1.5의 비율로 해야 한다'고 주장했다.[42]

- 참가자수 : 동일한 사건일자와 사건장소 안에서 최소와 최고 수치 계상
- 사망자수·부상자수·피해자수·체포자수 : 동일한 사건일자와 사건장소 안에서 최고수치 계상
- 미계상 처리 : 수(십백천)명, 다(소)수, 약간, 있음, 전부 등 수치 산정이 어려운 경우

『不逞團關係雜件 朝鮮人ノ部 在內地』, 「朝鮮騷擾事件一覽表」, (조선헌병대사령부·조선총독부경무총감부 →) ; 『朝鮮騷擾事件關係書類』, 「騷擾個所及死傷一覽表」 密第102號其665, 大正9年1月4日, (조선헌병대사령관 → 육군성副官) ; 「騷擾事件檢擧件數調查表」 密第102號其298, 大正8年5月) ; 백암박은식전집편찬위원회, 2002 『韓國獨立運動之血史』, 166~183쪽(『백암박은식전집』 2) ; 국사편찬위원회, 2005 『대한민국임시정부자료집』 7, 720~741쪽 ; 국가통계포털(http://kosis.kr) ; 이양희, 2019 앞의 논문, 251~264쪽
41 이양희, 2019 앞의 논문, 259쪽

6월 이후 국내 만세운동이 소강상태에 이르자 '치안이 안정되었다'고 판단한 일본군은 분산배치되어 있던 부대들을 장교지휘 부대로 통합 배치하였으며, 8월에는 중대 단위로 집결하도록 명령했다. 한편 8월 헌병·경찰 제도는 폐지되었다. 그러나 치안인력이 감소한 것은 아니었다. 1918년과 1919년 각각 12월을 기준으로 경기도 경찰서는 11개에서 26개로, 경찰관주재소와 파출소는 102개에서 305개로 증가하였으며, 경찰인원은 1,159명에서 2,321명으로 늘었다.[43] 헌병·경찰 제도가 폐지되었지만 경찰 기관은 약 3배로, 경찰인원은 약 2배가 늘어 도리어 치안 경계망은 더 조밀해졌던 것이다.

5. 맺음말

1919년 3월 1일 이후 경기도에서는 540여건의 만세운동이 발생했다. 만세운동 초기 진압은 각 관할 경무기관이 담당했으나 당시 면당 6~8명 밖에 되지 않았던 경무인원으로는 수십에서 수천명에 이르는 만세운동 군중을 진압하기에는 역부족이었다. 이에 헌병·경찰은 산하 반관반민(半官半民) 조직이었던 재향군인·소방조원 등과 재한일본인들을 자위단으로 동원했다. 재한일본인자위단은 곤봉, 일본도, 엽총, 권총, 소방용구로 무장하고 헌병·경찰과 함께 시위 군중을 타격했다. 아울러 경기도 경찰에서는 한국인과 일본인 170여명으로 사찰반을 조직해 한국인마을을 사찰했다. 이들은 만세운동 계획 및 주도자, 만세운동 독려 인쇄물 배포자 등에

---

42 조선헌병대사령부, 1919 앞의 책, 259~260·343~344쪽
43 국가통계포털(http://kosis.kr)

대한 정보를 수집하고 만세운동 참여자 체포를 지원했다. 또한 독립운동이나 항일적 소문, 종교계 동향, 학교 개교 및 시장 개폐시 상황 등 사찰반원의 정보 수집 범위는 한국인 생활 속까지 들어왔다.

재한일본인들의 탄압 동원, 사찰반원이나 밀정들의 사찰, 군경의 학살 등으로 한국인들의 반일 감정은 더욱 높아졌다. 이는 만세운동을 격화시키는 요인으로 작용했다. 때문에 일제는 만세운동을 사후 진압이 아닌 사전에 방지할 수 있는 방책을 강구했다. 철시운동에 대한 사전 경고, 전차 사복경찰 승차, 학생들의 귀향 조치, 호구조사와 불시검문 등이 만세운동 확산과 사전 방지를 위해 실시되었다. 지역 유력자 중 친일적 인사를 선발해 지역 내 민심을 회유하는 데 동원하였으며, 각 지역 행정 업무 회복과 지역 유력세력들의 만세운동 참여 방지를 위해 간담회를 실시한 것도 만세운동 사전 방지 대책 중 하나였다.

조선총독부는 이러한 간담회를 통해 각 면에 한국인자위단을 조직하도록 종용했다. 경기도내 한국인자위단은 4월 13일 이후 조직되기 시작해 수원군, 진위군, 안성군, 강화군, 고양군 등지에서 조직되었음이 확인되었다. 그러나 경기도장관이 도차원에서 자위단규칙을 제정하고 각 군(郡)에 자위단을 조직할 것을 지시했기 때문에 실제는 더 많은 군－면에서 한국인자위단이 조직되었을 것으로 판단된다. 이와 같은 한국인자위단은 경찰서나 헌병대의 지도·감독을 받아야 했다. 자위단원은 만세운동 불참 서약서에 날인해야 했으며 지역 내를 순번을 정해 순시해야 했다. 또한 순찰시 이상 정황에 대해 자위단 지부장이나 면장에게 보고해야 했다. 하지만 일제는 자위단 운영비를 면의 예산이나 지역내 주민들에게 전가시켰다.

한편 경기도장관은 만세운동 군중 진압을 위해 관할 내 일본군에게 지원요청을 했다. 이에 제78연대와 제79연대에서 약 830여명의 군인이 26개 지역에 파견되었다. 이들은 군무기로 무장한 채 만세운동 탄압을 원조하는 한편 한국인 밀집지역에서 사열이나 행진 등 위력 과시를 하면서 한국인들을 위압했다. 그러나 시간이 경과할수록 군중은 관공서를 습격하거나 방화하는 등 과격해졌다. 군경의 병기사용도 발검에서 그치지 않았다. 일제의 무력 탄압은 발포를 넘어 학살로까지 이어졌다.

3월부터 6월까지 경기도에서 군경과 재한일본인의 무력탄압은 60건이었으며, 이 중 대부분은 실포 발사가 행해졌다. 이와 같은 무력 탄압에 의해 경기도에서는 적어도 6,000~19,700여명의 한국인이 사상당하거나 체포당했다. 체포자 대부분은 처분을 받았으며, 이들은 검사송치되거나 태형과 같은 즉결처분을 받았다. 만세운동 현장을 벗어나 파악되지 않았던 사상자수가 다수 있었던 상황을 감안하면 피탄압 인원은 그 이상이었을 가능성이 크다.

참고문헌

김정인·이정은, 2009 『국내 3.1운동Ⅰ』, 독립기념관 한국독립운동사연구소
김형목·한동민·이동근·박철하, 2008 『수원지역 여성과 3.1운동』, 경기도
박　환, 2007 『경기지역 3.1독립운동사』, 선인
이양희, 2019 『일제의 自衛團 운영과 성격』, 충남대학교 박사학위논문

김승태, 2014 「일제의 기록을 통해서 본 경기도 고양 지역의 3.1독립운동」 『한
　　국기독교와 역사』 40
김용달, 2005 「경기도 포천지역 3.1운동의 전개와 성격」 『한국근현대사연구』 32
김원모, 1990 「서울시에서의 三·一運動; 新發掘資料:朝鮮과 日本」 『향토서울』
　　49
박찬승, 2019 「3.1운동기 서울의 독립선언과 만세시위의 재구성－3월 1일과 5일
　　을 중심으로」 『한국독립운동사연구』 65
이계형, 2018 「경기도 화성지역 3.1운동의 연구동향과 과제」 『한국학논총』 50
이양희, 2013 「일본군의 3.1운동 탄압과 조선통치방안」 『한국근현대사연구』 65
이양희, 2016 「재한일본인 自衛團의 3.1운동 탄압」 『한국근현대사연구』 76
이양희, 2017 「3.1운동기 일제의 한국인 자위단체 조직과 운용」 『한국근현대사
　　연구』 83
이용창, 2018 「재판 관련 기록으로 본 화성 장안·우정면 3.1만세운동」 『한국독
　　립운동사연구』 62
이지원, 1989 「경기도지방의 3.1운동」 『3.1 민족해방운동 연구－3.1운동 70주년
　　기념논문집』, 한국역사연구회·역사문제연구소
이현주, 2003 「3.1운동기 서울에 배포된 전단과 정치적 지향 －『3.1運動 獨立
　　宣言書와 檄文』을 중심으로－」 『인하사학』 10
박　환, 2002 「경기도 화성 송산지역의 3.1운동」 『정신문화연구』 89
황민호, 2006 「『매일신보』에 나타난 서울지역 3.1운동의 전개」 『서울문화』 10
황민호, 2012 「경기도 광주군지역의 3.1운동」 『한국민족운동사연구』 72
허영란, 2009 「3.1운동의 지역성과 집단적 주체의 형성－경기도 안성의 사례를
　　중심으로」 『역사와 경계』 72

일제의 경기·인천지역 3·1운동 탄압 양상

고 태 우(조선대학교 인문한국플러스사업단 HK연구교수)

경기도는 3·1운동 기간 중 가장 많은 시위가 일어나고 가장 많은 참여자, 피해자를 낸 곳이었다. 이에 일찍부터 여러 연구가 진행되었는데, 그동안의 연구는 주로 몇몇 지역의 시위운동에 치중되었던 경향이 있었다. 그 점에서 발표문은 시위의 반대편에 있는 일제의 탄압 양상을 구체적으로 다룸으로써 연구의 공백을 메우는 데 의의가 크다.『사찰휘보』등 선행 연구에서 잘 활용되지 않던 자료까지 포함하여 헌병과 경찰, 군, 자위단 및 민간단체에 이르기까지 3·1운동을 진압해간 여러 주체의 모습을 폭넓게 다루고 있는 점도 돋보인다. 논문의 취지와 내용에 동감하면서도 아래에서는 보완할 여지, 새롭게 생각해볼 문제를 토론하고자 한다.

1. 일제, 식민당국의 주도면밀함, 치밀함에 관하여

오랫동안 민족해방운동사 연구에 하나의 도식이 있었다고 생각한다. 일제의 잔인한 폭력과 강고함, 그에 맞서는 가열찬 민족의 투쟁. 틀린 말이라고 할 수 없지만, '적'을 강하게 묘사하고 그에 맞선 저항의 숭고함을 더욱 드러내는 서사 속에 실상을 부조적으로 그려낸 점도 없지 않았다고 생각한다. 논문이 꼭 그러한 도식에 입각해 쓰였다는 것은 아니다. 다만 머리말에서 "만세운동에 대한 일제측의 탄압이 전국적으로 조밀한 치안 망과 치밀한 정보망으로 이루어졌던 사실에 주목"한다고 밝혔던 점에서, 혹 다른 면을 볼 수는 없을까 하여 토론하고자 한다.

논문 전반에 걸쳐 적어도 조선총독부로 대변되는 식민권력의 탄압이 상당히 주도면밀하고 치밀하게 이뤄졌다는 느낌을 준다. 물론 1장에서 1918년 12월 기준으로 헌병과 경찰 인원만으로 수십에서 수천 명의 시위 군중을 진압하기에는 역부족이었다는 지적(각주 5번 문장)이 있으나, 군의 위력 과시나 경무부의 사찰반 조직의 주민에 대한 '일거수일투족 감시', 활발한 자위단 조직, 4월 증파된 일본 군대의 조밀한 경계 태세 등 논문 여러 부분에서 일제의 대응이 신속하고 정연하게 이뤄진 것으로 보인다.

그렇지만 군경 자료가 아닌 다른 자료와 선행 연구에 따르면 일본의 3·1운동에 대한 사태 파악이라든가 대응이 신속, 주도면밀하게만 이뤄지지 않은 부분도 보인다. 하라 다카시 총리는 만세시위가 시작된 지 열흘이 지나서야 엄중하게 처리할 것을 주문하며 사건이 다시 발생하지 않도록 지시하고, 보도 통제를 주의시켰다.[1] 그러나 조선인들의 만세시위는 이후에도 더욱 치열하게 진행되었고, 4월이 되어도 군대와 경찰 사이에, 또는 헌병경찰 사이에 협력이 충분히 이뤄지지 못하기도 하였다. 여전히 헌병과 경찰 사이에 서로 '응원'할 여력이 없어서 주재원만으로 독자 진압하는 경우가 많았고, 그 과정에서 전국의 경찰관주재소가 철수하기도 했다. 경기도도 예외는 아니었다.[2] 이에 급하게 총독부와 조선군은 본국에 군대 증파를 요청할 수밖에 없었던 상황이 있었던 것이 아닐까.

---

1 『原敬日記 5』, 1981, 76쪽, 1919년 3월 11일.
2 이러한 내용은 松田利彦 著, 『日本の朝鮮植民地支配と警察 : 一九〇五~一九四五年』, 東京: 校倉書房, 2009, 233~240쪽 참조.

이와 관련하여 탄압기구로서 핵심인 군과 헌병, 경찰 사이에 협력이나 협동이 유기적으로 이뤄졌는지도 더 궁구해볼 문제라고 생각한다. 논문 [표 1]에서 적절하게 제시했듯이 헌병과 경찰의 배치가 지역별로 구별되어 있었던 것을 알 수 있다. 최근 발표에서도 헌병과 경찰의 각 관할구역이 명확하게 나뉘어 있었던 점이 지적되었는데, 헌병과 경찰이 동시에 협력하여 시위운동을 진압하는 경우는 드물었던 것으로 보이며, 헌병과 경찰, 군 사이에 전투력 차이도 존재했다.[3] 군과 경찰이 일사불란하게 시위 대중을 탄압했던 것과는 다른, 일제 식민권력 내부의 우왕좌왕이나 혼란 등이 있었던 것은 아닐까. 그런 점을 드러내는 것도 연구의 의의가 있는 것이 아닐까 생각한다.

2. 경기도에서의 일본군 파견 변화에 대한 보충

[그림 1] 부분의 경기도 일본군 파견지역 변화에 대한 설명이 보충되었으면 좋겠다. 본문에 등장하는 자료로 볼 때, 3월 20일 전후와 3월 31일 전후 사이에 큰 변화가 있고, 4월 5일 전후와 4월 12일 전후 사이에 큰 차이가 보인다. 전자의 경우 시위 확산에 따라 시위 지역으로 군대를 파견하려고 계획한 지역이 대거 표시되고 있다. 후자는 4월 중순 이후 군대의 증파와 분산배치 양상이 표시되면서 시위 진압이 철저해지는 상황이 지도에서 보인다. 그러한 일본군 증파 및 배치 변화를 본문에서도 설명해

---

3 김명환, 「일제 헌병·경찰의 3·1운동 탄압」, 『(3·1운동 10주년 기념 국사편찬위원회·동아일보사 공동 학술회의) 백년만의 귀환: 3·1운동 시위의 기록』, 국사편찬위원회·동아일보사, 2019 참조(이 발표문은 김명환, 「3·1운동 당시 일제 헌병·경찰의 배치실태와 탄압」, 『한국민족운동사연구』 100, 한국민족운동사학회, 2019로 게재).

주면 당시 일본군의 탄압에 대한 이해도를 높일 수 있으리라고 생각한다.

[그림 1]의 범례에 등장하는 표시들이 지도 위에 잘 보이지 않는 점도 있어서 그림 크기를 조금 더 키웠으면 하는 바람이다.

3. 경기·인천 지역 탄압의 특성

3·1운동 연구에서 그동안 여러 지역 연구가 진행되었다. 공간 면에서 넓게는 도별, 좁게는 군면 단위의 사례 연구들이 제출되었다. 그러나 많은 경우 각 지역의 시위 양상이나 탄압 및 희생 등 사실관계를 드러내는 데 그친 연구가 많았다. 이 논문은 '경기·인천' 지역을 대상으로 하고 있는 데, 그렇다면 이 지역의 탄압이 다른 지역과 비교되는 특징이 무엇인지 본 논문에서 정보를 얻기는 어렵다. 이와 관련하여 본 논문에서 찾아본다 면, 군중에 의해 피해를 본 관공서 가운데 가장 많은 수가 경기도에 소재 했다는 점 정도가 눈에 들어온다(2장 각주 21번 문단). 추측건대 서울이 위치한 정치적 중심지라는 점에서 시위가 격렬했다든가, 또는 그에 따라 더욱 신속하게 많은 양의 물리력이 동원되었다든가 하는 이 지역 나름의 특징과 성격이 부가될 필요가 있을 것이다.

4. 탄압에 대한 대응 또는 경기·인천지역의 운동/혁명 이후 상황

물리력이 가해지는 양상, 회유와 탄압 양상은 이 논문에서 비교적 포괄적으로 설명이 된 것으로 보인다. 그러나 그에 대한 경기도민, 인천시민의 대응은 어떠한 것이었을까? 또 3·1운동이 끝난 뒤, 탄압과 학살이 지나간 뒤 지역사회는 어떠한 과정을 겪었을까? 이러한 질문, 의문을 논문의 저자에게만 물을 수는 없을 것이며, 이 글에서 모두 다룰 수도 없다. 다만, 그동안 3·1운동 연구에서 저항과 혁명, 시위 '이후(post)'에 대한 발표나 문제의식은 잘 다뤄지지 않은 것 같다.[4] 탄압에 대한 대응으로서, 혹은 학살과 탄압 이후, 희생자들이 대거 발생한 지역에서의 공동체 문제, 사회 재건의 문제는 당대에도 그리고 오늘날의 의미에서도 중요할 것이다. 이에 대한 의견이나 생각을 맺음말에 전망으로 제기해준다면 더욱 좋겠다.

5. 기타

의미가 불분명하여 수정이 필요한 부분을 지적하고 싶다.

1) [표 1] 바로 아래 문단에서 "한국인 헌병보조원이 한국인 탄압에 적극적일 수 없었다"라는 서술이 있다. 같은 민족으로서 탄압을 적극적으로 하지 못할 가능성이 물론 있다. 그렇지만, 자신의 직무 능력을 과시하거나 인정받기 위해서 같은 민족에 대한 탄압을 더욱 적극적으로 할 수 있던 가능성도 한편으로 존재한다. 그와 유사한 사례로 일본인 면장이나 면서기, 헌병보조원들보다 한국인 관리들이 오히려 3·1운동 당시에 탄압을 받거나 협박을 받는 경우도 있었

---

4 이와 연관된 문제의식으로 졸고, 「3·1혁명의 여진과 조선 사회 −『朝鮮騷擾事件關係書類』를 중심으로」, 『한국학연구』 52, 인하대학교 한국학연구소, 2019 참조.

던 점을 생각한다면, 역으로 탄압기구에 소속된 한국인 관리들이 한국인을 더욱 탄압하는 경우가 존재했을 것이라고 생각한다. 너무 단정적으로 서술하는 것보다는 가능성을 열어둔 채로 문장을 표현하는 것이 더 적절하지 않을까.

2) [표 4] 바로 다음 문단에서 일제가 여러 지역 유력인사들에게 만세운동에 참여하지 말 것을 경고했다고 하였는데, 그 문단에서 주술관계가 명확하지 않은 문장이 있다. "일산에서도 '앞으로 시위에 참여하지 않겠다'는 서약서를 쓰게 했다. 또한 헌병주재소 상등병이 한국인 유력자 20명과 일본인 5명을 소집해 '거동이 의심되는 자'에 대한 신고, 나아가 체포와 인도에 대한 약속까지 받아냈다." 부분에서, "또한" 뒤의 문장이 일산에서 벌어진 일로 추정되지만, 그 문장 자체만 보면 일산에서 벌어진 사건을 서술한 것인지 불분명하다. "일산에서도 (**누가 누구에게**) '앞으로 시위에 참여하지 않겠다'는 서약서를 쓰게 했으며, 헌병주재소 상등병이 한국인 유력자 20명과 일본인 5명을 소집해 '거동이 의심되는 자'에 대한 신고, 나아가 체포와 인도에 대한 약속까지 받아냈다." 정도로 수정하는 것이 좋겠다.

3) [표 6]에서 피탄압 인원 부분 중 "피해" 부분은 '일본헌병대 보고'와 '한국독립운동지혈사', '한일관계사료집' 등에서 집계되지 않았기 때문에 불필요하지 않을까. 사망자와 부상자 정도로 나눠서 표시해도 무방할 것이다.

경기·인천 지역 3·1운동 판결과 정치적 함의

한 성 민(대전대학교 강의전담교수)

1. 머리말

1919년의 3·1운동은 누구나 인정하듯이 한국의 민족해방운동사에서 분수령을 이루는 최대 규모의 항일 독립운동이었다. '한국병합(韓國倂合)' (1910) 이래 다양하게 전개되었던 여러 민족해방운동이 전민족적인 항일운동으로 수렴되는 귀결점이었고, 이후 민족주의 계열과 사회주의 계열로 분화되어 민족해방운동이 새로운 단계로 발전하게 되는 출발점이기도 했다.

3·1운동에 대한 연구는 이미 일제 강점기에 박은식의 연구가[1] 진행된

---

1 박은식, 1920 『韓國獨立運動之血史』, 維新社

이래 현재까지 방대한 연구가 진행되었다. 대체로 3·1운동 50주년, 70주년, 90주년, 100주년의 기념과 성찰의 시기를 중심으로 집중적으로 연구되었다.[2]

그동안의 연구과정에서 만세시위 참가자에 대한 「판결문」은 매우 일찍부터 주요 자료로 활용되었다. 만세시위의 전반적인 전개 양상, 만세시위에 대한 조선총독부와 일본정부의 대응을 구체적으로 파악하기 위한 가장 기본적인 자료였기 때문이다. 그러나 「판결문」 자체에 주목한 연구는 많지 않다.

「판결문」에 주목한 최초의 연구는 정광현으로부터 시작되었다. 그는 「판결문」의 검토를 토대로 당시 조선총독부재판소에서 3·1운동 관련 피검자에게 적용한 주요 법령을 「보안법(1907)」, 「출판법(1909)」, 「제령 제7호 정치에 관한 범죄 처벌의 건(1919)」[이후 「제령 제7호(1919)」]로 파악하고, 그 내용을 소개하였다.[3]

이후 스즈키 게이후[鈴木敬夫]와 미즈노 나오키[水野直樹]는 「제령 제7호(1919)」의 제정 이유와 제정 과정을 검토하였다. 이들은 같은 사안에 대해 「보안법」 보다 형량이 높고, 해외에서 전개된 만세운동을 탄압하기 위한 규정이 삽입된 점을 근거로 3·1운동의 효율적 진압을 위해 「제령 제7호(1919)」가 제정되었음을 지적하였다.[4] 사사카와 노리카즈(笹川紀勝)

---

2 동아일보사 편, 1969『三·一運動 50周年紀念論集』, 동아일보사 ; 1989『(3·1운동 70주년기념 심포지움) 3·1운동과 민족통일』, 동아일보사 : 한국역사연구회·역사문제연구소, 1989『(한겨레신문 후원 3·1운동 70주년 기념논문집) 3·1민족해방운동연구』, 청년사 ; 박헌호·류준필 편, 2009『1919년 3월 1일에 묻다』, 성균관대학교 출판부 ; 한국역사연구회 3·1운동 100주년기획위원회 엮음, 2019『3·1운동 100년』 1~5, 휴머니스트
3 정광현, 1969「3·1운동 관계 피검자에 대한 적용 법령」 동아일보사 편, 1989 앞의 책
4 鈴木敬夫, 1989『法을 통한 朝鮮植民地 支配에 관한 硏究』, 고려대학교 민족문

는 1,200여 건의 3·1운동 관련 「판결문」을 검토하여 3·1운동에 내란죄를 적용하지 않은 고등법원(高等法院)의 판례를 근거로 식민지에서 법치주의가 적용되지 않았다는 기존 일본 학계의 견해를 비판하였다.[5]

「판결문」에 대한 가장 최근의 연구는 장신·이용창·도면회의 연구이다. 장신은 3·1운동 피검자에 대한 적용 법률과 형량의 관계를 구체적으로 검토하여 피검자의 형량을 결정한 가장 큰 요소는 시위의 폭력성 여부, 「독립선언서」의 제작, 반포의 유무에 있었다고 평가하였다. 그리고 경성지방법원(京城地方法院)의 내란죄 적용 시도가 실패한 이유를 신중하고 엄격한 법 해석의 결과이기 보다 전국적으로 3·1운동이 확산되고 있는 시급한 정세에 대응하려는 정치적 판단이었기 때문이라고 파악하였다.[6] 이용창은 장신과 비슷한 시각에서 수원 지역의 장안면·우정면 만세시위의 재판 관련 자료를 검토하여 조선총독부 사법 당국의 내란죄 적용 문제를 분석하였다.[7]

도면회는 1910년대 형사재판제도를 검토하여 총독부의 법에 의한 통치가 조선인에 대한 차별을 제도화함으로써 3·1운동의 한 원인이 되었다고 지적했다. 그리고 3·1운동으로 유죄 판결을 받은 사람들의 형량을 분석하여 1910년대 조선의 형사재판제도는 법치주의의 외형을 띠었다고 평가했다.[8]

화연구소 ; 水野直樹, 2000 「治安維持法の制定と植民地朝鮮」『人文學報』83, 京都大學人文科學研究所

5 笹川紀勝, 2002 「3·1운동과 행정법학」『法史學研究』26

6 장신, 2007 「삼일운동과 조선총독부의 司法 대응」『역사문제연구』18(한국역사연구회 3·1운동 100주년기획위원회 엮음, 2019 『3·1운동 100년』3, 휴머니스트에 수록, 이하 열거는 재수록 기준)

7 이용창, 2018 「재판 관련 기록으로 본 화성 장안·우정면 3·1만세운동」『한국독립운동사연구』62

지금까지의 연구사 검토를 통해 경기·인천 지역 「판결문」과 관련하여 주목되는 부분은 만세시위 참여자에 대한 '내란죄 적용'과 관련된 부분이다. 내란죄 적용 시도가 일본정부나 조선총독부의 정치적 선택이었는지, 아니면 법치주의의 틀 안에서의 사법적 판단이었는지가 주요 쟁점 중 하나이다. 만세시위 참여자에 대한 내란죄 적용 문제는 일본의 한반도 식민 통치의 근간에 관련된 문제일 뿐만 아니라, 3·1운동에 대응하는 일본 제국주의의 속내를 파악할 수 있는 문제이기 때문에 상당히 중요한 문제라고 생각한다.

내란죄의 적용·미적용의 판단이 재판과정을 통해 이루어졌기 때문에 외형적인 법치주의의 틀 안에서 이루어진 것은 분명하다. 하지만 조선총독부가 정치적 판단에서 만세시위 참여자들에게 내란죄를 적용하려 했으나, 총독부 사법 당국의 사법적 판단에 의해 내란죄 적용 시도가 실패했다는 기존의 연구성과에는 상당한 의문이 있다. 과연 당시의 조선총독부 사법 당국이 조선총독부 상층 또는 일본정부의 정치적 판단을 사법적 판단에 의해 중단시킬 수 있을 정도로 독립적이었는지도 의문이고, 애초에 일본정부나 조선총독부가 내란죄를 적용시킬 의도가 있었는지도 의문이다.

이와 같은 문제의식에서 본 연구는 3·1운동에 대한 조선총독부나 그 사법 당국의 대응과 함께 일본정부의 국제사회에 대한 대응까지 시야에 넣고, 내란죄 적용 문제를 분석하고자 한다. 본 연구는 우선 경기·인천 지역 만세시위 참가자에 대한 1심 「판결문」을 중심으로 재판에서 적용된 법령과 처벌 양상을 구체적으로 분석할 것이다. 이 과정에서 당시 조선총독부 사법 당국의 내란죄 적용 시도에 대해 실제로 적용할 의사가 있었는

---

8 도면회, 2019 「1910년대 한국의 형사재판제도와 3·1운동」 한국역사연구회 3·1운동 100주년기획위원회 엮음, 『3·1운동 100년』 3, 휴머니스트

지, 아니면 다른 정치적 의도에서 표면적으로 진행된 것이었는지를 3·1운동에 대한 일본정부의 인식과 함께 비교하여 그 정치적 함의를 분석할 것이다.

2. 경기·인천 지역 「판결문」 현황과 분석 대상

3·1운동 관련 「판결문」을 자료로 소개한 선구는 이병헌이 편찬한 『삼·일운동비사(三·一運動秘史)』라고 할 수 있으나, 매우 소략한 형태였다.[9] 「판결문」이 자료집의 형태로 본격적으로 공간되기 시작한 것은 1960년대 후반부터였다. 당시 상대적으로 자료 접근에 용이했던 재일한국인 사학자들을 시작으로 1960년대부터 1970년대에 걸쳐 3·1운동 관련 사료집들이 대대적으로 간행되어 연구의 질적 발전을 지원하였다. 강덕상이 편집 출간한 『현대사자료(現代史資料)』와[10] 김정명(金正明/市川正明)이 편집 출간한 『조선독립운동(朝鮮獨立運動)』이[11] 대표적이다.

한국에서는 1970년대에 들어와 국가 기관을 중심으로 3·1운동 관련 「판결문」을 모아 자료집으로 출간하였다. 독립운동사편찬위원회는 1971년~1973년까지 『독립운동사자료집』 4~6권을, 국사편찬위원회는 1975년 『한국독립운동사』 자료5를 출간한 뒤, 1990년~1996년까지 『한민족독립운동사자료집』 11~27권을 출간했다.

그런데 위 자료집들은 모두 「판결문」을 수록하면서 재판 관련 자료라

---

9 李炳憲 편저, 1959 『三·一運動秘史』, 時事時報社出版局
10 姜德相 편, 1967 『現代史資料』 26(朝鮮2), みすず書房
11 金正明 편저, 1967 『朝鮮獨立運動』 1分冊(民族主義運動), 原書房 ; 이후 김정명 은 『三·一獨立運動/朝鮮獨立運動』 別卷(1984, 原書房)를 추가로 편찬했다.

는 특수성 때문인지 출전을 명확히 밝히고 있지 않다. 관련 「판결문」 전체를 수록하지도 못하여 누락된 것도 많고, 1심부터 3심 「판결문」까지 체계적으로 수록되어 있지도 않다.

현재 가장 많은 3·1운동 관련 「판결문」을 제공하고 있는 기관은 국가기록원이다. 1심 「판결문」부터 3심 「판결문」까지 전국적으로 전체 약 4,500여 건의 「판결문」을 소장하고 있다. 국가기록원은 최근 '독립운동관련판결문'의 검색서비스를 통해 「판결문」 원본과 번역본을 일반에 공개하고 있는데, 개별 '인명 검색'을 중심으로 제공하고 있어서 특정 지역의 「판결문」 전체를 추출하기가 어렵다.

본 연구에서는 독립운동사편찬위원회에서 출간한 『독립운동사자료집』 5권에 수록된 경기·인천 지역에 대한 1심 「판결문」을 분석대상으로 하였다. 이 자료집은 위에서 지적한 것처럼 출전이 명확하지 않고, 오타가 많으며, 내용상의 오역, 불분명한 번역, 번역의 누락 등 많은 한계가 있다. 그러나 지역의 구분이 명확하고, 당시 경기도의 21개 부·군의 「판결문」 전체는 아니지만, 모든 지역의 「판결문」이 고루 수록되어 있다는 점에서 선택했다. 이 자료집에 수록된 「판결문」의 한계와 부족한 부분에 대해서는 국가기록원의 「판결문」 원문 서비스를 통해 보완하여 분석할 것이다.

그리고 이 연구는 경기·인천 지역 전체의 3·1운동 참가자의 「판결문」 현황과 처벌 양상을 분석대상으로 하는 만큼, 그 양상을 전반적으로 파악하기 위해 1심에 해당하는 지방법원의 「판결문」만을 분석대상으로 하였다. 단 안성군의 원곡면·양성면 만세시위 및 수원군의 장안면·우정면 만세시위는 1심 「판결문」이 없다. 내란죄 적용에 대한 재판의 관할문제로 지방법원의 판결 없이 곧바로 복심법원(覆審法院)에서 판결했기 때문에 예외적으로 2심인 복심법원의 「판결문」을 분석대상에 포함시켰다. 따라서 본 연구에서는 경기도 21개 부·군의 97건, 577명의 「판결문」을 검토하였고, 구체적인 현황은 아래의 [표 1]과 같다.

[표 1] 분석 대상 「판결문」의 지역별 현황

지 역	고양군	시흥군	광주군	양주군	인천부	부천군	김포군
판결문	3	6	12	7	2	4	6
재판인원	16	19	14	43	6	20	24
지 역	강화군	수원군	용인군	진위군	안성군	여주군	이천군
판결문	2	2(1)	6	5	14(1)	4	2
재판인원	40	40	19	21	165	13	5
지 역	양평군	가평군	포천군	연천군	개성군	장단군	파주군
판결문	5	1	2	2	8	2	2
재판인원	21	28	3	5	54	9	12
총계	지역	21	판결문	97	재판인원		577

출전 : 독립운동사편찬위원회 편, 1971 『獨立運動史資料集』 5, 274~563쪽
비고 : ( ) 안의 숫자는 2심 「판결문」의 숫자임

[표 1]과 같이 『독립운동사자료집』 5권에 수록된 「판결문」은 경기·인천 지역 21개 부·군 중에서 안성군 만세시위의 「판결문」과 재판 대상자가 가장 많이 수록되어 있다. 특히 안성군의 '원곡면·양성면 만세시위'에 대한 「판결문」은 3·1운동 관련 전체 「판결문」 중에서 단일 만세시위 사건의 재판으로 가장 많은 127명의 주민이 회부된 사건이었다.[12] 「판결문」이 가장 적게 수록된 지역은 가평군으로 1건이고, 재판에 회부된 주민이 가장 적은 지역은 포천군으로 3명이다.

이 통계는 당시 경기·인천 지역에 대한 재판의 정확한 「판결문」의 현황과 인원을 반영하지는 못한다. 그러나 1920년 1월 조선총독부에서 3·1운동 관련 피검자에 대한 전국적인 현황을 조사한 수치와 비교하면 전반적인 현황을 비교하기에 크게 무리는 없다.[13]

---

12 「大正八年特像第3號 判決」, 高等法院, 1920. 3. 22

3. 만세시위 참가자에 대한 적용 법령과 처벌 양상

1) 죄명 및 형량 분석

전국적으로 3·1운동과 관련하여 1919년 3월부터 12월까지 검거된 사람은 46,000여 명이고, 이 중 19,054명이 검찰에 송치되어 7,819명이 유죄 판결받았다. 검거 인원 대비 유죄 판결의 비율은 약 17%인데, 유죄 판결에 가장 크게 작용한 법령은 「보안법」와 소요죄에 관한 법령이었다. 유죄 판결의 71.7%가 「보안법」 위반이었고, 소요죄가 21.8%로 전체의 90% 이상에 적용되었다. 그 외 「출판법」 위반 3.5%, 「제령 제7호(1919)」 위반이 2.1%를 차지한다.[14]

이에 비해 경기·인천 지역에서는 위 [표 1]의 577명 중 선고전 사망 2명, 무죄 판결 11명, 공소전 기각 1명의 14명을 제외한 유죄 판결자 563 명 중 「보안법」 위반이 262명으로 약 46%, 소요죄 위반과 소요 및 방화죄 위반이 214명으로 약 38%, 「출판법」 위반이 46명으로 약 8%, 살인죄가 27명으로 약 4%, 그 외 「전신법」 위반이 11명으로 약 2%를 차지한다.

경기·인천 지역에서도 유죄 판결자에게 적용된 주요 법령은 역시 「보안법」과 소요죄였지만, 이 둘을 합친 비중이 82%로 전국적인 통계와는 10% 정도 차이가 나고 있다. 이와 같은 결과는 경기·인천 지역 만세시위의 특성을 반영한 것인데, 구체적인 죄명과 형량은 아래 [표 2]와 같다.

---

13 朝鮮總督府 法務局 편, 1920 「제11표 犯罪地及犯罪時」 『妄動事件處分表』
14 장신, 2019 앞의 논문, 147~149쪽) ; 도면회, 2019 앞의 논문, 53쪽. 죄명에 따른 유죄 판결자의 구체적 수치에 대해서는 조선총독부 법무국 편, 1920 『妄動事件處分表』 참고. 다만 『妄動事件處分表』의 통계는 1920년 1월 현재 재판이 종결된 결과만을 취합한 것이다. 이후 종결되지 않은 재판의 결과는 반영되지 않았다.

[표 2] 경기·인천 지역 유죄 판결자의 죄명 및 형량

형량\죄명	15년	10년 이상	7년 이상	5년 이상	3년 이상	2년 이상	1년 이상	6개월 이상	6개월 미만	태형	벌금	계
살 인	1	4	13	4				5				27
방 화		6	14	5	27	63	9		1			125
소 요				2	8	8	21	45		5		89
협 박						1	2					3
전신법					8	1					2	11
보안법					1	10	96	151		4		262
출판법						1	7	10	4	21	3	46
제령 제7호 (1919)												
계	1	10	27	11	44	84	133	213	5	32	3	563

출전 : 독립운동사편찬위원회 편, 1971 『獨立運動史資料集』 5, 274~563쪽

[표 2]에서와 같이 만세시위에 참여한 일반 민중들 중에는 민족대표들 보다 중형을 받은 사람들이 상당하다. 3·1운동을 기획하고 「독립선언서」 를 기초한 민족대표들의 최대 형량은 손병희(孫秉熙), 한용운(韓龍雲) 등이 받은 징역 3년이었다.[15] 전국적으로 징역형을 선고받은 만세시위 참가자 중 41%는 징역 6개월에서 1년 미만의 형량이었고, 태형을 선고받은 사람 의 비중은 21.4%였다.[16]

그러나 경기·인천 지역의 유죄 판결자 중 징역 6개월에서 1년 미만은 213명인 37%이고, 태형을 받은 사람의 비중은 32명인 5%에 불과하다. 민 족대표의 형량 보다 높은 징역 3년 이상을 받은 사람이 93명의 16%로 전국 평균을 크게 상회한다. 특히 경기·인천 지역에서는 남한 지역의 최 고 형량인 징역 15년을 받은 사람이 나왔고, 징역 10년 이상을 받은 사람 도 10명이나 된다.[17] 1919년 12월 현재 총독부에서 3·1운동 관련 유죄 판

15 「大正九刑控第522·523號 判決」, 京城覆審法院, 1920. 10. 30
16 장신, 2019 앞의 논문, 149쪽

결자의 형량 조사에서 징역 10년이 10명으로 파악되고 있는데,[18] 1920년 1월 현재 경기도에서는 그와 동일한 10명이 징역 10년을 선고받은 것이다.

2) 죄목(罪目)의 병합과 형량의 가중(加重)

당시 재판에서 가장 많이 적용된 「보안법」 제7조와 「일본형법」 제106 조 및 제107조의 소요죄 조항은 다음과 같다.

> **「보안법」(법률 제2호, 1907. 7. 27) 제7조**
> 제7조 정치에 관하여 불온한 언론(言論)과 동작(働作) 또는 타인을 선동, 교사(敎唆) 혹은 사용하며 또는 타인의 행위에 간섭하여 치안을 방해한 자는 50 이상의 태형(笞刑), 10개월 이하의 금옥(禁獄) 또는 2개년 이하의 징역(懲役)에 처함.[19]

> **「일본형법」 제8장 소란(騷亂)의 죄**
> 제106조 대중이 모여 폭행 또는 협박한 자는 소란(소요)의 죄로 하고, 다음의 구별에 따라 처단한다.
> 1. 주모자는 1년 이상 10년 이하의 징역 또는 금고(禁錮)에 처한다.
> 2. 타인을 지휘하거나, 또는 타인에 솔선하여 세력을 보탠 자는 6개월 이상 7년 이하의 징역에 처한다.
> 3. 부화뇌동하여 행동한 자는 50엔 이하의 벌금(罰金)에 처한다.
> 제107조 폭행 또는 협박하기 위해 대중이 모인 경우 권한 있는 공무원으로부터 해산 명령을 3회 이상 받았음에도 불구하

---

17 3·1운동의 만세시위 참가자 중 최고형인 무기징역을 받은 사람은 5명인데, 모두 북한 지역인 평안남도 강서·대동의 '모락장 시위' 참가자들이다(조선총독부 법무국 편, 1920 『妄動事件處分表』).
18 조선총독부 법무국 편, 1920 『妄動事件處分表』
19 국회도서관, 1970 『韓末近代法令資料集』 5, 591쪽

고, 또한 해산하지 않을 때는 주모자는 3년 이하 징역 또
는 금고에 처하고, 그 외는 50엔 이하의 벌금에 처한다.[20]

위의 두 법령에 따를 경우, 만세시위 참가자에 대한 형량은 징역 2년
을 넘기 힘들다. 만세시위가 폭력시위로 전환되어 총독부의 경찰이나, 헌
병, 관료 등을 협박했다고 해도 징역 10년을 넘지 못한다. 「독립선언서」
의 출판, 배포에 관련된 「출판법」 제11조는 징역 3년이 최고 형량이었다.

이러한 법령의 한계 때문인지 몰라도 총독부는 1919년 4월 15일 「제
령 제7호(1919)」를 공포했지만, 경기·인천 지역의 만세시위 참가자 중 이
것의 적용을 받은 사람은 없었다. 「제령 제7호(1919)」는 그 범죄 구성요
건이 「보안법」과 동일했다. 범죄 구성요건이 동일하면 당시 형법 제6조에
의해 "범죄 후 법률에 의해 형량 변경이 있을 경우" 둘 중 가벼운 형량을
적용하도록 되어 있었다. 따라서 「제령 제7호(1919)」가 제정된 4월 15일
이전에 발생한 시위나 행위는 「보안법」을 적용해야만 했기 때문이다.[21]

경기·인천 지역에서 만세시위의 절정은 3월 말에서 4월 초였다. 「제령
제7호(1919)」가 공포된 4월 15일에는 수원에서 1건의 만세시위가 있었고,
그 후 5월 4일 양평군에서 1건의 만세시위가 있었다.[22] 이것으로 이 지역
의 만세시위는 종결되었다.[23] 따라서 이 지역 만세시위 참가자에 대한 재

20 「法律 第四十五號」, 明治四十年(1907), 日本國立公文書館 소장 자료(JACAR,
   Ref. A15113656400)
21 도면회, 2019 앞의 논문, 97~99쪽
22 국사편찬위원회 3·1운동DB(http://db.history.go.kr/samil/home/demons/select_dem
   ons_list. do 2019년 7월 29일 기준)
23 이지원, 1989 「경기도 지방의 3·1운동」 한국역사연구회·역사문제연구소, 『(한겨레신문
   후원 3·1운동 70주년 기념논문집) 3·1민족해방운동연구』, 청년사, 312~316쪽 ; 조선총
   독부 법무국 편, 1920 『妄動事件處分表』

판에서는 「제령 제7호(1919)」의 적용을 받은 사람은 거의 없었다.

그럼에도 이 지역에서 징역 10년 이상의 중형을 선고 받은 사람들이 많은 것은 다른 죄목과 병합되었기 때문이다. 징역 15년을 선고받은 수원의 '사강반도 만세시위'에서 홍면(洪冕/洪冕玉)은 자신에게 총을 쏜 일본 경찰을 다른 시위자들과 함께 격살하여 살인죄를 적용받았다.[24] 안성의 '원곡면·양성면 만세시위'에 참가하여 징역 12년을 선고받은 최은식(崔殷植)은 경찰관주재소 습격 및 방화를 주도하여 방화죄를 적용받았다.[25] 이렇게 경기·인천 지역에서 중형을 받은 만세시위 참가자들이 많았다는 것은 그만큼 이 지역의 3·1운동이 대규모로 격렬하게 전개되었다는 것을 입증한다.

실제로 경기·인천지역은 3·1운동에서 시위 횟수와 참여 인원이 가장 많았고, 격렬하고 지속적인 시위 양상에서도 다른 지역을 압도하였다. 국사편찬위원회에서 정리한 통계에 의하면, 1919년 3월 1일부터 5월 31일까지의 전체 1,692건의 시위 중 경기·인천 지역은 367회로 20%를 점한다. 그 뒤로 평안도의 260회, 경상도의 258회, 충청도 201회의 순서였다. 참여 인원에서도 3·1운동 전체 참여 인원 80만~103만 중 경기·인천 지역은 17만~21만 명으로 최대 다수였다. 그 다음이 평안도의 16만~21만 명, 경상도의 13~17만 명, 충청도의 9만~12만 명, 경성부 4만~8만5천 명의 순이었다. 이를 인구 비례로 보자면, 3·1운동 직전인 1918년 말 경기·인천 지역의 인구는 약 166만 명이었다. 경북[206만 명], 전남[188만 명], 경남[174만 명]에 뒤 이은 전국 4위의 인구 규모였으나, 만세시위 발생 횟수나, 참여 인원은 가장 많았던 것이다.

---

24 이후 홍면은 경성복심법원에 항고하여 징역 12년으로 감형받았다(「大正九刑控第240號 判決」, 京城覆審法院, 1920. 5. 31).
25 「大正九刑控第531號 判決」, 京城覆審法院, 1921. 1. 22

시위 양상에서도 경기·인천 지역은 지속적이고, 격렬한 만세시위를 전개하였다. 3월 초순과 4월 초순에 집중적으로 나타났다가 진정 국면에 들어간 평안도와 함경도, 3월 중순 이후에 폭발적으로 발생한 경상도 및 충청도와 달리 경기·인천 지역의 만세시위는 3월 초순부터 4월 초순까지 거의 매일, 근 1달 동안 지속적으로 만세시위가 전개되었는데, 3월 하순부터 4월 초순까지는 폭발적으로 발생하였다.

경기·인천 지역의 만세시위에서 특히 주목할 점은 전국에서 가장 격렬하고 공격적인 시위가 전개되었다는 점이다. 만세시위 과정에서 폭행, 파괴, 방화, 살상 등 폭력적 양상을 보인 시위가 총 시위 횟수 367건 중 135건의 37%로 전국에서 가장 높은 수치였다. 그리고 3·1운동 중에 전국적으로 군청 5개소, 면사무소 47개소, 경찰관서 45개소, 우편소 11개소 등 116개소의 관공서가 시위대로부터 공격당했다. 경기·인천 지역에서는 군청·면사무소 35개소, 경찰관서 29개소, 우편소 2개소 등이 시위대의 공격으로 파괴되었는데, 이 역시 전국에서 가장 높은 수치였다.[26]

4. 3·1운동 관련 판결의 정치적 함의

1) 내란죄 미적용의 정치적 함의

경기·인천 지역에서 안성의 '원곡면·양성면 만세시위'와 수원의 '장안

---

26 정병준, 2019 「3·1운동의 추이 분석」 국사편찬위원회·동아일보사 주최 공동 학술회의, 『백년만의 귀환 : 3·1운동 시위의 기록』(2019. 2. 27), 39~46쪽 ; 도면회, 2019 「총론 : 3·1운동과 경기·인천지역」 『역사와현실』 113, 한국역사연구회, 34~35쪽 ; 국사편찬위원회 3·1운동DB(http://db.history.go.kr/samil/home/demons/select_demons_list.do 2019년 7월 29일 기준)

면·우정면 만세시위'는 황해도의 '수안면 만세시위', 평안북도의 '옥상면 만세시위'와 함께 총독부 사법 당국에 의해서 3·1운동에 '내란죄 적용' 시도의 대표적인 케이스로 활용되었다.

1919년 8월 1일 경성지방법원은 손병희 등 48인에 대한 「예심결정서」에서 "大正8년(1919) 2월 중 공모하여 제국 영토의 일부분인 조선을 제국의 통치에서 이탈시켜 그 지역에 독립국을 건설할 것을 목적으로 우선 전 조선인들에게 평화의 교란을 선동하고 나아가 조헌을 문란케 할 불온문서를 공표함으로써 각지에서 조선독립운동을 개시"케 하고, 피고들의 선동으로 "황해도 수안군 수안면, 평안북도 의주군 옥상면, 경기도 안성군 양성면 및 원곡면 등에서 조선독립을 목적으로 폭동을 야기한 사실"이 있고, 이는 형법 제77조에 해당하는 범죄이므로 「조선총독부재판소령」 제3조 제3항에 의거하여 고등법원의 특별권한에 속한다고 결정하였다. 즉 내란죄에 해당한다고 결정한 것이다.[27]

이에 따라 총독부의 고등법원 검사국 검사장은 위 만세시위 사건들과 함께 '장안면·우정면 만세시위'까지 고등법원의 특별권한에 속하는 내란죄로 규정하여 기소하였다.[28] 하지만 고등법원은 만세운동은 "조선 독립의 목적을 달성하는 수단으로 실행한 것이 아니라 조선인으로서 조선 독립의 희망이 치열함을 세상에 알리는 수단으로 행한 것이기 때문에 소요죄를 구성할 수는 있어도 내란죄를 구성할 수는 없다"라고 판결하고, 경성지방법원을 관할법원으로 지정하여 돌려보냈다.[29] 이에 대해 경성지방

---

27 「豫審終決決定」, 京城地方法院, 1919. 8. 1
28 「大正九刑控第401號 判決」, 京城地方法院, 1920. 8. 20
29 장안면 만세시위에 대해서는 「大正八年特豫第2號 判決」, 高等法院, 1920. 3. 22.; 원곡·양성 만세시위에 대해서는 「大正八年特豫第3號 判決」, 高等法院, 1920. 3. 22

법원은 '본건 공소를 수리하지 않음'을 선언하여, 해당 사건은 경성복심법원에서 '장안면·우정면 만세시위'는 보안법 위반·소요·살인방화의 혐의로, '원곡면·양성면 만세시위'는 보안법 위반·소요·방화의 혐의로 재판이 진행되었다.

그런데 당시 총독부의 사법 당국이 3·1운동에 실제로 '내란죄'를 적용하려고 했는지는 의심스럽다. 고등법원은 내란죄로 기소된 만세시위에 대해 '단지 조선의 독립을 도모하기 위해 격려·고무'한데 그쳤을 뿐이고, 폭동을 일으키더라도 '조헌 문란'의 목적을 달성할 수단으로서 행한 것이 아니라고 하여 내란죄 적용을 거부했다.[30]

하지만 만세시위가 확산되는 과정에서 독립운동세력은 고등법원의 판단과 달리 독립의 격려, 고무에서 그치지 않고, 독립을 선포하고 정부의 구성에 착수했다. 가장 먼저 러시아령 연해주(沿海州)에서는 1919년 3월 1일 대한국민의회의 수립을 발표했고, 중국의 상하이(上海)에서는 4월 11일 대한민국임시정부를 수립하여 13일 대외적으로 공표했다. 국내의 서울에서는 4월 2일 한성임시정부의 수립을 국내외에 공표했다. 김규식(金奎植)은 이미 3월부터 대한민국임시정부 외무총장 겸 강화회의 파리 대표위원의 직함으로 제1차 세계대전의 강화회의가 열리는 파리에서 열강을 상대로 한국의 독립외교를 실행하고 있었다.[31]

국내의 만세시위 참여층에서도 이에 호응하여 파리 강화회의에서 한국의 독립 여론을 불러일으키기 위해서는 한민족이 직접적으로 민족자결의 의사를 표시하는 것이 관건이라고 판단하여 활동했다. 3월 29일 양주군 진접면에 배포된 격문에서는 "지금 파리 강화회의에서 12개국이 독립

---

30 「大正八年特豫第2號 判決」·「大正八年特豫第3號 判決」, 高等法院, 1920. 3. 22
31 고정휴 외, 2010 『대한민국임시정부의 현대사적 성찰』, 나남, 15~21쪽

될 것을 결정하니 조선도 이 기회에 극력 소요를 영속시켜 독립의 목표를 달성하지 않으면 안된다"라고 하여 파리 강화회의에 대한 의사표시의 주된 방법을 '극력 소요'로 선택하였다.[32]

총독부의 입장에서 만세시위를 내란죄로 볼 요소는 충분했다. 이 때문에 당시 조선총독부 사법 당국의 고즈 토모야(鄕津友彌) 검사정(檢事正)은 3·1운동 참가자들에 대한 처리방침과 관련하여 "이번 소요는 국가 사회의 안녕 질서를 어지럽히고, 인심을 착란시킨 죄가 적지 않다. 혹은 국가의 기초를 위태롭게 하려는 계획이라는 것도 드러나고 있다. 조사 결과 어떻게 처리할지 아직 정해지지 않았으나 어떤 경우이던 법을 최우선으로 하면서 그들에게 관용을 베푸는 일 없이 엄중한 법의 신성함을 고수하여 화근을 끊어버릴 방침"이라고 발표하였다.[33] 이는 3·1운동의 참가자들에 대해 내란죄의 적용도 불사하겠다는 강경한 방침이었다.

그러나 일본정부의 생각은 달랐다. 일본정부는 이미 3·1운동의 초기인 3월 11일의 각의(閣議)에서 조선의 상황에 대한 대응방침을 결정하여 조선총독에게 훈령했는데, 그 내용은 다음과 같다.

> 이번 사건은 내외에 대해 지극히 경미한 문제로 처리할 필요가 있다. 그러나 모두 실제에서는 엄중한 조치를 취하여 재발하지 않도록 하라. 단 외국인이 매우 본 사건에 주목하고 있으므로 가혹하고 까다로운 비판을 불러일으키지 않도록 충분히 주의할 것.[34]

위 결정에는 3·1운동에 대한 일본정부의 복잡하고도 미묘한 반응이

---

32 이지원, 1989 앞의 논문, 341쪽
33 「嚴刑に處する方針」『大阪朝日新聞』1919년 3월 8일
34 原奎一郎 편, 1965 『原敬日記』5(首相時代), 福村出版(이하 『原敬日記』5), 76쪽

드러난다. 국제사회가 주시하고 있는 사건이기 때문에 국내외적으로 지극히 가벼운 문제로 보이도록 처리해야 하지만, 실제로는 심각한 문제이므로 엄중한 조치를 취하라는 것이다. '엄중한 조치'는 결국 무력에 의한 만세시위의 강경 진압을 의미한다. 하지만 그 과정이나 결과가 외국의 주목을 끌지 않도록 신중해야 한다는 매우 까다로운 주문을 일본정부는 조선총독부에 요구했다.

"경미한 문제로 처리"는 무엇을 의미할까. 그리고 일본정부는 3·1운동의 탄압에 왜 이렇게 까다롭고 복잡한 요구를 해야 했을까. 3·1운동에 대한 내란죄 적용 문제는 일본의 한반도 식민통치의 근본을 부정하는 문제였기 때문이다. 1910년의 '한국병합(韓國併合)' 이래 일본은 국내외적으로 한반도에 대한 문명통치를 표방해 왔다. 그 성과에 대해 일본정부와 조선총독부는 식민지 조선에서 일본의 통치 이후 행정 개혁으로 현격한 범죄의 감소, 광범위한 위생의 개선, 전반적인 교육수준의 향상, 다양한 부원(富源)의 개발을 통한 경제 발전으로 식민지 조선인들의 생활수준이 전체적으로 향상되고 있기 때문에 조선인 스스로 일본의 통치를 환영하여 적극적으로 협력하고 있다고 선전하고 있었다.[35]

그런데 3·1운동이 전국적으로 확산되는 상황에서 만약 내란죄를 적용하게 된다면, 이것은 그 자체로 식민지 조선인들이 일본의 통치를 거부한다는 것을 인정하는 것이 된다. 또한 '한국병합' 이래 문명통치를 내세운 일본의 식민지 조선에 대한 통치가 실패했다는 것을 대내외적으로 스스로 자인하는 것이었기 때문에 일본정부는 결코 인정할 수 없었을 것이다.

그렇기 때문에 위 인용문의 "경미한 문제로 처리"란 3·1운동이 "독립

---

[35] Government-General of CHOSEN, 1921 *ANNUAL REPORT ON REFORMS AND PROGRESS IN CHOSEN(1918~21)* 참조.

운동"으로 보이지 않도록 하는 동시에 살인, 방화, 소요, 협박, 「보안법」 및 「출판법」 위반 등 사회의 안정을 위협하는 반사회적인 강력 범죄의 인식을 갖도록 하는 것이었다. 그리고 이를 통해 강력 범죄에 사회 안정을 위한 정당한 무력행사의 명분을 획득하기 위함이었다고 생각한다. 즉 3·1운동은 식민통치의 근본을 뒤흔드는 중대한 사건이 아니라, 단지 사회의 안정을 해치는 범죄일 뿐이기 때문에 10여 년 간 일본의 한반도 식민통치가 결코 실패가 아니라는 것을 보여주기 위함이었다고 생각한다. 따라서 위의 일본정부의 결정으로부터 애초에 내란죄 적용의 여지는 없었다고 판단된다.

　일본정부가 3·1운동에 내란죄를 적용할 수 없었던 배경에는 일본사회 내부의 사정도 있었다. 1919년의 일본사회는 여러 가지 축하의 분위기로 들떠 있었다. 러일전쟁(1904)의 전비 조달을 위해 발행한 전시공채로 인해 막대한 대외 채무에 시달리던 일본은 제1차 세계대전의 전시 경제 기간 동안 기존의 채무를 모두 변제하고 채권국이 되었을 뿐만 아니라, 파리 강화회의에 전승국이자 연합국의 일원이 되어 참가하고 있었다.[36]

　그리고 5월 7일에는 황태자 히로히토(裕仁)의 성년식이 있었다.[37] 다이쇼(大正) 천황의 건강이 악화되던 가운데, 황태자의 성년식은 현재 천황의 유고(有故) 시에도, 굳건한 후사(後嗣)가 있음을 과시하는 것이었고, 일본 통치의 안정성을 보장하는 상징이었다. 2일 후인 9일에는 일본 수도의 도쿄(東京) 이전 50주년 기념행사가 우에노(上野) 공원에서 성대하게 치러졌다. 이 행사에는 일본 천황 부부 및 황태자가 직접 참여하여 자축의 열기를 더했고, 당시 수만 명의 일본인들이 나와 만세를 외치며 천황가의 성

36　石井寬治, 2015 『資本主義日本の歷史構造』, 東京大學出版會, 103~120쪽
37　『原敬日記』 5, 90쪽

덕(聖德)을 칭송했다.[38]

이처럼 1919년의 일본사회는 일본의 발전과 국제적 지위 향상, 그리고 천황가의 경사로 인해 자축의 열기가 높았다. 이런 분위기에서 3·1운동에 내란죄를 적용하는 것은 조선사회가 일본의 식민통치를 거부한다는 것을 인정하는 것이기 때문에 일본사회의 들뜬 분위기에 찬물을 끼얹는 것이었다. 무엇보다 일본의 식민통치를 거부한다는 것은 곧바로 일본 천황의 통치를 거부는 것이기 때문에 일본정부의 입장에서는 그 자체로 불경(不敬)이었다. 천황가의 안정적인 후사를 과시하고, 축하하는 분위기에서 일본정부는 내란죄라는 불경을 인정할 수 없었을 것이다. 이 때문에 하라 다카시(原敬) 수상은 3월 11일 각의 결정과 함께 도코나미 다케지로(床次竹二郎) 내무대신에게 조선 문제에 대한 언론의 보도통제를 지시했다. 이 결과 일본의 신문은 3월 중순 이후 3·1운동의 전개 상황을 거의 보도하지 못했고, 다만 논설을 통해서 식민지 조선문제를 다뤘다.[39]

이러한 상황은 「제령 제7호(1919)」의 제정과정에서도 보인다. 만세시위가 전국적으로 확산되자, 총독부 사법부 법무과장 야마구치 사다마사(山口貞昌)는 사법장관에게 긴급 제령의 발포를 제안했다. 하지만 장관은 이를 승인하지 않고 보통 제령안의 작성을 명령했다.[40] 이것은 3·1운동의 식민지 조선의 상황에 대해 대내외적으로 긴급 상황으로 인식하게 할 수 없다는 분명한 자세였다. 그리고 법령의 내용에서도 이와 같은 자세는 견

---

38 『原敬日記』 5, 91쪽 ; 당시의 일본 언론은 「東宮御成年式」·「御.成年式に就て」· 「けふ御成年式に壺切の御劍を」 『讀賣新聞』, 1919년 5월 7일, 「燦やかに裝はれた上野の祝賀會場」 『讀賣新聞』, 1919년 5월 9일 등 신문의 한면 전체 또는 1~2개 면에 걸쳐 관련 특집기사를 쏟아내고 있었다.

39 長田彰文, 2005 『日本の朝鮮統治と國際關係』, 平凡社, 265쪽

40 水野直樹, 2000 앞의 논문, 105쪽

지되고 있다. 4월 15일 공포된 「제령 제7호(1919)」는 다음과 같다.

「제령 제7호 정치에 관한 범죄 처벌의 건(1919)」
제1조 정치의 변혁을 목적으로 다수 공동하여 안녕질서를 방해하
거나, 또는 방해하려는 자는 10년 이하의 징역 또는 금고에
처한다. 형법 제2편 제2장의 규정[내란죄―인용자]에 해당
하는 자는 본령(本令)을 적용하지 않는다.
제2조 전조(前條)의 죄를 범한 자가 발각 전에 자수하였을 때는 그
형을 감경(減輕) 또는 면제(免除)한다.
제3조 본령은 제국 밖에서 제1조의 죄를 범한 제국 신민(臣民)에게
도 이를 적용한다.[41]

위 법령의 내용에서 보이듯이 이 법은 식민지 조선에서 정치적 사건,
즉 독립운동에 대한 형량을 늘리고, 해외에서의 독립운동을 처벌하기 위
한 목적이었다. 내란죄에는 이 법령을 적용하지 못한다는 점을 명백하게
밝히고 있다. 그리고 이 법은 「보안법」 제7조와 범죄 구성요건이 동일했
다. 범죄 구성요건이 동일하면, 형법 제6조에 의해 가벼운 형량의 법령을
적용하도록 되어 있었다. 고등법원은 동시에 양자의 구성요건을 구비한
행위가 제령 실시 이전에 행해지고 그 실시 후에 처벌될 경우에는 형법
제6조를 따르도록 판시하였다. 이 때문에 「제령 제7호(1919)」가 제정된
1919년 4월 15일 이전에 발생한 시위나 행위는 보안법을 적용해 처벌할
수 밖에 없었다.[42] 따라서 이 법령은 「보안법」을 대체하는 법령이었고, 3·
1운동의 만세시위 참가자에게 적용하기 보다는 이후에 일어날지 모르는
비슷한 사건에 대응하기 위한 예방적인 법령이라고 봐야할 것이다.

---

41 장신, 2019 앞의 논문, 154~155쪽에서 재인용
42 도면회, 2019 앞의 논문, 99쪽

대외적으로도 일본정부는 3·1운동의 내란죄 적용을 인정할 수 없었다. 일본은 '한국병합' 후의 조선 문제를 일본의 국내문제로서 처리하려 했지만, 이후에도 여전히 국제문제로서의 측면을 계속 가지고 있었다. 미국 대통령 윌슨(Woodrow Whison)은 파리 강화회의에서 14개조의 「평화원칙」을 발표하였다. 그 중 마지막 조항은 제1차 세계대전 후의 새로운 국제질서 형성을 위한 국제연맹(國際聯盟)의 결성이었는데, 이것에 대한 반발은 미국 사회 내부에서부터 나왔다.

공화당을 중심으로 한 미국 의회는 「국제연맹규약」 '제10조의 영토보전과 정치적 독립을 규정'을[43] 열강이 가지고 있는 기존의 식민지 지배를 보장하는 조항으로 파악했다. 이에 미국 의회는 미국의 국제연맹 가입 반대의 명분으로 일본의 가혹한 조선 통치 문제를 계속적으로 제기하고 있었다.[44] 윌슨 대통령이 미국으로 귀국한 뒤에도 의회는 가혹한 통치를 하는 일본에 위임통치령을 맡겨도 되는지 문제제기 했고, 이에 더하여 한국의 3·1운동에서 보이듯이 가혹한 식민지배를 중국 본토로 확대하려는 일본과 타협했다고 강하게 비판했다.[45]

파리 강화회의 진행과정에서는 같은 전승국이자, 연합국의 일원으로 참가한 중국이 일본을 직접 몰아붙였다. 중국은 「베르사이유조약」의 조인을 거부하면서, 제1차 세계대전을 이용하여 일본이 무력으로 산동반도(山東半島)에서 독일의 이권을 승계한 것에 대해 그것의 회수를 비롯한 「22

---

43 윌슨 대통령은 「국제연맹규약」 제10조에 대해 미국은 연맹 각국의 영토 보전과 정치적 독립을 보장하고 외부의 침략으로부터 연맹 각국을 옹호해야 한다고 주장하였다(長田彰文, 2005 앞의 책, 215쪽).
44 長田彰文, 2005 앞의 책, 214~220쪽
45 가토 요코 지음, 윤현명·이승혁 옮김, 2018 『그럼에도 일본은 전쟁을 선택했다』, 서해문집, 251~267쪽

개조 요구」의 철회 및 불평등조약의 개정을 강하게 요구하고 있었다. 중국 내부에서는 학생들을 중심으로 반일감정이 격화되고 있었다. 일본에 대한 영국·프랑스의 협력으로 중국의 요구는 받아들여지지 않았지만, 국내에서의 전승 축하 분위기와는 달리 이와 같은 국제정세는 일본을 국제적으로 상당히 곤혹스럽게 만들었다.[46]

이러한 상황에서 전개된 3·1운동은 일본의 식민지 통치능력을 국제적으로 의심하게 만들었고, 미일관계를 악화시키고 있었다. 따라서 대외적으로도 일본정부나 조선총독부는 3·1운동에 내란죄를 적용할 수 없었다. 만약 내란죄를 적용하게 되면, 대외적으로도 일본의 조선 통치 실패를 자인하는 것이고, 3·1운동이 국제적인 관심 사항으로 주목될 것이기 때문이었다. 이에 일본정부는 앞의 3·1운동에 대한 대응방침에서 조선총독부에 무력 탄압을 통해 재발하지 않도록 조치하라고 하면서도, 외국의 주목을 끌지 않도록 신중하게 진행하라는 무리한 요구를 한 것이다.

그리고 당연히 일본정부의 결정이 영향을 주었겠지만, 하세가와 총독도 이미 3·1운동에 내란죄를 적용할 수 없다는 생각을 가지고 있었다. 여전히 만세시위가 지속되고 있었던 5월 조선총독부 중추원(中樞院) 고문 송병준(宋秉畯)은 일본의 도쿄를 방문했다. 그는 26일 전 조선총독부 탁지부 장관 아라이 겐타로(荒井賢太郎), 전 외사과장 고마츠 미도리(小松綠) 등 과거 통감부 혹은 총독부의 관료 등으로 식민지 조선에서 활동한 경험이 있는 사람들의 모임인 조선구교회(朝鮮舊交會)에 참석했다. 이 자리에서 송병준은 3·1운동에 대해 연설했다. 그는 3·1운동의 원인을 식민지 조선에 대한 일본의 차별이 주요 원인이라고 지적하면서 현재의 만세시위에 대한 대처방안에 대해 하세가와와 의견 교환한 내용을 소개했는데, 그 내용

---

46 가와시마 신 지음, 천성림 옮김, 2013 『중국근현대사』 2, 삼천리, 226~231쪽

은 아래와 같다.

> 폭동의 선후책을 강구하기 위해 하세가와 총독이 주요 인물 30여
> 명에게 의견을 구하였다. 나도 그 중 한사람이어서 나는 문서로 의견
> 을 개진하여 특히 소요의 수괴자(首魁者)를 처분함에 내란죄를 적용
> 하라고 했는데, [하세가와는] 법률상 불가능하고, 겨우 치안방해죄로
> 처벌하는 것 외에는 없다고 한다.[47]

위 인용문의 송병준과 하세가와와의 의견 교환이 언제 이루어진 것인지
는 정확히 파악되지 않는다. 그러나 최소한 송병준이 도쿄를 방문하는 5
월 26일 이전이라는 것은 알 수 있는데, 무엇보다 주목되는 것은 이 시기
총독 하세가와와는 이미 3·1운동에 내란죄 적용은 불가능하다고 판단하고
있었다는 것이다. 그리고 치안방해죄로 처벌하는 것 외에는 없다고 하는
것을 보면, 이것은 하세가와 개인의 판단이 아니라 조선총독부 사법 당국
의 법적 검토를 토대로 한 것으로 봐야 할 것이다. 하세가와 총독을 비롯
한 조선총독부는 이미 3·1운동의 주도자들에 대해 내란죄 적용이 아닌
치안방해죄 등 다른 죄목으로 처벌한다는 구체적인 방침을 세워놓았다는
것이 확인된다.

그렇다면 조선총독부 검사국은 무엇 때문에 안성의 '원곡면·양성면
만세시위'와 수원의 '장안면·우정면 만세시위'를 내란죄로 기소했을까.
이것은 '제암리 학살 사건'과 같은 일본군과 경찰에 의해 자행된 잔혹한
탄압 사건과 관련된 것으로 생각된다.

엄중한 조치에 의해 신속하게 진압할 것을 희망한 일본정부의 기대와
달리 만세운동은 시간이 갈수록 3월 중순 이후로는 전국적으로 더욱 확산

---

47 「宋氏の對鮮論 舊交會にて演說」, 『讀賣新聞』, 1919년 5월 27일

되어 갔고, 해외에 거주하는 한인사회로까지 확산되어 나갔다. 상황의 추이를 지켜보던 일본정부는 3·1운동의 상황보고를 위해 도쿄에 온 총독부의 정무총감 야마가타 이사부로(山縣伊三郞)를 통해 4월 1일 조선총독 및 조선군사령관에게 병력 증파의 여부를 문의하였다.[48] 조선군사령관 우쓰노미야 다로(宇都宮太郞)는 다음날인 2일 "현재의 병력만으로도 진정시킬 수 있다고 예상하지만, 이참에 충분히 병력을 사용하여 신속하게 평정의 효과를 거두고, 더하여 당분간 그 병력을 주둔시켜 위압을 보일 필요가 있기 때문에 보병 약 5~6개 대대와 헌병 200명을 증파하는 것이 좋겠다"고 보고하였다.[49]

이에 일본정부는 4일 각의에서 조선의 상황에 대해 단호한 조치가 필요하다고 인식하여 본국의 병력에서 통상의 편성보다 많은 병력으로 확대 편성한 보병 6개 대대와 헌병 400명의 증파를 결정했다.[50] 당시 일본정부에서 결정한 파견 병력의 규모는 조선군 사령관이 요청한 규모보다 훨씬 큰 규모였다. 그러면서 하라 수상과 다나카 기이치(田中義一) 육군대신은 "이 건은 해외에 대하여 어떻게든 중대시(重大視)하는 느낌을 줄 것이기 때문에 가능한 한 비밀리에 실행해야 한다"고 강조하였다.[51]

하지만 대규모 병력이 파견되는 것이라서 도저히 비밀리에 실행할 수는 없었다. 8일의 각의에서 다나카 육군대신은 아무래도 증병의 건을 공표하는 것이 좋겠다고 제의하고, 그 발표문안을 제시하였다. 이를 살펴 본 하라 수상은 단지 토벌의 의미로만 읽혀지기에 좋지 않다고 생각하여 일

---

48 『原敬日記』 5, 83쪽
49 宇都宮太郞關係資料硏究會 편, 2007 『日本陸軍とアジア政策陸軍大將宇都宮太郞日記』 3, 岩波書店(이하 『宇都宮太郞日記』 3), 238쪽
50 『原敬日記』 5, 83~84쪽
51 『原敬日記』 5, 83쪽

부 불령(不逞)의 무리가 폭행하여 도저히 양민의 안전을 기대할 수 없기에 양민 보호를 위해 6개 대대와 보조헌병 400명을 증파한다는 취지로 수정하여 발표하였다. 그후 미국과 유럽 방문이 예정된 기독교 전도사 다무라 나오오미(田村直臣)를 만나 "그곳에 가면 제국의 진의를 오해하지 않도록 노력할 것을 당부"했다.[52] 이와 같은 일본정부의 대응을 통해서도 당시 일본정부가 3·1운동에 대한 대응에서 어느 정도로 국제사회의 시선을 예민하게 의식하고 있었는지 알 수 있다.

그런데 그동안 일본정부가 외국의 시선을 의식하여 우려한 사건이 실제 발생했다. 4월 15일 일본군의 79연대 소속 아리타 도시오(有田俊夫) 중위가 이끄는 소대 및 경찰들에 의해 경기도 화성 제암리의 주민 약 29명이 학살되고, 마을이 불타는 '제암리 학살 사건'이 일어난 것이다.[53]

이 때문에 조선총독 하세가와 및 조선군사령관 우쓰노미야 등 조선총독부의 주요 인물들은 '제암리 학살 사건'을 보고 받은 직후, 18일 사건의 은폐 조작을 결정했다. 우쓰노미야는 그것을 자신의 일기에 기록했는데, 그 내용은 아래와 같다.

> 사실을 사실로 처분하면 가장 간단하지만, 이렇게 하면 사정없이 독필(毒筆)을 휘두르는 외국인들에게 학살·방화를 자인하는 것이 되기 때문에 제국의 입장은 매우 불리하게 된다. 한편으로는 조선의 폭민을 증가시키는 것이며, 또한 진압에 종사하고 있는 장졸들이 의심을 품게 되어 [제국에] 불리함으로 [폭민이] 저항했기 때문에 살육한 것으로 하고, 학살·방화 등은 인정하지 않는 것으로 결정했다.[54]

---

52 『原敬日記』 5, 84쪽
53 제암리 학살 사건에 대해서는 김정인, 2019 「3·1운동, 죽음과 희생의 민족서사」 한국역사연구회 3·1운동 100주년 기획위원회 엮음, 『3·1운동 100년』 5, 휴머니스트 참조.

위의 일기 내용과 같이 우쓰노미야 사령관과 하세가와 총독이 사건의 은폐 조작을 결심한 가장 큰 이유는 역시 국제사회의 평가였다. 그리고 다른 이유는 잔혹한 학살 사건이 알려질 경우, 조선인들을 자극할 우려가 있었고, 진압에 나선 일본군대의 사기에도 영향을 줄 것이라는 걱정 때문이었다. 사실대로 알려질 경우 어느 것 하나도 일본에 유리할 것이 없다는 판단인 것이다.

하지만 이 끔찍한 학살 사건은 결코 은폐되지 않았다. 학살의 다음날인 16일 3·1운동의 실태조사를 위해 이 지역에 온 서울 주재 미국 영사 커티스(R. S. Curtice) 일행에 발견되어 국제사회에 보고되었다. 이후 다양한 국가의 외교관, 언론, 선교사들의 취재·조사를 통해 그 참상이 국제사회에 알려졌다.[55]

그럼에도 불구하고, 파리 강화회의에서는 일본이 우려하던 열강의 압박은 없었다. 당시 제1차 세계대전의 폐허 속에서 유럽을 재건해야 했던 열강은 연합국의 일원이었던 일본과 우호적인 관계를 유지하려 했기 때문이다. 하지만 '제암리 학살 사건'은 일본정부의 기본적인 도덕성의 문제이기 때문에 언제든지 일본을 압박할 수 있는 수단이 될 수 있었고, 이후 국제관계의 변화 속에서 이 사건은 언제든지 문제화될 수 있었다. 그리고 열강의 사회단체나 교회 등은 여전히 일본군의 만행을 비난하고 있었다. 이에 조선총독부는 제암리에서의 학살 등 일본군의 무력 탄압을 '내란적 상황'에서 질서 유지를 위해 어쩔 수 없었던 무력행사로 합리화하려고 사건의 은폐, 조작을 시도했던 것이다.

조선총독부 사법 당국은 일본 경찰이 처단되거나, 경찰주재소 등 식민

---

54 『宇都宮太郎日記』 3, 245쪽
55 김정인, 2019 앞의 논문, 326~327쪽

지 지배기구가 파괴·방화되는 등 만세시위가 과격하게 진행되었으며, 일본군의 탄압과정에서 주민들의 사망이 발생한 만세시위를 선정했다. 즉 과격하게 진행된 대표적인 만세시위를 골라 3·1운동을 기획한 '손병희 등 48인 사건'과 함께 내란죄 적용을 시도한 것이다. 여기에 이용된 4건의 만세시위 중 2건이 경기·인천 지역의 '원곡면·양성면 만세시위'와 '장안면·우정면 만세시위'였다.

만세시위 직후 '원곡면·양성면 만세시위'는 '보안법 위반, 소요, 방화'의 혐의로, '장안면·우정면 만세시위'는 '보안법 위반, 소요, 살인, 방화'의 혐의로 예심 청구가 되었었다. 그런데 '제암리 학살 사건' 이후 갑자기 관련자에 대한 추가 체포와 조사가 진행된 후 수원지청의 기타무라 나오스케(北村直甫) 검사는 관련자들에 대해 "고등법원의 특별권한에 속하는 사안이므로 형사소송법 제164조에 의해 관할 상위의 결정이 있어야 할 것"이라는 의견을 제출했다. 이 의견을 받은 예심괘 판사 니시야마 히사지로(西山久二郎)는 8월 7일「예심종결결정」에서 내란죄를 적용하여 고등법원에 판결을 요청했다.[56]

그러나 조선총독부재판소의 고등법원은 3·1운동을 내란죄로 판단하지 않았다. 이는 총독부 사법 당국 스스로의 법적 해석이 아니라, 일본정부의 3·1운동 인식 및 대응 방침 때문이었다. 이후 이 만세시위들은 경성복심법원에서 최초 예심 청구된 내용대로 '보안법 위반, 소요, 방화'의 혐의와 '보안법 위반, 소요, 살인, 방화'의 혐의로 재판이 진행되었다. 이와 같은 과정으로 진행된 만세시위 재판에 대해 조선총독부 사법 당국의 "내란죄 적용 시도는 시급한 정세에 대응하는 정치적 판단이어서 사법부 내에서도 받아들일 수 없는 것이었다"라는 의견이 있는데,[57] 동의할 수 없다. 이

---

56 이용창, 2018 앞의 논문, 47~48쪽

러한 의견은 당시 일본정부의 상황과 조선총독부의 권력구조를 정확히 파악하지 못했기 때문에 나온 의견이라고 생각된다.

당시 일본정부는 처음부터 3·1운동에 내란죄를 적용할 생각이 없었다. 그것은 일본의 조선 식민통치의 근본을 흔드는 문제였기 때문이다. 그리고 조선총독부의 권력구조는 입법·행정·사법·군사의 모든 권력이 조선총독 1인에게 집중되어 전제군주와 같은 통치 구조였다.[58] 따라서 내란죄의 적용 또는 불허와 같은 중요 문제에서 조선총독의 승인없이 사법부가 독자적으로 판단할 있는 구조가 아니었다.

당시 일본정부와 조선총독부는 '제암리 학살 사건'과 같은 통치의 정당성 혹은 도덕성에 상당한 타격을 받을 수 밖에 없는 사건이 발생하자, 3·1운동에 대한 과도한 무력탄압을 합리화시키기 위한 명분이 필요했다. 이 때문에 격렬한 만세시위에 대해 대내외적으로 '내란죄 적용'을 고려할 만한 심각한 상황이어서 어쩔 수 없이 대대적인 무력 탄압을 전개할 수 밖에 없었다는 명분을 만들기 위해 내란죄 혐의를 잠시 이용하려 했을 뿐이지, 3·1운동에 내란죄를 적용할 의사는 처음부터 없었다고 생각한다.

2) 「은사령(恩赦令)」을 통한 포섭과 배제

3·1운동이 전국적으로 확산되는 상황에서 만약 내란죄를 적용하게 된다면, 이것은 그 자체로 조선인들이 일본의 통치를 거부한다는 것을 인정하는 것이 된다. 또한 '한국병합' 이래 문명통치를 내세운 일본의 식민지 조선에 대한 통치가 실패했다는 것을 대내외적으로 스스로 자인하는 것이었기 때문에 일본정부는 결코 인정할 수 없었을 것이다. 이 때문에 총

57 장신, 2019 앞의 논문, 159~162쪽 : 이용창, 2018 앞의 논문, 67~75쪽
58 「朝鮮總督府官制」(勅令 제354호), 1910. 9. 30

독부나 일본정부는 3·1운동을 표현할 때 지도에 따르지 않는 '불령사건 (不逞事件)'이나 '소요사건(騷擾事件)', 어리석은 행동을 의미하는 '망동사건 (妄動事件)' 등으로 성격을 규정하여 3·1운동을 독립운동으로 인정하지 않았다.

3·1운동을 독립운동으로 인정하지 않으려는 일본의 태도는 조선총독의 교체 시기에도 영향을 주었다. 당시 일본사회에서 3·1운동의 원인을 분석한 문서에서는 조선인에 대한 차별대우와 하세가와 조선총독의 실정 (失政)이 대표적인 원인으로 어김없이 등장한다.[59] 이에 따라 식민지 조선 통치의 책임자인 하세가와 총독의 경질은 예정된 것이었다. 하세가와 본인도 3·1운동 발생에 대한 책임에서 이미 1919년 4월 26일 일본정부에 사직원을 제출했다.[60] 5월 2일 일본정부는 각의에서 이 문제에 대해 논의했다. 논의의 결과는 조선의 상황은 하세가와에게 책임이 있음이 분명하지만, 사태가 진정되기 전에는 사임시킬 수 없다는 것으로 모아졌다. 현재의 상황에서 사임시키면 조선인들에게 큰 승리감을 줄 것이고, 이것은 조선총독의 지위 자체를 흔들 뿐만 아니라, 앞으로의 조선정책에도 장애가 될 것이라는 것이 이유였다. 조선인들이 3·1운동을 성공으로 평가할 수 있는 여지를 줄 수 없다는 것이었고, 앞으로도 3·1운동과 유사한 독립운동이 일어날 빌미를 제공해서는 안된다는 것이 하세가와의 사임을 각하시킨 실제 이유였다. 결국 하세가와 총독은 야마가타 정무총감과 함께 8월 12일에 사임했는데, 당시 공표된 이유는 3·1운동에 대한 책임이 아니라 단지 고령(高齡)이었다.[61]

---

59 加藤房藏, 1920 『朝鮮騷擾の眞相』, 京城日報社, 29쪽 ; 『原敬日記』 5, 81쪽 ; 『宇都宮太郎日記』 3, 221쪽 ; 「朝鮮暴動眞相 守屋氏視察談」 『東京朝日新聞』 1919년 4월 18일
60 『原敬日記』 5, 89쪽

3·1운동을 일본의 식민통치를 부정한 독립운동으로 인식하지 않으려는 일본의 태도는 만세시위 참여자들에 대한 처벌에서도 일관되게 나타난다. 「판결문」에서 명확하게 보이는 점 중 하나는 한국의 독립과 관련된 직접적인 발언이나 인쇄물을 출판, 배포한 사람 보다 헌병, 경찰 등 식민통치의 대리자를 물리적으로 공격하거나, 주재소, 면사무소 등 식민통치기관을 습격한 사람의 형량이 비교할 수 없을 정도로 높다는 것이다. 만세시위 참가자 중 최고 형량을 받은 참가자들은 모두 이러한 사람들이었다. 그리고 이와 같은 양상은 이후 만세시위로 인한 처벌자들의 사면 과정에서도 일관되게 나타난다.

신임 총독 사이토 마코토(齊藤實)는 부임 초기부터 3·1운동 이후 식민지 조선의 민심 수습을 위해 지속적으로 관련자의 대사면을 일본정부에 건의했고,[62] 1920년 3월 30일 일본정부로부터 동의 받았다.[63] 실제 사면은 식민지 조선의 왕세자 이은(李垠)과 일본 황족의 나시모토미야 마사코(梨本宮方子)의 결혼을 기념하여 4월 28일 공포되었다. 제1조에서 규정한 주요 대상자는 아래와 같다.

> 제1조 1920년 4월 28일 전에 아래에 기재한 죄에 대하여 형(刑)의
> 언도를 받은 조선인으로서 형의 집행 전에 있는 자, 형의 집
> 행유예 중, 집행 중 혹은 집행정지 중의 자, 또는 가출옥 중
> 의 자에 대해서는 본령에 의하여 그 형을 감경함. 단 그 집행
> 을 연기한 자는 제외함
> 1. 조선형사령에 의한 형법 제74조 및 제76조의 죄
> 2. 조선형사령에 의한 형법 제95조 제106조 및 제107조의 죄 중

61 「朝鮮總督, 政務總監親任」 『大阪每日新聞』 1919년 8월 12일
62 『原敬日記』 5, 131·208쪽
63 『原敬日記』 5, 226쪽

정치상의 목적에서 나온 것

3. 1919년 제령 제7호(1919)의 죄

4. 광무(光武) 11년 법률 제2호 보안법의 죄

5. 융희(隆熙) 3년 법률 제6호 출판법 제11조 및 제14조의 죄. 단
풍속을 어지럽히는 문서, 도화를 출판, 발매, 반포 또는 수입한
죄는 제외함

6. 광무11년 법률 제1호 신문지법 제12조의 규정에 위반한 죄, 제25
조 및 제26조의 죄 단 풍속 문란의 사항을 기재한 죄는 제외함

7. 조선형사령에 의한 폭발물취체벌칙의 죄로서 치안을 방해하는
목적으로 범한 것

8. 앞의 각호에 기재한 죄에 관한 범인은닉, 증빙인멸 또는 위증의 죄.
전항 각호에 기재한 죄를 범한 조선인으로서 형법 제54조 제1항의
규정에 의하여 다른 죄로써 처단된 자에 대해서는 전항과 동일. 단 살
인, 방화 혹은 강도의 죄 또는 그 미수죄로써 처단된 자에 대해서는
제외함.[64]

위 「은사령」 제1조에 규정된 대상자에는 「보안법」, 「출판법」, 「제령
제7호(1919)」 위반자 및 정치범을 망라하고 있어서, 3·1운동으로 처벌받
은 사람이 사면의 주요 대상자임이 명확하다. 이에 따라 약 5천여 명이
사면 받았는데, 여기에서도 제외 조항에 살인, 방화 또는 그 미수자는 제
외한다고 하여 중형을 선고받은 식민통치의 대리자나 식민통치기관을 습
격한 적극 참여자들은 사면 받지 못했다. 그리고 사면의 기준 날짜인
1920년 4월 28일 이전에 재판이 종결된 사람이 대상이었기 때문에 내란
죄의 혐의로 기소된 '원곡면·양성면' 및 '장안면·우정면' 만세시위 참여
자들도 사면 받지 못했다. 이들의 재판은 내란죄 적용문제로 상당 기간
재판이 지체되어 사면 기준 날짜 이후 재판이 종결되었기 때문이다.[65]

---

64 「恩赦令(勅令 제120호)」『朝鮮總督府官報』 1920년 4월 28일

3·1운동 참여자에 대한 처벌과 사면의 양상에서 보이는 일본정부 및 조선총독부의 의도는 2가지로 해석된다. 주재소 등의 습격이나 일본 군경에 대한 공격은 대부분 무기를 소지하지 않은 일반 민중의 평화시위 과정에서 일본 군경의 발포 등에 의해 생명에 위협을 느낀 민중의 자위 조치로 발생했다. 그러나 총독부 사법 당국은 그와 같은 사정에는 관심이 없었다. 식민통치기구나 그 대리자에 대한 공격만이 문제가 되었다. 식민통치기구나 그 대리자에게 절대적인 권위를 부여하여 어떠한 경우에도 그것을 훼손하는 것은 용납되지 않는다는 것을 식민지 조선의 민중에게 내보이려는 것이었다.

둘째 3·1운동을 기획한 민족대표나 초기에 만세시위를 주도하여 전국적으로 확산시킨 학생들 보다 만세시위에 적극적으로 참여한 일반 민중의 형량이 훨씬 높았다. 이는 식민지 조선에서 독립을 요구하는 정치적인 행동에 함부로 참여했다가는 그것을 주도한 사람들 보다 본인이 더욱 참혹한 결과를 맞게 되리라는 것을 각인시켜 독립운동세력과 일반 민중을 분리시키려는 의도로 파악된다.

5. 맺음말

본 연구는 『독립운동사자료집』 5권에 수록된 지방법원의 1심 「판결문」을 중심으로 경기·인천 지역 21개 부·군의 「판결문」 현황을 파악하고, 재

---

65 경성복심법원에서 '장안면·우정면' 만세시위는 1920년 12월 9일(「大正九刑控第五二七號 判決」, 京城覆審法院, 1920년 12월 9일), '원곡면·양성면' 만세시위는 1921년 1월 22일 재판이 종결되었다(「大正九刑控第五三一號 判決」, 京城覆審法院, 1921년 1월 22일).

판에서 3·1운동 참가자들에게 적용된 법령과 처벌 양상 및 내란죄 적용 문제를 분석하였다.

그 결과 경기·인천 지역의 처벌 양상은 유죄 판결자 563명 중 「보안법」 위반이 262명으로 약 46%, 소요죄 위반과 소요 및 방화죄 위반이 214명으로 약 38%, 「출판법」 위반이 46명으로 약 8%, 살인죄가 27명으로 약 4%, 그 외 「전신법」 위반이 11명으로 약 2%를 차지한다. 유죄 판결자에게 적용된 주요 법령은 「보안법」과 소요죄였지만, 민족대표의 형량 보다 높은 징역 3년 이상을 받은 사람이 93명의 16%로 전국 평균을 크게 상회한다. 특히 경기·인천 지역에서는 남한 지역의 최고 형량인 징역 15년을 비롯하여 징역 10년 이상을 받은 사람도 10명이나 된다. 이렇게 중형을 받은 만세시위 참가자들이 많았다는 것은 그만큼 경기·인천 지역의 3·1운동이 격렬하게 전개되었다는 것을 입증한다.

특히 안성의 '원곡면·양성면 만세시위'와 수원의 '장안면·우정면 만세시위'는 황해도의 '수안면 만세시위', 평북 '옥상면 만세시위'와 함께 총독부 사법 당국에 의해서 3·1운동에 '내란죄 적용' 시도의 대표적인 케이스로 활용되었다. 결과적으로 조선총독부재판소의 고등법원은 3·1운동을 내란죄로 판단하지 않았다. 애초에 당시 총독부의 사법 당국이 3·1운동에 내란죄를 적용하려고 했는지 의심스럽다.

3·1운동에 대한 내란죄 적용 문제는 일본의 조선 식민통치의 근본을 부정하는 문제였다. 만세시위가 전국적으로 확산되는 상황에서 만약 내란죄를 적용하게 된다면, 이것은 그 자체로 일본이 국내외적으로 표방해 온 한반도에 대한 문명통치를 조선인들이 거부한다는 것을 인정하는 것이 될 뿐만 아니라, 일본의 식민통치가 실패했다는 것을 스스로 자인하는 것이었다. 따라서 일본정부는 결코 내란죄를 인정할 수 없었다.

그런데 일본정부가 3·1운동에 대한 외국의 시선을 예민하게 의식하는 가운데, 일본군에 의한 '제암리 학살 사건'이 발생했다. 이에 대해 조선총독부와 조선군사령부는 사건의 은폐를 시도했으나, 참상은 한국 주재 미국 영사에 의해 사건의 바로 다음날부터 국제사회에 알려지기 시작했다. 이에 일본은 일본군의 만행을 합리화하기 위한 명분이 필요했다. 3·1운동으로 인한 식민지 조선의 상황이 '내란죄 적용'을 고려할 만큼 심각한 상황이라고 이미지화 시키는 것이었다. 그것을 위해 경기·인천 지역의 '원곡면·양성면 만세시위'와 '장안면·우정면 만세시위' 등 대표적으로 격렬했던 만세시위에 내란죄 혐의를 이용했다. 하지만 일본정부나 조선총독부는 일관되게 3·1운동을 일본의 통치를 부정한 독립운동으로 인정하려고 하지 않았기 때문에 실제로 내란죄를 적용할 생각은 없었다.

3·1운동 참가자들에 대한 처벌에서도 조선총독부 사법 당국은 한국의 독립과 관련된 직접적인 발언이나 인쇄물을 출판, 배포한 사람 보다 헌병, 경찰 등을 물리적으로 공격하거나, 식민통치의 대리자나 주재소 등 식민 통치기관을 습격한 사람을 더욱 무겁게 처벌했다. 이는 식민지 조선의 독립운동은 인정하지 않지만, 비슷한 상황의 재발을 방지하고, 식민 통치기구나 그 대리자에 대한 권위를 유지하기 위함이었다. 그리고 독립운동세력과 일반 민중을 분리시키려는 의도이기도 했다.

참고문헌

동아일보사 편, 1969 『三·一運動 50周年紀念論集』, 동아일보사

_____ , 1989 『(3·1운동 70주년기념 심포지움) 3·1운동과 민족통일』, 동아일보사

박헌호·류준필 편, 2009 『1919년 3월 1일에 묻다』, 성균관대학교 출판부

鈴木敬夫, 1989 『法을 통한 朝鮮植民地 支配에 관한 硏究』, 고려대학교 민족문화연구소

한국역사연구회·역사문제연구소, 1989 『(한겨레신문 후원 3·1운동 70주년 기념논문집) 3·1민족해방운동연구』, 청년사

原奎一郎 편, 1965 『原敬日記』 5(首相時代), 福村出版

長田彰文, 2005 『日本の朝鮮統治と國際關係』, 平凡社

宇都宮太郎關係資料硏究會 편, 2007 『日本陸軍とアジア政策陸軍大將宇都宮太郎日記』 3, 岩波書店

김정인, 2019 「3·1운동, 죽음과 희생의 민족서사」 한국역사연구회 3·1운동 100주년 기획위원회 엮음, 『3·1운동 100년』 5, 휴머니스트

도면회, 2019 「1910년대 한국의 형사재판제도와 3·1운동」, 한국역사연구회 3·1운동 100주년기획위원회 엮음, 『3·1운동 100년』 3, 휴머니스트

_____, 2019 「총론 : 3·1운동과 경기·인천지역」 『역사와현실』 113, 한국역사연구회

笹川紀勝, 2002 「3·1운동과 행정법학」 『法史學硏究』 26

이용창, 2018 「재판 관련 기록으로 본 화성 장안·우정면 3·1만세운동」 『한국독립운동사연구』 62

이지원, 1989 「경기도 지방의 3·1운동」 한국역사연구회·역사문제연구소 엮음, 『(한겨레신문 후원 3·1운동 70주년 기념논문집) 3·1민족해방운동연구』, 청년사

장 신, 2019 「삼일운동과 조선총독부의 司法 대응」 한국역사연구회 3·1운동 100주년기획위원회 엮음, 『3·1운동 100년』 3, 휴머니스트

水野直樹, 2000 「治安維持法の制定と植民地朝鮮」 『人文學報』 83, 京都大學人文科學硏究所

[토론문]

경기·인천지역 3.1운동 판결과 정치적 함의

한 승 훈(고려대학교 독일어권문화연구소 연구교수)

1. 본 논문의 연구사적 의의

1) 포섭과 배제

'3.1운동 판결문'에는 다양한 이야기가 담겨 있다. 민중들이 만세시위에 참여한 동기를 엿볼 수 있다. 1910년 이래로 조선 독립을 열망한 농민들도 있으며, 동네 사람들의 권유로 만세시위에 나온 사람들도 있다. 장터에 갔다가 만세시위 취지에 공감해서 참여한 이들도 있다. 윌슨의 민족자결주의에 고무되어서 방금이라도 조선독립을 달성할 수 있을 것으로 생각한 민중도 있다. 3.1운동 판결문에는 전국 단위로 전개된 만세시위의 보편적 특성을 찾을 수 있다.

3.1운동 판결문을 읽노라면, 해당 지역 사람들만 공유할 수 있는 특성도 있다. 읍내의 학생들이 만세시위를 일으키는 모습도 있고, 천도교와 기독교 인사들이 지역 네트워크를 이용해서 만세시위를 주도하는 양상도 있다. 평소 일본 헌병에게 불만이 많았던 지역 사람들이 헌병 사무소로 달려가서 조선 독립을 외치면서 헌병대의 즉각적인 퇴거를 요구하는 모습도 있다. 이상과 같이 3.1운동 판결문은 지역 단위 운동으로의 특수성도 갖고 있다.

본 논문은 경기·인천 지역 3.1운동 판결문 분석을 시도하였다. 필자가 주로 주목한 부분은 판결문에 나타난 처벌 양상이었다. 필자는 개인의 판결내용을 토대로 조선총독부가 만세시위 참여자들을 어떠한 법률로 처벌했는지를 유형화했다. 적용된 법률을 통해서 조선총독부와 일본 정부에서 3.1운동을 어떻게 인식하고 대응했는가를 추적하였다.

먼저 필자는 민족대표보다 중형을 받은 일반 민중에 주목하였다. 이를 통해 경기·인천 지역의 만세시위 참여자들이 타 지역의 참여자들보다 중형을 받은 비율이 크게 상회하고 있음을 밝혔다. 민중들이 중형을 받게 된 이유로 필자는 '다른 죄목과 병합'되었기 때문으로 분석하였다. 이를 통해 필자는 경기·인천 지역 3.1운동의 시위 횟수와 참여 인원이 타 지역보다 많았고, 격렬하고 공격적인 시위 양상이 다른 지역을 압도하였음을 밝혀냈다.

필자는 시위의 폭력적 양상에만 주목하지 않았다. '「은사령(恩赦令)」을 통한 포섭과 배제' 양상도 파악하였다. 1920년 4월 조선총독부와 일본 정부는 식민지 조선의 왕세자 이은(李垠)과 일본 황족 나시모토미야 마사코(梨本宮方子)의 결혼을 기념하여 「은사령」을 발표하였다. 「은사령」에 의해서 사면을 받는 사람들은 「보안법」, 「출판법」, 「제령 제7호(1919)」등의 위반자였다. 주로 3.1운동으로 옥고를 치룬 이들이 대상자였다. 하지만 3.1운동 당시 살인, 방화, 폭력 등으로 처벌받은 민중들은 제외되었다. 3.1운동 47인과 함께 내란죄 적용을 받은 '원곡면·양성면' 및 '장안면·우정면' 만세시위 참여자들 역시 「은사령」의 대상이 아니었다.

필자는 3.1운동 당시 살인, 방화, 폭력 등의 행위가 일본 군경의 발포 등의 강경진압에서 비롯되었음을 지적하였다. 일제가 「은사령」을 통해 얻고자 한 바를 다음과 같이 설명하였다. 첫째는 조선 민중에게 "식민통치기구나 그 대리자에게 절대적인 권위를 훼손하는 것은 용납"하지 않는다는 점을 각인시키는 것이었다. 둘째는 전국적 만세시위를 주도한 독립운동세력과 이에 참여한 일반 민중을 분리시키기 위함이었다는 것이다.

그렇다면 왜 경기·인천 지역 3.1운동은 타 지역에 비해서 공격적이고 격렬하게 전개되었을까? 일제 권력은 격렬하게 전개된 경기·인천 지역 3.1운동을 어떻게 진압하고 탄압하였을까? 이는 경기·인천 지역 3.1운동의 배경, 전개과정과 관련해서 중요한 질문이다. 본 논문에서는 그 해답을 찾기 어려울 것이다. 이 책에 실린 다른 논문들을 읽다보면 그 해답을 찾을 수 있을 것이다. 그 대신 본 논문에서는 경기·인천 지역 3.1운동과 관련해서 또 다른 중요한 이야기를 하고 있다. 바로 내란죄 적용시도에 관한 것이다.

2) 식민통치의 정당성과 내란죄의 모순적 구조

조선총독부 사법 당국은 3.1운동 민족대표를 내란죄로 처벌하고자 했다. 민족대표의 내란죄 선동에 해당하는 만세시위로는 4곳을 꼽았다. 경기도 안성의 '원곡면·양성면 만세시위', 경기도 수원의 '장안면·우정면 만세시위', 황해도 수안군의 '수안면 만세시위', 평안북도 의주군의 '옥상면 만세시위'가 이에 해당되었다. 그로 인해 해당 지역 만세시위에 참여한 민중들은 최초 재판에서 내란죄를 적용받았다.

그런데 1920년 조선총독부 재판소의 고등법원에서는 해당 지역의 만세시위 참여자들에게 내란죄를 적용할 수 없다고 판결하였다. 복심법원은 최초 내란죄를 적용하였던 이들에게 소요죄, 보안법 등을 적용하였다. 왜 일제는 '조선독립'을 외친 만세시위 참여자들에게 내란죄를 적용했다가, 이를 철회하였을까?

필자는 내란죄 적용 대상 중에서 절반에 해당하는 2곳이 바로 경기·인천 지역이라는 사실에 착안해서 조선총독부 사법 당국의 내란죄 적용 시도를 분석하였다. 먼저 "내란죄 적용 시도는 시급한 정세에 대응하는 정치적 판단이어서 사법부 내에서도 받아들일 수 없는 것'이라는 기존 연구를 비판하였다. "조선총독부의 권력구조는 입법·행정·사법·군사의 모든 권력이 조선총독 1인에게 집중되어 전제군주와 같은 통치 구조"이기에 "사법부가 독자적으로 판단"할 수 없다는 것이 비판의 근거였다.

기존 연구에 대한 문제제기를 바탕으로 필자는 분석 대상을 안성 '원곡면·양성면 만세시위'와 수원 '장안면·우정면 만세시위'에만 주목하지 않았다. 판결의 주체인 조선총독부 사법 당국에만 초점을 맞추지 않았다. 필자는 연구 범위를 일본 정치권력으로 확대하였다. 이를 통해 내란죄 적용과 관련한 일련의 과정이 갖는 '정치적 함의'를 밝히고자 했다.

내란죄 판결의 정치적 함의를 찾기란 쉽지 않다. 정치적 개입 및 이에 따른 정치적 의도가 재판의 전 과정에 관철되었을 것이라는 심증과는 별개로, 그 직접적인 증거를 확인하기가 어렵기 때문이다. 그런 이유로 필자는 조선총독부의 사법당국자들을 실마리로 삼아서 다양한 권력자들을 분석하였다. 조선 총독 하세가와 요시미치(長谷川好道), 조선군사령관 우쓰노미야 다로(宇都宮太郎)가 내란죄 적용 관련 인물로 등장시켰다. 일본 수상 하라 다카시(原敬), 다나카 기이치(田中義一) 육군대신도 분석 대상이 되었다. 그 뿐만이 아니다. 조선총독부 중추원(中樞院) 고문으로 도쿄를 방문한 송병준(宋秉畯)도 나온다. 일본의 국내외적 정세 분석을 통해서 내란죄 적용이 정치적 행위로써 적합하였는지를 파악하기도 했다.

결론적으로 필자는 일본정부는 처음부터 3·1운동에 내란죄를 적용할 생각이 없었다는 점을 부각시켰다. 내란죄 적용 문제는 일본의 조선 식민통치의 근본을 부정하는 문제로 파악했기 때문이다. 필자는 내란죄 적용 그 자체가 "일본이 국내외적으로 표방해 온 한반도에 대한 문명통치를 조선인들이 거부한다는 것을 인정하는 것이 될 뿐만 아니라, 일본의 식민통치가 실패했다는 것을 스스로 자인하는 것"이라는 점을 강조하였다. 이를 통해 필자는 일본이 3.1운동 참여자에게 내란죄를 적용할 뜻이 없었음을 논증하였던 것이다.

그렇다고 필자는 일본 정부가 일관되게 내란죄 적용을 검토하지 않았다는 주장을 펼치지 않는다. '제암리 학살 사건'이 세상에 알려지자, 일본은 "일본군의 만행을 합리화하기 위한 명분"이 필요했다. 이에 일본 정부는 대외적으로 "3·1운동으로 인한 식민지 조선의 상황이 '내란죄 적용'을 고려할 만큼 심각한 상황"이라는 점을 강조하기 위해서 "경기·인천 지역의 '원곡면·양성면 만세시위'와 '장안면·우정면 만세시위' 등 대표적으로 격렬했던 만세시위에 내란죄 적용을 검토"했음을 밝히고 있다. 그럼에도 불구하고 필자는 일본 정부와 조선총독부는 "3·1운동을 일본의 통치를 부정한 독립운동으로 인정하려고 하지 않았기 때문"에 '원곡면·양성면 만세시위'와 '장안면·우정면 만세시위'에 내란죄를 적용할 생각이 없었다고 강조하였다. 궁극적으로 필자는 내란죄의 적용 여부를 일본의 조선 식민 통치의 정당성 문제와 연결지어서 파악했던 것이다.

> * 제암리 학살 사건 및 내란죄 적용과 관련해서는 이 책의 「수원 만세시위의 양상과 특징」(김정인)과 이용창의 「재판 관련 기록으로 본 화성 장안·우정면 3·1만세운동」(『한국독립운동사연구』 62, 2018)을 함께 읽어보길 권한다.

2. 3.1운동 100주년을 넘어서 : 차후 연구를 위한 제언

1)「은사령」시행이 지역사회에 미친 영향

본 논문은 판결문 분석을 통해서 일본 정부 및 조선총독부의 속내, 즉 정치적 함의를 추적하였다. '은사령(恩赦令)'의 분석에서는 일제 통치 권력이 3.1운동 참여자를 포섭하고 배제하려는 정치적 의도를 밝혔다. 즉 본 논문은 3.1운동에 대한 일본 정치권력의 정치적 함의를 밝힘으로써, 궁극적으로 일제 정치권력이 경기·인천 지역 3.1운동, 나아가 전국의 3.1운동을 어떻게 대응하였는지를 밝혔다는 데에서 의의를 찾을 수 있다.

본 논문은 차후 연구를 위한 몇 가지 과제를 남기고 있다. 경기·인천 지역 3.1운동 참여자 중에서「은사령」을 통해서 사면을 받은 인물들에 대한 구체적인 분석이 필요하다.「은사령」으로 사면을 받은 민중들의 향후 생활도 눈여겨 볼 대목이며, 이와 관련해서「은사령」시행이 식민지 조선 및 지역 사회에 어떠한 영향을 끼쳤는가에 대한 연구도 필요해 보인다.

「은사령」과 관련해서는 동아일보 1920년 4월 30일자 이상재(李商在)의 인터뷰 기사도 주목을 요한다. 이상재는 "작년 정치범은 전부 방면"될 것으로 생각했으나 "미결자에게는 적용이 못된다"면서 "매우" 섭섭함을 표시하였다. 여기서 미결자는 내란죄 적용 혐의를 받았던 독립만세운동 주도세력으로 보인다.

그런데 이상재는 "마음의 죄는 재감자보다 일반민중이 더욱 많은 것"이라면서 "은사를 받도록 노력"해야 한다고 밝히고 있다. 여기서 "일반민중"은 누구를 가리킬까? 3.1운동 47인과 함께 내란죄 혐의를 받은 '원곡면·양성면 만세시위'와 '장안면·우정면 만세시위' 등의 참여자를 의미하는 것일까? 본 논문에서 지적한 '포섭'과 '배제'의 관점과 관련해서, 차후

「은사령」 관련해서 추가적인 연구가 요구되는 바이다.

2) 근대 법체계 확립에 따른 정치권력과 민중의 관계

통감부가 의병을 내란죄가 아닌 강도죄로 처벌하려는 시도 및 그 정치적 함의는 3.1운동 당시 내란죄 적용 과정과 유사해 보인다. 김항기의 「1906~1910년간 일제의 의병 판결실태와 그 성격」(『한국독립운동사연구』 61, 2018) 연구는 다음과 같이 통감부의 판결 실태를 밝히고 있다.

> "의병은 내란죄보다 강도죄, 폭동죄 같은 일반범죄로 '처벌'되는 경우가 더 많았다. 시 기적으로는 1907년 7월을 기점으로 이후로 갈수록 내란죄에 비해 강도죄의 비율이 증가했다."

김항기는 일본이 의병 참여자들에게 내란죄가 아닌 일반범죄로 처벌했던 이유를 "13도 창의군이 거병하면서 의병을 국제법상 교전단체로 인정해 줄 것을 각국 공사관에 요청"한 사례에서 찾았다. 그는 의병의 국제법적 처리를 우려한 이토 히로부미가 1907년 6월 "의병의 활동을 내란이 아닌 폭도들의 소요로 규정"한 이후로 의병을 국사범이 아닌 강도죄 등의 일반범죄로 처벌하는 사례가 나타났다고 밝힌 것이다. 결론적으로 일제 권력은 의병과 3.1운동에게 각각 통감정치와 총독정치의 근본을 부정했다는 혐의 자체를 인정하지 않음으로써, 외형적으로 통감정치와 총독정치에 정당성을 계속해서 부여하고자 했던 것이다.

3.1운동에 대한 일제의 내란죄 적용 시도는 현대 한국에서 낯설어 보이지 않는다. 1980년 신군부가 5.18 민주화운동을 '김대중 내란음모사건'의 조작 근거로 활용한 사례는 그렇다. 일제 식민지 시대의 사례를 현대에 적용시키기란 무리가 따르지만, '억압'의 측면과 법의 적용 대상을 특

정할 수 있다는 사실 등을 통해 본다면 제령과 유신 시대의 긴급조치는 유사한 부분이 있다고 생각한다.

한편 1921년 2월 4일자 『매일신보』에는 민사소송 결과로 안성군 양성면·원곡면 시위 참여자들이 손해배상금을 지불해야 한다고 보도하였다. 그런데 이 민사소송은 3.1운동 관련 형사재판과 연동되어서 진행되었다. 일제 식민 권력은 형사·민사재판이라는 외형적인 '근대 법체계'를 통해서 3.1운동 참여자, 특히 일제의 폭력 진압에 무력으로 저항하였던 일반 민중을 탄압하였던 것이다.

민사재판과 형사재판을 통해서 사회적 약자에 가하는 압박은 낯설지 않다. 오늘날 형사재판과는 별도로 민사소송을 통해서 파업에 참여한 노동자들에게 민형사상 책임을 묻는 절차가 떠오르는 것은 우연일까? 토론자는 근대 국민국가 출현에 따른 외형적인 근대 법체계 확립이라는 긴 사야 속에서 3.1운동의 내란죄 적용 여부를 분석할 필요가 있어 보인다.

제2부

경기·인천지역 만세시위의
양상과 특징

개성의 3·1운동

이 지 원(대림대학교 교수)

1. 머리말

3·1운동은 1919년 3월 1일 전국 7개 도시에서 동시에 일어났지만, 이후 전국 및 해외 각지의 현장에서 대중들이 참여하며 확산되었다. 그것은 주로 만세세위라는 대중의 집단적인 행동으로 표출되었다. 식민지하에서 근대적 주체로서 성장하는 대중들의 모습이 시위라는 거리의 투쟁으로 나타났고, 그러한 점에서 3·1운동은 각 지역 대중들의 항일 정치운동이자 독립운동을 보여준 역사적 사건이었다.

따라서 3·1운동의 전체상을 이해하는 데에는 현장으로서 지역성과 주체로서 대중성을 주목하지 않을 수 없다. 이 글도 이러한 문제의식에서 3·1운동의 지역성과 대중성을 개성군의 사례를 통해 살펴보고자 한다. 개성군이 속한 경기도는 3·1운동의 만세시위가 가장 많이 일어난 지역으로 3·1운동 전체 만세시위의 1/4을 차지할 정도로 중요한 지역이었다. 따라서 경기도의 3·1운동에 대해서는 일찍부터 주목되어 왔다.[1] 그러나 경기도의 3·1운동에서 개성의 사례에 대해서는 독립적으로 다룬 논문은 없고, 경기도 3·1운동에 대한 포괄적 서술에 포함되어 언급되어 왔다.[2]

시위는 그 지역에 살고 있던 주민들의 일상의 삶에서는 일탈 행위이자 집단적인 공동 체험이었다. 이 글은 개성의 3·1운동을 개성군에 살던 대중들의 삶의 현장에서 벌어진 공동 체험의 역사로 살펴보고자 한다. 개성은 서울과 가까운 지역으로서 읍내인 송도면을 비롯하여 광덕면, 남면, 대성면, 동면, 영남면, 영북면, 임한면, 북면, 상도면, 서면, 중면, 중서면, 진봉면, 청교면, 홍교면 등 16개면이 있었다. 전통적인 상업도시의 면모와 농업지역이 결합된 지역이었다. 그리고 1곳의 경찰서와 8곳의 헌병분대가 있었다.[3] 또한 개성은 경기도에서 유일하게 서울의 독립선언서가 3월 1일 이전에 배포된 지역이다. 그 만큼 3·1운동 초기 주도층인 '민족대표'

---

1 국사편찬위원회, 1966 『한국독립운동사』 2 ; 독립운동사편찬위원회, 1971 『독립운동사 2. 3·1운동사 상』, 독립유공자사업기금운용위원회 ; 박환, 2007 『경기지역 3·1독립운동사』, 선인나 삭제)

2 이지원, 1989 「경기도의 3·1운동」 『3·1민족해방운동연구』, 한국역사연구회·역사문제연구소 ; 경기도사편찬위원회, 1995 『경기도항일독립운동사』, 경기도사편찬위원회 ; 윤병석, 2004 『증보 3·1운동사』, 국학자료원 ; 경기도사편찬위원회, 2006 『경기도사 제7권(일제강점기)』, 경기도사편찬위원회 ; 김정인·이정은, 2009 『한국독립운동의 역사 19(국내 3·1운동 Ⅰ - 중부·북부)』, 독립기념관

3 http://db.history.go.kr/samil/의 탄압기구 참조.

와의 네트워크가 있던 곳이다. 그러나 독립선언서가 사전 배포되었지만 3월 1일 시위가 일어나지 않은 곳이기도 하다. 독립선언서의 배포와 첫 시위는 개성 여성들에 의해 시작되었다. 이점은 3·1운동 시위 현장의 새로운 주체로 등장하는 여성들의 모습을 보여준다. 또한 개성의 시위는 초기 도시적 시위와 더불어 농촌지역으로 확산되는 양상을 보이는 한편, 상업도시로서의 대중 참여를 보여주는 상인들의 철시투쟁이 병행하여 나타났다. 연속과 단절 속에 운동의 열기와 다양한 주체들의 모습이 나타나고 있었다. 이러한 점에 주목하여 1919년 3~4월 개성의 3·1운동을 통해 3·1운동의 지역성과 대중성의 양상을 살펴보고자 한다.

2. 개성군의 3·1운동 전개 개황

개성의 3·1운동 전개에 대한 개황은 2019년 2월 개통한 국사편찬위원회의 삼일운동 데이터베이스[4]를 활용했다. 이 자료는 소요사건관계자료, 일본외무성자료, 경성지법검사국문서, 판결문 등 3·1운동 관련 자료를 망라하여 3·1운동의 전국적 양상과 시위 회수를 집계하고, GIS 이용 서비스도 제공하는 등 현재 활용할 수 있는 가장 집대성된 자료이다.

이 자료에 의하면 개성의 시위는 3월 1일부터 4월 30일까지 33회로 집계되어 있다. 이는 이전의 연구에서 집계한 개성 시위 통계보다 많은 수이나,[5] 같은 날 다른 곳에서 일어난 시위를 1회로 산정한 경우가 많았다. 같은 날 일어났어도 다른 공간에서 일어났거나, 같은 장소라도 오전과

---

4 http://db.history.go.kr/samil/
5 이전의 경기도 3·1운동 연구들에서는 개성의 시위회수를 14회로 집계했다.

오후의 시위 주체가 다른 경우, 별개의 시위로 보면 통계는 달라질 수 있다. 이 글에서는 개성 3·1운동의 구체적 양상을 공간과 주체를 중심으로 파악하여, 같은 날 시위가 일어났어도 공간과 주체가 다르면 별개의 시위로 계산했다. 이러한 방법으로 산출한 개성의 3·1운동은 3월1일 독립선언서 배포 이후 3월 3일 첫 시위를 시작으로 4월까지 49회의 시위와 10일간의 철시투쟁이 있었음이 확인된다. 만일 일제 관헌의 보고나 재판기록철에 빠진 것까지 포함된다면 그 이상이 될 수도 있으나, 현재로는 국사편찬위원회 데이터베이스에 망라된 자료를 토대로 하였다. 시위 공간은 개성군 내 16개 면 가운데, 송도면, 진봉면, 중면, 동면, 상도면, 광덕면, 대성면, 중서면, 영북면, 홍교면, 영남면 등 11개면에서 일어났음을 확인할 수 있다.

운동의 전개 양상은 초기 1주일간 읍내인 송도면에서 기독교계 학교 학생들 중심으로 시작되었고, 3월 말부터 4월 초순에는 농촌지역으로 시위가 확산되었다. 경기도에서 경성을 제외하고 33인 민족대표와 연계되어 2월 28일 독립선언서가 배포된 곳은 개성이 유일하였다. 독립선언서의 배포 및 시위의 첫 시작은 여성·여학생들에 의해 주도되는 특징을 보인다. 이후 초기 만세시위는 3월 7일까지 여학생, 남학생과 송도면의 시민들 중심으로 읍내에서 전개되었다.

[표 1] 개성지역 만세시위 양상

날짜	3.1	3.3	3.4	3.5	3.6	3.7	3.23	3.26.	3.26	3.27	3.28
시위회수		3^6	2	1	1	3	12^7	2		1	1
행동양상	독립선언서배포	만세시위집단항의파손	만세시위	만세집단항의폭행	만세집단항의폭행	만세시위	만세시위	만세시위	철시투쟁(~4.4)	만세시위	만세시위
지역	송도면	송도면	송도면	송도면	송도면	송도면	송도면 등 2~3개 면	진봉면 중면	송도면	진봉면	동면
시위인원		1,000~2,000	750~2,000	600	1,000	700이상	200~400	200정도		수십명	50

날짜	3.29	3.30	3.31	4.1	4.2	4.3	4.4.	4.5.	4.6.	시위회수 합계
시위회수	2	2	4	5^8	3	2	2	3	1	49
행동양상	만세시위파손	만세시위	만세시위집단항의폭행파괴철야(2곳)	만세시위폭행	만세시위	만세시위	만세시위	만세시위	만세시위폭행방화	
지역	상도면 동면	동면 중면	광덕면 대성면 동면 중면	진봉면 중면 동면 중서면 영북면	진봉면 중면 영북면	홍교면 중면	영북면 중면	동면 중서면 영남면	영북면	
시위인원	500~700	80~160	1,150	600이상	200~300	380	400이상	290	100	

---

6 오후 2시 호수돈여학교 여학생들이 시위, 오후 5시 30분경 소년 30~40여명이 일본 국기를 훼손한 만세시위, 저녁부터 밤 12시까지 2,000여명의 경찰파출소 투석 시위는 송도면 내에서 주체가 다른 시위로 보고 3회로 계산했다(朝鮮騷擾事件關係書類 共7冊 其7, 高第5725號, 일본방위성방위연구소 소장(http://db.history.go.kr/samil/home/document/select_document_detail.do)).

7 3월 23일에 송도면을 중심으로 8~12km 거리의 12개소에서 군중들이 시위를 했다

[그림 1] 개성의 3·1운동 현장들

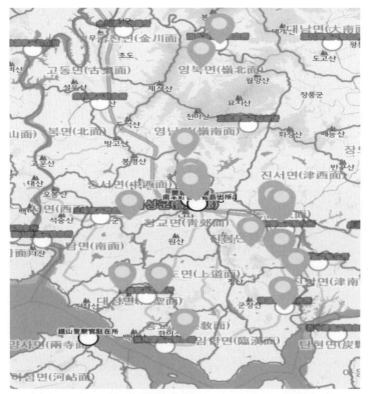

출처 : 국사편찬위원회삼일운동DB자료

처음 5일간의 만세시위 이후 개성군의 3·1운동은 소강상태에 들어갔다. 운동이 다시 재개된 것은 3월 23일이었다. 진봉면, 중면에서 시작하여

고 하여 12회로 계산했다(大正8年乃至同10年 朝鮮騷擾事件關係書類 共7冊 其1, 密第102號/陸密 第98號, 일본 방위성 방위연구소 소장(http://db.history.go. kr/ samil/home/document/select_document_detail.do)).
8 광덕면과 대성면은 3월 31일 밤부터 밤새 철야시위를 하여 4월 1일 아침까지 했기 때문에, 4월 1일 시위에는 포함시키지 않았다.

상도면, 동면, 광덕면, 대성면, 진봉면, 영북면, 홍교면, 중서면, 영남면 등 군의 외곽 농촌지역으로 확산되었다. 11개군 전역에 만세시위가 일어나지 않은 곳이 없었고, 이웃 마을과 연대하여 연합시위를 벌이는 경우도 있었다. 면민들의 운동에서는 조선의 독립을 고취하는 내용의 자체 제작한 선언서 등을 배포하기도 하고, 집단 항의나 만세시위 형태로 운동을 벌였다. 이때 헌병 등이 시위를 진압하는 과정에서 도검을 사용하기도 하고 발포도 하여 시위 군중들이 사상을 당하였다.

한편, 3월말 개성에서는 상인들의 철시시위가 있었다. 개성의 사회경제적 특성을 반영한 저항운동이었다. 개성은 고려시대 개경이라는 역사도시로서의 특성과 조선시대 개성상인들의 상업활동의 전통을 배경으로 상업이 활발하였다. 상인들의 철시는 식민지 경제의 일상성을 마비시키고 민심을 동요시키는 행동이었다. 3월 26일 처음 시작된 개성상인들의 철시시위는 식민당국의 개점 압박에도 불구하고 4월 4일까지 근 10일간 계속되었다.

개성에서의 3·1운동은 3·1운동의 전국적인 시위양상과 비슷하게 전개되었다. 읍내에서 군내 각 면으로 확산되는 시위양상을 보였고, 마을 지역 내 인사들이 중심이 되어 각개약진의 시위가 확산되었다. 시위주체도 도시적 특성과 농촌적 특성이 반영되어 각계각층의 민중들이 참여하는 양상을 보여주었다.

개성의 3·1운동에 대한 탄압은 초기 읍내의 시위에는 경찰과 헌병, 철도수비대 등을 출동하여 시위 군중을 해산시키는 데에 주력했으나, 3월 말의 시위에서 헌병주재소 등을 공격할 때는 발포를 하여 진압하였다. 이러한 시위탄압 과정에서 많은 사람들이 부상을 당하고, 사망자가 나왔다. 개성의 3·1운동은 4월 10일 이후 더 이상 시위형태로 이어지지 않았다.

3. 여성들의 독립선언서 배포와 첫 만세 시위

개성은 경기도에서 유일하게 사전에 서울의 33인과의 사전 연락을 통해 독립선언서가 배포된 지역이다. 독립선언서는 2월 28일 33인 가운데 1명인 남감리교계 목사 오화영의 동생 오은영을 통해 송도면의 목사 강조원(姜助遠)에게 전달되었다. 강조원은 28일 밤 남부예배당에 신공량(申公良), 이강래(李康來), 오진세(吳鎭世), 최중순(崔重淳), 박용하(朴容夏), 손금성(孫金聲), 최규남(崔奎南). 이만규(李萬奎) 등과 만나 선언서 배부를 의논하였다.[9] 그러나 회의에 모인 사람들은 누구 하나 말도 없고 배부하겠다고 나서는 사람도 없었다. 강조원은 배부를 보류하는 수밖에 없다 하고 독립선언서 맡겨둘 곳을 찾았다. 호수돈여학교 서기 신공량에게 맡아줄 것을 청했으나, 거절하였다. 결국 28일 밤, 독립선언서 배부 계획을 세우지 못하고 독립선언서는 북부예배당 지하 석탄창고에 숨겨졌다. 다음날 아침, 경성에서 온 독립선언서가 배부가 되지 않은 것을 알고 북부예배당 지하실에서 독립선언서를 갖고 나온 것은 호수돈여학교 부설 유치원 교사 권애라(權愛羅)였다. 권애라는 신공량에게 독립선언서가 배포되지 않고 있는 것을 다그치자 그는 권애라에게 "부인은 관계하지 않는 것이 좋다 라는 주의"를 줬다. 그러나 권애라는 신공량의 주의를 뒤로 하고 그를 재촉하여 북부예배당 지하실 석탄창고에서 선언서를 갖고 나왔다. 그리고 같은 호수돈여학교 공간에서 생활하며 친숙한 전도부인 어윤희(魚允姬)와 독립선언서 배포를 의논하였다. 오후 2시경 어윤희는 호수돈여학교 구내 남감리교기숙사에 함께 거주하는 전도부인 신관빈(申寬彬)과 함께 개성 읍내

---

9 국사편찬위원회. 1991 「강조원 신문조서」·「이만규 신문조서」·「신공량 신문조서」
  『韓民族獨立運動史資料集 15(3·1運動 V. 3·1獨立示威關聯者 訊問調書)』

북본정에서 남대문 사이에서 지나가는 사람 수십 명에게 독립선언서를 배포했다.[10]

3월 1일 독립선언서가 배포된 이후 개성의 첫 만세시위는 호수돈 여학교 여학생들이 주도하였다. 호수돈여학교에서의 만세 시위 준비는 당시 학생회장이던 이경신(李瓊臣) 그리고 그의 언니로서 미리흠(美理欽)학교 교사로 재직 중인 이경지(李瓊芝) 자매가 상당한 역할을 수행하였다.[11] 호수돈 여학생으로서 준비추진에 참여한 학생은 이경신, 유정희(柳貞熙), 조화벽(趙和璧), 김낸시, 이봉근(李鳳根), 조숙경(趙淑卿), 김신렬(金信烈), 최옥순(崔玉順) 등 모두 17명 이었다.[12] 3월 2일 어윤희는 호수돈여학교 기도실에서 권애라, 장점심, 이향화, 박마리아, 김낸시, 권명범, 이영지, 류정희, 조화벽, 김정숙 등과 만세시위를 모의했다. 다음날인 3월 3일 오후 2시 호수돈여학교 학생 35명은 기도회를 마치고 삼삼오오 대오를 이루어 찬송가, 독립가를 부르며 거리행진에 나섰다. 개성 최초의 만세시위였다. 학생들의 시위행진에 일반 군중도 가세하여 1,000여명에 달하는 시위행렬이 계속되었다.[13] 학생들이 경찰서에 연행되자 호수돈여학고 교장 미국인 와그너(Ellasue C. Wagner)를 불러 설득하였으나 학생들은 이미 어제 퇴학신청서를 제출하였으므로 학교와는 아무런 관계가 없으므로 교섭에 응할 수 없다며 승복하지 않았다.[14] 여학생들의 시위 이후 오후 5시경 소년대

10 독립운동사편찬위원회, 1971『독립운동사자료집 5. 삼일운동 재판기록』, 독립운동
　　사편찬위원회, 116쪽
11 『新東亞』1965년 3월호, 74~79쪽
12 독립운동사편찬위원회, 1977『독립운동사 9. 학생독립운동사』, 독립운동사편찬위
　　원회, 221쪽
13 독립운동사편찬위원회, 1971『독립운동사 2. 삼일운동사상』, 독립운동사편찬위원
　　회, 189쪽
14 「朝鮮騷擾事件關係書類 共7冊 其7 高第5725號」, 일본방위성방위연구소 소장

를 선두로 30~40명이 시위를 하며 일본 국기를 훼손하고 다녔고, 일몰 후 다시 2천명 이상의 무리가 경찰관파출소에 투석하여 유리창을 파괴하고 12시 무렵에 해산했다. 이 저녁시위에는 송도고보생 2백여 명은 태극기를 들고 합류했다.[15]

개성의 3·1운동에서 여성들은 여성들의 사회적 네트워크를 작동하여 식민지 독립운동의 주체로 우뚝 서는 모습을 보여주었다. 개성의 여성들은 가족이나 친족네트워크를 넘어서 학교나 교회 같은 근대적 제도와 조직을 통해 형성한 네트워크를 통해 결집하고 연대하여 거리의 저항운동, 독립운동의 주체로 나선 것이다. 네트워크의 기반은 여학교 교육이었다. 개성 읍내의 여학교로 기독교계의 호수돈여학교, 미리엄여학교, 정화여학교 등이 있었는데, 독립선언서를 배포한 권애라, 어윤희, 신관빈, 심명철 등은 같은 남감리교 재단인 호수돈여학교, 미리엄여학교와 연관이 있다. 권애라는 호수돈여학교에서 초,중등교육을 마치고 경성 이화학당의 유치사범과(幼稚師範科)를 졸업한 후 돌아와 호수돈여학교 부설 유치원의 교사로 있었다. 어윤희는 일찍 남편이 죽은 이후 기혼자나 나이가 든 여성을 교육했던 미리엄여학교를 졸업하고 전도부인으로 활동하고 있었다. 신관빈도 호수돈여학교 내의 기숙사에 거주하며 전도부인으로 활동하였다. 이들은 독립선언서를 배포하고 후배이자 제자인 호수돈여학교 학생들과 연계하여 시위를 모의하며 거리로 나선 것이다. 개성에서 독립선언서의 배포와 3·1운동의 촉발에 개성 여성들의 네트워크를 활용한 활동은 3·1운동을 통해 근대주체이자 독립운동의 정치적 주체로서 대두한 여성들[16]의

(http://db.history.go.kr/samil/home/document/select_document_detail.do)

15 독립운동사편찬위원회, 1977 『독립운동사 9. 학생독립운동사』, 독립운동사편찬위원회, 223쪽

16 박용옥, 2001 「3·1운동에서 여성의 역할」『한국 여성 근대화의 역사적 맥락』, 지

사회적 성장과 활동을 보여주는 대표적인 사례이다. 개성의 3·1운동 발단과 관련하여 신문조사를 받았던 강조원, 신공량는 7개월 판결, 이만규는 무혐의로 풀려났지만,[17] 권애라, 어윤희, 신관빈 등은 6개월~1년 6개월의 선고를 받았다. 이들은 유관순이 감금되었던 서대문감옥 여옥사 8호 감방에서 함께 수감생활을 하며, 사회의 주체이자 독립운동의 중심에 선 개성 여성들의 선두에 있었다.[18]

4. 학생과 시민들이 주도한 도시 시위

3월 3일, 호수돈여학교 학생들이 중심이 된 시위 이후 송도면 읍내 시위가 확산되었다. 그 첫 번째는 3월 4일 송도고등보통학교 남학생들의 시위였다. 3월 4일에는 내리는 비를 무릅쓰고 오후 2시경 송도고등보통학교 학생 약 100명이 교정에서 시위를 시작해 북본정을 거쳐 남대문까지 행진했다. 1919년 당시 송도고등보통학교는 12세 이상 남학생으로 입학정원 50명의 4년제 중등교육기관이었다.[19] 학교 설립자는 윤치호(尹致昊)였다. 1906년 10월 3일 14명의 학생으로 윤치호가 한영서원(韓英書院)으로 개교했다가, 1917년 제1차 「조선교육령」에 의거해 조선총독부로부터 고

식산업사 ; 소현숙, 2019 「3·1운동과 정치주체로서 여성」 한국역사연구회3·1운동 100주년기획위원회 엮음 『3·1운동100년 5. 사상과 문화』, 휴머니스트

17 독립운동사편찬위원회, 1971『독립운동사자료집 13. 학생독립운동사자료집』, 독립운동사편찬위원회, 141쪽 ; 독립운동사편찬위원회, 1971『독립운동사자료집 5. 삼일운동 재판기록』, 독립운동사편찬위원회, 58쪽

18 이지원, 「권애라, 개성의 첫 시위를 이끌다」『세계일보』 2019년 1월 22일 : 2019 「젠더사로 읽는 3·1운동」, 『내일을 여는 역사』 74

19 「入學希望者便覽 私立松都高普」『매일신보』 1919년 2월 27일

[그림 2] 3월 3~4일 송도면의 시위 공간

출처 : 국사편찬위원회삼일운동DB자료

등보통학교로 인가받으면서 교명을 송도고등보통학교로 변경했다. 호수 돈여학교와 마찬가지로 미국 남감리교회의 지원을 받아 설립되었고, 3·1 운동 당시 교장은 왓슨(A.W. Wasson)이었다.[20] 송도고등보통학교의 학생 들은 개성의 대표적인 학교로 초기 개성 읍내의 학생과 시민이 주도하는 3·1운동에서 중심적인 역할을 했다.

3월 4일 학생들의 시위에 일반 주민들이 합류하면서 500~750명에 달 한 군중은 태극기를 들고 조선독립만세를 외치면서 천천히 행진했다. 헌

---

20 송도고등학교, 1996 『송도 90년사』, 송도고등학교

병분대와 수비대가 출동하여 남대문에서 해산시키고자 했으나 이에 응하지 않자 학생 4명 등 12명을 검거하고 오후 3시 반경에 해산시켰다.[21] 오후 8시경, 북본정에서 시작된 시위는 남대문 방면의 남본정 경찰관파출소를 향해 약 1천명의 군중이 몰려들었고 시위과정에 폭력적인 사태도 벌어졌다. 이날 밤까지 이어진 만세시위의 열기는 쉽게 가라앉지 않았다. 이날 밤 시위는 개성에 있는 철도원호대(鐵道援護隊)가 출동해 밤이 깊어 진정했다고 일제 관헌은 보고하고 있다.[22]

학생들이 시위를 주모하고 선동하자 3월 5일 개성 시내 각급 학교에 휴교령이 내려졌다. 그러나 그날 밤에도 학생과 시민 600여명은 돌을 던지며 헌병과 경찰과 대치하는 시위운동을 했다. 이날 밤 시위로 시위군중 6명이 체포되었다. 시위로 구금된 사람들이 늘어나자 6일 밤 1,000여 명의 시위군중은 구금된 사람들을 빼내기 위해 경찰서로 몰려가서 집단항의를 하였고, 이에 개성 철도원호대가 경찰과 협력 출동하여 군중들을 해산시켰다. 이 과정에서 시위 군중 1명이 사망하였다. 3월 4일~6일사이의 시위로 구속된 학생, 시민 시위자들은 1년 6개월~6개월의 징역을 언도받았다.[23]

---

21 「朝鮮騷擾事件關係書類 共7冊 其7 高 第5725號」일본 외무성 외교사료관 소장 (http://db.history.go.kr/samil/home/document/select_document_detail.do)

22 「不逞團關係雜件 朝鮮人ノ部 在內地 三 ;受06791號」일본 외무성 외교사료관 소장(http://db.history.go.kr/samil/home/document/select_document_detail.do)

23 독립운동사편찬위원회, 1971 『독립운동사자료집 5. 삼일운동 재판기록』, 독립운동사편찬위원회, 518~523쪽

[그림 3] 조선독립개성회의 박치대, 유흥준의 수행카드

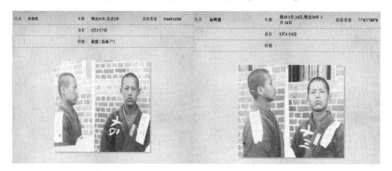

출처 : 국사편찬위원회 일제감시대상인물카드

학생이나 시민들의 시위주도에는 자체적인 결사조직 활동이 있었다. 3월 4~5일 개성 읍내의 시위가 격렬하게 전개된 데에는 학생들을 중심으로 '조선독립개성회'의 결성과 그 열기가 뒷받침되었다. 송도면에서 책방을 운영하던 박치대(朴致岱)는 경성에 갔다가 3월 3일 대한문 앞 만세시위를 목격하고 돌아와 개성의 만세시위를 조직했다. 그는 개성읍내 각급 학교 학생을 중심으로 '조선독립개성회'를 조직하기로 하고, 송도고보학생 유흥준(兪興濬), 박영배, 임병구(林炳九) 등과 의논하여 <조선독립개성회취지서>를 작성하였다. 조선독립개성회의 취지서는 민족대표가 작성한 독립선언서의 공약삼장과 같이 '최후의 1인까지 조선독립운동을 위하여 분투하라'는 내용을 담고 있었다. 이들은 회칙 및 주의서도 작성하고 학교로 보내 각 찬성자의 명부를 기입하게 하기 위해 장부를 만들었다. 그러나 이러한 모의가 발각되어 사용하기도 전에 체포되어 1년 2개월~10개월의 형량을 언도받았다.[24]

---

24 독립운동사편찬위원회, 1971 『독립운동사자료집 5. 삼일운동 재판기록』, 독립운동사편찬위원회, 516~518쪽

또한 시위가 전개되는 과정에서 만세시위만이 아니라 폭력적인 사태가 벌어지기도 하였다. 시위에 참여한 36세의 금전대차중계업자 김익룡(金益龍)은 남본정 경찰관파출소 부근에서 우편배달부의 뺨을 때리고 폭행하였다. 이 일로 김익룡은 만세시위 재판과 별도로 폭행죄로 고소를 당하기도 했다.[25] 3월 초 송도면의 시위는 전형적인 도시의 시위였다. 학생과 시민이 주도하고 만세시위의 함성으로 거리를 행진하였다. 이 과정에서 다수의 사람들이 참여하는 한편, 도시적 환경에서 폭력적인 충돌이 벌어지기도 하였다.

5. 농민들의 참여와 농촌시위

3월 23일부터 다시 시작된 개성의 만세시위는 읍내를 넘어 농촌지역까지 확산되었다. 그리고 여러 곳에서 동시에 일어났다. 3월 23일에도 개성 읍내를 중심으로 8~12km 거리의 12개소에서 군중들이 시위를 일으켰다고 한다.[26] 공간의 확산은 면단위를 넘어서 여러 면, 여러 장소에서 동시에 일어나는 양상을 보여줬다. 26일에는 진봉면, 중면에서, 31일에는 광덕면, 대성면, 동면, 중면에서, 4월 1일에는 진봉면, 중면, 동면, 중서면, 영북면 등에서, 4월 2일에는 진봉면, 중면, 영북면 등에서 동시에 일어났다. 이 시기 시위는 개성군내 전 지역에서 동시 다발적으로 리 단위 각

---

25 독립운동사편찬위원회, 1971 『독립운동사자료집 5. 삼일운동 재판기록』, 독립운동사편찬위원회, 521쪽

26 「大正8年乃至同10年 朝鮮騷擾事件關係書類 共7冊 其1, 密 第102號/陸密 第98號」, 일본 방위성 방위연구소 소장(http://db.history.go.kr/samil/home/document/select_document_detail.do)

마을 시위주동자에 의해 들불 번지듯이 자연발생적으로 확산되었다. 시위 양상은 농민봉기의 전통적인 방식인 횃불시위가 많았다.

[표 2] 3월 하순부터 4월 초순까지의 만세 운동

면	중면	동면	진봉면	영북면	광덕면	대성면
일자	3월 : 26·30·31 4월 : 1~4	3월 : 28~31 4월 : 1·5	3월 : 26~27 4월 : 1·2	4월 : 1·2·4·6	3월 : 31 4월 : 1	3월 : 31 4월 : 1
회수	7	6	4	4	1 (철야시위)	1 (철야시위)
면	송도면 외	송도면	상도면	영남면	중서면	홍교면
일자	3월 : 23	철시투쟁 3월 : 26~31 4월 : 1~4	3월 : 29	4월 : 5	4월 : 1·5	4월 : 3
회수	12		1	1	2	1

[그림 4] 중면의 시위 공간

출처 : 국사편찬위원회삼일운동DB자료

이 기간 가장 많은 회수의 시위를 벌인 곳은 중면이다. 중면은 개성군 남동쪽에 있는 곳으로 임진강 하류에 연해 있는 곳이다. 이곳의 시위는 3월 26일 동강리 사립중현학교 교사 이철영(李哲永)이 학교 학생과 마을 주민들에게 "조선독립을 축복하기 위해 만세를 부르자"라고 연설하고 함께 만세시위를 주동하였다. 그날 밤 그는 독립의식을 고취하는 문건을 만들다가 발각되어 그 후 뜻을 지속하지 못하였다. 그러나 중면 대룡리에서는 3월 30일부터 4월 4일까지 연달아 5회의 시위가 일어났다. 그것은 주로 밤에 산 위에서 횃불을 피우고 '한국독립만세'를 불렀다. 야밤에 마을 사람들이 다 보이는 산에서 시위는 가시적으로 저항과 투쟁의 방법으로 조선후기 농민봉기에서도 사용되었던 민중들의 시위방법이었다. 이렇게 연속적인 시위는 몇몇 주동자들이 있었기에 가능했다. 이희두(李熙斗), 이필만(李弼萬), 상훈(尙燻) 등 청년들이 연속 시위를 주도하고 참여하였다. 상훈(尙燻)은 경성고등보통학교 4학년 학생으로 경성의 만세시위를 경험하고 경성에서 입수한 조선독립신문, 경고문, 경고 등 문서를 각각 20매씩 60매를 갖고 와서 산 위에 올라온 주민들에게 나누어 주고, 30매 정도는 대룡리 율곶동의 각 가옥에 배포하기도 하였다.[27]

두 번째로 많은 시위는 동면에서 있었다. 동면의 시위는 대조족리에서 3월 28일부터 연달아 4일 동안 계속 일어났다. 이곳의 시위는 중면 대룡리 시위와 비슷한 방법으로 진행되었다. 매일 밤 주민들이 면사무소 앞의 오관산(五冠山) 위에 불을 피우고 독립만세를 외쳤다. 이러한 연속시위에는 마찬가지로 시위를 이끄는 주도자가 있었다. 마을주민 장규한(張奎漢)과 고덕찬(高德燦)이 그들이다. 이들은 동면사무소에 몰려가 면장과 면서

---

27 독립운동사편찬위원회, 1971 『독립운동사자료집 5. 삼일운동 재판기록』, 독립운동 사편찬위원회, 527~529쪽

[그림 5] 동면의 시위 공간

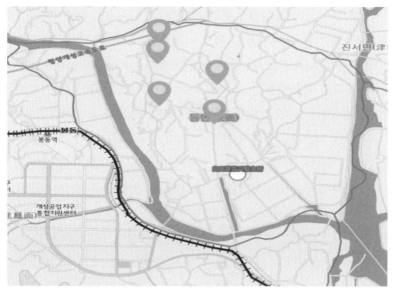

출처 : 국사편찬위원회삼일운동DB자료

기에게 함께 만세 부를 것을 강요하고, 면사무소에 비치된 일본 국기를 불에 태워버렸다. 일제의 식민 통치를 부정하는 행사를 만세시위 과정에서 군중들이 함께 하도록 함으로써, 독립의 의지와 시위 군중의 결집을 다져갔다. 이들은 어린 청년도 아닌 46세, 34세의 장년이었으며 종교도 특정하지 않은 농민들이었다. 이들은 전형적인 농민 가운데 나온 시위주도자로서 각각 5년과 3년의 징역형을 선고받았다.[28]

진봉면과 영북면 또한 이 시기 산상 횃불 시위를 연속으로 벌였다. 이들은 같은 마을이라는 생활공간에서 일상적인 인적교류를 기반으로 연속

---

28 「大正8年刑第1164號, 張奎漢 등 2명 판결문」, 국가기록원 소장(http://db.history. go.kr/samil/SAMIL?ID=DOCUMENT:sen_0355)

적인 시위를 지도할 수 있었다. 농민들의 일상적인 생활공간에서 일상적
인 교류의 연장선상에서 3월 31일부터 4월 6일까지 개성군 내 각 면의
시위는 가장 많이 일어났고, 또한 동시 다발적으로 일어날 수 있었다.

[그림 6] 진봉면의 시위 공간

출처 : 국사편찬위원회삼일운동DB자료

농민의 시위에서는 면사무소가 표적이 되는 경우가 많았다. 이는 일제
식민지배 이후 전통적인 농법이나 관행을 무시하고 식민지 농업체제로
재편하면서 농민들이 손해를 보게 되는 상황에 대한 불만을 드러낸 것이
었다. 이러한 개성의 상황에 대해 일제 관헌도 '면장이나 군수의 명령으

로 토지에 맞지 않는 양잠을 무턱대고 장려하여 각 호당 강제로 배당하여 심게 하고 대금을 강제로 징수하기도 하였다. 농민의 이해를 완전히 도외시했기 때문에 농민 일반의 반감을 사고, 때마침 소요가 일어나자 일제히 면사무소에 대한 불만을 드러낸 것이라고 말하는 자가 있다'고 인정하기도 하였다.[29]

[그림 7] 영북면의 시위공간

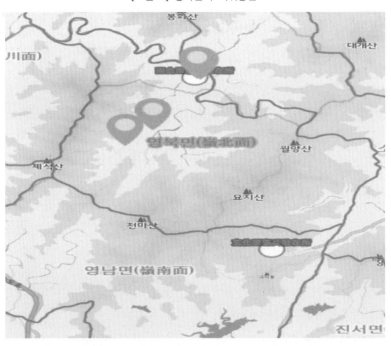

출처 : 국사편찬위원회삼일운동DB자료

---

29 「騷擾事件ニ關スル民情彙報(第十報)」(1919.4.27), 日本外務省 『不逞團關係雜件
  －朝鮮人ノ部－在內地』, 국사편찬위원회 소장(http://db.history.go.kr/id/pro_004_
  0050)

농민들의 식민지 농정에 대한 불만은 면단위를 넘어서는 공통적인 것이었다. 식민지배에 대한 불만의 공감은 지역 간의 연합시위를 가능하게 하는 요인이 되었다. 일반적으로 농촌지역의 연합시위는 참여 군중도 많고 극렬하게 일어났다. 3·1운동의 시위에서 지역 간의 연대로 민중들의 참여가 많아지고 투쟁 양상도 극렬해지는 경우가 많았다. 이에 대한 일제 당국의 탄압 또한 발포 등으로 극렬하게 나타나는 양상을 보인다. 개성군에서는 광덕면과 대성면의 연합 시위가 있었다. 3월 31일 광덕면 황강리 주민 300명은 광덕면 사무소로 가서 귀가하던 면장을 끌고 대성면으로 향했는데, 군중이 1,000여명으로 늘어났다. 시위 군중들은 광덕면과 대성면의 경계인 금성강 상류의 광덕리에서 대성면 대성리로 건넜다. 대성면 사무소에 도착한 군중들은 면장을 불러내어 풍덕헌병주재소에 동행할 것을 요구했다. 당시 숙직중이던 면서기 이성우가 면장이 아프다고 핑계를 대자 면서기 이성우에게 면장을 대리해서 동행할 것을 강요했다. 이성우는 풍덕헌병주재소에 미리 알리고 시위대의 선두에서 만세를 부르며 헌병주재소로 향했다. 4월 1일 새벽 1시 반 경 헌병주재소에 도착한 군중이 곤봉을 휘두르며 기와조각을 던지자, 헌병이 권총을 발사해서 시위 군중 가운데 사망자 1명, 부상자 4명이 발생했다.[30] 이 시위는 개성군의 헌병이 주재하고 있는 풍덕헌병주재소를 목표로 한 일제 통치기구에 대한 직접적이고도 강도 높은 적극적 시위라고 할 수 있다. 일제 측에서도 군중들의 시위가 그만큼 더 위협적이었기 때문에 발포 진압하여 사상자를 내는 상황에 이르렀다.

---

30 「朝鮮總督府 內秘補 447;秘第232號 騷擾二關スル件報告」『大正八年 騷擾事件二關スル道長官報告綴 七冊ノ內四』, 국사편찬위원회 소장(http://db.history.go. kr/id/pro_004_0050) ; 『朝憲警 第107號 朝鮮騷擾事件一覽表二關スル件』, 국사편찬위원회 소장(http://db.history.go.kr/id/jssy_001_5470)

[그림 8] 중서면의 시위 공간

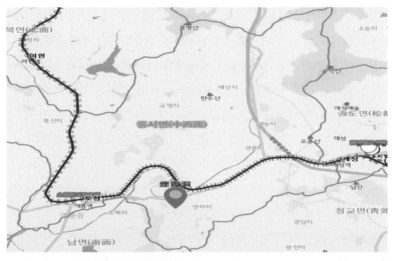

출처 : 국사편찬위원회삼일운동DB자료

이 시기 일반 민중들의 시위가 격렬해지는 상황은 중서면의 경우에도 확인된다. 4월 1일 밤 8시경 개성군 중서면 곡령리에 거주하는 농민 허내삼(許迺三)은 방성묵(方聖默) 등 마을 주민 수십 명과 함께 각자 몽둥이나 기와조각을 휴대 소지하고 만세를 부르면서 횃불을 들고 개성읍내로 향했다. 시위대는 개성군 송도면 만월대정 만월대 아래에서 북본정 당교 부근까지 돌진했다. 이곳에서 밤 11시경 시위대를 저지하기 위해 개성경찰서에서 출동한 순사 및 순사보조원 10명과 맞닥뜨렸다. 시위대는 순사 등의 제지에 응하지 않고 그들을 포위하여 돌멩이를 던지고 몽둥이를 휘둘렀으며, 칼을 빼든 순사들과 격투를 벌였다. 이 사건으로 중서면 곡령리 농민 17명이 재판을 받았다. 주동자로 체포된 허내삼은 6년, 방성묵·김대성·김길현 4년, 홍병복 2년, 백진기 1년, 송용현·박홍천 10개월, 손영기·이만식·차언복·박순성·김여형·이개동·김업성·박치성·이문식 등은 6개

월의 징역형을 받았다.[31]

[그림 9] 광덕면·대성면의 연합시위 공간

농민들의 시위에는 농촌사회의 전통적인 햇불 시위나 만세시위 만이 아니라 식민지 근대의 기술과 매체를 인지하고 활용하는 방안도 계발되었다. 식민지하에서 전화와 전신은 새로운 문물의 이기인 동시에 통치의 인프라였다. 시위가 일어나면 출동하는 헌병이나 경찰도 전화를 통해 연락을 받고 왔기 때문이다. 이러한 상황을 인지한 농민들은 시위과정에서

31 독립운동사편찬위원회, 1971 『독립운동사자료집 5. 삼일운동 재판기록』, 독립운동사편찬위원회, 529~534쪽

일제의 통신망을 훼손하여 통신에 장애를 주었다. 3월 29일 상도면에서 이기춘(李起春), 신선명(申善明) 등은 상도리로부터 이웃인 대성면 풍덕리에 이르는 길가에서 300여 명의 군중과 함께 조선독립만세를 외쳤다. 그들은 만세시위를 한 후, 같은 동리에 있는 풍덕헌병주재소에서 개성헌병대에 통보하여 헌병이 응원 출동하는 것을 막기 위해 통신에 장애를 줄 목적으로 광덕면 광덕리와 대성면 신죽리에 있는 개성-풍덕 간 전신주를 넘어트리고 훼손했다. 일제 관헌은 이 사건을 독립운동이라는 정치적 사건으로만 보지 않았다. 개성우편국에서 풍덕헌병주재소 앞으로 제출한 <전주피해 신고서>에 의거하여 "폭민"에 의한 전신주라는 공공시설의 파괴라는 점을 강조하며 전신법위반을 추가 적용하였다. 이기춘, 신선명, 장경범, 장태수, 김순홍, 이만석, 유기윤, 장승화 등 8명은 보안법과 전신법위반이 적용되어 징역 3년을 선고받았다.[32] 식민지 지배의 인프라를 공격하는 저항은 통치당국에서도 엄중하게 다루었고, 농민들 또한 식민지 근대화 과정에서 수탈을 위한 개발의 인프라를 파괴하는 일상적인 현실감각을 발휘하였다고 하겠다.

한편 농민들이 시위의 주도자가 되면서 농민들은 스스로 문서를 작성하고 배포하는 주체가 되었다. 진봉면 지금리의 이재록(李在祿)은 3월 26일 만세시위 후 더 많은 사람들의 참여를 독려하기 위해 '대한제국동포신문' '대한제국신문' '대한신문' '대한제국독립창가'라는 제목의 조선독립운동을 고취하는 문서 수십 매를 철필로 복사하여 다음 날 동네의 각 집에 배포하였다.[33] 이때 광복해야 할 국가를 '대한제국'으로 표현하였는데,

---

32 독립운동사편찬위원회, 1971 『독립운동사자료집 5. 삼일운동 재판기록』, 독립운동사편찬위원회, 538~541쪽
33 독립운동사편찬위원회, 1971 『독립운동사자료집 5. 삼일운동 재판기록』, 독립운동사편찬위원회, 542~543쪽

이는 '민국'으로의 의식이 일사분란하게 이루어지지 않았던 3·1운동 당시의 사상적, 의식적 수준을 보여주었다고 본다.

농촌으로 시위가 확산되고 농민들이 시위의 주도자가 되는 상황에서 그들은 전통적인 방식뿐만 아니라 근대적인 방식으로 다양한 투쟁 전술을 구사하며 운동의 중심세력이 되어갔다.

6. 개성상인들의 철시시위

개성은 상업 전통이 강한 곳이다. 그러나 개성의 상인들은 정치권력과 일정한 거리를 두는 상업 전통을 갖고 있었다.[34] 조선시대 개성상인은 정치권력에 의존하지 않고 상업에 종사하였다. 그래서 그들은 경쟁에서 살아남기 위해서 자신들만의 수준 높고 독특한 상업 시스템을 개발, 발전시키는데 주력했고, 그 결과 개성상인은 지방출상, 차인(差人)제도, 시변, 송도사개치부법 등과 같은 상업 수단을 발전시켰다. 이러한 상업 전통은 근대 이후 개성상인이 외세의 경제적 침입에도 불구하고 그 세력을 유지하는 데 크게 기여하였다.[35]

그러나 19세기 이후 인삼업을 주도한 개성상인들은 정부와 일정한 관계를 맺지 않을 수 없었다. 대한제국과 일제 강점기를 거치면서 중앙권력의 개성인삼에 대한 개입은 강화되었다. 특히 일제는 홍삼 전매제를 실시하여 인삼재배를 허가제로 바꾸고 개성상인과 개성삼업자본을 통제하는

---

34 양정필, 2015「개성상인과 정치권력」『歷史와 實學』58
35 양정필, 2012『근대 개성상인의 상업 전통과 자본 축적』, 연세대학교 사학과 박사학위논문

구조를 만들었다. 그러나 개성상인 집단은 그 내부에 다양한 층위와 유형의 상인이 공존하였다. 사환, 지방출상인, 개성 시가의 점포 상인 즉 시전상인, 인삼 종사자, 다양한 중개인, 개성상인의 맨 위층에 위치하는 대자본가 등이 있었다. 이들을 모두 포괄한 개성상인 전체 숫자는 많을 때는 1만 명을 상회했다고 한다. 정치권력에 대해 협조적인 자세를 취한 이들은 개성삼업조합의 조합장 혹은 간부로 재직한 최상층 거부(巨富)들이었다. 1918년 개성군수였던 김연상(金然尙)이 '개성사람들은 관청사람과 가까이 하기를 죽기보다도 싫어한다'[36]라고 했던 것처럼 기본적으로 근대 이후에도 정치권력과 거리두기라는 개성상인의 자세는 지속되었다고 본다. 구성원도 많고 그 유형과 층위도 다양한 개성상인 가운데 3천여 명으로 회자되던 지방출상인과 대개 10대였던 사환, 개성 시가의 점포 상인 등은 정치권력에 거리를 두는 전통을 유지하는 분위기였던 것 같다.

[그림 10] 개성상인의 철시시위를 주도한 김형렬, 김세중의 수행카드

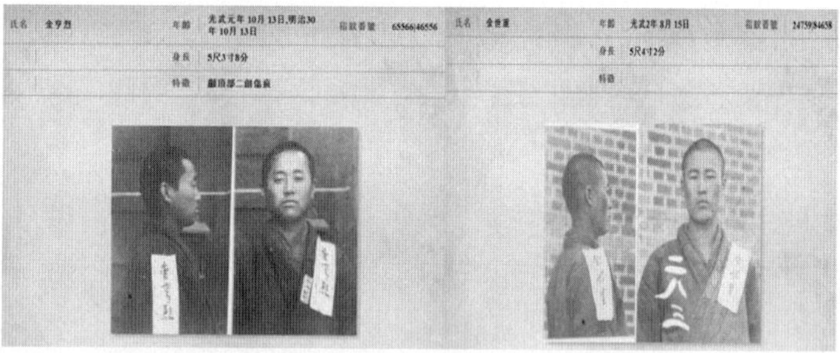

출처 : 국사편찬위원회 일제감시대상인물카드

3월 26일 개성 읍내 남본정을 중심으로 개성상인들은 독립운동에 찬

---

36 金然尙, 1918 「開城我觀」『半島時論』2-5, 59쪽

동하는 철시시위를 감행하였다. 개성군 송도면 남본정의 철물상 이형기의 집에서 개성 읍내에 거주하는 최두순, 포목상 김형렬, 잡화상 김세중과 이형기가 모여 조선독립운동의 기운을 고조시킬 방법을 논의하였다. 그 자리에서 개성 시민에게 대하여 <분발사항(奮發事項)>이라는 제목으로 "폐점은 민심 동요의 기본이니, 개성 상민(商民)은 본서 도착과 동시에 폐점하라. 만약 불응하면 화액이 당도할 것이다'는 취지를 적은 격문 6통을 작성하여 그 날 밤 송도면 남대문 부근의 거상 손계호, 이희세, 김규용, 김광한, 이창구, 이형익의 점포에 각각 배포하였다. 아침에 격문을 본 상인들은 3월 27일 일제히 폐점했다. 이어서 송도면내 다른 한국인 상점과 일본인 상점도 철시에 들어갔다.[37] 3월 28일에는 음식점, 정육점, 식료품점을 제외한 거의 전부가 폐점하여 상거래가 중지되는 상황이 되었다. 상인들은 일제 관헌이 개점을 권고하면 이에 응하였으나 경관이 떠나면 바로 폐점 상태가 되었다. 개성의 일상경제가 마비될 상황이 되자 일제 관헌은 협박자를 검거하는 동시에 개점할 것을 극력 권유했다.[38] 이에 개성 군수가 경찰서장과 협의하여 4월 4일 오후 1시부터 주요 상점의 주인 40명을 소집하여 개점할 것을 종용했다. 헌병대와 경무부에서는 철시투쟁이 단순한 경제투쟁이 아니라 민심에 영향을 준다는 점에서 회유와 협박을 동시에 구사하여 철시투쟁을 그만둘 것을 종용했다.[39] 4월 5일 아침부터 상인들은 개점을 했다. 개성경찰서는 4월 7일에 철시 협박문을 작성 배포

---

37 독립운동사편찬위원회, 1971 『독립운동사자료집 5. 삼일운동 재판기록』, 독립운동사편찬위원회, 523~524쪽
38 「大正八年 騷擾事件ニ關スル道長官報告綴 七冊ノ內四」(http://db.history.go.kr/id/pro_004_0060)
39 『大正八年 騷擾事件狀況 ― 大正八年六月憲兵隊長警務部長會議席上報告 ―』, 1919, 76~77쪽

한 3명을 검거하였다.[40]

3월 26일 철시시위를 계획하고 주도한 사람들은 22세~25세의 청년들로 철물점, 포목상, 잡화상 등 중소상인이었다. 이들은 상인으로서의 정체성도 있지만, 청년으로서 정체성을 갖고 일제의 지배에 저항하는 민심의 동요를 기획하였다. 실질적으로 개성의 일상경제를 좌지우지 하는 사람은 남본정의 거상 손계호, 이희세, 김규용, 김광한, 이창구, 이형익 등이었다. 거상들이 젊은 중소상인들의 격문을 보고 철시를 했다는 점에서 거상과 중소상인 사이에 신뢰와 소통이 있었고, 독립운동에 대한 상인들의 공통적인 공감이 넓었다고 보인다. 특히 이형익은 철시시위와 별도로 독립운동으로 구속 수감된 인물이다. 이형익은 도자기상으로서 3월 1일 경성의 대한문 앞에서 군중과 함께 조선독립만세를 높이 부르며 시위운동을 했던 인물이다. 그는 3월 말 "우리들은 이에 우리 조선이 독립국임과 우리 조선인이 자유민임을 선언한다. 구 시대의 유물인 강권 침략주의의 희생이 된 후 이미 10년이 지났다. 현재의 고통에서 벗어나고 장래의 위협을 없애 버리려면 모름지기 그 최대의 급무인 민족적 독립을 확실하게 함에 있다"는 내용이 담긴 '경고문'을 북본정 김흥옥(金興玉)에게 교부하고, 독립의식을 고취하는 내용의 대화를 나누었다. 이 일이 발각되어 이형익은 보안법 위반으로 징역 10개월을 언도받았다.[41] 철시시위를 선동한 중소상인들은 보통 징역 1년을 언도받았다.[42]

---

40 「獨立運動ニ關スル件 제44호」, 일본방위성방위연구소 소장(https://www.jacar. archives. go.jp/aj/meta/image_C06031185400)

41 독립운동사편찬위원회, 1971 『독립운동사자료집 5. 삼일운동 재판기록』, 독립운동사편찬위원회, 221~222쪽

42 독립운동사편찬위원회, 1971 『독립운동사자료집 5. 삼일운동 재판기록』, 독립운동사편찬위원회, 223~225쪽

이처럼 개성의 상인은 상인으로서 독립운동의 시의성과 당위성에 공감하며, 자신들의 일상인 경제영역에서 일제에 저항하는 또 다른 주체로서 참여하였다. 주로 소상인이나 청년세대가 중심이었다. 구성원도 많고 그 유형과 층위도 다양한 개성상인 가운데, 3·1운동에 참여했던 개성상인들은 당시 청년세대들의 저항운동 경험을 공유하였고, 3·1운동에 각계각층의 민중들의 참여라는 큰 물줄기에 동참하는 역사를 만들었다.

7. 맺음말

이상에서 1919년 3월~4월에 전개된 개성의 3·1운동에 대하여 살펴보았다. 개성의 각계각층 대중들은 일상의 생활공간에서 변화하는 시대의 주체로서 항일운동에 동참하는 역사를 만들었다. 개성의 3·1운동에서 보여준 특징은 다음과 같다.

첫째, 2월 28일 경기도에서 유일하게 사전에 독립선언서가 배포되었지만 3월 1일 시위가 일어나지 않았다. 그것은 3월 1일 만세시위를 실행할 주체들이 확정되지 않았다는 것을 반증하는 것으로서, 독립선언서의 배포와 초기의 만세시위가 일사분란하게 계획·조직되지 않았다는 점을 보여준다.

둘째, 여성들에 의해 독립선언서가 배포되고 만세시위가 처음 시작되었다. 개성의 근대교육을 받은 여성들은 여성들의 네크워크를 동원하여 독립선언서를 배포하고 시위를 조직하였다. 3·1운동을 통해 사회적·정치적 주체로서 여성의 각성과 활동이 급성장한 것[43]을 개성의 만세시위에서

---

43 일제시기 당시에도 3·1운동을 계기로 여성의 정치적 의식과 운동이 본격 시작하였다고 하였다. "조선신진여성으로서 정치적 의식을 가지게 된 것은 이때[3·1운동 :

도 확인할 수 있다. 이러한 여성이 스스로 사회적 주체가 되는 역사적 체험은 3·1운동 이후 젠더규범과 여성에 대한 표상의 변화를 낳았다. 만세시위의 함성 속에 세워진 대한민국임시정부의 「임시헌장」에 남녀평등권과 여성 참정권 선포는 그 대표적 예이다.

셋째, 읍내의 도시시위는 학생, 청년 등 이 시기 새로운 근대주체로 성장하는 계층들에 의해 주도되었다는 점이다. 학생이나 시민들의 시위주도에는 자체적인 결사조직이 만들어졌다. 개성읍내 각급 학교 학생을 중심으로 '조선독립개성회'를 조직한 것이 대표적이다. 도시시위가 저녁까지 계속되고 폭력적인 양태로 진전되자 일제 경찰이나 헌병만으로 진압이 어려워지자 철도원호대 등을 동원하여 진압하는 양상도 보였다.

넷째, 3월 하순 농촌으로 시위가 확산되고 농민들이 시위의 주도자가 되는 상황에서 농민들은 일제 식민지배의 지역 기반인 면사무소와 헌병주재소를 공격목표로 했다. 그리고 시위방식은 조선후기 이래 농민의 전통적 시위방식인 횃불시위 방식을 취했다. 또한 농민들은 전통적인 횃불시위 만이 아니라 식민지지배의 근대적 인프라를 파괴하고 훼손하는 싸움방식을 구사하기도 했다.

다섯째, 일상적 경제활동인 상업을 통한 저항운동으로 철시투쟁이 있었다. 정치권력과 거리두기의 전통을 갖고 있던 개성의 상인들은 3·1운동에 대한 정치적 입장을 철시시위로 보여줬다. 철시투쟁은 송도면 남대문 일대의 상점에서 일어났는데, 거상들은 젊은 중소상인들의 격문을 보고 철시를 했다. 이는 개성의 거상과 중소상인 사이에 신뢰와 소통이 있었고, 독립운동에 대한 상인들의 공통적인 공감이 넓었음을 보여준다.

필자]를 최초라고 하야도 과언이 아니다."(「조선여성운동의 사적고찰」, 『동아일보』 1928년 1월 6일)

이러한 특징을 보여준 개성의 3·1운동은 각계각층의 대중들이 자신들의 일상적인 생활공간에서 운동의 주체로 참여하여 항일의 저항성을 결집하고 분출한 지역운동이었고, 식민지하 사회적으로 자각하고 성장하는 대중들의 실천 현장이었다.

참고문헌

『半島時論』『每日申報』『동아일보』
국사편찬위원회의 삼일운동 데이터베이스 http://db.history.go.kr/samil/
일제감시대상인물카드, 국사편찬위원회
『朝鮮騷擾事件關係書類 七』국사편찬위원회
국사편찬위원회, 1966『한국독립운동사』2
독립운동사편찬위원회, 1971『독립운동사 2. 3·1운동사 상』,
독립운동사편찬위원회, 1971『독립운동사자료집 5. 삼일운동 재판기록』,
독립운동사편찬위원회, 1977『독립운동사 9. 학생독립운동사』,
국사편찬위원회, 1991『韓民族獨立運動史資料集 15』
송도고등학교, 1996『송도 90년사』, 송도고등학교
경기도사편찬위원회, 2006『경기도사 제7권』, 경기도사편찬위원회
김정인·이정은, 2009『한국독립운동의 역사 19(국내 3·1운동Ⅰ)』, 독립기념관
이지원, 1989「경기도의 3·1운동」『3·1민족해방운동연구』, 한국역사연구회·역
       사문제연구소
이지원, 1995「경기도 3·1운동의 특징」『경기도항일독립운동사』, 경기도사편찬
       위원회
양정필, 2012『근대 개성상인의 상업 전통과 자본 축적』, 연세대학교 사학과 박
       사학위논문.
양정필, 2015「개성상인과 정치권력」『歷史와 實學』58
이지원, 2019「젠더사로 읽는 3·1운동」『내일을 여는 역사』74

개성의 3.1운동

양 정 필(제주대학교 사학과 부교수)

3.1운동을 전공하지 않았는데, 개성상인을 연구하고 있어서 그 인연으로 「개성의 3.1운동」 발표문의 토론을 맡긴 것 같습니다. 개성에서 3.1운동 당시 만세 시위가 있었다는 사실은 알고 있었습니다. 그렇지만, 그것을 정리할 생각을 미처 못 하고 있었습니다. 이번에 개성의 3·1운동을 정리한 발표문을 읽으면서 개성에서도 매우 활발하게 만세 시위가 전개된 사실을 새삼 알게 되었습니다. 깊은 인상을 받았습니다.

개성 지역의 상업과 상인 방면에 한정하여 연구를 하였고 그 이외의 방면에는 별다른 관심을 갖지 않았습니다. 그런데 이번 발표를 읽으면서 개성·개성인을 보다 깊이 이해하기 위해서는 경제적 측면뿐 아니라 개성인의 다른 분야 활동에도 관심을 갖고 공부해야 개성상인도 더 잘 이해할 수 있겠다는 생각을 하게 되었습니다.

발표문은 개성 지역의 만세 시위를 시간 순으로 정리하고 있습니다. 시간 순은 대개 주체의 변화, 공간의 확대와 맞물려 있습니다. 당시 개성군은 도시에 해당하는 송도면과 주변 농촌 지역의 15개 면으로 편재되었습니다.[1] 첫 시위는 송도면에서 일어났고 학생들이 중심이 됩니다. 이후 주변 농촌 지역으로 확대되고 농민들이 주도하면서 시위 양상도 보다 과

---

1 1930년 송도면이 개성부로 승격되면서 나머지 지역들이 개풍군으로 개편됩니다.

격해지는 과정을 보입니다. 전국적으로 볼 때 만세 시위는 도시에서 시작되어 농촌으로 확대된 것으로 이해되는데, 이런 양상이 도시와 농촌이 함께 편재되어 있던 개성군 내에서도 확인됩니다. 아래에서는 발표문을 읽으면서 든 생각들을 두서 없이 적어봅니다.

1. 발표문을 읽으면서 궁금한 점이 하나 있습니다. 송도면은 3월 1일 이전에 독립선언서가 배포된 매우 드문 지역이었습니다. 그럼에도 불구하고 그것을 받은 개성 기독교계 남성 인사들은 실제 만세 시위를 전개하지 않았습니다. 오히려 기독교계 여성들이 그 소식을 듣고 개성의 첫 만세 시위를 주도하게 됩니다. 기독교계 남성들이 선언서를 먼저 입수하였음에도 시위를 벌이지 않고 여성 기독교 신자들이 자신들 중심으로 만세 시위를 주도하게 된 이유가 궁금했습니다. 이는 개성 기독교계의 성향, 그들이 갖고 있던 만세 시위 정보의 부족 등에서 원인을 찾을 수 있을 것 같은데, 이 부분에 대한 명시적인 언급은 없는 것 같아서 궁금증을 갖게 됩니다. 이 문제에 접근하기 위해서는 당시 개성 기독교 세력에 대한 연구가 필요해 보이기 때문에, 발표문에서 이를 다루기는 쉽지 않다고 생각됩니다. 다만 추후에 개성의 3·1운동에 대한 연구를 심화시키기 위해서는 이 문제에 대한 고민이 필요해 보입니다.

2. 또 하나 궁금한 점은 송도면에서 3월 7일까지 만세 시위가 있었고, 그 이후 근 20여 일 간 소강상태였다가 3월 26일을 전후해서 주변 농촌 지역으로 확대되는 것으로 나옵니다. 이 20여 일 간의 공백을 어떻게 설명할 수 있는지 궁금합니다. 또 하나는 송도면의 만세 시위와 주변 농촌 지역의 만세 시위가 개성군 내의 3·1운동으로 잘

정리되어 있지만, 이 두 지역의 만세 시위 사이에 어떤 연결점이 있는지는 잘 드러나지 않은 것 같습니다. 서로 별개로, 독립적으로 이루어졌는지, 아니면 만세 시위를 했던 송도면 사람들이 농촌으로 들어가서 그곳 시위에 영향을 주거나 시위를 주도하였는지 등이 궁금해집니다. 논문을 보면 두 지역의 만세 시위 사이에는 관련성이 적었던 것으로 보입니다. 그렇다면 개성군의 3·1운동의 성격을 논할 때는 이런 부분도 반영되어 논의가 이루어져야 하지 않을까 합니다.

3. 개성의 만세 시위가 지닌 특징 중의 하나는 여성·여학생들이 첫 시위를 주도한 점입니다. 그들은 기독교 계열 여학교와 깊은 관련이 있습니다. 그들이 만세 시위를 적극 주도할 수 있었던 배경은 근대 기독교 계열 교육이란 맥락에서 충분히 이해할 수 있습니다. 그런데 당시 개성 사회에서 여성의 처지는 상대적으로 낮은 것으로 이해되고 있고, 또 여성에 대한 인식도 매우 보수적이었습니다. 여성에 대한 개성 사회의 보수적 인식은 유광열의 다음과 같은 글에서 그 일면을 엿볼 수 있습니다.

서울에서는 부인이 뒤집어 쓰든 장옷이 폐지된 지 오랜 이때에 개성의 길거리를 거르면 치마 쓰고 다니는 부인을 만히 보겟는 것은 마치 평안도를 가면 머리를 틀어 올린 것을 많이 보는 것과 같다. 무슨 연고로 치마를 뒤집어 쓸고? 무슨 연고로 세상 모든 부인네들이 다 보여도 관계치 않은 것을 개성 부인네들만은 치마를 뒤집어 써야 할고? 이것이 舊慣이라면 구관이라고도 하리라. 그러나 이 구관은 무엇 때문에 지키는 것인가. 아무래도 그들의 진의를 불가해이다.[2]

1923년 당시에도 개성에서는 여성들이 외출할 때 장옷을 써야 할 정도였습니다. 장옷은 서울에서는 이미 사라진 지 오래었습니다. 이는 하나의 사례이지만 여성에 대해 보수적인 분위기가 볼 수 있다고 생각합니다. 그런 개성 사회에서 근대적인 교육을 받은 여성·여학생들은 보수적인 관념에서 탈피하면서 주체성을 키우고 있었습니다. 그러한 새로운 세대의 등장이 만세 시위를 주도하는 데까지 이어졌다고 생각됩니다. 개성 사회의 여성에 대한 보수성과 대비될 때 개성에서 여성·여학생들의 만세 시위 주도는 그 의미가 더욱 부각될 수 있을 것 같습니다.

4. 개성 3·1운동의 또 다른 특징은 시위가 매우 활발하게 또 격렬하게 시위가 전개되었다는 사실입니다. 그 배경과 관련해서 3.1운동 발발의 일반적인 계기 속에서 이해할 수도 있습니다. 그렇지만 다른 지역과 구별되는 개성 사회의 독특한 어떤 분위기가 영향을 끼쳤을 수도 있다고 생각합니다. 후자와 관련해서 주목되는 것은 개항 이후 개성에 진출한 일본인들이 개성인들에게 자행한 악행입니다. 그런 악행으로 인한 정신적 물질적 피해가 쌓여 있는 상태에서 만세 시위가 발발하자 개성인이 더욱 적극적으로 시위에 참가하게 된 것은 아닐까 하고 생각해 봅니다. 개항 이후 개성에 진출한 일본인들이 저지른 악행과 관련해서는 다음의 자료가 참고가 됩니다.

개성인의 일본인에 대한 비평을 들은 즉 개성에 거주하여 실업에 종사하는 일본인의 다수는 열악한 인물뿐이라. 일본인이 당초에 개성에 와서 거주한 것은 지금에 30년인데, 당시는 소자본으로써 **고리대**를 경영하는 자가 많았는데 그 수단의 악랄함이 상상을 초월하는 바

---

2 柳光烈, 「開城行(十七)」, 『東亞日報』, 1923. 11. 1. (1/4)

이라. 그들은 하루라도 날짜가 지나면 가택에 침입하여 가산, 집물을 가리지 않고 갖고 가, 채무자의 애소 읍소와 같은 것은 마이동풍으로 볼 뿐 아니라 더욱 마수를 뻗쳐서 자기의 욕망을 채웠다. 고로 한번 일본인의 악독한 고리대에 걸린 자는 그 한이 골수에 파묻혀 탄성을 내지 아니 하는 자가 거의 없는 고로, 금일에 이르러서도 일본인의 고리대를 보면 사갈과 같이 생각하여 한 사람도 그들의 돈을 사용하는 자가 없어서 이것이 일본인이 개성에서 실패한 첫 번째 이유이고

그 다음에는 합병 전까지 저지른 **인삼의 도굴**이라. 불량한 내지인은 직접으로 손을 대서 삼포를 해친 자도 있고 또 조선인을 사주하여 도굴 인삼을 매득하여 부당한 이익을 획득한 자도 있었다. 현재 개성에 거주하는 일본인 성공자로 칭하는 자 중에 인삼 도굴에 관계치 아니 한 자 몇이나 되며, 홀로 개성뿐 아니라 경성 근처에도 인삼 도적 무리가 잠재함을 들었으니, 이것이 개성에서 일본인이 실패한 두 번째 이유이라.

그런데 세 번째 실패 이유는 누구라고 할 것 없이, **고려 자기의 발굴**이라. 일본의 나라, 교토의 근교와 같이 개성 부근의 아름다운 숲은 모두 개성인의 선조 묘지라. 이토 히로부미와 이왕직 박물관에서 진귀한 보배로 매입한 것을 상상하면 고려 자기의 발굴을 장려한 감도 없지 아니 하나, 그 근본은 열악하고 불량한 일본인의 조선인으로 하여금 묘지를 도굴하여 사복을 채운 바이라. 개성인의 풍습은 실업에 성공하면 제일로 조상의 제사를 극히 잘 모심에 있다. 그런데 그 이상에 막중한 것이 다시 없는 줄로 생각하는 묘지를 발굴하고 관 속에 넣어둔 기물을 도둘하여 시장에 판매함에 이르러서는 여하한 언어, 여하한 비분을 발할 바이뇨. 일본인은 하나의 골동품으로 고려 자기를 진중히 하는 것이나, 개성인에 대하여는 다시 없는 모욕으로 느끼는 바이라.[3]

위 인용문은 개항 이후 개성에서 활동하거나 개성에 거주하던 일본인

3 吟月生, 「開城及開城人」, 『半島時論』 2권 7호, 1918년 7월호, 19-20쪽. 원문을 현재 표기로 수정함.

들이 개성인들에게 저지른 악행을 적고 있습니다. 그것은 고리대, 인삼 도굴, 고려 자기 도굴이었습니다. 당시 일본인의 고리대 및 그로 인한 조선인의 피해는 다른 지역에서도 볼 수 있는 것으로 개성에 국한된 것으로 보기는 어렵습니다.

그러나 '인삼 도굴'과 '고려 자기 도굴'은 개성에서만 확인되는 일본인들의 악행이었다고 할 수 있습니다. 특히 두 사건은 개성인에게 물질적으로 또 정신적으로 큰 피해와 상처를 주었습니다. 인삼 도굴의 경우 수년간 많은 자본을 투자한 인삼을 하루아침에 도난당하였을 때, 개성 삼포주의 경제적 손해는 매우 컸고 따라서 그들이 갖게 되는 일본인에 대한 분노의 강도는 미뤄 짐작할 수 있다. 개성의 주변 지역, 즉 만세 시위가 있었던 11개 면은 대개 삼포가 설치되었던 곳들로 보인는 데, 그곳에서 활발하게 시위가 전개된 데에는 일본인의 인삼 도굴이라는 쓰라린 경험이 어느 정도 영향을 끼쳤다고 생각됩니다. 그리고 '고려 자기'는 선조 무덤을 파헤치는 것이기 때문에 이 역시 개성인이 아니라 그 누구라도 심한 모욕감을 느끼고 분노할 수밖에 없는 일입니다. 개성인들의 반일 정서는 이러한 개성인들만의 경험 속에서 다른 지역과 다른 배경에서 그것이 자라고 있었고 결국 만세 시위라는 공간 속에서 폭발적으로 터진 것은 아닐까 하고 생각합니다.

다만 발표문은 3·1 만세 시위의 전체적인 양상 및 시위의 특징에 주목하고 있기 때문에 그 시위의 배경에 해당하는 위와 같은 문제를 본격적으로 다루기는 어렵지만, 개성 3·1운동의 배경을 논하는 글에서는 이 문제가 다루어지면 좋겠습니다.

5. 마지막으로 상인들의 철시 시위가 있었습니다. 이들의 철시 시위도 직접적으로는 서울에서 시작된 만세 시위에서 촉발되었습니다. 그

리고 발표문에서 언급되었듯이, 대개 청년 상인들이 주도한 것을 보면, 그들은 상인으로서 정체성 못지않게 청년으로서 정체성도 강하였다는 논지에 동의합니다. 그러면서도 앞에서 본 자료의 일본인들의 고리대 문제를 또 생각하게 됩니다. 일인들의 고리대는 대개 상인들을 대상으로 하였을 가능성이 높고, 철시 시위를 주도한 이들이 그 직접적인 피해자는 아닐지라도, 고리대 피해로 인해 개성 상인들 사이에 일본인에 대한 반감이 형성되었을 가능성은 없었을까 하고 자문하게 됩니다. 개성상인이 특별히 민족주의적이었다고 보지는 않지만, 개항 이후 상업 활동에서 일본인 상인은 강력한 경쟁자로 부상하였습니다. 그들과의 접촉 속에서 다수의 개성상인은 경쟁자로서 일본인 상인들에 대해 반감을 가졌을 가능성은 충분합니다. 물론 이는 구체적인 자료를 통해 확인할 부분이기는 하지만, 그러한 경험들이 상인들의 만세 시위에도 일정하게 영향을 끼쳤을 가능성이 있다고 생각됩니다. 어쨌든 상인들이 열흘 간 철시 투쟁을 전개한 것은 주목되는 현상이며, 그 원인과 동력에 대한 보다 깊이 있는 천착이 필요하다고 생각됩니다.

6. 아마도 다른 지역에서도 개항 이후 그 지역만의 역사적 경험 속에서 일본인에 대한 반감이 형성되었을 가능성이 높습니다. 개성의 경우에는 위의 자료에서 그 일면을 확인할 수 있다 봅니다. 각 지역의 만세 시위는 직접적으로는 일반적으로 알고 있는 배경 속에서 발발하지만, 좀더 들어가 보면 각 지역 사람들이 개항 이후 일본인과 접촉했던 경험, 그 경험 속에서 쌓인 반감들이 만세 시위를 폭발적으로 활성화시키는데 역할을 하였을 가능성이 있다고 생각됩니다. 개성을 포함하여 지역 차원에서 3·1운동을 접근하는 경우 이런

부분에 대한 고민들이 필요해 보입니다. 어떻게 보면 3·1운동의 지역성은 이러한 배경에 대한 이해 위에서 보다 풍부하게 논의될 수 있다고 생각합니다.

기본적으로 발표문의 논지에 대해 이견이 없기 때문에 개인적인 생각을 주로 밝히게 되었고 그러다 보니 두서없는 토론이 되었습니다. 이해를 바라며 토론을 마칩니다.

3·1운동기 인천지역 시위의 양상과 특징

남 기 현(성균관대학교 박물관 학예사)

1. 머리말

이 글의 목적은 현재 인천지역에서 진행된 3·1운동의 양상과 특징을 살펴보는데 있다. 이를 위해 3·1운동 당시 인천지역에서 일어난 시위를 날짜별로 정렬하여 시위의 시작과 끝, 시위횟수, 참가인원 등에 관한 수치를 파악한다. 그리고 각 지역의 시위 양상에서 나타나는 특징을 살펴본다. 이를 통해 3·1운동에 관한 인천지역의 독자성을 밝히는데 기여하도록 한다.

경성과 한반도 북부에 위치한 도시에서 시작된 3·1운동에 대한 소식은 빠르게 퍼져 나갔다. 그리고 전국 곳곳에서 만세시위를 주된 수단으로 하여 일제의 정책에 반대하는 목소리가 표출되었다.[1]

3·1운동에 대해서는 그것이 가지는 역사적 중요성 때문에 많은 연구 성과들이 제출되었다.[2] 3·1운동에 대한 초창기 연구는 경성지역과 민족대 표자들을 중심으로 진행되었다. 이 경우 3·1운동의 전체상을 파악하지 못 하기 때문에 지방의 시위를 염두 해야 한다는 문제의식이 제출되었다. 3· 1운동과 같은 거대한 민중의 운동을 파악할 때 그 주체를 영웅적인 엘리 트들로 한정시키기 보다는 문중이나 가문, 지역주민, 신분, 학생, 여성, 농 민 등 '민족'이라는 이름으로 포괄할 수 없는 수많은 행위주체들의 움직 임을 살펴보아야 한다는 지적은 매우 유의미한 것이라고 생각된다.[3]

이 글에는 현재 인천지역에서 일어난 3·1운동 양상을 분석한다. 인천 지역을 선택한 이유는 다음과 같다. 첫 번째 3·1운동의 양상을 파악하기 위해서는 지역단위의 연구가 더 많이 축적되어야 한다. 3·1운동기 중앙의 지도적 엘리트들과 다른 각각 주체들의 정체성을 파악하기 위해서는 지 역에서 일어난 3·1운동을 분석하는 것이 필요하다.[4] 이 사례들이 종합되 고 유형화 될 때 3·1운동의 역사상을 파악하는데 좀 더 접근할 수 있을

---

1 김정인, 2019 『오늘과 마주한 3·1운동』, 책과함께, 제1장 참조.
2 3·1운동에 대한 연구 성과들에 대해서는 이정은, 2009 『3·1독립운동의 지방시위 에 관한 연구』, 국학자료원 ; 정용욱, 2018 「3·1운동사 연구의 최신 동향과 방향 성」 『역사와 현실』 110 ; 이용철, 2018 「평안북도 의주지역의 3·1운동」 『한국독 립운동사연구』 61 ; 한국역사연구회 3·1운동100주년기획위원회, 2019 『3·1운동 100주년 총서 1. 메타역사』, 휴머니스트 제2부 「연구사」 에 실려 있는 논문들(도 면회, 「3·1운동 원인론에 관한 성찰과 제언」 ; 배석만, 「3·1운동의 경제적 배경에 관한 서술과 시대성」 ; 한승훈, 「'3·1운동의 세계사적 의의'의 불완전한 정립과 균 열」 ; 홍종욱, 「북한 역사학계의 3·1운동 연구」 ; 박준형, 「전후 일본 조선사학계 의 3·1운동 연구」) 참조.
3 도면회, 2019 「총론 : 3·1운동과 경기·인천지역」, 『역사와 현실』 113호 참조.
4 각 지역별 3·1운동에 대한 글은 한국역사연구회·역사문제연구소 엮음, 1989 『3·1 민족해방운동 연구』, 청년사 ; 이정은, 2009 앞의 책 등을 참조할 수 있다.

것이다.

두 번째 인천의 위치와 영향력이다. 인천은 서울을 기준으로 서부경기 권역을 포함한 해양도시이다. 한반도 서해안의 중앙부에 위치하고 있는 인천항은 서울과 서남쪽으로 약 40km정도 떨어져 있다. 인천항은 연안의 도서와 연락되는 선로의 기착지이며 국제항으로써 역할을 하고 있다. 또한 인천에서 서울까지 경인전철, 경인고속도로, 경인 국도가 연결되며,[5] 국내 최대의 공항인 국제공항도 인천에 위치하고 있다. 인천은 '서울의 관문'임과 동시에 한반도 내 여러 지역과 연결하는 중요한 지역인 것이다. 이러한 인천의 특징은 현재에만 해당하는 것이 아니었다. 인천 제물포는 개항장으로써 일본을 비롯한 여러 나라들의 주목을 받았다. 또한 철도가 가장 먼저 건설된 곳이었고 외국인 선교사들이 다양한 활동을 벌이던 곳이었다.

세 번째 인천광역시를 구성하고 있는 지역들의 다양성이다. 현 인천광역시의 영역은 1919년 당시 인천부, 경기도 부천군, 강화군을 포괄하고 있다. 인천부는 일찍부터 개항이 되었으며 일본인들의 영향력이 매우 강했던 지역이었다. 반면 경기도 부천군과 강화군은 일본인들의 침투가 상대적으로 적었던 농촌지역이었다. 현재 인천광역시는 1919년 당시 일본인이 가장 먼저 정착하고 도시화되었던 인천부와 한국인들의 공동체가 살아있던 전통지역을 함께 포괄하고 있다고 볼 수 있다.

인천지역에서 일어난 3·1운동에 대해서는 인천시사, 경기도사 등에 언급되어 대체적인 사실은 파악이 되어 있다. 먼저 인천부에서 진행되었던 3·1운동에 대해서는 1969년에 발간된 『독립운동사』 제2권에서 최초로 언급한 것으로 확인된다. 상인들의 철시, 인천공립보통학교 학생들이

---

5 인천직할시사편찬위원회, 1993 『인천시사』 상권, 24쪽

일으켰던 동맹휴학 등이 언급되었다.[6] 이후 간행된『인천시사』등에서는 이 사건들을 중심으로 3·1운동이 서술되었다.[7] 이 연구들은 3·1운동기 인천부에서 진행된 시위를 파악할 수 있다는 장점이 있다. 하지만 인천부라는 지역적 특성을 고려하여 시위의 전체상을 분석할 필요가 있다. 인천부는 1883년 개항된 이후 일제강점기를 거치면서 '개항도시'에서 '식민도시'로의 변화과정을 거쳤다. 일본인들의 인구가 차지하는 비율이 40% 가까이 되었으며, 인천부의 주요 토지의 소유권은 일본인들이 장악하고 있었다.[8] 일본인들의 비중이 높은 도시, 그리고 일본인들과 한국인들이 함께 살아가는 도시라는 측면에서 다른 지역과 구별되는 점이 있는 것이다.[9]

---

6 독립운동사편찬위원회, 1969『독립운동사』제2권, 149~150쪽

7 윤병석, 1993「3·1운동과 인천」『인천시사(상)』, 351~355쪽 ; 조우성, 1994「불길처럼 타올랐던 인천의 3·1운동」『황해문화』2 ; 서굉일, 1995「인천부」『경기도 항일독립운동사』, 476~480쪽 ; 신세라, 2002「인천의 발자취」『인천광역시사』2, 인천광역시사편찬위원회 ; 이정은, 2009「경기지역의 3·1운동 양상」『국내 3·1운동Ⅰ 중부·북부』, 한국독립운동사편찬위원회 독립기념관 한국독립운동사연구소 ; 이현주, 2013「3·1운동과 인천」『인천광역시사』 ; 김현석, 2019「인천 3·1운동 발상지를 찾아서」『작가들』

8 이에 대해서는 이영호, 2017『개항도시 제물포』, 민속원이 참조된다. 개항 이후 일본인들이 인식한 인천에 대해서는 이희환, 2010「개항기 일본인들의 '인천(仁川)' 표상 － '식민도시 인천' 담론의 기원」『역사문화연구』37이 참조된다.

9 ① 한국인과 일본인이 함께 공존하는 '잡거지'로서의 성격에 대해서는 이영호, 2017, 앞의 책과 박준형, 2014「日本專管租界 내 잡거문제와 공간재편 논의의 전개」『도시연구』12가 참조된다. ② '잡거지'로써 인천부를 설정하고 이와 연관하여 3·1운동 시위의 성격을 파악한 글인 김현주, 2019「경기·인천지역 3·1운동의 배경에 관한 재검토」『3·1운동 100주년 기념 학술회의 '3·1운동과 경기·인천지역'』이 참조된다. ③ 인천부에서 일어난 3·1운동의 특징을 보다 명확하게 위해서는 인천부와 비슷한 도시형성 배경을 가진 지역을 함께 살펴볼 필요가 있다. 개항장이었던 부산부, 목포부, 군산부 등에서 일어난 3·1운동 양상을 비교하는 것은 추후 연구과제로 삼으려고 한다. 부산지역의 3·1운동 연구 성과에 대해서는 홍순권,

두 번째 강화지역에서 일어난 3·1운동에 관한 연구이다. 강화지역은 2만 여명 이상이 참여한 대규모 시위가 일어났다는 점이 주목되었다. 1969년 연구들에서 간략한 사실들이 언급되었다면,[10] 최근에는 강화지역의 지역적 특성과 연관하여 이 지역에서 일어난 3·1운동을 분석한 연구성과가 제출되었다.[11] 마지막으로 부천지역에서 일어난 연구이다. 부천지역에서 일어난 3·1운동에 대해서도 1969년 발간된『독립운동사』제2권에서 처음으로 서술되었다. 부천군 계양면 장기리에 위치하고 있었던 황어장터에서 일어난 시위가 언급되었다.[12] 이후 이 시위의 배경과 전개과정을 추적한 논문이 발표되었다.[13]

기존연구들에 의해서 인천지역에서 진행된 3·1운동의 상황에 대해서 살펴볼 수 있게 되었다. 하지만 인천광역시라는 현재 지역 전체를 시야에 두고 진행된 연구는 미흡하다고 생각된다. 3·1운동기 현재 인천 지역에서 일어난 시위의 횟수, 참여인원, 시위의 시작과 끝은 언제인지 등과 같은 전체상을 제시하지 못했다. 현재의 인천은 1919년 당시 인천부, 경기도 부천군 일부, 강화군, 옹진군 등을 포함한 지역으로 확장되었다. 따라서 이러한 지역을 구분하여 3·1운동의 양상을 파악하는 것은 매우 힘든 일이었을 것이다. 이 글은 기존 연구 성과들을 바탕으로 현재 인천광역시 지역에서 진행되었던 3·1운동의 양상을 전체적으로 개관하고 그것에 대한 특징을 살펴보려고 한다.

2019 「부산지역 3·1운동 전개 양상과 특징」『항도부산』37이 참조된다.

10 李龍洛, 1969『三·一運動實錄』, 三·一同志會 ; 독립운동사편찬위원회, 앞의 책, 156~158쪽

11 김성민, 2002 「강화지역 3·1운동의 전개와 성격」『한국근현대사연구』22

12 독립운동사편찬위원회, 1969 앞의 책, 150~153쪽

13 박환, 2006 「인천 황어장터 3·1운동의 전개와 역사적 의의」『한국민족운동사연구』46

최근 국사편찬위원회에서 <삼일운동 데이터베이스>[<3·1운동 DB>로 약칭함]를 구축하고 온라인으로 제공하고 있다.[14] 고등경찰과 헌병대가 보고했던 문서, 시위 주도자의 판결문등과 같은 방대한 자료가 데이터베이스화 되어 있다.[15] 이 시스템을 통해 3·1운동기에 있었던 시위를 지역별, 날짜별로 검색이 가능하다. 또한 해당 지역의 현재 및 과거 지도의 비교, 경찰 및 헌병기관의 분포 등을 알 수가 있다. <3·1운동 DB>의 근간을 이루는 문서들은 일본경찰, 헌병대가 작성한 보고서류, 재판소가 작성한 판결문 등으로 대부분 식민지배자의 시선에서 작성된 것이다. 따라서 사료를 해석할 때 주의를 요한다. 하지만 3·1운동의 경과를 지속적으로 관찰하고 주기적으로 조선총독부에 보고한 문서들을 손쉽게 접할 수 있게 되었다는 측면에서 큰 의의를 지닌다고 할 수 있다. 또한 이 문서들을 통해 각 지역에서 전개된 3·1운동의 흐름을 정리할 수 있다는 장점이 있다.

따라서 이 논문에서는 <3·1운동 DB>를 적극적으로 활용하여 현재 인천광역시 영역을 기준으로 1919년 당시 시위 양상을 살펴볼 것이다. 먼저 인천부, 경기도 부천군, 강화군으로 나누고 이를 시간 순으로 정리하여 현재 인천광역시 지역에서 일어났던 3·1운동의 양상을 한눈에 살펴볼 수 있도록 정리한다. 그리고 이것을 바탕으로 인천지역에서 일어났던 시위의 전체적인 전개 양상을 살펴볼 것이다. 이와 함께 각 지역에서 일어난 시위의 내용을 알아본 후 인천지역 시위의 특징에 대해 생각해 볼 것이다.

---

14 국사편찬위원회 <삼일운동 데이터베이스>(http://db.history.go.kr/samil/home/main/main.do)

15 3·1운동기 고등경찰과 헌병대가 보고했던 문서들에 관해서는 최우석, 2016 「3·1운동을 읽는 통로 새롭게 살펴보는 <조선소요사건관계서류>」『역사의 창』 43, 국사편찬위원회 참조.

2. 인천지역 시위의 전개 양상

아래 [그림 1]은 <3·1운동 DB>를 이용하여 현재의 인천 영역을 표시한 것이다.

[그림 1] 인천광역시의 영역

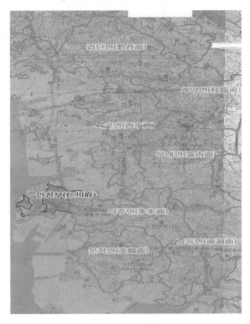

비고 : 강화군, 옹진군은 지도에 표시하지 않음

현재 인천지역은 1919년 3·1운동이 일어났을 당시 인천부, 경기도 부천군 검단면, 서곶면, 계양면, 부내면, 다주면, 문학면, 남동면과 강화군, 옹진군을 포괄한다. 현재 지역과 비교하여 보면 인천부는 중구, 동구, 미추홀구 일부, 검단면과 서곶면은 서구, 계양면과 부내면 일부는 계양구, 부내면과 다주면 일부는 부평구, 남동면은 남동구, 문학면은 연수구, 다주면은 미추홀구에 해당한다. 강화군과 옹진군은 1995년 경기도에서 인천광역시로 행정구역이 변경되었다.

아래 [표 1]은 <3·1운동 DB>를 바탕으로 『매일신보』의 일부 기사내용을 첨가하여 3·1운동기 인천지역의 시위상황을 날짜순으로 정리한 것이다.

[표 1] 3·1운동기 인천지역 시위 양상(시간 순)

번호	일시	지역 (부, 군)	지역 (면, 리)	현재 지역	세부 장소	참여 인원	양상	참여자 신분	내용
1	3월6일 ~9일	인천부	우각리	동구 창영동	인천공립 보통학교 인천공립 상업학교		동맹휴교	학생	동맹휴교, 전화선절단
2	3월8일	인천부	내리	중구	내리에 있는 조선인 가옥에 배포		독립선언서 배포	학생	
3	3월9일	인천부			인천부동단 경성가도	50	만세	일반	주모자 1명 체포하고 시위대를 해산시킴.
4	3월9일	인천부			각국공원	300	만세	기독교도 학생	일본경찰이 시위대를 해산시킴.
5	3월10일	인천부			인천부	200	만세	일반, 학생	일본경찰이 8명을 검거함.
6	3월10일	강화군	삼산면	강화군	삼산면		항의(노래)	관공리	서기 등이 면장 앞에서 조선독립창가를 부름.
7	3월12일	강화군	부내면	강화군	강화공립 보통학교	30	동맹휴교	학생	정오에 4학년생 30명이 동맹휴교
8	3월13일	강화군	부내면	강화군	강화공립 보통학교	100	동맹휴교, 만세	학생	대한제국 국기를 칠판에 그리고 만세를 부름. 3학년 학생 46명 학교 밖으로 나감. 4학년생과 동맹휴교

번호	일시	지역 (부, 군)	지역 (면, 리)	현재 지역	세부 장소	참여 인원	양상	참여자 신분	내용
									하려함. 여자부 학생은 독립만세 부름.
9	3월18일	강화군		강화군	강화읍내 시장	20,000	만세/집단항의 /폭행	천도교도 예수교도 일반 관공리	19일 오전 보병이 파견됨.
10	3월19일	강화군	길상면 온수리	강화군	온수리	80	만세	일반	오후6시 천주교당에서 태극기를 달고 독립만세를 부름. 순사와 보병이 진압함.
11	3월20일	강화군	부내면 신문리	강화군	신문리		문서배포		독립운동자 검거 반대 및 철시를 주장하는 격문이 배포됨.
12	3월21일	강화군	화개면 읍내리	강화군	읍내리 경찰관 주재소	130	만세	일반	일본경찰이 시위대를 해산시킴.
13	3월22일	강화군	화개면 읍내리	강화군	읍내리	100	만세	일반	일본경찰이 제지. 3시간 만에 해산됨. 군대가 출동함.
14	3월23일	강화군	화개면 읍내리	강화군	읍내리	100	만세	일반, 학생 기독교도	수정면, 서한리 및 동산리 주민 100명이 시위를 함. 일본경찰은 보병과 협력하여 시위대를 해산시킴.
15	3월24일	부천군	계양면 장기리	계양구	계양면 장기리 (황어장터)	600	만세	일반	600여명이 기를 흔들며 독립만세 외침. 주모자 1명 체포됨. 압송순사와 주민 간 갈등으로 중상자 2명 경상자 4명 발생함.
16	3월24일	부천군	계양면	계양구	계양면사무소	200	항의	일반	이은선 죽음 원인을 묻기 위해 모임.
17	3월24일	부천군	계양면 선주 지리	계양구	이경응 집 계양면 사무소	100	항의, 면서기 집 파괴 계양면사무소	일반	이경응의 시위 불참에 따른 항의.

번호	일시	지역 (부, 군)	지역 (면, 리)	현재 지역	세부 장소	참여 인원	양상	참여자 신분	내용
							파괴 서류를 불 태움		
18	3월24일	부천군	계양면, 부내면	계양구	계양산 부평경 찰관주재소	200	만세	일반	계양산에서 시위하다 가 부평 경찰관 주재 소로 감, 경관이 시위 대를 해산시킴.
19	3월24일	강화군	화개면 읍내리	강화군	공자묘(孔子廟) 면사무소 옛 군아(舊 郡衙)	100	만세		
20	3월25일	부천군	계양면	계양구	계양면사무소	300	만세, 계양면 사무소 파괴	일반	경찰이 공포를 발사 하여 해산시킴.
21	3월26일	강화군	화개면	강화군		150	만세		
22	3월26일 ~4월2일	인천부			인천부		철시(문서배포 후 상가폐점 (170여 호)	상인	4월1일 경찰의 설득 으로 개점.
23	3월27일	부천군	다주면 외 5개면	미추 홀구 등	다주면(주안) 등 5개면	1,660	만세	일반	다주면(주안) 외 5개면 에서 1,660명이 시위
24	3월27일	부천군	문학면 관교리	미추 홀구	관교리 뒷산	240	만세(산상 화 톳불 시위)	일반	조선독립 만세를 외침.
25	3월28일	부천군	남동면	남동구	남동면	400	만세(봉화) (야간 화톳불시위)	일반	
26	3월28일	부천군	용유면 관청리	중구 용유동	관청리 광장	250	만세	일반	관청리 광장에서 대 한제국 국기를 들고 조선독립만세를 외침.
27	3월28일	부천군	다주면	미추 홀구	다주면	150	만세(봉화) (야간 화톳불시위)	일반	
28	4월1일	인천부	외리		외리	20	만세	일반	
29	4월1일	강화군	송해면, 하점면, 양사면	강화군	송해면, 하점면, 양사면	300	만세(봉화) (야간 화톳불시위)	일반	경찰관이 출동해서 해 산시킴.
30	4월2일	강화군	양사면 철산리	강화군	철산리	150	만세	일반, 기독교도	
31	4월2일	강화군	송해면	강화군	풍류산	200	만세	일반	
32	4월6일	부천군	영흥면	옹진군	영흥면	50	만세	일반	
33	4월7일	부천군	영흥면	옹진군	내리	100	만세	일반	

번호	일시	지역 (부, 군)	지역 (면, 리)	현재 지역	세부 장소	참여 인원	양상	참여자 신분	내용
			내리						
34	4월7일	강화군	삼산면 석모리	강화군	당산 꼭대기	50	만세 (야간 화톳불시위)	일반	어린학생들이 많았음. 이안득의 주도로 마을 주민 수 십 명이 조선독립만세를 외침.
35	4월8일	강화군	선원면 냉정리 외 4곳, 양도면 내 여러 곳	강화군	선원면, 양도면	400	만세	일반	오후 9시 선원면 냉정리 외 4곳 및 양도면 내 여러 곳에서 각 100명 내외의 군중이 횃불을 피우고 독립 만세를 부름. 냉정리에서는 경찰이 총검을 사용하여 해산시키는 과정에서 2명이 부상을 입음.
36	4월8일	강화군	삼산면 석포리	강화군	석포리 소재 산 정상	80	만세 (야간 화톳불시위)	일반	경찰관리 출동에 앞서 11시경 해산.
37	4월8일	강화군	삼산면 석포리	강화군	성공회교당 뒷산	20	만세 (야간 화톳불시위)	일반	석포리 성공회 교당 뒷산에 모여서 화톳불을 피우고 만세를 부름.
38	4월9일	부천군	덕적면 진리	옹진군 덕적면	진리	80	만세	학생, 일반	사립명덕학교 운동회가 끝난 후 만세운동을 함.
39	4월9일	강화군	양도면 삼흥리	강화군	삼흥리	40	만세 (야간 화톳불시위)	일반	경찰관이 출동하기 전에 해산.
40	4월9일	강화군	양도면 산문리	강화군	산문리	40	만세 (야간 화톳불시위)	일반	경찰관의 제지에 의해 해산.
41	4월9일	강화군	삼산면 석모리	강화군	석모리 부근 언덕	30	만세 (야간 화톳불시위)	일반	10시경 경찰관의 설득으로 해산.
42	4월9일	강화군	삼산면 석포리	강화군	석포리	30	만세 (야간 화톳불시위)	일반	밤에 유경식 주도로 만세를 부름.
43	4월10일	강화군	불은면 고릉리	강화군	덕정산 정상	30	만세 (야간 화톳불시위)	일반	경찰 출동 전 오후 10시에 모두 해산.
44	4월10일	강화군	불은면 두운리	강화군	북쪽 언덕	70	만세 (야간 화톳불시위)	일반	경찰 출동 전 오후 10시에 모두 해산.

번호	일시	지역 (부, 군)	지역 (면, 리)	현재 지역	세부 장소	참여 인원	양상	참여자 신분	내용
45	4월10일	강화군	삼산면 석포리	강화군	석포리	20	만세 (야간 화톳불시위)	일반	
46	4월11일	강화군	양도면 길정리	강화군	뒷산	60	만세 (야간 화톳불시위)	일반	11시반 경 스스로 해산.
47	4월11일	강화군	양도면 도장리	강화군	뒷산	80	만세 (야간 화톳불시위)	일반	11시반 경 스스로 해산.
48	4월13일	강화군	불은면 두운리	강화군	두운리	50	만세	일반	
49	6월23일	인천부		동구 송림동	인천공립상업 학교		동맹휴교(시도)	학생	동맹휴교하려 하였으 나 경찰에 의해 사전 에 방지됨.
50	8월29일	인천부			인천부		철시(8월 29일 한국병합 1년)	상인	경성 상가 폐점 소식 듣고 실행하려 했으 나 실행되지 못함.

출처 : 국사편찬위원회 <삼일운동 데이터베이스> 『매일신보』 1919년 3월 16일, 1919년 3월 24일, 1919년 4월 13일
비고 : 같은 날 일어났어도 다른 공간에서 일어났을 경우 별개의 시위로 산정함

　　3·1운동기 인천지역에서 가장 먼저 일어난 시위는 1919년 3월 6일 인천부에 있는 인천공립보통학교 학생들이 전개한 동맹휴교였다. 인천공립보통학교는 1907년 5월 6일에 만들어진 학교로 현재 창영초등학교의 전신이다.[16] 동맹휴교를 한 학생들이 만세시위를 벌였을 가능성이 있지만 일제 측에서 생산한 자료들에서는 이러한 사실을 확인할 수가 없다. <3·1운동 DB>에서 확인할 수 있는 인천지역 최초의 만세시위는 3월 9일에 일어났다. 이 시위들은 3월 6일부터 9일까지 진행된 인천공립보통학교 학생들의 동맹휴학에 영향을 받았을 것으로 생각된다.

　　[표 1]에 따르면 3·1운동기 인천지역에서 일어난 시위의 마지막 형태는 8월 29일 인천부에서 계획된 철시였다. 일제 측은 이것을 유심히 관찰했고 결국 철시는 시행되지 못하였다. 8월 29일 진행하기로 한 철시는

---

16 인천광역시, 2017 『인천의 호국과 현충』, 8~11쪽

1910년 국치일에 대한 대응으로 경성부에서 진행된 동맹철시의 영향을 받은 것이었다.[17] 3·1운동은 제1차 세계대전 이후 변화하는 국제질서에 능동적으로 대응하기 위해 전 민족이 자기 지역 공동체에 기반 하여 자발적으로 나서서 투쟁했던 운동이었다고 할 수 있다.[18] 이러한 점을 고려하면 8월 29일 진행예정이었던 철시는 3.1운동기에 일어났던 시위의 원인과 다르다는 점을 알 수 있다. 따라서 3·1운동기 인천지역의 마지막 시위 형태는 비록 시행되지 못했지만 6월 23일 인천부에 있던 인천공립상업학교에서 시도한 동맹휴교였다고 볼 수 있다. 조선총독부는 6월 하순부터 파리강화회의의 종결을 계기로 조선독립운동 실패론을 더욱 대대적으로 선전했다. 이러한 선전전에 대응하여 6월 중순부터 경성 지역의 주요 학교에서 동맹휴교 움직임이 일어나기 시작했다.[19] 인천공립상업학교 학생들이 시도한 동맹휴교는 이러한 연장선상에서 계획된 것이었다.

3월 9일 인천부에서 시작된 만세시위는 4월 13일 강화군 불은면 두운리에서 진행된 만세시위를 마지막으로 보고되지 않았다. 인천지역에서 만세시위는 약 1달간 진행되었다고 볼 수 있다.

<3·1운동 DB>에서 확인할 수 있는 인천지역에서 일어난 시위는 총 50건이다. 8월 29일에 일어난 철시를 제외하면 3·1운동기 인천지역에서 일어난 시위는 총 49건이었다. 지역별로 살펴보면 인천부 8건, 부천군 13건, 강화군 28건이다. 강화군에서 가장 많은 시위가 일어났고 인천부에서 가장 적게 일어났음을 알 수 있다.

---

17 密 第102號 其407/高警 第25258號 「民情彙報 : 京城市內의 不穩狀況(續報), 京城附近 地方情況, 地方情況, 在外不逞鮮人의 言動」 『朝鮮騷擾事件關係書類 共 7冊 其4』
18 최우석, 2019 「3·1운동의 마지막 만세시위 검토」 『사림』 67, 197쪽
19 최우석, 2019 앞의 논문, 215~216쪽

인천지역의 시위는 인천부를 시작으로 강화군, 부천군 순으로 진행되었다. 일본경찰은 시위를 방지하기 위하여 인천부 내에서 경계를 강화하였다. 하지만 강화도에서 진행된 시위는 김포를 거쳐 부천군 지역에 영향을 주었다.[20] 3월 24일경부터 3월말까지 강화군과 부천군에서 시위가 일어났으며, 4월 1일부터 4월 13일까지 강화군에서는 매일 시위가 진행되었다.

시위형태와 발생 건수를 살펴보면 만세 40건, 동맹휴교 3건, 철시 1건, 격문 등 문서배포 3건, 항의 3건이었다.[21] 가장 높은 비중을 차지하는 만세시위에 대해 살펴보면 다음과 같다. 3·1운동기 인천지역에서 만세시위에 참여한 인원은 약 25,980명이었다. 일제측이 참여 인원을 과소화 하여 발표했을 것이라는 점을 고려하면 더 많은 인원들이 시위에 참여했을 가능성이 있다. 지역별로 살펴보면 인천부에서는 총 4번에 걸쳐 570명이 만세시위에 참여하였다. 부천군의 경우에는 총 11회에 걸쳐 4,030여명이 만세시위에 가담했다. 강화군의 경우 총 25회에 걸쳐 22,410여명이 만세시위를 진행했다. 강화지역에서 참여 인원이 많은 것은 3월 18일 강화읍내 장터에서 진행된 대규모 시위 때문이다. 이 시위에 2만 여명이 참여했다. 부천 지역에서는 시위 군중과 경찰 간에 물리적인 충돌이 있었다. 그 결과 시위군중 1명이 죽었는데, 이것은 농민들이 면사무소의 일부 기기를 훼손하고 면서기의 집을 파괴하는 사건으로 이어졌음이 주목된다.

---

20 『매일신보』 1919년 3월 27일
21 문서배포, 동맹휴교, 만세시위가 함께 일어난 경우가 있기 때문에 시위횟수보다 더 많은 수치로 집계된다.

3. 행정구역별 시위 내용

1) 인천부(仁川府)

3·1운동기 인천부에서 일어난 첫 항거는 학생들의 동맹휴학이었으며, 3월 6일부터 같은 달 9일까지 진행되었다. 3월 6일 우각리에 위치하고 있었던 인천공립보통학교[현 창영초등학교] 3, 4학년 학생들은 학교를 몰래 빠져나와 하급 학생들에게 동맹휴교에 참여할 것을 권유했다. 인천공립보통학교 학생들의 이러한 움직임은 인근에 있었던 인천공립상업학교[현 인천고등학교] 학생들에게도 영향을 주었다. 3월 7일 인천공립보통학교 3, 4학년생들은 오전 9시경에 하급 학생들이 등교하는 것을 도중에 막고 함께 동맹휴교에 동참할 것을 제안했다. 한편 학교 직원들은 관할 경찰관서와 연락하고 학생들의 행동을 조사했다. 또한 학생들의 각 가정을 방문하여 등교를 촉구하였다, 하지만 수업이 개시되었음에도 불구하고 3, 4학년생들은 거의가 결석했다.[22]

이와 같은 인천공립보통학교학생들의 행동은 3·1운동기 가장 먼저 일어난 보통학교 학생들의 동맹휴교였다는 점이 주목된다. 조선군참모부에서 1919년 5월 1일부터 5월 10일까지 일어난 시위내용을 조선총독부에 보고한 문서 중에는 전국 보통학교의 상황을 기록한 것이 있다. 그 중 <보통학교생도소요경황(普通學校生徒騷擾景況)>에 따르면 인천공립보통학교는 전국에서 가장 먼저 동맹휴교를 한 보통학교로 보고되었다.[23] 당시

22 高第6335號「獨立運動二關スル件(제10보)」『大正8年乃至同10年 朝鮮騷擾事件關係書類 共7冊 其7』
23 密第102號 其273/朝特報 第13號「騷擾事件二關スル狀況」『朝鮮騷擾事件關係書類 共7冊 其4』

인천부와 경성부 사이에는 경인철도가 개설되어 있었기 때문에 양 지역을 쉽게 왕래할 수 있었다. 오전 8시경에 남대문에서 출발하면 10시경에 인천부 내에 있는 축현역[현 동인천역]에 도착할 수 있었다.[24] 이것은 경성부의 소식을 가장 먼저 접할 수 있는 조건이 되었을 가능성이 있다. 당시 경기도 지역에서 많은 학생들이 경성으로 통학하고 있었음을 고려한다면, 철도가 직접적으로 연결되는 인천부에 거주하던 학생들도 상당수 경성에 있는 학교에 통학 했을 것으로 생각된다.

인천공립보통학교 3학년 김명진은 동맹휴학 기간에 가장 눈에 띄는 행동을 한 인물이었다. 인천공립보통학교 학생들의 동맹휴교에 대항하기 위하여 학교와 인천부내에 있던 경찰서는 서로 긴밀하게 협조했다. 동맹휴학에 참여한 학생들에 대한 행동을 조사하고 훈계를 한다는 원칙을 세웠다. 이 두 기관 사이에서 가장 중요한 연락수단은 전화였다. 김명진은 학교와 경찰서 산의 연락체세를 끊으려고 하였다. 3월 8일 9시 김명진은 인천고등보통학교 3학년 박철준과 함께 그들이 다니던 학교에 잠입했다. 그리고 전선 절단용 가위로 2층에 있던 전화 공중선을 절단하고, 1층 사무실에 있던 전화 수화기를 부쉈다. 이후 김명진과 박철준은 경찰에 연행되었고 경성지방법원에서 진행된 제1심에서 보안법 및 전신법 위반 등의 혐의로 징역 2년을, 경성복심법원에서 진행된 제2심에서 징역 1년 6개월 형을 받았다.[25]

인천공립보통학교에서는 3월 14일 학부형회를 개최하여 학부모들과 함께 동맹휴교를 없게 할 것이라는 결의를 하였다. 또한 동맹휴교를 하지

---

24 최병호, 1918. 9. 1「仁川遠足記」『조선불교총보』11(김창수 엮음, 2005『인천의 산책자들』, 다인아트, 30~32쪽에서 재인용)

25 大正8年刑第1220號「김명진 등 3명 판결문」 ; 大正8年刑控第678號「김명진 판결문」

않는 조건으로 인천경찰서가 학생들에게 '관대한 조치'를 해준다는 것을 약속받았다. 이러한 노력에도 불구하고 3월 15일 현재 총원 405명 중 약 80여명의 학생이 출석하지 않았다.[26] 인천공립보통학교의 동맹휴교가 진정되기에는 최소 10일 이상이 걸렸다.

3월 8일부터 노동자를 '선동'할 목적으로 인쇄되어진 문서들이 다수 제작되어 배포되었다.[27] 이 문서들을 제작한 사람들은 여러 명이었을 것으로 생각된다. 이중 대표적인 사람은 황해도 송화군 출신 학생 오은영이었다. 3월 8일 오은영은 우소식, 강봉희 등과 함께 인천부 용리에 있던 신창병원 신태영의 집에서 손병희 등이 반포한 독립선언서 및 그와 유사한 취지를 담은 문서를 약 800매 제작했다. 그리고 다음날인 9일, 인천부 내리 방면에 있는 조선인들의 집에 준비한 문서를 투입했다. 오은영은 체포되어 재판을 받게 되었고, 제1심과 제2심을 거쳐 출판법 및 보안법 위반 혐의로 징역 6개월을 언도받았다.[28]

인천부에서 만세시위는 3월 9일에 최초로 일어났다. 300여명의 사람들이 모여 시위를 하였으며,[29] 오후 8시 30분경에는 인천부 동단 경성가도에 약 50여명이 모여 독립만세를 부르며 시위를 시작했다. 일본 경찰은 주모자 1명을 체포하고 해산시켰다.[30] 3월 10일에는 학생과 일반인 200여

---

26 高第7277號「獨立運動二關スル件(제10보)」『大正8年乃至同10年 朝鮮騷擾事件關係書類 共7冊 其7』
27 高第6335號「獨立運動二關スル件(제10보)」『大正8年乃至同10年 朝鮮騷擾事件關係書類 共7冊 其7』
28 大正9年刑第291號「오은영 판결문」; 大正9年刑控第95號「오은영 판결문」
29 朝憲警 第107號「朝鮮騷擾事件一覽表二關スル件」『朝鮮騷擾事件關係書類 共7冊 其1』
30 高第6506號「獨立運動二關スル件(제10보)」『大正8年乃至同10年 朝鮮騷擾事件關係書類 共7冊 其7』; 삼일운동 DB에서는 300명의 시위와 50여명의 시위를 같은 것으로 볼 수는 가능성이 있다고 지적하였다. 이글에서는 각각 다른 시위로 생

명이 만세시위를 벌였으며, 8명이 검거되었다.[31]

3월 27일부터 3월 31일까지 인천부 시가지에서 철시가 진행되었다. 3월 26일 경 철시를 '선동'하는 격문이 인천부내에 배포되었다. 이것을 주도했던 대표적인 사람은 인천부 내리에 거주하던 잡화상 김삼수였다. 그는 경성 및 기타 각지의 상인들이 조선독립운동을 성원하기 위해 점포를 폐쇄했는데, 인천부 상인들은 그렇지 않은 것에 불만을 가지고 있었다. 이에 3월 26일 철시를 권고하는 경고문 20여 통을 작성하여 시내 각 전신주에 붙였다.[32] 김삼수가 부친 격문은 인천부내에 있던 상인들에게 큰 위협이 되었던 것으로 생각된다. 3월 27일부터 인천 시가에 있는 상점들은 철시를 했으며, 3월 29일 이후 폐점하는 곳은 170여 호에 이르렀다.[33] 4월 1일 인천경찰서장 마츠모토 츠루오(松元鶴雄)는 조선인 상인 전부를 경찰서에 소집하고, 철시하지 않겠다는 승낙서에 강제적으로 날인하게 하였다. 김삼수는 이에 반발했다.

4월 1일 경찰서장과 면담을 한 후 김삼수는 객주조합급사였던 임갑득과 함께 "점포를 닫지 않으면 최후 수단을 취하겠다"는 취지를 기재한 격문 18통을 작성했다. 같은 날 오후11시 경 16개 점포에 준비한 격문을 투입하고 폐점할 것을 요구했다. 다음날에는 "경고(警告), 인천에 있는 상업가가 폐점하지 않으면 인천 시가를 초토화 할 것이다"라는 내용의 문서 20통을 작성하여 내리에 있는 점포에 투입을 하였다. 4월 3일에는 "최후

_____

각하고 서술하였다.

31 朝憲警 第107號 「朝鮮騷擾事件一覽表ニ關スル件」 『朝鮮騷擾事件關係書類 共7 册 其1』

32 大正8年刑上第793號 『김삼수 등 2명 판결문』

33 秘受6424號 「騷擾事件ノ概況」, 『不逞團關係雜件 朝鮮人ノ部 在內地 七』; 大正8年刑上第793號 『김삼수 등 2명 판결문』에는 仁川市街에 있는 상점이 전부 철수했다고 기록되어 있다.

통첩(最後通牒), 속히 폐점하지 않으면 최후의 수단을 취할 것이다"라는 취지를 쓴 격문을 작성하고, 이것을 인천부내에 있던 점포에 투입하려고 하였다. 하지만 경계하고 있던 경찰에게 체포되고 말았다. 김삼수와 임갑득의 재판은 제3심까지 진행되었으며, 각각 징역 10개월, 6개월을 언도 받았다.[34]

한편 4월 1일 인천부 외리에서 약 20여명이 모여 시위를 하려고 하였다. 하지만 경찰이 제지하여 진행되지 못하였다.[35] 외리에는 외리경찰관파출소가 위치하고 있었고, 경찰들은 더 많은 인원이 모이기 이전에 시위를 저지한 것으로 보인다. 6월 23일에는 인천공립상업학교 학생들이 동맹휴교를 하려고 하였지만 교사와 경찰의 압박으로 시행되지 못했다.[36]

3·1운동기 인천부에서 가장 먼저 시작된 시위양상은 학생들에 의한 동맹휴교였다. 이것은 일제측이 작성한 문서에서 보고된 보통학교 학생들의 최초 동맹휴교였다. 경성부의 소식을 쉽게 접할 수 있었던 인천부의 상황이 반영된 것으로 보인다. 인천부에서 마지막으로 계획되었던 시위형태 역시 동맹휴교였다. 3·1운동기 인천부의 시위는 학생들이 주도했다고 볼 수 있다. 경찰의 보고문건에 따르면 인천부에서 만세시위는 총 4회 일어났다. 3월 9일에 2회에 걸쳐 350명, 3월 10일 200명의 시위가 있었다. 이후 4월 1일에 20여명의 시위가 있었는데, 이 시위는 경찰에 의해 제지되었다. 일본인이 많이 거주하고 있었고, 경찰력이 집중되어 있었던 인천부에서 만세시위는 사전에 발각되거나, 자주 진행될 수가 없었음을 알 수

---

34 大正8年刑上第793号『김삼수 등 2명 판결문』
35 騷擾事件 經過 槪覽表, 騷擾事件報告臨時報 第12號 『朝鮮騷擾事件關係書類 共7冊 其7』
36 密 第102號 其332/朝特 第180號/第43號「電報 : 파리講和會議와 학생들의 동요」 『朝鮮騷擾事件關係書類 共7冊 其1』

있다. 3·1운동기 인천부에서 보이는 또 다른 저항은 철시이다. 철시를 독려하는 격문들이 뿌려졌고 이것은 조선인 상인들의 철시로도 이어졌다.

2) 경기도 강화군

강화군은 인천지역에서 가장 많은 시위가 일어났던 곳이다. 강화군에서 가장 먼저 일어난 사건은 관공리들의 항의였다. 3월 10일 삼산면 서기 등은 면장 김동헌 앞에서 조선독립창가를 불렀다.[37]

3월 12일부터 13일까지 부내면에 있던 강화공립보통학교 학생들의 동맹휴교와 만세시위가 진행되었다. 3월 12일 아침, 3학년 4학년 학생들이 모여 칠판에 대한제국 국기를 그리고 대한독립만세를 불렀으며, 12시에는 4학년 학생 30여명이 동맹휴교를 했다.[38] 13일 아침에는 3학년 학생들 46명이 동맹휴교에 동참했다. 여자부 학생들은 교내에서 독립만세를 외쳤다. 일본 경찰은 이러한 강화공립보통학교의 움직임은 "경성에서 돌아온 고등보통학교 학생 16명 중 누군가의 선동에 의한 것"이라고 의심했다.[39]

3월 18일 인천지역에서 가장 큰 만세시위가 강화군 부내면에서 발생했다.[40] 이날은 강화읍내 장날이었으며 만 명이 넘는 군중이 참여하는 대규모 만세시위가 진행되었다. 이 시위운동은 3월 초순부터 준비가 되었다. 시위의 준비 과정을 살펴보면 다음과 같다.

길상면 온수리에서 은세공업에 종사하는 유봉진은 3월 초 연희전문학

---

37 大正8特豫第8號 「同行報告書」 『崔昌仁外 10名 保安法違反等』
38 『매일신보』 1919년 3월 16일
39 高 第7277號 「獨立運動ニ關スル件(제17보)」 『朝鮮騷擾事件關係書類 共7冊 其7』
40 이날 시위에 관해서는 김성민, 2002 앞의 논문, 제3·4장이 참조된다.

교 학생 황도문을 통해 경성에서 진행된 3·1운동 소식을 접했다. 그는 대한제국 진위대 소속군인이었으며, 기독교도였다.[41] 3월 5~6일경 유봉진은 선두리에 거주하던 기독교도 유희철에게 강화에서도 독립만세운동이 필요하고 다수의 군중들을 참여하게 하려면 강화읍내에서 열리는 장날을 이용해야 한다고 강조했다. 3월 8일 유봉진은 길직리 교회 목사 이진형의 집으로 가서 경성의 상황을 전하고 만세시위를 함께 하기로 약속받았다. 3월 9일 오후 길직리 교회에서 윤봉진을 비롯해 목사 이진형, 전도사 조종렬과 그의 동생 조종환, 경성 연희전문학교 학생 황도문, 전 면장 황명희, 황유부 등이 회합하였고, 독립선언서에 기초하여 3월 18일 강화읍내에서 열리는 장날에 만세운동을 진행할 것을 결정했다. 유봉진은 3월 16일 주문도에 있는 교회에서 백 여 명이 넘는 인원 앞에서 연설을 했다. 한편 염성오, 장윤백, 황유부는 강화시장에서 만세를 부르자는 내용이 담긴 '강화인민에게', '독립가' 등과 같은 문서들을 약 200~250매 제작하였다. 이 문서들은 3월 13일부터 16일 사이에 기독교도들의 주도하에 여러 경로를 통해 배포되었다. 3월 16일에는 선두리 염성오의 집에서 길직리와 선두리에서 거주하던 교인들이 모여 만세운동을 진행하기로 합의했다.

3월 18일 오후 2시경 군중들은 강화읍내 시장에서 '조선독립' 깃발을 앞세우고 '구 한국기'를 흔들며 조선독립만세를 외쳤다. 유봉진은 말을 타고 '결사대 유봉진'이라고 쓴 깃발을 흔들며 시위를 이끌었다. 수천 명

---

41 유봉진은 강화공립보통학교를 다니던 15세 때 군대에 지원하였고, 강화도 진위대에 배속되었다. 당시 진위대장은 誠齋 李東輝였다. 진위대가 해산된 이후 유봉진은 은세공업에 종사함과 동시에 교직생활을 병행했다. 유봉진은 강화도에서 애국계몽 활동을 한 이동휘의 영향을 받았고, 자신이 속한 군대를 강제해산하려는 일제의 의도를 몸소 체험한 인물이었던 것이다. 이에 대해서는 김성민, 2002 앞의 논문과 권보드래, 2019 『3월 1일의 밤』, 돌베개, 56~58쪽 이 참조된다.

의 군중들은 군청으로 가서 군수 이봉종에게 "조선독립만세를 외쳐라. 만약 응하지 않으면 군청 안으로 침입하여 파괴 하겠다"고 위협하고 만세를 부르게 했다. 이후 객사로 가서 만세를 부르고 공자묘로 갔는데 시위군중은 2만 명 이상이 되었다. 군중들은 오후 5시경 경찰서에 검거당한 유희철 등을 구하기 위해 경찰서로 나아갔다. 그리고 "구금자를 석방하라, 시장에서 칼을 뺀 김 순사 보를 인도하라. 이에 응하지 않으면 경찰서에 침입하여 청사를 파괴 하겠다"라고 압박했다. 상황이 위급해짐에 따라 경찰은 검거자들을 석방 할 수밖에 없었다. 오후 8시 30분경 경찰의 해산 명령에 따라 시위대는 일시적으로 해산하였다. 그러나 약 1만 여명의 군중들은 다시 시장에 집합하여 만세를 고창하고 운동을 계속 진행했다. 저녁 11경에 시위대는 해산을 하였다. 조선총독부는 강화군에서 일어난 시위를 진압하기 위해 적극적인 행동에 나섰다. 19일 오전 8시 용산에서 장교 이하 군인 40여명이 파견되었고, 시위 참가자 63명이 체포되었다. 시위의 주도자였던 유봉진은 체포된 후 경성지방법원으로 이감되었으며, 1심과 2심 재판의 결과 징역 1년 6개월을 언도받았다.[42]

강화읍내 장터에서 벌어진 시위는 경성에서 진행된 3·1운동 소식이 빠르게 전파되어 일어났고, 규모가 매우 컸다는 점에서 주목된다. 준비 역시 매우 치밀하게 진행되었다. 강화도에 기반하고 있던 기독교와 성공회 측의 합류로 시위는 대규모로 발전했다. 강화 전 주민의 30%에 해당하는 인원이 참여했다.[43] 강화도의 역사성, 경성과의 지역적 근접성, 기독교의

---

42 高 第7901號「獨立運動ニ關スル件(제20보)」『朝鮮騷擾事件關係書類 共7冊 其7』
 ; 大正8年刑第930號「유봉진 등 39명 판결문」 ; 大正9年刑控第29號「유봉진 등 2명 판결문」 ; 3·1운동 데이터베이스, 허영란「3월 18일 오후 경기 강화군 강화읍내 시장 일대의 만세시위」

43 김성민, 2002 앞의 논문, 45쪽

조직력은 시위가 거대하게 되는 원인이었던 것이다.

3월 19일 길상면 온수리에서 약 80여명이 만세시위를 진행하였는데, 강화도에 파견된 장교 및 군인 11명이 시위대를 해산시켰다.[44] 3월 20일 에는 부내면에서 독립운동자 검거 반대와 철시를 주장하는 격문들이 배포되었다. 이것은 3월 18일 강화읍내 장터에서 있었던 시위의 주도자들을 검거하는 일본 경찰과 군경의 행동에 이의를 제기하기 위해서였다. 격문들의 배포 경로는 단일하지 않았다. 기독교학교 교사 겸 매일신보 기자인 조구원은 "조선독립운동자를 검거하지 말라. 불응하면 목을 베어 죽이거나 방화할 것이다"라는 내용의 문서를 자필로 작성하여 강화경찰서 경부 이해용에게 보냈다. 일본생명보험회사 직원이자 기독교도인 고제몽은 "조선독립운동의 기운을 북돋우기 위해 점포를 폐쇄하라"는 문서를 자필로 작성하여 잡화상 유종식에게 우송했다. 보성고등보통학교 학생이자 기독교도인 오영섭은 "조선독립운동자를 검거할 때는 각오해야 할 것이다" 는 내용의 문서를 자필로 작성하여 강화경찰서 순사부장에게 보냈다. 이밖에도 「자유민보」 등 십 수 종의 문서가 강화읍내에 배포되었다.[45]

3월 21일부터 24일까지 화개면 읍내리에서 시위운동이 일어났다. 3월 23일에는 주민, 학생, 기독교도 등 약 100여명이 시위운동을 일으켰다. 이 날 시위에 수정면 서한리와 동산리 주민들도 참여하였다. 경찰과 군은 시위대를 협박하고 강제로 해산시켰다.[46] 다음 날인 24일에는 읍내에서 공자묘, 면사무소 및 옛 군아 앞에서 만세시위가 일어났다.[47] 26일에도 화개

---

44 密 第102號 其89/朝特 第47號/第145號 『朝鮮騷擾事件關係書類 共7冊 其1』
45 3·1운동 데이터베이스 허영란 「3월 20일 경기 강화군 부내면에 독립운동자 검거 반대와 철시 주장하는 격문 배포」; 大正8年刑第1483號 「조구원 등 8명 판결문」
46 高 第8758號 「獨立運動ニ關スル件(제26보)」 『朝鮮騷擾事件關係書類 共7冊 其7』
47 高 第8946號 「獨立運動ニ關スル件(제28보)」 『朝鮮騷擾事件關係書類 共7冊 其7』

면에서 150여명이 시위운동을 벌였다.[48]

4월 1일부터 같은 달 13일까지는 강화도 각지에서 야간 화톳불 시위가 진행되었다. 『매일신보』의 보도에 따르면 강화도 내 많은 주민들이 저녁 8시경이 되면 산상에 불을 피우고 만세를 불렀다고 한다.[49] 4월 8일에는 삼산면 석포리에서 100여명이, 4월 9일에는 양도면 삼흥리와 산문리에서 각각 40명, 삼산면 석모리와 석포리에서 각각 30명, 10일에는 불은면 고릉리와 두운리에서 각각 30명, 70명, 삼산면 석포리에서 20명, 11일에는 양도면 길정리와 도장리에서 각각 60명, 80명이 참여하였다. 강화군의 마지막 시위는 4월 13일 불은면 두운리에서 진행된 만세운동이었다.

3) 경기도 부천군

현재 인천지역은 1919년 당시 경기도 부천군 일부, 강화군을 포함한다. 일본경찰이 작성한 문서에 따르면 현 인천 계양구, 미추홀구, 남동구, 웅진군, 중구 용유동 등에서 시위가 일어났다.

부천군 지역에서 가장 먼저 일어난 시위는 계양면 장기리 황어장터에서 일어난 만세시위였다.[50] 3월 24일 계양면 장기리 장날에 600여명의 군중들은 '구한국기'를 앞세우고 조선독립만세를 불렀다. 계양면 오류리에 거주하던 심혁성은 '조선독립만세'를 선창하며 시위를 이끌었다. 당시 시장을 경계하던 순사 4명은 심혁성을 체포하였고 경찰관주재소로 끌고 가려고 하였다. 이것을 본 임성춘은 오후 5시경 300여명의 군중에게 '심혁

---

48 朝憲警 第107號「朝鮮騷擾事件一覽表에 關한 件」『朝鮮騷擾事件關係書類 共7册 其1』
49 『매일신보』 1919년 4월 7일
50 인천 황어장터의 시위에 대해서는 박환, 2006 앞의 논문이 참조된다.

성이 연행된 것이 걱정되니 가자, 가자'라고 외치며 시위를 지휘하였다. 군중들 중 20여명과 순사들 간에 몸싸움이 벌어졌고, 심혁성을 구출해 냈다. 하지만 이 과정에서 이은선이 순사의 칼에 베어 중상을 입었고 결국 사망하게 되었다. 이 사실은 안 이은선의 친척이었던 이담은 분개했다. 24일 밤 이담은 면민을 규합하고 순사하게 이은선의 사망 원인을 묻기 위해 계양면장 안병혁, 면서기 이경응에게 회문(回文)을 작성해줄 것을 의뢰했다. 내용은 "죽은 자를 동정하는 사람은 이날 밤 계양면사무소에 모이라"는 것이었다. 회문은 각 리에 배포되었다. 밤 12시경 약 200여명의 군중이 면사무소에 모였다. 하지만 이경응은 참여하지 않았으며 그 소재를 확인할 수가 없었다. 이담은 분개했다. 그는 모여 있는 군중들을 향해 "이경응은 범한 죄가 있어 이곳에 참여하지 않았을 것"이라고 말하였다. 그리고 이경응의 집으로 찾아갔고, 그가 부재한 것을 확인한 후 가옥을 파괴했다. 이에 대한 경찰의 대응은 강경했다. 85명이 검거되었고 그들 중 일부는 재판을 받게 되었다. 경성지방법원과 경성복심법원은 이 사건의 주도자인 이담에게 징역 2년, 전원순과 최성욱은 징역 10월, 심혁성에게는 징역 8월을 언도했다.[51]

계양면 장기리 황어장터에서 시위가 크게 일어날 수 있었던 이유는 함께 모일 수 있는 공간의 존재, 회문을 각 리에 뿌렸을 때 이것에 응하여 주민 200여명이 자발적으로 참여하는 공동체 의식의 존재였다고 생각된다. 앞서 살펴본 것처럼 인천부에서 일어난 철시는 해당지역의 공동체 의식이 발현된 것이라고 보기 어렵다. 인천부에서는 경찰의 회유 등에 의해서 철시를 쉽게 철회하는 모습을 보였다면, 황어장터에서는 면사무소 앞

---

51 大正8年刑第1080號「심혁성 등 6명 판결문」; 大正8年刑控第969號「심혁성 등 5명 판결문」

에서 항의 및 관공서 일부 파괴, 행동이 의심되던 면서기집의 파괴가 진행되었다.

3월 24일에 있었던 시위의 여파는 다음날까지 이어졌다. 25일 오전 11시경 300여명의 군중들은 계양면사무소에 가서 일부 기물을 훼손하고 시위를 벌였다. 경찰은 공포탄을 발사하여 이들을 강제로 해산시켰다.[52]

3월 27일에는 부천군의 여러 지역에서 만세시위가 다발적으로 일어났다. 부천군 다주면 주안 지역을 비롯한 5개면에서 1,660여명이 만세시위를 벌였다.[53] 이날 밤에는 문학면 관교리에서 산상 화톳불 시위가 벌어졌다. 약 240여명의 주민들은 뒷산에 올라가 화톳불을 피우고 조선독립만세를 외쳤다. 관교리에 거주했던 이보향은 그의 동생 이무향 등 7명과 함께 이 시위를 주도했다. 그들은 경성지방법원, 경성복심법원, 고등법원으로부터 보안법위반 혐의로 징역 6개월을 언도받았다.[54] 이 중 한명이었던 관교리 주민 최선택은 경성복심법원에서 진행된 재판에서 자신은 농업을 하는 사람이기 때문에 잘 모르지만 '구한국'이 좋다고 생각하고 있었다고 진술했다. 근처 산에서 만세 소리가 들렸기 때문에 자신도 참여하려고 했고, 20~30여명이 산을 내려오면서 만세를 부르고 있기에 자신도 산에 올라가면서 만세를 불렀다고 했다.[55] 이러한 최선택의 진술은 3·1운동이 특정한 단체의 계획 등이 없이 마을사람들의 공감아래에서 이루어질 수 있음을 의미한다. 화톳불을 피워놓고 마을 뒷산에 올라 만세를 부르는 것은

---

52 高 第8874號 「獨立運動ニ關スル件」 『朝鮮騷擾事件關係書類 共7冊 其7』
53 秘受03650號 「電報 : 昨二十七日京畿道坡州郡瓦石面ニ」 『不逞團關係雜件 朝鮮人ノ部 在內地 三』 ; 주안을 비롯한 5개 지역의 시위인원이 1660명이므로 주안의 시위인원은 대략 300명 정도로 예상한다.
54 大正8年刑第1109號 「이보향 등 8명 판결문」 ; 大正8年刑控第464號 「이보향 등 7명 판결문」 ; 大正8年刑上第783號 「최선택 등 3명 판결문」
55 大正8年刑控第464號 「이보향 등 7명 판결문」

그들이 현실에 저항할 수 있는 통로였던 것이다.

3월 28일 현 남동구 지역인 부천군 남동면에서는 400여명이 모여 시위를 벌였다.[56] 같은 날 용유면 관청리 광장에서는 250여명이 '구 한국기'를 앞세우고 조선독립만세를 외쳤다.[57] 이 시위를 주도한 인물은 용유면 남북리에 거주하던 조명원이었다. 3월 23일, 24일경 조명원은 조종서, 최봉학, 문무현에게 시위를 진행할 뜻을 밝혔다. 그들은 자신들이 속한 단체를 혈성단이라고 정하고 3월 28일에 만세운동을 할 것을 결정했다. 이후 면포에 대형 '구 한국기'를 만들고, 자신들의 이름을 적어 넣었다. 이와 함께 "조선독립운동을 거행할 것이니, 28일 관청리 광장으로 모이라"는 취지를 기재한 격문 80여 통 및 편지 1통을 작성하였다. 그리고 4명이 분담하여 용유면 남북리, 거잠리, 을왕리, 덕교리에 거주하는 믿을 수 있는 주민에게 배부하였고, 그들로부터 시위에 동참하겠다는 약속을 받았다. 3월 28일 용유리 광장에서 조명원 등은 만들어 놓은 '구 한국기'를 앞세우고 조선독립만세를 불렀다. 함께 시위하기로 약속했던 인원들을 포함하여 150여명의 주민들이 이에 동조하였고, 이후 약속했던 이난의가 이끄는 을왕리 주민들이 시위에 합류하였다. 하지만 이들은 검거되었고 경성복심법원으로부터 조명원은 징역 1년 6월, 조종서, 최봉학, 문무현은 징역 1년을 언도받았다.[58]

3월 27일에 이어서 3월 28일에도 부천군 각지에서 야간 화톳불 시위가 진행되었다. 남동면에서는 400여명이, 다주면에서는 약 150여명이 야

---

56 騷擾事件報告臨時報 第12號 「騷擾事件 經過 槪覽表」 『朝鮮騷擾事件關係書類 共7冊 其7』

57 용유면 관청리는 현재 인천광역시 중구 남북동이며 인천공항과 인접하여 있다.

58 大正8年刑第1118號 「조명원 등 11명 판결문」 ; 大正8年刑控第606號 「조명원 등 10명 판결문」 ; 大正8年刑上第795號 「조명원 등 4명 판결문」

간 만세시위에 나섰다.[59]

4월 6일, 7일, 9일에는 현 옹진군인 영흥면과 덕적면에서 만세시위가 일어났다. 육지에서 진행되었던 만세시위가 섬 지역으로 확산된 것이다. 4월 6일 영흥면에서는 50여명이 시위를 벌였다.[60] 4월 7일에는 영흥면 내리에서 약 100여명이 만세시위에 참여했다.[61] 4월 9일에는 덕적면 진리 해안에서 약 100여명이 조선독립만세를 외쳤다. 이 시위를 이끌었던 인물은 사립명덕학교 교사 임용우였다. 그는 자신이 근무하던 사립명덕학교 운동회가 진리 해안에서 개최되는 것을 이용하여 만세운동을 진행하려고 하였다. 운동회가 끝난 오후 4시경 임용우, 서당교사 이재관, 사숙교사 차경창 등은 주도자가 되어 학생, 주민 등과 함께 만세시위를 진행했다. 경찰에 체포된 임용우는 경성지방법원으로 이감되었고 재판정으로부터 징역 1년 6월형을 언도받았다.[62]

옛 부천 지역에서 진행된 시위는 인천부에서 진행된 시위에 비하여 횟수도 많았고 대규모로 진행되었다. 인천부에 비하여 경찰력은 약하고 지역적 유대감이 큰 것이 원인 중 하나인 것으로 생각된다. 장기리 황어장터에서 일어난 시위는 일본경찰의 과잉대응과 이에 따른 지역주민의 죽음이 시위가 더욱 커지게 되는 원인이 되었다.

---

59 高 第9613號「獨立運動ニ關スル件」『朝鮮騷擾事件關係書類 共7册 其7』; 朝憲警 第107號 「朝鮮騷擾事件一覽表에 關한 件」『朝鮮騷擾事件關係書類 共7册 其1』

60 騷擾事件報告臨時報 第12號「騷擾事件 經過 槪覽表(1919.3.1.~1919.4.30)」『朝鮮騷擾事件關係書類 共7册 其7』

61 朝憲警 第107號「朝鮮騷擾事件一覽表에 關한 件」『朝鮮騷擾事件關係書類 共7册 其1』

62 大正8年刑第1177 1285號「임용우 등 5명 판결문」

4. 인천지역 시위의 특징

3·1운동기 인천지역의 시위는 인천부에서 강화군으로, 그리고 부천군으로 확산되었다. 경찰이 시위의 확산을 막기 위해 강하게 경계했음에도 불구하고 시위 열기는 계속 이어졌다. 1919년 당시 인천부, 경기도 부천군, 강화군은 행정구역이 달랐다. 하지만 이것은 1914년 조선총독부가 행정구역을 개편하고 부제를 실시하면서 일본인이 많이 거주하는 지역을 인천부로 정하고 그 주변지역을 경기도 부천군으로 편성했기 때문이었다.[63] 이 지역들은 인접지역으로 각 지역의 상황을 쉽게 접할 수 있었다. 인천부 우각리를 근거지로 한 기독교는 강화, 부천 지역까지 영향력을 끼쳤다. 지금의 강화군 교동 지역인 화개면 읍내리는 한강 수운이 활성화되어 있을 때에는 인천의 영향을 강하게 받았던 곳이었다. 또한 강화, 인천, 부천은 서울로 가는 교통이 연결되어 있는 곳이었다. 육로로써 강화, 인천, 부천을 지나갈 수 있는 경성가도가 있었다. 1899년에 개통된 최초의 철도 경인선은 경성의 소식을 더욱 쉽게 접하고 인천지역 간 왕래가 편하게 되는 계기가 되었다. 개통 당시 경인선 정거장은 인천역, 축현역 [동인천역], 우각역, 부평역, 소사역, 오류역, 노량진역이었다. 이러한 것들에 더하여 인천지역에서 일어난 3·1운동의 배경에 대해서 다음과 같이 생각해볼 수 있다.

첫 번째 인천지역은 일본인의 이주가 증가하고 식민지 지배체제가 강화되면서 일어나는 상황을 어떤 지역보다 빠르게 체험하고 접할 수 있는 곳이었다. 인천부의 경우를 살펴보자. 1894년 청일전쟁 이후 일본인은 제물포 행정의 주도권을 장악했다. 그리고 조계와 그곳에서 인접한 조선지

---

63 부천군은 부평과 인천의 한 글자씩을 합성하여 만든 지명이었다.

계를 잠식해 들어왔다. 그 과정에서 한국인들은 자기 땅에서 배제되고 축출되었다.[64] [그림 2]는 인천부의 권역별 구분을 나타낸 것이다.

[그림 2] 인천부의 권역별 구분

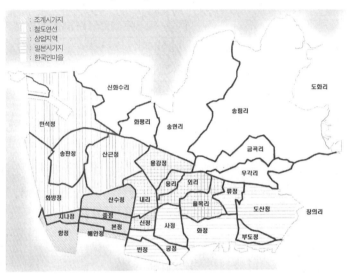

출처 : 이영호, 2017『개항도시 제물포』, 민속원, 45쪽

[그림 2]와 [표 1]을 바탕으로 인천부에서 일어났던 시위지역에 대해 살펴보자.

우각리에서 동맹휴교의 형태로 시작된 시위는 이후 내리, 외리, 송림리 지역에서 일어났다. 이 지역들은 모두 한국인들의 비중이 높았던 곳이었다. 우각리가 포함된 일대를 '배다리 지역'이라고 한다. 배다리 일대는 제물포 개항장의 외곽지역이면서 육상으로 경성과 연결되는 길목에 위치

---

64 이영호, 2017 앞의 책, 132~138쪽

해있다. 개항장 지대가 일본인을 비롯한 조계의 외국인들의 주도로 운영
되었다면, 배다리 지역에서는 조선인과 조선에 들어와서 살고자 했던 외
지인이 어우러져 접변지역이 되었다.[65] 그 결과 한국인 마을이 다수 존재
하였고 한국인을 대상으로 한 교회, 그리고 학교들이 우각리에 집중되어
있었다.

내리와 외리는 삼리채(三里寨)라고도 불렸던 지역으로 그 중앙을 지르
는 큰길은 경인가도이기 때문에 일본인들은 경성도(京城道) 또는 경정(京
町)이라고 불렀다. 이곳은 거류지 외곽이었으며, 일본인들은 조선인 거주
지역이라고 인식했다. 즉 내리와 외리는 조선인 거주 지역의 중심이었고
상업의 중심지였다.[66] 송림리의 경우 외국인 조계가 만들어지고 확산되면
서 해당 지역에서 밀려난 한국인들이 많이 정착했던 곳이었다. 결국 인천
부 우각리, 내리, 외리 등지에서 일어난 시위는 일본인들의 진출로 인해
피해를 본 한국인들의 감정이 폭발한 것이었다고 볼 수 있을 것이다.

부천군 지역은 일제가 조선토지조사사업을 진행하기 위한 사전 작업
인 '시험조사'를 시행한 곳이었다. 일제는 1909년 11월부터 1910년 2월까
지 부평군[67]에서 '토지조사시행'에 착수하였다. 조선토지조사사업을 본격
적으로 시행하기에 앞서 민심의 동향을 살피고 측량의 경험을 축적하기
위해서였다. 부평군의 주민들은 시험조사에 순응적이지 않았다. 시험조사
이후 진행된 본조사에서 신고면적은 조사면적의 4분의 3에 불과했으며,
4분의 1의 면적은 신고 되지 않았다. 조선총독부는 토지조사 결과 징세액
이 감액될 것이라고 하였다. 하지만 시험조사 결과 기존보다 25%의 징세

---

65 이희환 엮음, 2009「오래된 서민들의 삶의 터전 ― 배다리 일대의 문화와 풍속」
  『인천 배다리 시간, 장소, 사람들』, 작가들, vii쪽
66 仁川府廳, 1933『仁川府史』, 1506쪽
67 부평군은 1914년 행정구편 때 부천군이 되었다.

액 초과가 이루어질 것이라고 보고되었다.[68] 일제의 정책이 선전과 다르다는 것이 밝혀진 것이다. 부평군 주민들은 이러한 상황을 체득하고 있었을 가능성이 있다.

강화도는 외세의 침범을 직접 경험하고 그들에 대한 저항의식이 높은 지역이었다. 병인양요, 신미양요, '운요호사건'이 일어났으며 '강화도조약'도 이곳에서 맺어졌다. 또한 강화도에서는 사립학교들이 세워졌으며, 이곳에서는 신지식 및 민족의식 함양을 위한 교육이 이루어졌다. 1909년 강화에는 이동휘가 주도하여 세운 보창학교, 감리교 계통의 32개 학교 등 총 72개의 사립학교가 건설되어 있었다. 1907년에는 군대해산에 저항하는 강화진위대의 항거가 일어났다. 1907년 8월 9일 50여명의 강화진위대 병사들은 일본군 소대와 교전을 벌였다. 강화진위대의 항거는 1908년까지 지속되었다.[69]

두 번째 기독교의 역할이다. 인천부 우각리 주변은 인천 기독교의 산실이었다. 1892년 아펜젤러의 후임으로 인천 내리교회(內里敎會)에 부임한 미북감리회 선교사 조원시(George Heber Jones, 1867.8.14~1919.5.11)는 활발하게 포교활동을 전개하였다. 그는 한국 서쪽 지방 일대(인천, 강화, 남양, 황해도 연안)의 선교를 위하여 우각리에 에즈베리 목사관을 세우려고 했다. 미국 뉴욕 휴즈 감독의 재정 지원을 받아 건설이 시작된 목사관은 1898년 1월에 완공되었다. 조원시 목사는 우각리 에즈베리 목사관을 기반으로 강화 지역 등으로 선교활동을 활발하게 펼쳐나갔다.[70] 1897년 강화 홍의교회를 시작으로 강화, 부평, 시흥, 옹진, 연백 지역에 교회를

---

68 이영호, 2018 『근대전환기 토지정책과 토지조사』, 서울대학교출판문화원, 278·294쪽
69 강화도의 지역적 특징에 대해서는 김성민, 2002 앞의 논문, 제1장 참조.
70 이희환 엮음, 2009 앞의 책, 46~47쪽

건설했다.[71] 1919년 3월 18일 강화군에서 일어났던 거대한 만세시위가 기독교 조직을 통해 확산된 것을 생각해본다면, 인천부에 위치해 있던 기독교 선교기지의 영향력이 있었음을 생각해볼 수 있다. 인천지역의 3·1운동은 각 지역이 가지고 있던 특징에 더하여 인천부를 근거로 하고 있던 교육, 종교가 강화군에서 일어난 3·1운동에 영향을 주었고, 강화군의 시위는 주변 지역이었던 부천군에 영향을 주었다고 할 수 있을 것이다.

세 번째 교육기관의 역할이다. 인천부 우각리 일대에는 인천 최초의 근대학교인 영화학교와 인천 최초의 공립학교였던 인천공립보통학교[현 창영초등학교]가 위치해 있다. 인천공립보통학교는 앞서 살펴본 것처럼 3·1운동기 인천지역에서 처음으로 시위가 시작된 곳이었다. 영화학교는 조원시목사와 마가렛 벵겔 선교사가 1892년 4월 세운 교회 내에 있던 남녀매일학교의 후신이었다. 이 학교는 후에 영화여자소학교로 발전하였으며, 인천부에서 뿐만 아니라 강화, 부평, 부천 등지의 아동들이 교육을 받기 위해 이 학교에 입학하였다.[72] 인천부에 성립된 교육기관들은 주변지역에 영향력을 끼치고 있었고, 인천부에서 일어난 동맹휴교 등에 대한 소식은 주변지역으로 확산되었을 가능성이 있다.

3·1운동기 인천지역의 시위양상을 살펴보면 인천부에서는 강화군과 부천군에서와 달리 격렬한 만세시위가 일어나지 않았다. 이에 대해 기존의 연구들은 시위의 규모와 격렬성에 주목하였다. 일부 연구는 인천부에서도 다른 지역 못지않게 3·1운동이 격렬하고 강하게 전개되었고 한다. 반면 일부 연구에서는 인천부의 경우 여러 조건의 제약으로 인해 부천군이나 강화지역에서만큼 시위가 일어나지 못했다고 한다. 인천부는 일본인

---

71 인천직할시사편찬위원회, 1993 앞의 책, 170쪽
72 이희환 엮음, 2009 앞의 책, 44~45쪽

이 오랫동안 거주해온 지역이며 경찰력이 강했던 지역이라는 점을 강조한 것이다.[73] 이와 함께 인천부에 거주하는 한국인은 일찍부터 일본인과 접해왔고 따라서 이들과 협력하기 쉬웠음을 지적하기도 한다. 일본인들의 존재는 한국인의 시위운동의 확대에 강력한 억지력으로 작용했을 가능성이 있다.[74] 이러한 의견은 타당성이 있다.

하지만 인천지역에서 일어난 3·1운동의 공통점은 일본의 정책, 그리고 일본인에 대한 반감이 표출된 것이었다는 점이 강조되어야 할 것이다. 일본인들의 존재는 한국인들에게 공포감의 대상이면서도 반감의 대상일수 있었다. 인천부에서 일어난 시위는 이러한 측면을 보여준다. 강력한 경찰력이 존재하고, 일본인들이 조직한 자위단이 존재하며, 경찰 및 학교 등 유력 기관에서 지속적으로 시위를 막기 위해 압박하고 설득하는 상황에서도 시위는 지속되었다. 일본인이 상당수 거주하는 인천부의 중심지에서는 독립을 주장하는 시위가 일어나기 어려운 조건이었다. 하지만 인천부 내에서도 개항 이후 일본인에게 밀려난 한국인들이 많이 거주하는 지역, 그리고 그곳에 형성된 종교시설, 학교를 중심으로 시위가 일어났다. 이것은 일본인과 조선총독부의 정책에 대한 반감을 표출했다는 점에서 부천군과 강화군에서 일어난 대규모 시위와 근본적으로는 동일한 이유 때문

73 3·1운동기 인천부에는 인천경찰서를 비롯하여, 인천정거장경찰관파출소, 화평리경찰관파출소, 축현역경찰관파출소, 외리경찰관파출소, 우각리경찰관파출소, 화정경찰관파출소, 궁정경찰관파출소가 존재하고 있었다. 현재 인천광역시 부평구인 부내면, 연수구인 문학면에 각각 1개 경찰관파출소가 존재했음을 고려하면 인천부는 주변지역에 비하여 경찰력이 매우 집중된 곳이었음을 알 수 있다.
74 이승엽은 이것을 '인원수의 논리', '힘의 논리'라고 표현하였다(李昇燁, 2005「三·一運動期 朝鮮在住日本人社會 對應 動向」『人文學報』92, 132쪽). 이와 연관하여 다수의 한국인들의 존재에 대한 식민통치자인 일본인의 두려움을 분석한 글로는 기유정, 2019「식민지 군중의 '길거리 정치'와 식민자의 공포(1920~1929)『3·1운동 100주년 총서 4권 공간과 사회』, 휴머니스트가 참조된다.

에 일어난 것이었다고 할 수 있다.

5. 맺음말

3·1운동기 인천지역의 시위는 <인천부> → <강화군> → <부천군> →
<인천 전 지역> 순으로 확산되었다. 1919년 당시 인천부, 강화군, 부천군
은 행정구역이 달랐지만 시위에 관한 소식은 각 지역에 영향을 끼쳤을 것
으로 생각된다. 인천부 우각리를 근거지로 하고 있던 기독교는 강화와 부
천지역사회에까지 영향력을 끼치고 있었다. 또한 강화, 인천, 부천 지역은
서울로 가는 육로가 관통하는 곳이었다. 경인선 철도의 개통은 경성에서
전해지는 소식뿐만 아니라 인천지역 간 왕래가 더욱 빈번해지게 되는 계
기가 되었다.

인천지역은 일본인의 이주와 식민지 지배체제 강화 정책을 어느 지역
보다 쉽게 체험할 수 있는 곳이었다. 인천부에서는 일본인의 중심지 장악
에 따라 이주해야 하는 한국인들이 많았다. 부천군의 경우 조선토지조사
사업을 위한 '시험조사'가 진행되었는데, 이에 대한 주민들의 반응은 순
응적이지 않았다. 강화도 지역은 외세의 침략에 지속적으로 항전을 해온
전통을 가지고 있는 곳이었다. 1907년 강화도진위대의 일부 대원들은 통
감부의 군대해산 명령에 맞서 일본군과 격전을 벌이기도 했다.

인천지역은 기독교의 영향이 큰 곳이었다. 인천부 우각리를 기반으로
하고 있던 기독교는 부천지역과 강화지역까지 영향력을 끼쳤다. 기독교
조직을 바탕으로 한 연락망은 이 지역의 시위상황을 전파하고 새로운 시
위를 계획하는데 중요한 역할을 하였다. 또한 인천지역은 교육기관의 역

할이 활발했던 지역이었다. 인천부 우각리 일대에 세워졌던 학교에는 강화, 부천 등지의 학생들도 입학을 하였다. 인천부에서 시작된 동맹휴교의 소식은 학생들에 의해 전파되었을 가능성이 있다.

인천지역에서 3·1운동 시위의 시작은 3월 6일 인천공립보통학교에서 시작된 동맹휴교였다. 경인선이 연결되어 경성의 소식을 가장 빠르게 접할 수 있었던 것이 주요 원인이었던 것으로 생각된다. 인천공립보통학교에서 시작된 동맹휴교는 일제 측 보고에 따르면 전국 보통학교 중 가장 먼저 시작된 것이었다. 인천지역의 마지막 3·1운동은 진행이 되지는 못했지만 6월 23일 인천공립상업학교에서 계획한 동맹휴교였다. 이 계획은 3·1운동기 국제정세의 종결에 따른 일제 측의 선전에 대항하여 진행된 것이었다.

<3·1운동 DB>에서 확인할 수 있는 인천지역에서 일어난 시위는 총 50건이었다. 이 중 발생 원인이 다른 마지막 한건을 제외하면 3·1운동기 인천지역에서 일어난 시위는 총 49건이다. 인천부 8건, 부천군 13건, 강화군 28건이었다. 강화군에서 가장 많은 시위가 일어났고 인천부에서 가장 적게 일어났다. 시위형태 및 발생 건수는 만세 40건, 동맹휴교 3건, 철시 1건, 격문 등 문서배포 3건, 항의 3건이었다. 만세시위의 경우 3월 9일 인천부에서 일어났으며, 마지막 만세시위는 4월 13일 강화군 불은면 두운리에서 진행되었다.

3·1운동기 인천지역에서 만세시위에 참여한 인원은 총 25,980명이었다. 일본 측이 참여인원을 과소화 하여 발표했을 가능성을 고려하면 더 많은 인원이 만세시위에 참여했을 것으로 생각된다. 인천부에서는 총 4번에 걸쳐 570명이 만세시위에 참여하였다. 부천군의 경우에는 총11회에 걸쳐 4,030여명이 만세시위에 가담했다. 강화군의 경우 총 25회에 걸쳐 22,410여명이 만세시위를 진행했다.

인천부에서 진행된 시위의 주도층은 학생들이었다. 학생들의 동맹휴교에 대해 학교 측과 경찰 측은 긴밀한 협조관계를 유지하며 시위를 막으려고 했다. 전화선을 절단한 인천공립보통학교 학생들의 행동은 경찰과 학교와의 관계에 대한 불신과 불만을 표출한 것이다. 인천부에서는 상인들의 철시도 이루어졌다. 하지만 경찰은 조선인 상인들을 모두 소집하여 철시하지 않겠다는 약속을 받는 조치를 취했다. 이에 대한 불만은 격문 배포로 이어졌다.

강화군의 시위는 인천지역에서 가장 큰 규모로 전개되었다. 3월 18일 약 20,000여명이 참여하는 대규모 시위가 있었고, 4월 1일부터 13일까지 매일 야간 화톳불 시위도 진행되었다. 일본경찰은 강화군에서 일어난 시위가 확산되는 것을 경계했다. 하지만 이 소식은 주변지역으로 흘러들어갔고 시위가 일어나는 하나의 원인이 되었다.

부천군에서는 장기리 황어장터에서 대규모 만세시위가 일어났다. 이과정에서 계양면사무소가 파괴되고, 일본경찰과 마찰을 빚는 상황이 벌어졌다. 장터에는 이 지역 주민들이 모여들었고, 부당하게 죽은 마을 사람의 존재는 시위가 격화되게 되는 원인이 되었다. 서로간의 유대가 있었던 지역사회의 모습을 보여주는 것이라고 할 수 있는 것이다.

참고문헌

김정인, 2019 『오늘과 마주한 3·1운동』, 책과함께
김창수 엮음, 2005 『인천의 산책자들』, 다인아트
독립운동사편찬위원회, 1969 『독립운동사』 제2권
이정은, 2009 『3·1독립운동의 지방시위에 관한 연구』, 국학자료원
이영호, 2017 『개항도시 제물포』, 민속원
이영호, 2018 『근대전환기 토지정책과 토지조사』, 서울대학교출판문화원
李龍洛, 1969 『三·一運動實錄』, 三·一同志會
인천광역시, 2017 『인천의 호국과 현충』
인천직할시사편찬위원회, 1993 『인천시사』 상권
이희환 엮음, 2009 「오래된 서민들의 삶의 터전 ― 배다리 일대의 문화와 풍속」
　　『인천 배다리 시간, 장소, 사람들』, 작가들
한국역사연구회·역사문제연구소 엮음, 1989 『3·1민족해방운동 연구』, 청년사
한국역사연구회 3·1운동100주년기획위원회, 2019 『3·1운동 100주년 총서 1. 메
　　타역사』, 휴머니스트

김성민, 2002 「강화지역 3·1운동의 전개와 성격」 『한국근현대사연구』 22
김헌주, 2019 「경기·인천지역 3·1운동의 배경에 관한 재검토」 『3·1운동 100주
　　년 기념 학술회의 '3·1운동과 경기·인천지역'』
김현석, 2019 「인천 3·1운동 발상지를 찾아서」 『작가들』
도면회, 2019 「총론 : 3·1운동과 경기·인천지역」 『역사와 현실』 113
박준형, 2014 「日本專管租界 내 잡거문제와 공간재편 논의의 전개」 『도시연구』
　　12
박환, 2006 「인천 황어장터 3·1운동의 전개와 역사적 의의」 『한국민족운동사연
　　구』 46
서굉일, 1995 「인천부」 『경기도 항일독립운동사』
신세라, 2002 「인천의 발자취」 『인천광역시사』 2, 인천광역시사편찬위원회
정용욱, 2018 「3·1운동사 연구의 최신 동향과 방향성」 『역사와 현실』 110
윤병석, 1993 「3·1운동과 인천」 『인천시사(상)』
李昇燁, 2005 「三·一運動期 朝鮮在住日本人社會 對應 動向」 『人文學報』 92

이용철, 2018 「평안북도 의주지역의 3·1운동」『한국독립운동사연구』 61

이정은, 2009 「경기지역의 3·1운동 양상」『국내 3·1운동 I 중부·북부』, 한국독
    립운동사편찬위원회 독립기념관 한국독립운동사연구소

이현주, 2013 「3·1운동과 인천」『인천광역시사』

이희환, 2010 「개항기 일본인들의 '인천(仁川)'표상 — '식민도시 인천' 담론의
    기원」『역사문화연구』 37

조우성, 1994 「불길처럼 타올랐던 인천의 3·1운동」『황해문화』 2

최우석, 2019 「3·1운동의 마지막 만세시위 검토」『사림』 67

홍순권, 2019 「부산지역 3·1운동 전개 양상과 특징」『항도부산』 37

3.1운동기 인천지역 시위의 양상과 특징

배 석 만(한국과학기술원 강사)

이 글은 인천지역에서 일어난 3.1운동의 전체적 시위 전개 양상과 그 특징을 살펴보는 것을 목적으로 하였다. 여기서 연구 대상인 인천지역이란 현재의 인천광역시를 의미한다. 지역에서 일어난 3.1운동 사례들을 발굴하여 명확히 하는 것은 이를 종합·유형화하여 운동의 전체상을 파악하는 일환임은 두말할 필요도 없다. 그리고 동시에 지역별로 드러나는 다양성도 같이 주목하여 3.1운동의 역사상과 이를 떠받치는 내용을 풍부하게 하기 위함이기도 하다. 특히 지역별 특징과 연계된 시위의 양상과 이것이 구성하는 다양성은 앞으로의 3.1운동 연구의 발전 방향과 관련해서도 중요한 지점이다.

1. 인천지역 시위 양상의 체계적 정리

글의 전체적인 구성은 크게 3장으로 이루어졌다. 우선 인천지역 시위의 전개 양상을 정리하였다. 그리고 다음 단계로 인천지역을 현재 인천광역시 행정구역 기준으로, 크게 인천부, 부천군, 강화군으로 나누어서 이들 세 지역 각각의 시위 내용을 구체적으로 기술하였다. 마지막으로는 이를 토대로 인천지역 시위의 특징을 제시하려고 시도하였다.

토론자가 생각하기에 이 글의 가장 큰 강점은 인천지역에서 일어난 3.1운동의 전체적 양상을 체계적으로 상세하게 잘 정리했다는 것이다. 기존 연구에서는 잘 드러나지 않았던 인천 지역에서 일어난 시위의 횟수, 참여인원, 시위의 시작과 끝은 언제인지 등과 같은 자세한 시위 양상을 파악하였다. 최근 국사편찬위원회가 구축한 <삼일운동 데이터베이스> ─ 필자는 <3·1운동 DB>로 칭함 ─ 를 적극 활용하였을 뿐만 아니라, 관련 자료와 기존 연구를 꼼꼼하게 파악하여 이용한 결과라고 생각한다. 필자의 정리에 의거하면, 3.1운동기 인천지역에서 일어난 시위는 총 49건이고, 지역별로는 인천부 8건, 부천군 13건, 강화군 28건이었다. 가장 빠른 시위는 3월 6일 인천부에서 일어난 인천공립보통학교 학생들의 동맹휴교였고, 강화도와 부천군 순서로 운동이 확산되었다고 하였다.

시위 형태는 만세시위가 가장 일반적 형태로 대부분을 차지하였다. 그 외에는 동맹휴교, 철시, 항의, 그리고 격문 등의 문서배포가 있었다. 가장 큰 비중을 차지했던 만세시위는 인천지역 시위 총 건수 49건 중 40건을 차지하였고, 참여한 인원은 2만5,980명이었다. 필자는 일제측이 참여 인원을 축소하여 발표했을 것이라는 점을 고려하면 더 많은 인원들이 시위에 참여했을 가능성도 지적하였다. 지역별로는 인천부가 총 4번의 시위에, 570명이 참여하였고, 부천군은 총 11회에 걸쳐 4,030여명, 강화군은 총 25회, 2만2,410여명이 참가하였다.

강화지역에서 참여 인원이 많은 것은 3월 18일 강화읍내 장터에서 진행된 대규모 시위 때문이라고 했는데, 이때 참여한 인원이 2만 여명이었다. 그러나 강화군은 인원 수 뿐만 아니라, 시위 건 수로도 당시 인천지역에서 일어난 전체 시위의 대략 절반을 차지할 정도로 압도적이다. 필자가 연구대상으로 한 현재 인천광역시 지역의 3.1운동 중심은 강화군이었음을 알 수 있다.

2. 시위의 지역적 특징을 드러내는데 성공했는가.

인천지역에서 일어난 3.1운동의 양상은 사례별로 잘 정리되었으나, 이러한 시위들이 전국적 양상과 차별화되는 지역적 특징 내지 독자성, 그리고 필자가 구획한 인천의 세 지역 시위 양상의 각각의 특징이 무엇인지에 대해서는 조금 아쉬운 느낌이 있다. 물론 이 글은 인천지역 3.1운동의 지역적 특징에 대해 서술하고 있다. 우선 인천지역 전체라는 관점에서는 일본인의 이주와 식민지 지배체제 강화 정책을 어느 지역보다 쉽게 체험할 수 있는 공간이었다는 점을 지적했다. 그리고 이 '체험'을 분노와 저항으로 전환시키는 데는 기독교와 근대 민족교육의 역할에 주목하였다. 세부 지역별로는, 인천부의 경우 일본인의 중심지 장악에 따라 변두리로 밀려나는 한국인들이 많았다 점, 부천군의 경우 조선토지조사사업을 위한 '시험조사'가 진행되었는데, 이에 대한 주민들의 반응은 순응적이지 않았다는 점, 강화도 지역은 외세의 침략에 지속적으로 항전을 해온 전통을 가지고 있는 곳이었다는 점을 지적했다. 그러나 지역적 특징으로 지적한 사항에 대해 좀 더 적극적으로 천착할 필요가 있었다고 생각한다.

인천지역의 공통분모로 일본인 이주와 거점화에 대한 반감, 그리고 이들이 펼친 식민정책에 주목했다면, 이와 같은 '개항장'의 공간적 특징과 3.1운동과의 관련성에 대해서 좀 더 연구가 진전되었어야 했다. 필자도 그 필요성에 대해서 인식하고 있다. 그러나 관련한 몇 편의 간접적 연구를 소개하는 선에서 그치고 있고, 인천의 지역적 특징을 도출하는데 중요한 참고가 될 수 있는 부산, 원산, 목포, 군산 등 여타 개항장의 3.1운동 시위 양상에 대해서는 추후 연구과제로 남겼다. 그러나 다른 개항장의 3.1운동에 대해서는 기존 관련 연구를 활용하는 선에서 인천과 비교해 보고 그 결과를 이 글에 반영했으면 좋았을 것이다. 의외로 흥미로운 결과가 나왔을 가능성도 있고, 최소한 인천부 3.1운동의 지역적 특징이 내용적으로 보완되었을 것으로 생각한다.

인천부, 부천군, 강화군이라는 세부 3개 지역 각각의 특징과 관련해서도 일본인 이주, 식민정책, 항전의 역사를 들고 있으나, 구체적 근거에 의거했다기보다는 선언적 느낌이 강하다. 각각의 지역에서 일어난 시위에 대한 보다 치밀한 분석을 통해 주장을 탄탄하게 떠받칠 필요가 있었다. 예를 들어 강화군의 지역 특징으로 주목한 축적된 항전의 역사는 비슷한 배경을 가진 호남지역 3.1운동의 양상을 설명하기 어렵게 만든다.

세부 지역의 특징이 인천지역 전체의 특징으로 어떻게 화학적 결합을 하고 있는가에 대해서도 언급이 소략하다. 각 지역 특징의 공통분모를 찾아낼 수 있을까가 우선적인 관건이고, 그 속에서 다시 세 지역만의 고유한 특징을 별도로 얘기할 수 있을지도 과제가 될 것이다. 아울러 지역에 주목할 경우 항상 '전국' 내지 '중앙'도 염두에 두고 동일하게 공통적 분모와 차별성, 특징을 고민해야 하다는 점도 당연히 첨언되어야 한다.

3. 지역 3.1운동 연구의 진전을 위한 고민

필자도 지적하고 있지만, 개항장과 같이 지역의 사회경제를 일본인이 주도한 것이 민족 대립(모순)을 보다 첨예하게 만드는 측면이 있다. 인천과 함께 동시대 개항장인 부산의 경우에서 보면, 3.1운동 시기와 완전히 겹치는 것은 아니지만, 일본인 습격사건과 같은 민족 차별과 일본인의 횡포에 대한 반감과 저항이 드물지 않게 일어나고 있다. 1915년 부산 대신동에서 조선인을 괴롭히던 일본인의 집을 습격·방화한 것이나, 1916년 전차 사고를 계기로 수 천 명이 시위하고, 전차를 전복시키고 투석으로 파괴하였던 것이 이러한 사례이다. 특히 전차 시위는 일본군이 출동하여 발포까지 하여 군중을 해산시켜야 했던 격렬한 시위 양상을 보였다. 이렇듯 일본인이 많이 살고, 이로 인해 치안력이 강하다는 것은 저항의 억지력으로 작용하기도 하지만, 동시에 저항의 강도를 높이는 요인도 되고, 다양한 저항을 일상화시키기도 하는 것이다. 여기에는 식민지 개항장에 도입된 근대 자본주의 시스템의 작동에 따른 '도시 민중'의 불만의 일상화, 즉 일상적 생활문화 속에서의 민중적 저항이라는 요소도 더불어 작동하고 있다.

물론 정반대로 비록 불완전한 것이기는 하지만 이른바 '식민지 근대'가 가져온 사회경제적 영향이 '협조'로 나타나서 저항 강도를 낮출 수도 있다. 어느 쪽이든 3.1운동 시위 발생 건수와 참여자 수만으로 저항의 높낮이를 해석하는 것에서 좀 더 나갈 수 있는 무엇인가가 필요하다는 생각이다.

필자는 일본인이 많이 살았던 지역(인천부)과 전통적 한국인 거주지(부천, 강화)의 3.1운동 전개 양상과 특징 비교에도 일정하게 주목하고 있는 것으로 이해된다. 문제는 인천부의 시위가 약했던 이유와 관련하여 다양한 해석이 가능하다는 것이다. 이들 분석은 이 글에서 언급된 것처럼 서로 상반된 결론을 도출하기까지 한다. 기존 연구와 이 글을 종합적으로 보면, 인천부와 같은 개항장의 경우, 일본인 주도, 강력한 치안력 외에 이주민의 거주지로 전통적 공동체 의식 내지 지역적 유대감이 약하고, 인정과 풍속의 차이에서 오는 복합적 성격 등이 시위 양상과 관련하여 거론되고 있다. 문제는 민족과 자본이라는 이중 모순에 의한 차별과 억압, 수탈 등 3.1운동 발생의 일반적 요인과 이런 다양한 요소를 어떻게 '연결'하여 설명할 수 있을지에 대해서는 여전히 명확한 해답이 없어 보인다는 것이 다. 이것을 다른 식으로 말하면, 강화군의 사례에서 보듯이, 공동체의식이 강했던 지역은 기존 질서를 무시하였을 뿐만 아니라 강압적으로 해체하려고 한 '식민지 근대'의 폭거에 대해 강력하게 저항했다고 하는 구도만으로 다른 지역에 비해 압도적 시위 양상을 보였다는 점에 대한 충분한 설명이 되는지 묻고 싶은 것이기도 하다. 원론적 고민일 수도 있지만, 시위에 참여했던 주체들의 다양성, 지역이 가지는 내적, 외적 여러 가지 조건들이 유기적으로 조합되는 다각도의 연구 접근이 요구되는 시점이지 않을까 생각해 본다.

수원 만세시위의 양상과 특징

김 정 인(춘천교육대학교 사회과교육과 교수)

1. 머리말

1919년 3월 1일에는 서울을 비롯해 평양·진남포·안주[평안남도], 선천·의주[평안북도]·원산[함경남도] 등 7개 도시에서 만세시위가 일어난 것으로 알려져 있다.[1] 그런데 1959년에 『3.1운동 비사』를 쓴 이병헌은 그날 수원[2]에서도 북문 안 용두각에 수백 명이 모여 만세시위를 한 것으로 기록했다. 처음에는 수백 명에 그쳤으나 만세소리에 사람들이 몰려들면서

---

1 김정인, 2018 「1919년 3월 1일 만세시위, 연대의 힘」 『역사교육』 147, 387쪽
2 3.1운동 당시 수원군은 오늘날의 수원시와 화성시·오성시 전역과 평택시·안산시·의왕시·군포시 일부가 포함된 행정구역이었다.

시위대가 수천 명을 헤아렸다고 한다.[3] 하지만 이병헌의 기록 외에 3월 1일에 수원에서 만세시위가 일어났음을 입증하는 자료는 아직 없는 실정이다.

수원에서는 3월 중순부터 만세시위가 활발히 일어났다. 절정기는 3월 말부터 4월 초였다. 성호면 오산리, 송산면 사강리, 향남면 발안리, 장안면의 수촌리, 우정면의 화수리 등지에서 면사무소, 주재소, 우체국, 일본인 상점 등을 습격하거나 방화하고 경찰을 살해하는 등의 치열한 만세시위가 일어났다. 그 외에도 마도면·서신면·태장면·안용면·양감면·의왕면·동탄면·반월면 등지에서도 3월 말부터 4월초에 만세시위와 봉화시위가 일어났다.

이 글에서는 만세시위의 절정기인 3월 말과 4월 초에 일어난 폭력투쟁을 중심으로 수원의 만세시위들의 양상을 대략적으로 살피고 수원 만세시위의 특징을 주도 세력, 시위방식, 진압 양상이라는 범주로 나눠 분석하고자 한다. 수원의 3.1운동 관련한 연구 성과는 다른 지역에 비해 비교적 풍성한 편이다.[4] 여기서는 그와 같은 연구 성과를 사료 분석을 통해 재검

---

3 이병헌, 1959 『3.1운동비사』, 시사신보사, 868쪽 ; 이병헌은 경기도 평택 출신으로 보성전문학교를 졸업했으며 서울에서 천도교단의 3.1운동 모의와 발발 과정에 참여했다. 1959년에 민족대표를 비롯해 3.1운동 주동자 48인의 취조서와 각 지방의 만세시위 상황을 담은 『3.1운동비사』를 발간했다. 수원의 만세시위에 대한 서술을 살펴보면, 천도교대교구가 자리했던 수원면에서 3월 말에 일어난 시위에 대한 서술은 일본 측 자료에서도 확인된다. 반면 주요 시위 중에는 송산면에서 일어난 만세시위가 누락되어 있다. 3.1운동 관련 자료 중 이 책에만 거론되고 있는 수원의 만세시위들이 여럿 있는데 3월 1일 수원면 만세시위 서술이 그 중 하나이다.

4 2000년대 이후 논문으로 발표된 연구 성과는 다음과 같다. 성주현, 2001 「수원지역의 3·1운동과 제암리 학살사건에 대한 재조명」『수원문화사연구』 4 ; 박환, 2002 「경기도 화성 송산지역의 3·1운동」『정신문화연구』 89 ; 최홍규, 2002 「수원지방의 3.1운동과 1920년대 민족운동」『경기사학』 6 ; 이동근, 2003 「수원 3·1

토하면서 3.1운동에서 수원의 만세시위가 갖고 있는 위상을 조명해보고
자 한다.

2. 수원 만세시위의 양상

1) 수원면 : 철시투쟁과 어우러진 만세시위

수원면에서 본격적인 만세시위가 일어난 것은 장날인 3월 16일이었
다.[5] 팔달산 서장대와 동문안 연무대에 수백 명씩 모여 만세를 부르고 시
내로 행진했다. 경찰은 헌병, 소방대와 합세해 시위대를 검거하고 해산시
켰다. 그러자 이에 반발해 상점들이 철시했다. 결국 경찰은 검거한 사람들

운동에서 천도교의 역할 ― 우정·장안면을 중심으로 ―」,『경기사학』 7 ; 김세영,
2003 「일제강점기 수원 지역 천도교의 항일독립운동」,『상명사학』 8·9 ; 이동근,
2004 「1910년대 수원지역의 사회경제적 상황과 3·1운동의 전개과정」,『수원문화
사연구』 6 ; 조성운, 2005 「매일신보에 나타난 경기지방의 3.1운동과 일제의 대응
― 수원지역을 중심으로 ―」,『한국민족운동사연구』 42 ; 박환, 2004 「수원군 우
정면 화수리 3.1운동의 역사적 성격」,『정신문화연구』 27-1 ; 김권정, 2010 「수원
지방 기독교계의 3.1운동과 이후 동향」,『역사와 교육』 11 ; 임형진, 2017 「동학에
서 천도교로의 개편과 3·1독립혁명 ― 수원지역을 중심으로 ―」,『동학학보』 45
; 이용창, 2018 「재판 관련 기록으로 본 화성 장안·우정면 3·1만세운동」,『한국독
립운동사연구』 62 ; 신효승, 2018 「일제의 '제암리 학살사건'과 미국 선교사 기록
의 형성 과정」,『학림』 41 ; 이계형, 2018 「경기도 화성지역 3.1운동의 연구동향과
과제」,『한국학논총』 50

5 수원은 서울에서 가까운 지역임에도 3월 중순이 지나서야 만세시위가 일어났다. 수
원 삼일여학교 학감으로 있던 김세환이 경기도와 충청남북도에서 민족대표를 규합
하는 일에 나섰지만, 그가 명단을 갖고 서울에 올라온 때는 이미 민족대표가 결정
된 2월 28일 경이었다. 초기 시위가 첫날 시위가 몰렸던 북부지방에 집중되다가
중남부 지방으로 확산되던 3월 중순 이후 수원을 비롯한 경기도 곳곳에서도 만세
시위가 시작되었다.

을 석방했다. 그날 밤 천도교 수원교구에서는 천도교인들이 모여 3월 1일 서울 태화관에서 열린 민족대표의 독립선언식 자리에 있던 이병헌에게 서울 소식을 듣고 있었다. 그런데 밤 11시쯤 소방대와 무장한 일본인들이 몰려와 천도교인들을 구타했다. 밤 12시 경에는 삼일여학교가 습격을 받았다.[6]

이처럼 일본인들이 만세시위가 일어날 것을 염려해 천도교구와 기독교계 학교를 선제적으로 공격한 경우는 전국적으로도 사례를 찾기 쉽지 않다. 1919년 12월 현재 수원에는 136,792명의 조선인과 함께 2,929명에 달하는 일본인이 살고 있었다.[7] 1923년에 일본인 사카이(酒井政之助)가 편찬한 향토지인 『수원』에는 수원의 유지들을 재조명한 '수원과 사람'이란 코너가 있다. 여기에는 61명의 일본인 지역 유지와 함께 3명의 조선인 지역 유지가 실렸다. 일본인 유지들의 경력을 볼 때, 1910년 국망 이후 불과 10여년 만에 수원의 정치적·경제적 권력은 일본인이 거의 장악하고 있었던 것으로 보인다. 지배민족으로서의 일본인과 피지배민족으로서의 조선인의 구분이 확연한 지역사회가 구축되어 있었던 것이다. 이처럼 민족 차별에 대한 박탈감이 큰 수원에서 일본인들이 보여준 폭력적인 선제공격에 조선인들은 연이은 격렬한 만세시위로 응수했다.

3월 하순 수원면에서 다시 만세시위와 철시가 일어났다. 3월 23일 700여명이 시내에서 만세시위를 벌이다가 수원역 앞에서 경찰과 헌병대 및 소방대에 의해 해산을 당했다.[8] 3월 25일부터 3월 28일까지 수원면 곳곳에서는 20~30명이 모여 독립만세를 외치는 소규모 시위가 이어졌다. 3월

---

6 이병헌, 1959 앞의 책, 868쪽
7 조선총독부, 1919 『조선총독부통계연보』, 38~39쪽
8 국사편찬위원회, 1983 『한국독립운동사』 2, 228쪽

25일의 경우, 20여명의 학생과 노동자가 수원시장에서 만세시위를 전개했다.[9] 그러자 다음날인 3월 26일 6명이 체포된 것에 항의하며 상인들이 철시했다. 3월 27일에 상점의 40% 가량이 문을 닫는 등 3월 31일까지 철시가 이어졌다.[10] 경기도장관도 3월 27일자로 정무총감에게 비밀전문을 보내 수원 시내의 철시 상황을 알렸다.

> 수원에서는 조선인 점포는 어제 아침(26일)부터 약간 폐점하고 있었으나 오늘 아침에 이르러서는 그 수가 증가해 약 60호[전 상점의 약 4할에 해당함]에 달하며 폐점의 원인은 그저께 25일 만세 고창자를 검거하고 아직까지도 4인을 유치하였기 때문이라는 풍설이 있으나 그 원인은 지금도 탐구 중[11]

3월 29일 수원면에서는 기생시위가 벌어졌다. 김향화가 이끄는 기생 30여명은 자혜병원 앞에서 만세시위를 벌였다.[12] 밤이 되자 학생, 기독교인, 시민들이 어우러져 300여명이 시위대를 이루어 시내를 돌며 독립만세를 외치고 일본인 상점에 돌을 던졌다. 이날 야간 시위로 18명이 검거되었고 관공서와 민가 6채가 부서졌다.[13] 수원경찰서는 군인과 소방대원까지 동원해 감시에 들어갔다. 다음날 경기도장관은 3월 31일이 '수원 장날인데 일반적으로 살기를 띠고 있고 위험한 경향이 보여 보병 제79연대로

9 조선총독부 경무총감부 고등경찰과, 「고제8874호 독립운동에 관한 건(제27보)」, 1919.3.26., 『조선소요사건관계서류』 7 ; 조선총독부 경무총감부 고등경찰과, 「고제8874호 독립운동에 관한 건(제34보)」, 1919.4.1., 『조선소요사건관계서류』 7

10 경기도장관, 「조선총독부내무보299비제170호 소요사건에 건 보고(1919.3.27.)」『대정8년소요사건에관한도장관보고철』 7 ; 이병헌, 1959 앞의 책, 870쪽

11 국사편찬위원회, 1983 앞의 책, 669쪽

12 국사편찬위원회, 1983 앞의 책, 230쪽

13 국회도서관, 1977 『한국민족운동사료(3.1운동편1)』, 169쪽

부터 병사를 파견할 터'임을 천명했다.[14] 그럼에도 장날인 이 날 시내는 상점들이 철시한 가운데 만세시위가 일어났다.[15]

2) 성호면 : 관공서와 일본인 가옥을 훼손하다

3월 14일 성호면 오산리 장날을 맞아 천도교인들이 시위를 준비했으나 실제로 일으키지는 못했다.[16] 성호면에서는 다시 만세시위가 일어난 것은 3월 하순이었다. 3월 25일 오산리에서 천도교인을 비롯한 주민들이 만세시위를 벌였다. 시위대는 금융조합과 일본인·중국인 가옥을 파괴했다. 일본군의 발포로 3명이 부상을 당했다.[17]

3월 29일은 성호면 오산시장의 장날이었다. 오후 5시경 이성구, 이규선(李奎璇), 김경도, 정규환, 유진홍, 안동순 등의 주도로 300여명의 시위대가 태극기를 흔들고 독립만세를 연호하며 만세시위를 벌였다. 시위대는 오산시장을 출발해 성호면사무소, 오산경찰관주재소 등으로 행진했다. 순사들은 시위대에 해산을 명령하며 주모자 중 유진홍과 안동순을 체포했다. 그러자 시위대가 오산경찰관주재소로 몰려가 구금자의 석방을 요구했다. 경찰은 해산을 조건으로 석방했으나 시위대는 해산하지 않았다. 오후 7시 30분 쯤 이성구, 이규선, 김경도 등은 다시 500여 명의 시위대와 함께 성호면사무소로 몰려갔다. 면장이 해산을 요구하자 격분한 시위대는 면사무소 기물을 파괴하고 면장 집까지 몰려가 시위를 했다. 700~800명으로

---

14 국사편찬위원회, 1983 앞의 책, 675쪽
15 이병헌, 1959 앞의 책, 870쪽 ; 조선주차군사령관, 「전보 : 3월 31일 운동 상황 (1919.3. 31.)」『조선소요사건관계서류』 7
16 조선헌병대사령관, 「조헌경 제107호 조선소요사건일람표에 관한 건(1919.10.2.)」 『조선소요사건관계서류』 7
17 최홍규, 2002 앞의 논문, 271쪽

늘어난 시위대는 오산우편소에 몰려가 건물은 물론 전화기 등을 파괴했다. 밤이 깊을수록 늘어난 시위대는 일본인 상점과 집에도 돌을 던졌다.[18] 시위대가 오산역으로 향할 무렵 경찰은 평택에서 달려 온 군인들과 함께 발포하며 시위대를 해산시켰다. 이날 20여 채의 가옥이 파괴되었다. 이틀 후인 3월 31일에도 오산시장에서 다시 만세시위가 일어났다.

3) 송산면 : 우발적인 폭력시위로 경찰이 죽다

송산면에서는 3월 말에 만세시위가 일어났다. 홍효선, 홍면옥(일명 홍면), 이규선(李奎善)이 주동자였다. 홍효선은 서울의 고종 장례식에 다녀오면서 3.1독립선언서 등의 유인물을 갖고 왔다.[19] 그리고 그것들을 곳곳에 게시했다. 홍면옥은 송산면사무소 게시판에서'이러한 좋은 기회에 만세를 부르는 것은 독립을 구하는 것으로 만세를 부르는 사람은 조선인민이다. 만세를 부르지 않는 마을에는 방화한다'는 내용으로 게시된 유인물을 봤다고 진술했다.[20] 한편, 홍면옥은 매일신보를 통해 만세시위를 접했다고 한다.[21] 그가 만세시위에 나선 이유는 간명했다. "본래 독립국이므로 독립이 되기를"원했기 때문이었다.[22]

3월 26일은 송산면 사강리 주민들이 구장 홍명선의 집에 모여 호세를 납부하는 날이었다. 오전 9시쯤 주민 120여명이 모이자 홍효선이 '각지에

18 경성지방법원, 「이성구 외 7인 판결문」 1919년 11월 6일 ; 경기도장관, 「내비보 360비제214호 소요에 관한 건 보고(1919.4.1.)」『대정8년소요사건에관한도장관보고철』 7
19 국사편찬위원회, 1995 「왕광연 신문조서」『한민족독립운동사자료집』 22, 84쪽
20 「홍면옥 신문조서」『한민족독립운동사자료집』 22, 77쪽
21 「홍면옥 신문조서」『한민족독립운동사자료집』 22, 30쪽
22 「홍면옥 신문조서」『한민족독립운동사자료집』 22, 78쪽

서 조선 독립의 시위운동을 하고 있으니 우리 마을도 그 운동을 해야 하지 않겠는가'[23]라는 취지로 만세시위를 제안했다. 주민들은 즉각 찬성하고 시위대를 이뤄 홍효선, 홍면옥의 주도로 송산면사무소로 향했다. 오후 2시쯤 시위대는 송산면사무소 뒷산에서 홍면옥의 주도로 만세를 불렀다. 오후 5시쯤에는 200여명의 시위대가 송산면사무소로 몰려가 태극기를 흔들며 독립만세를 외쳤다.[24] 시위대는 면사무소 안에 들어가 면장과 면서기들에게 만세를 부르라고 요구했다.[25] 결국 면장 홍달후와 면서기 5명이 만세를 외쳤다. 면사무소를 나온 시위대는 마을을 돌면서 만세시위를 벌인 후 서신면 쪽으로 행진한 후 밤 11시쯤 해산했다. 그리고 주모자인 홍효선과 홍면옥은 마을 앞 궁평산에 숨어 예종호, 이규선과 함께 사강리 장날 시위를 모의했다.[26]

이 날 시위대와 경찰 간에 충돌은 없었다. 사강리경찰관주재소는 주민들을 무마하는 데 급급했다.[27] 그리고 남양경찰관주재소 타케우치(竹內階吉) 순사에게 시위 사실을 보고했다. 타케우치는 즉시 수원경찰서에 이 사실을 알리고 다음날인 3월 27일 오전 8시 순사보 김학응, 조종환과 함께 주민들을 설득하러 사강리로 왔다. 이 때 그들은 육일리 방면에서 만세를 부르는 소리를 들었다. 정오경에는 면사무소 뒤의 언덕에서 사람들이 모여 태극기를 들고 독립만세를 불렀다.[28] 남양경찰관주재소에서 온 2명, 사

23 「홍면옥 신문조서」『한민족독립운동사자료집』 22, 41·77~78쪽
24 독립운동사편찬위원회, 1971 『독립운동사자료집』 5, 389쪽
25 독립운동사편찬위원회, 1971 『독립운동사자료집』 5, 391쪽 ; 화성시, 2015 『역주 3.1운동 재판기록 송산·서신면일대/장안·우정면 일대』, 22쪽
26 「홍면옥 신문조서」, 『한민족독립운동사자료집』, 22·31쪽
27 국사편찬위원회, 1995 「소요사건에 관한 건 보고」『한민족독립운동사자료집』 21, 265쪽 ; 박환, 2002 앞의 논문, 149쪽
28 독립운동사편찬위원회, 1971 『독립운동사자료집』 5, 389쪽

강리경찰관주재소에 근무하는 순사보 장용남 등 4명의 순사보가 이들을
설득해 해산시켰다.

다음날인 3월 28일은 사강시장 장날이었다. 경찰관주재소에서는 상인
들에게 철시를 명령했다.[29] 그럼에도 아침부터 사람들이 시장에 모여들었
다. 오전 10시경 사강시장에 모인 시위대가 독립만세를 불렀다.[30] 오후 1
시경에는 홍면옥의 주도로 홍효선을 비롯한 몇몇이 선도적으로 독립만세
를 외쳤다.[31] 이후 홍면옥은 홍효선, 이규선과 함께 시위대를 이끌고 송산
면 사강리에 위치한 면사무소 뒷산에 올라 오후 2시경부터 만세시위를 시
작했다. 약 300명이 모여 태극기를 세우고 독립만세를 불렀다. 장날을 맞
아 송산면과 서신면 등에서 모여든 사람들이 시위에 가담하면서 시위대
수는 600여명으로 늘어났다.

면사무소 뒷산에서 만세시위가 일어나자 수원경찰서로부터 출장 온
순사부장 노구치(野口廣三)가 타케우치 순사와 사강리경찰관주재소의 순
사보 3명과 함께 현장에 출동해 해산을 명령했다. 하지만 손에 돌과 곤봉
을 든 시위대는 쉽게 물러서지 않았고 옥신각신 하던 중에 홍면옥, 이규
설, 예종구 등 3명이 경찰에 체포되었다. 오후 3시에 돌발 상황이 일어났
다. 홍면옥이 순사보 김학응의 멱살을 잡고 "우리들은 총독에 대하여 독
립을 원하는 것이 아니다. 그러한 권한은 황제 폐하에게 있는 것이다. 너
도 만세를 불러라."[32]라고 요구했다. 그리고 갑자기 독립만세를 외쳤다.
그러자 노구치 순사부장이 총을 발포했다. 홍면옥은 등에 총을 맞고 피를
흘리면서도 독립만세를 불렀다.[33] 그리고 이 소식을 듣고 달려온 동생이

---

29 「김교창 신문조서」 『한민족독립운동사자료집』 22, 97쪽
30 「홍면 신문조서」 『한민족독립운동사자료집』 22, 266쪽
31 「홍문선 신문조서」 『한민족독립운동사자료집』 21, 251쪽
32 「홍면옥 신문조서」 『한민족독립운동사자료집』 22, 81쪽

자 면서기인 홍준옥에게 업혀 면사무소 숙직실에서 응급처치를 받았다.

홍면옥은 흥분한 시위대에게 순사를 죽이자고 호소했다.[34] 면서기인 문상익 등도 나서 이에 동조하며 시위대를 선동했다.[35] 때마침 서신면 방면에서 400여명의 시위대들이 나타나 가세하는 등 점점 사태가 걷잡을 수 없게 되자 노구치는 일단 주재소 안으로 철수했다고 자전거를 타고 남양 방면으로 도주했다. 순사보들은 주재소 안에 갇혀 시위대에 포위되었다.[36] 그런데 시위대 중 200여명이 노구치의 뒤를 쫓으며 돌을 던졌다. 노구치는 총을 쏘면서 저항했으나, 결국 시위대가 던진 돌에 맞아 쓰러졌고 시위대에 난타당해 죽었다.[37] 사인은 뇌진탕에 골절 출혈이었다.[38] 이 소식에 남양 방면에서 경찰과 일본인들이 달려왔으나 이미 시위대가 해산한 뒤였다. 홍면옥은 홍준옥, 그리고 장인인 김명세와 함께 인력거를 타고 수원면에 있는 병원을 가던 도중 일본 순사에게 체포되었다.[39]

4) 향남면 : 일본인 가옥과 소학교를 공격하다

1919년 3월 31일 천도교 지도자 김흥열, 김성열, 안종환, 안정옥 등과 유림인 이정근이 향남면 발안리에 자리한 시장에서 만세시위를 일으켰다.

---

33 경성지방법원, 「홍면 외 31인 판결문」 1920년 4월 7일

34 「홍면옥 신문조서」, 『한민족독립운동사자료집』 21, 218쪽

35 「홍준옥 신문조서」, 『한민족독립운동사자료집』 21, 228쪽

36 「소요사건에 관한 건」 『한민족독립운동사자료집』 21, 265쪽

37 「김명제 신문조서(제1회)」 『한민족독립운동사자료집』 21, 220쪽

38 「검증조서」 『한민족독립운동사자료집』 21, 212쪽

39 「증인 尾澤龜太郎 신문조서」 『한민족독립운동사자료집』 22, 224쪽 ; 「홍면옥 신문조서」, 『한민족독립운동사자료집』 21, 218쪽 ; 「김명제 신문조서(제1회)」 『한민족독립운동사자료집』 21, 220쪽 ; 「임팔용 신문조서(제1회)」 『한민족독립운동사자료집』 21, 224쪽

1천 명의 시위대는 발안장에 모여 만세를 부르며 행진하고 주재소로 몰려가 투석전을 벌였다. 또한 일본인 가옥에 투석했고 일본인 소학교에 불을 질렀다. 그런데 군인과 경찰이 출동하면서 그들이 휘두른 칼에 맞아 시위대를 이끌던 이정근이 그 자리에서 절명하고 말았다. 다음날인 4월 1일 저녁에는 시위대의 방화로 발안장 인근에 있는 일본인 집이 탔다. 밤 7시에는 이정근의 제자들과 김흥열, 그리고 장안면 수촌리 구장 백낙열 등이 주도한 봉화만세시위가 발안장 일대의 산에서 일제히 일어났다. 이러한 분위기에 위협을 느낀 일본인 거주민 43명은 인근 삼계리로 피난했다.[40] 소학교 교사 등 일본인 남자 9명은 무장을 했고 경찰, 군인과 함께 철야 경계를 섰다.

5) 우정면·장안면 : 폭력시위를 계획하고 실행하다

1919년 3월 1일 장안면 수촌리의 백낙열, 팔탄면 고주리의 김성열, 향남면 제암리의 안종후는 서울에서 만세시위에 참여했다. 그들은 귀향해 만세시위를 준비했다. 천도교 남양교구 순회전도사인 백낙열은 남양교구 관하 각 전교실을 돌며 만세시위를 협의했다. 고주리에 사는 천도교인 김흥열을 찾아가서는 고주리전교실에서 시위 준비에 참여할 두 명을 선정해 줄 것을 요청했다. 김흥열은 제암리의 전교사인 안종훈, 안종린을 3월 16일 천도교 수원교구에서 이병헌과 함께 하는 모임에 보냈다. 두 사람은 그날 밤 소방대와 일본인의 습격을 맞아 부상을 입고 돌아왔다. 백낙열과 김흥열은 역할을 나눴다. 백낙열은 장안면과 우정면의 만세시위를, 김흥열은 향남면과 팔탄면의 만세시위를 준비했다. 팔탄면 가재리에 거주하는 한학자 이정근도 백낙열의 연락을 받고 김흥열의 준비에 가담했다.[41]

---

40 최홍규, 2002 앞의 논문, 273~274쪽

4월 1일 밤 장안면 장안리에서 횃불시위가 일어났다. 다음날인 4월 2일 밤 9시 경에는 차병혁, 이영쇠, 윤영선 등이 주동이 되어 장안면 덕정리 뒷산에서 횃불을 올리며 독립만세를 불렀다. 이 날은 장안면과 우정면의 모든 산에서 일제히 봉화를 올리고 독립만세를 불렀다.

본격적인 거사 날짜는 4월 3일이었다. 이 날 시위를 위해 장안면에 사는 차희식, 차병혁 등은 장안면 석포리 구장인 차병한을 비롯해 장제덕, 장소진, 이영쇠, 김영세 등과 시위를 준비했다. 우정면은 차희식, 장안면은 차병혁과 김영세가 주도해 준비했다.[42] 주모자들은 면민들에게 장안면 사무소로 집합하라고 연락했다. 마을마다 구장들이 심부름꾼을 시켜 주민을 동원했다. 수촌리에서는 구장 백낙열이 이원준과 정순영을 시켜 집집마다 연락했다. 금의리에서는 구장 이해진이 김백천을 시켜서 주민 동원에 나섰다. 장안리에서는 구장 김준식이 박복룡, 박선제를 시켜 주민에게 연락했다. 독정리 구장 최건환은 김고두쇠를 시켜 장안리의 구장에게 주재소를 때려 부술 예정이니 몽둥이를 갖고 오라고 연락했다.[43] 석포리 구장 차병환은 엄성구를 마을 집집마다 방문하도록 해 시위에 나올 것을 독려했다.[44]

4월 3일 아침부터 각 동리별로 시위대가 집결했다. 제일 먼저 차희식 등의 주도로 우정면 주곡리에서 대오를 형성한 시위대가 장안면 석포리로 향했다.[45] 이들은 석포리에서 차병한, 차병혁, 차한걸 등이 이끄는 시

---

41 국사편찬위원회, 1994 「우영규 진술서」『한민족독립운동사자료집』20, 90쪽

42 「의견서」『한민족독립운동사자료집』21, 165쪽

43 「조교순 조서」『한민족독립운동사자료집』20, 65쪽 ; 「증인 최건환 청취서」『한민족독립운동사자료집』20, 120쪽

44 국사편찬위원회, 1994 「인수만 신문조서」『한민족독립운동사자료집』19, 318쪽

45 「이영쇠 조서」『한민족독립운동사자료집』20, 15쪽 ; 「차희식 신문조서」『한민족독립운동사자료집』21, 96쪽

위대와 합류해 장안면사무소를 향했다. 수촌리 주민의 집결지는 밀양산이었다.[46] 석포리를 출발한 시위대는 밀양산으로 가서 수촌리의 시위대와 합류해 장안면사무소로 행진했다. 장안리 주민들도 시위대에 합류했다.

오전 10시 반쯤 장안면사무소 앞에는 200여명의 시위대가 모였다. 차병한, 차병혁, 이동헌은 면사무소 안에 들어가 장안면장 김현묵에게 시위에 참여하지 않으면 죽음을 면지 못할 것이라며 동참을 촉구했다.[47] 결국 장안면장이 독립만세를 불렀다.[48] 그리고 시위대를 향해 '너희들이 목적을 관철하려고 한다면 발안장처럼 군대가 총을 쏘아 죽는 사람이 있더라도 시체를 가지고 가서 독립 만세를 불러라. 너희들이 거사를 하려고 한다면 심약해서는 안 된다. 충분한 결심을 하고 하라'는 취지의 연설을 했다.[49] 이어 시위대는 장안면장과 면서기 4명을 앞세우고 행진해 11시쯤 쌍봉산에 도착했다. 시위대가 태극기를 든 장안면장을 앞세우고 쌍봉산으로 몰려가는 동안 후미에 있던 시위대에 의해 장안면사무소의 집기가 파괴되었고 서류가 불태워졌다.

우정면과 장안면이 한눈에 내려다 보이는 쌍봉산은 시위 주모자들이 정한 집결지였다. 장안면장을 앞세운 시위대는 물론 장안면의 어은리, 주곡리, 석포리, 수촌리 방면과 우정면 조암리, 멱우리, 이화리 방면에서도 시위대들이 몰려들었다. 쌍봉산에서 합류해 독립만세를 부른 시위대가 우정면사무소로 출발할 때는 그 숫자가 1,000여명으로 불어나 있었다.[50]

---

46 「김교철 신문조서」『한민족독립운동사자료집』 20, 322쪽
47 「김현묵 조서」『한민족독립운동사자료집』 20, 74쪽
48 「윤영선 신문조서」『한민족독립운동사자료집』 19, 333쪽
49 「피고인 차병한 신문조서」『한민족독립운동사자료집』 19, 240쪽 ; 「피고인 차병혁 신문조서」『한민족독립운동사자료집』 19, 241쪽
50 「피고인 김현묵 신문조서」『한민족독립운동사자료집』 19, 247~248쪽

시위대는 태극기를 든 장안면장을 앞세우고 오후 1시 무렵 우정면사무소로 출발했다. 시위대는 쌍봉산 남쪽으로 내려와 내곡리와 조암리 사이의 작은 길로 일원리를 거쳐서 사기리에 있는 우정면 사무소에 도착했다.[51] 우정면사무소를 둘러싸고 시위가 본격적으로 일어난 것은 오후 3시경이었다. 먼저 차병혁이 이끄는 시위대가 도착해 우정면사무소를 포위하고 태극기를 흔들며 만세를 불렀다. 이봉구가 이끄는 시위대는 면사무소로 들어가 집기들을 밖으로 던졌고, 서류를 불태웠다. 최중환 우정면장과 면서기들은 이미 달아나고 없었다. 정오쯤 차병한, 차희식, 차병혁, 차한걸 등이 최중환을 찾아와 함께 쌍봉산으로 갈 것을 권유했으나 거절하고 숨어 버린 것이었다.[52] 우정면사무소를 공격할 무렵 시위대는 1,500여명으로 늘어났다.

다음으로 시위대가 몰려간 곳은 우정면사무소에서 4킬로미터 떨어져 있고 발안 등지로 통하는 큰길가에 자리한 화수경찰관주재소였다. 2,000여명으로 불어난 시위대는 태극기와 머리띠를 한 결사대를 앞세우며 그 뒤를 따랐다.[53] 김현묵 장안면장은 행진 도중 우정면 한각리 광장에서 다음과 같이 연설하며 결의를 다졌다.

주재소에 가면 군인이 와 있으면서 발포하면 죽는 사람이 나올 것이다. 그 때에는 그 죽은 사람을 밟고라도 넘어가 그 군인을 잡아 죽이자. 그러면 거기서 죽일 사람을 지정할 필요가 있고 또 주재소를 공격하는 데는 규칙이 정연한 원형으로 진을 치고 나갈 필요가 있다.[54]

51 「검증조서」 『한민족독립운동사자료집』 20, 270쪽
52 「증인 최중환 조서」 『한민족독립운동사자료집』 20, 167쪽 ; 「증인 최중환 신문조서」 『한민족독립운동사자료집』 21, 45쪽
53 「증인 井上龜雄 조서」 『한민족독립운동사자료집』 20, 279쪽
54 「김현묵 신문조서」 『한민족독립운동사자료집』 19, 347쪽

차병한의 주도로 시위대는 우정면 한각리를 거쳐 두 갈래로 나뉘어 행진했다. 오른쪽으로는 길도 없는 소나무 언덕을 넘어서 왔고 왼쪽으로는 판정리의 오른쪽으로 통하는 길로 몰려왔다. 시위대는 세 무리로 나뉘어 주재소를 에워싸고는 앞에서 돌을 던지고 몽둥이를 휘둘렀고 일부는 주재소 뒤로 가 불을 지르며 공격했다.[55] 그러자 순사 가와바타(川端豊太郎)는 공포를 쏘아 시위대를 해산시키려 했다. 하지만 별 소용이 없자 결국 실탄을 발포해 이경백이 쓰러졌고 부상자가 속출했다.[56] 분노한 시위대는 경찰을 향해 돌을 던지고 몽둥이를 휘둘러 시설을 파괴했다. 결국 가와바타는 시위대의 곤봉 등에 맞아 죽었다. 그는 1917년 화수리에 경찰관주재소가 설치된 직후 부임해 도박을 심하게 단속하면서 조선인의 미움을 샀다고 한다.[57] 주재소 안에 있던 조선인 순사보 오인영과 이용상은 앞문으로 도주했고 박재옥은 시위대에 잡혀 구타를 당했다. 화수경찰관주재소는 시위대에 의해 전소되었다. 시위대는 저녁에 다시 사랑리의 남산에 모여 횃불시위를 벌였다. 하지만 이 때까지 헌병도 경찰도 오지 않았다. 순사보 이용상이 응원으로 요청하러 발안경찰관주재소에 나타난 시각은 밤 11시 30분 경이었다.[58]

55 「이영쇠 조서」 『한민족독립운동사자료집』 20, 14쪽 ; 「김현묵 조서」 『한민족독립운동사자료집』 20, 80쪽
56 이용창, 2018 앞의 논문, 60쪽 ; 이정은, 1995 「화성군 장안면 우정면 3.1운동」 『한국독립운동사연구』 9, 18쪽
57 「피고인 오인영 신문조서」, 『한민족독립운동사자료집』 19, 245·342쪽
58 「검증조서」 『한민족독립운동사자료집』 19, 224쪽

3. 수원 만세시위의 특징

1) 주도 세력 : 종교 지도자들과 면장·구장이 이끌다

수원 만세시위를 주도한 세력으로는 우선 기독교와 천도교를 중심으로 한 종교계를 꼽을 수 있다. 기독교는 감리교회가 중심이었다. 1885년 인천을 거쳐 서울에 들어온 감리교회는 1893년경 동탄면 장지리를 통해 처음 수원에 들어왔다. 1902년에는 수원읍에서 전도가 시작되었다.[59] 3.1 운동 당시 수원지방에는 지방 감리사로 노블(W.A. Noble) 선교사, 수원읍 교회에 임응순 전도사, 오산 구역에 김광식 목사, 남양 구역에 동석기 목사가 활동하고 있었다.[60]

천도교는 동학 시절인 1862년 경 이창선이 경기도 접주로 임명될 무렵 전파되기 시작한 것으로 보인다. 1884년부터는 호남 출신 동학 지도자인 안교선의 주도로 안승관, 김정현이 포교했다. 두 사람은 1894년 동학 농민전쟁 때 체포되어 서울에 끌려가 처형당했다.[61] 1905년 12월 동학을 천도교로 개칭한 이래 이듬해 이종석이 천도교 수원교구장에 임명되면서 포교가 본격화되었다. 1910년경 이봉구가 교구장이 된 후에는 장안동에 교구 건물을 지었다. 1913년 8월에는 다시 북수리의 40여 칸을 매입해 이전했다. 천도교 수원교구는 1914년 7월 1일자로 이종석을 대교구장으로 하는 수원군 대교구로 승격해 수원·시흥·부천·인천·강화·용인·수원 남양교구 등 10개 교구를 관할했다.[62] 당시 천도교 대교구는 100호 이상의

59 박환, 2007 『경기지역 3.1독립운동사』, 선인, 377쪽
60 이덕주, 1997 「3.1운동과 제암리사건」 『한국 기독교와 역사』 7, 41쪽
61 이동근, 2003 앞의 논문, 208쪽
62 「수원군 종리원 연혁」 『천도교회월보』 1926년 11월호, 29~30쪽

지방교구가 10개 이상 되는 지역에 설치되었다. 그만큼 수원의 천도교세가 컸다는 것을 알 수 있다. 이 무렵 수원에는 종교교육과 보통학교 수준의 교육을 실시하는 천도교리강습소 7개가 운영되고 있었다.[63]

천도교인 주도의 만세시위는 3월 하순에 본격적으로 일어났다. 3월 21일 동탄면 오산리에서는 천도교인 박두병, 김재천 등이 이끄는 만세시위가 일어났다. 시위대는 오산 장날을 이용해 밤늦게까지 조직적인 만세시위를 한 뒤 방교리에 자리한 동탄면 천도교전교실 앞에서 해산했다. 이로 인해 천도교 간부와 교인들이 용인수비대로 끌려갔고 전교실은 폐쇄되었다.[64] 앞서 살펴보았듯이 3월 31일 향남면 발안장에서 일어난 만세시위에는 김흥열, 김성열, 안종환, 안정옥 등 천도교 지도자들과 함께 유림인 이정근이 주도했다. 이정근은 유학자로서 대한제국기에 궁내부 주사를 지낸 인물이었다. 을사조약이 체결되자 관직을 버리고 고향인 팔탄면 가재리로 낙향해서 팔탄, 향남, 우정, 장안, 정남, 봉담, 남양 등 7개 면에 서당을 설립해 제자를 양성했다. 또한 그는「3.1독립가」를 작사해 발안 장날 시위에서 제자들과 불렀다고 한다.[65]

우정면과 장안면은 1910년 현재 8개 리에 천도교 전교실이 있을 정도로 천도교 교세가 강한 지역이었다. 그런데 장안리 전교실에서는 3월 초에 천도교인들로부터 5원씩을 거두었다고 한다.[66] 서울의 중앙천도교당 설립을 위한 비용을 모금한 것이라는 명분을 내세웠으나, 당시 천도교단 차원에서 시위 자금을 마련하고자 거두었던 특별성미금으로 보인다.[67] 또

63 이동근, 2003 앞의 논문, 206쪽
64 최홍규, 2002 앞의 논문, 271쪽
65 최홍규, 2002 앞의 논문, 272~273쪽
66 「조교순 조서」『한민족독립운동사자료집』 20, 66쪽
67 김정인, 2009『천도교 근대 민족운동 연구』, 한울, 116쪽

한 1905년을 전후로 기독교가 전파되어 장안면 수촌리와 장안리에 교회가 설립되었다. 수촌리의 경우, 구장인 백낙열은 천도교 지도자로서 4월 3일 만세시위를 준비했고 시위 당시 선두에 섰다. 또한 기독교인으로서 3.1운동 당시 수촌교회와 향남면의 제암교회의 담임전도사를 맡고 있던 김교철이 적극적으로 만세시위에 가담했다.[68] 한편 장안면 장안리에서는 김선문, 최경팔, 김여춘, 안경덕, 김삼만 등 천주교인들이 만세시위에 참여해 주목을 끈다. 당시 천주교가 만세시위에 참여하지 못하도록 설유를 하고 있었음에도 이를 어기고 가담했던 것이다.[69]

4월 3일 우정면과 장안면에서 일어난 만세시위는 주민을 조직적으로 동원하고 관공서를 파괴하고 순사를 처단한 조직적이고 공세적인 시위였다. 마을 구장들이 앞장섰기에 가능한 일이었다. 3월 27일 보를 쌓은 문제를 의논하기 위한 구장회의가 열렸다. 수촌리 구장 백낙열, 어은리 구장 이시우, 독정리 구장 최건환, 장안리 구장 김준식, 덕다리 구장 김대식, 사랑리 구장 우시현, 사곡리 구장 김찬규, 금의리 구장 이호덕, 석포리 구장 차병한, 노진리 구장 김제윤의 아들 등이 모였다. 장안면장 김현묵도 함께 자리했다. 이 때 석포리 구장 차병한이 며칠 전 발안리에서 시위가 일어났을 때 체포된 사람을 일본인 아이가 게다로 구타하는 것을 보고 분개했다며 만세를 부르자고 제안했다.[70] 이로써 구장회의 의제는 보 쌓기에서 만세시위로 바뀌었다. 수촌리 구장 백낙열과 석포리 구장 차병한이 앞장서 준비했다. 석포리의 경우 주곡리와 함께 차씨와 장씨가 동족마을을 이루고 있었다. 토착 유림의 한 사람인 차병한은 8촌간인 차병혁과 함

---

68 「김교철 신문조서」『한민족독립운동사자료집』 21, 116~117쪽
69 「김선문 조서」『한민족독립운동사자료집』 20, 29쪽
70 「김현묵 조서」『한민족독립운동사자료집』 19, 348쪽

께 우정면·장안면 시위를 주도했다.[71]

그런데 우정면과 장안면의 시위에서 장안면장이 김현묵이 보인 태도
가 분명치 않았다. 그는 경무학교를 나와 순사로 근무하고 수원 측량학교
에서 공부해 우정면의 토지조사사업에 참여한 경력을 갖고 있었다. 1915
년 8월부터는 장안면사무소에서 면서기를 지내다가 1918년 12월 면장에
취임했다. 그는 신문 과정부터 시위대의 강요에 못 이겨 시위대 선두에
섰다고 주장했다. 또한 '조선은 아무래도 독립할 수가 없다. 그것은 일본이
독립을 허락하지 않을 뿐 아니라 조선은 지금 독립할 능력도 없다.'고 단
언했다.[72] 하지만 김현묵이 전적으로 타의에 의해 앞장섰다고 보기는 어
려울 듯하다. 앞서 살펴보았듯이 김현묵은 3월 27일에 있었던 구장회의에
참여했다. 이 자리에서 처음으로 만세시위가 준비되었는데, 그는 경성지
방법원 예심판사에게 "소요가 없도록만 이야기를 했었다"고 진술했다.[73]
또한 4월 2일 오후 9시 경 자신이 사는 금의리 마을에서 마을사람들이
봉화시위를 논의할 때도 그 자리에 있었다.[74] 그런데 그는 죽은 가와바타
순사와 공동묘지 공사와 관련해 갈등을 빚고 있었고 가와바타로부터 얼
굴을 가격당한 적이 있었다고 한다.[75] 김현묵은 4월 4일 새벽에 장안면을
빠져 나와 수원으로 가서 수원부청과 수원경찰서에 장안면과 우정면의
전날 시위 소식을 알렸다. 한편, 장안면에서는 면장과 함께 면서기들도 시
위대 선두에 섰다. 3월 28일에 송산면에서 일어난 만세시위의 중심인물
중 한 사람인 홍준옥도 송산면사무소의 면서기로 재직 중이었다.[76]

---

71 박환, 2004 앞의 논문, 131~132쪽
72 「김현묵 신문조서」『한민족독립운동사자료집』 21, 80쪽
73 「김현묵 조서」『한민족독립운동사자료집』 20, 80쪽
74 「김현묵 조서」『한민족독립운동사자료집』 19, 345쪽
75 「김현묵 신문조서(제2회)」『한민족독립운동사자료집』 21, 66쪽

이처럼 수원에서 3월 말부터 4월 초까지 일어난 만세시위는 대개 폭력투쟁의 양상을 띠었는데, 기독교와 천도교를 비롯한 종교 지도자들과 면장, 면서기, 구장 등 행정 최말단에 위치한 사람들이 이끌었다.

2) 시위 방식 : 봉화만세시위와 폭력투쟁

3월 말부터 4월 초 전국적으로 만세시위는 절정을 이뤘다. 봉화만세시위도 전국 곳곳에서 일어났다. 충청도 지방에서는 3월 말부터 4월 초까지가 봉화만세시위의 절정기였다. 충청남도에서 4월 4일에는 무려 60여 곳에서 봉화만세시위가 일어났다. 충청남도 연기와 논산에서는 각각 3월 23일과 4월 1일에 충청북도 청주, 전라북도 익산과 연결하여 도의 경계를 넘는 산상봉화 연대시위를 벌이기도 했다. 경찰은 봉화시위를 관찰하고 이렇게 적었다.

> 밤에 산에 올라가 봉화를 올리고 오직 만세만을 부르는 운동자가 있었다. 이 운동자는 성격이 온화하여 목이 쉬도록 만세를 고창 절규하다가 피로해지면 스스로 해산한다. 그 인원도 노인 · 어린이 등이 뒤섞여 있어 한 동네 집집마다 1인 또는 2인 정도가 의무적으로 나가는 듯하다.[77]

우정면과 장안면에서는 4월 3일 만세시위에 앞서 4월 1일과 4월 2일 봉화만세시위를 펼쳤다.[78] 4월 3일 시위를 모의하던 주모자들이 봉화만세시위도 준비했다. 그것은 수촌교회와 제암교회 담임전도사인 김교철의 신

---

76 박환, 2002 앞의 논문, 158쪽
77 독립운동사편찬위원회, 1971 『독립운동사자료집』 6, 496쪽
78 「증인 최중환 신문조서」 『한민족독립운동사자료집』 21, 158쪽

문조서에 따르면 "남쪽의 충청도의 여러 산에서 봉화를 올리기 시작해서 그것이 점차 우리 마을 쪽으로 미쳐"[79] 일어난 것이었다. 4월 1일 밤 7시 장안면 수촌리 개죽산의 봉화를 신호로 우정면의 조암리 쌍봉산, 이화리 보금산, 화산리 봉화산, 운평리 성신재, 매향리 망원대, 팔탄면의 고주리 천덕산, 향남면의 가재리 당재봉, 장안면의 석포리 무봉산, 어은리 남산 등에서 일제히 봉화가 올랐다. 이 때 참여한 헌병기는 봉화시위에 대해 다음과 같이 언급했다.

> 높은 산들이 불길로 꽃밭을 이룰 때 목이 터져라 외치는 독립만세 소리에 산이 흔들리는 것 같았고 그 절규는 함정에 빠진 맹수가 구원을 요청하는 처절한 울부짖음 같았다. 그리고 팔탄면 고주리 천덕산으로 발안주재소에 대기하던 일본 수비대가 총을 쏘아대며 올라왔다. 고주리 주민들은 넘어지며 미끄러지며 어둠속에서 내려와야 했으나 다른 지역은 자정 넘어서까지 산상에서 목이 터져라 만세를 불렀다.[80]

다음날인 4월 2일에도 동리마다 산마루에 불을 피우면서 밤새 봉화만세시위를 전개했다. 장안면장 김현묵은 자신이 목격한 4월 2일 봉화만세시위를 이렇게 증언했다.

> 4월 2일 밤 8시경 독정리 부근 산에 불을 피우고 만세를 불렀다. 각 마을마다 불을 피우고 만세를 불렀다. 피고의 마을[금의리]에서도 산에 올라가 불을 피우고 만세를 불렀다.[81]

79 「김교철 신문조서」『한민족독립운동사자료집』 21, 116쪽
80 김선진, 1983 『일제의 학살만행을 고발한다』, 미래문화사, 34~35쪽
81 「김현묵 신문조서」『한민족독립운동사자료집』 19, 344~345쪽

화수리경찰관주재소의 가와바타 순사와 3명의 순사보 역시 4월 2일 오후 8시 경 주재소를 둘러싼 산마다 봉화가 오르고 독립 만세를 부르는 소리가 들려 경계를 하고 있었다고 한다.[82]

봉화만세시위가 한창이던 3월 말부터 전국적으로 만세시위도 절정을 이루면서 폭력투쟁의 비중이 높아졌다. 폭력투쟁은 대체로 시위 과정에서 무자비한 탄압에 따른 방어적 조치였다. 하지만 처음부터 권력기관을 접수하거나 계획적이고 공세적으로 폭력을 행사하는 경우도 있었다. '만세를 부르고 관청을 타파하면 반드시 우리 조선은 독립의 운명에 도달할 것이다'는 독립 쟁취 의식으로 돌멩이, 몽둥이, 농기구로 무장하여 시위 초기부터 권력기관과 일본 상점 등을 공격했다. 4월 1일에는 경기도 안성군 원곡면에서는 '원곡면과 양성면의 순사주재소, 면사무소, 우편소 등을 파괴하라, 일본인을 내쫓아라, 여러분은 돌 또는 몽둥이를 지참하여 투쟁하라'는 지도부의 지침에 따라 시위대가 양성면에 몰려가 양성면의 시위대와 함께 주재소에 불을 지르고 우편소를 파괴하고 일본인 상점과 대금업자의 집을 부수었다. 그리고는 다시 면사무소를 습격해 서류, 집기, 일장기를 불태웠다.[83]

4월 1일과 2일의 봉화만세시위에 이어 4월 3일에 일어난 장안면·우정면의 시위 역시 안성군 원곡면·양성면의 그것과 크게 다르지 않았다. 장날과 무관하게 구장들이 나서 주민들을 조직적으로 동원해 시위를 전개하고 관공서를 파괴·방화하고 일본인 순사를 죽인 공세적인 시위였다.[84]

장안면·우정면 만세시위는 주도면밀하게 준비되었다. 앞서 언급한 것

---

82 「증인 박재옥 신문조서」『한민족독립운동사자료집』19, 277~278쪽
83 김정인, 2019『오늘과 마주한 3.1운동』, 책과함께, 88쪽
84 김정인·이정은, 2009『국내3.1운동 ─중부·북부』, 한국독립운동사연구소, 60쪽

처럼 3월 27일 장안면의 마을 구장들이 만세시위를 모의한 데 이어 3월 30일 오후 6시경 우정면과 장안면 사이에 있는 쌍봉산에서 수촌리 구장인 백낙열의 주도로 구체적인 실행 계획을 짜는 모임이 열렸다. 일종의 결사대의 성격을 갖는 모임이었다. 이 자리에는 차한걸, 이순모, 홍순근[수촌리], 김재식[석천리], 백남표[매향리], 기봉규[화산리], 최성학[장안리], 김문명[조암리], 우영규[독정리] 등과 함께 화수리경찰관주재소 순사인 오인영이 참석했다. 여기서는 집집마다 남자 1명 이상씩 나오도록 명령하고 만일 나오지 않으면 불참자의 집에 불을 지르고 가족 전부를 죽인다고 협박할 것을 결의했다. 시위를 위한 집합지는 쌍봉산으로 정해졌다. 또한 일본인 순사 살해반과 2개의 면사무소와 주재소 방화반을 조직했다. 살해반은 차한걸, 이순모, 김재식, 우영규가 담당하고 방화반은 오인영, 김문명, 백남열, 최성학, 홍순근, 백남표, 기봉규 등 7명이 맡았다. 시위 방식에도 합의한 바 독립만세를 부르며 주재소 및 면사무소를 포위하고 돌을 던지고 곤봉으로 문을 파괴하고 난 후 방화를 하고 주재소에서는 일본인 순사를 타살하기로 했다. 처음부터 폭력시위를 계획한 사전 모임에 순사인 오인영이 가담한 것은 주모자들이 거사 후 500원이라는 거액을 준다고 약속하고 계약서를 건넸기 때문이었다고 한다.[85]

장안면·우정면의 시위는 사전에 계획한 대로 면사무소와 주재소를 파괴하거나 불을 지르고 일본인 순사를 죽이는 등 폭력적인 양상을 띠었다. 이 날 시위로 체포된 사람들은 왜 곤봉이나 소나무 몽둥이를 들고 시위에 나왔느냐는 신문에 4월 3일 당일 아침에 구장의 심부름꾼들로부터 그렇게 연락을 받았고 그 목적은 주재소를 때려 부수고 순사를 죽이는 데 있었다고 진술했다.[86] 장안리의 마을 심부름꾼인 박복룡은 독정리 구장 최

---

85 「오인영 신문조서」『한민족독립운동사자료집』 19, 245쪽

건환의 심부름꾼인 김고두쇠로부터 '구장들이 모여 오늘 면사무소 및 순사 주재소를 때려 부수기로 협의했으니 몽둥이를 가지고 나오도록 전달해 달라'는 전언을 들었다. 박복룡은 즉시 마을을 돌며 '집집마다 남자 1명씩 몽둥이를 들고 나와야 하며 그렇지 않을 경우 집에 불을 지른다고 한다'는 소식을 전했다.[87] 오인영은 화수리경찰관주재소를 둘러쌌던 시위대가 "노동자와 같은 놈들로 머리에 수건을 쓰고 몽둥이를 들고 있었다."고 진술했다.[88]

3.1운동 당시 주재소가 불타고 경찰이 사망한 경우는 장안면·우정면의 시위가 유일했다. 경찰은 장안면·우정면 시위에 대해 "한국의 독립을 표방하고 단순히 시위운동을 할 목적이 아니고, 당초부터 방화와 살인의 목적으로 돌멩이, 낫 따위를 휴대한 것"이라고 평가했다.[89] 이 때 죽은 경찰 가와바타의 사체 감정서에 따르면 그는 "돌멩이, 곤봉 등 둔중한 것으로 여러 번 격렬하게 맞은 충격 등의 폭력"에 의해 죽임을 당했다.[90] 장안면·우정면 뿐만 아니라 송산면에서도 순사가 죽임을 당했다. 3.1운동 내내 2명의 경찰이 사망한 것으로 집계되었는데 둘 다 수원지역에서 일어난 일이었다.[91] 조선총독부는 앞서 언급한 안성과 함께 수원을 "그 방법이 가장 포악한 지역"으로 꼽았다.[92] 그리고 경찰은 물론 군대를 내세워 철저한 보복작전을 펼쳤다.

---

86 「피고인 김덕근 신문조서」 『한민족독립운동사자료집』 19, 258쪽
87 「박복룡 청취서」 『한민족독립운동사자료집』 20, 87쪽
88 「오인영 조서」 『한민족독립운동사자료집』 20, 84쪽
89 「검증조서」 『한민족독립운동사자료집』 19, 225쪽
90 「감정서」 『한민족독립운동사자료집』 19, 230쪽
91 박환, 2004 앞의 논문, 142쪽
92 「험악을 극한 수원방면의 폭동」 『매일신보』 1919년 4월 19일, 3면

3) 진압 양상 : 방화와 학살

하세가와 요시미치(長谷川好道) 총독은 3월 7일 '일부 불령도배의 선동으로 서울과 여러 지방에서 군중의 망동을 감행한 자가 있음은 유감이니 비위를 감히 저지르는 자는 일보라도 가차할 바 없이 엄중히 처분 중이니 각자 본분에 위배하여 형사에 저촉함이 없기를 기한다'는 내용의 유고를 발표했다.[93] 만세시위에 대해 엄중히 처벌하겠다는 조선총독의 유고는 경찰과 군인에게 만세시위 탄압에 적극 나서라는 명령인 셈이었다.

1919년 당시 수원경찰서는 수원면에 자리하고 있었다. 그 관할에 화수리, 매산리, 발안장, 병점, 요당, 삼괴, 마산포, 야목리, 오산, 반월장 등 10개의 경찰관주재소가 있었다. 헌병은 용인헌병분견대 관할 수원헌병출장소가 수원면에 자리하고 있었다.[94]

3월 말 수원에서의 만세시위가 폭력적 양상을 띠자 경찰과 헌병은 물론 군인까지 검거와 방화·학살에 나섰다. 3월 28일 송산면 사강리에서 일어난 만세시위에서 수원경찰서 순사부장 노구치가 사망했다. 4월 3일 우정면과 장안면의 시위에서는 면사무소와 주재소가 불탔고 가와바타 순사가 죽었다. 조선총독부는 연이은 경찰의 사망을 공권력에 대한 중대한 위협으로 보고 다음날부터 일본군을 내세워 보복작전을 펼쳤다.

4월 4일 새벽 서울을 비롯한 경기도를 맡고 있던 일본군 제20사단 39여단 78연대 소속 아리타(有田俊夫) 중위가 이끄는 소대가 우정면을 향했다. 일본군은 제일 먼저 화수리를 완전 포위했다. 군인들은 집집마다 불을 놓았으며 주민들을 잡아다가 구타했다. 화수리 구장 송찬호를 비롯해 3명의 마을 주민이 일본군의 총칼에 죽임을 당했다.[95] 일본군은 조암리에서

---

93 「총독 유고」, 『매일신보』 1919년 3월 7일, 1면
94 최홍규, 2002 앞의 논문, 269쪽

도 방화를 자행했다. 다음날인 4월 5일 새벽 아리타 부대가 다시 장안면 수촌리에 나타났다. 일본군은 마을을 포위하고 집집마다 불을 놓고 불길에 놀라 뛰쳐나오는 주민들에게 발포를 했다. 이날 일본군의 방화로 가옥 24채가 불탔다. 수촌교회 역시 일본군에 의해 전소되었다. 수촌리에 대한 보복은 4월 8일에도 계속되었다. 그날 군인들은 수촌리에서 다시 가옥들을 불태웠다. 이와 같은 탄압은 장안면 어은리·석포리·금의리·사곡리·독정리·덕다리·사랑리, 우정면 주곡리·멱우리·이화리·고온리·화산리·호곡리·운평리·원안리 등에서도 이루어졌다.[96]

4월 중순에 들어서는 경찰과 헌병이 나서 보복을 했다. 츠무라(津村) 헌병특무조장, 후루야(古屋) 수원경찰서장 등이 직접 보병 15명을 지원받아 세 개 반을 편성해 대대적인 시위자 검거에 나섰다. 4월 10일과 11일에 화수리를 중심으로 장안면·우정면 25개 마을을 수색해 200여명을 검거했다. 시위 참여자들이 낮에 검거를 피해 피신했다가 밤에 돌아오므로 주로 야간에 검거를 실시했다. 4월 11일 새벽에도 화수리는 다시 아수라장이 되었다.

> 4월 11일 새벽 마을 사람들은 집이 불타는 소리와 연기 냄새로 단잠에서 깼다. 마당으로 달려 나온 사람들은 목숨을 보존하기 위해 노소를 불문하고 산으로 도망쳤다. 부녀자들은 어린아이를 품에 안고 남자들은 큰 아이를 끌고 걸음을 재촉해서 산으로 피신했다. 그러나 그들은 피난처를 구하기 전에 총에 맞아 죽거나 중상을 입었으며, 일부는 체포되어 감옥으로 끌려갔다.[97]

95 김선진, 1983 앞의 책, 47~55쪽 ; 2013년 주일본 한국대사관에서 발견된 『삼일운동시 피살자 명부』에 따르면 우정면 화수리에 거주하면서 4월 4일을 비롯해 여러 날에 걸쳐 피살된 사람은 모두 8명이다(이용창, 2018 앞의 논문, 60쪽).
96 김선진, 1983 앞의 책, 44~55쪽

4월 14일에는 오전 6시부터 오후 5시까지 송산면, 마도면, 서신면의 20여 마을에서 검거를 실시해 175명을 검거했다. 1,202명에게는 다시 시위를 하지 않는다는 서약서를 받아냈다. 사강리, 육일리, 봉가리, 삼존리에서는 가옥에 불을 질러 마을을 초토화시켰다. 이 과정에서 211채의 가옥이 불에 탔다. 가장 피해가 큰 곳은 송산면의 사강리와 봉가리였다. 사강리에서는 131호 가운데 82호가 불타 없어졌고 봉가리에서는 57호 중 47호가 불탔다. 4월 15일에는 수원경찰서 순사부장 아츠타(熱田實)와 순사 오사무라(長村淸三郞) 가 출동해 차인범 등 33명을 구속했다. 4월 16일에는 일본 헌병이 송산면에 출동해 주모자 집을 다 소각하지 못했다는 구실로 다시 방화를 했다.[98] 이러한 폭압적인 탄압이 자행되는 분위기 속에 제암리 학살 사건이 일어났던 것이다.

제암리 학살 사건은 3.1운동 당시 일본 군대가 자행한 집단학살을 상징하는 대표적인 사건이었다. 제암리 학살사건은 1919년 4월 15일에 일어났다. 그 날 오후 2시 향남면 발안장터에서 400여명이 만세시위를 했다.[99] 경찰과 함께 이를 해산시킨 아리타 부대는 오후 3시에 발안리에 살던 일본인 사사카(佐坂)와 한국인 순사보 조희창을 앞세우고 제암리에 나타났다. 아리타 중위는 15세 이상의 남성들을 제암교회에 모이도록 명령했다. 그리고 교회 안에 모인 사람들을 향해 총을 쏘도록 지시했다. 군인들이 창문을 통해 사격을 한 후에는 짚더미에 석유를 끼얹어 불을 지르도록 했다. 이 날 바람이 강하게 불어 교회에 붙은 불이 교회 아래쪽 인가들에 옮겨 붙었다. 교회 위쪽 집들은 군인들이 다니며 방화했다. 군인들은

---

97 독립운동사편찬위원회, 1971 『독립운동사자료집』 6, 303~304쪽
98 박환, 2002 앞의 논문, 229~230쪽
99 조선주차군사령관, 「소비제343호 독립운동에 관한 건(제50보)(1919.4.17.)」 『조선소요사건관계서류』 7

다시 마을 건너편에 자리한 팔탄면 고주리로 가서 천도교인 6명을 총살했다. 이날 학살로 희생된 사람은 모두 29명이었다. 교회 안에서 19명, 밖에서 4명이 죽었다. 고주리에서는 6명이 죽었다. 29명 중 기독교인은 10명, 천도교인은 13명이었다.[100] 이 때 천도교 지도자인 김흥열, 김낙열도 죽임을 당했다.

조선총독부는 공권력을 동원해 저지른 살상에 대해서는 부득이함을 강변하면서도 방화에 대해서는'실제로는 검거반이 저지른 것이 대부분이지만 그대로 인정하는 것은 정세상으로 맞지 않으므로 표면상 전부 실화(失火)로 처리'하며 은폐하고자 했다.[101] 이렇게 4월 말까지 수원에서는 경찰, 헌병, 그리고 군인까지 나서 자행한 탄압으로 58개 부락의 328채 가옥이 불에 탔고 47명이 죽었다.[102] 이 중 우정면과 장안면에서 피살된 사람은 14명이었다.[103] 51개 마을에서 검거자가 나왔고 검거자는 803명에 달했다.[104]

---

100 박환, 2011 「경기도 수원·화성의 3.1운동 관련 학살유적과 평화적 활용 방안」, 『근현대 전쟁 유적 그리고 평화』, 동북아역사재단, 164~169쪽 ; 이러한 희생자 추정에도 불구하고 제암리 학살사건에 관한 진상 조사가 일제 시기는 물론이고 해방 이후에도 제대로 이루어지지 않아 정확한 희생자 수를 확정하기는 어렵다. 천도교 기관지였던 『천도교회월보』1926년 11월호에 실린 「천도교 수원교구 약사」에서는 "동년 4월 15일에 본구 관내 향남면 제암리 전교사 안종환 외 김흥열, 김기훈, 김기영, 안경순, 김성열, 홍순진, 안종린, 김기세, 안응순, 안상용, 안정옥, 안종정, 안종화, 김세열, 안자순, 안호순 제씨는 그곳 즉 야소교당에서 무고히 교(敎)의 혐의로 소살(燒殺)을 당하고 곳곳마다 심한 고초에 있었다."라고 해서 고주리에서 죽은 6명과 제암리에서 죽은 11명의 명단을 밝혔다(김정인, 2018 「3.1운동, 죽음과 희생의 민족서사」, 『정신문화연구』 153, 111~112쪽).
101 이정은, 1995 앞의 논문, 88~89쪽
102 이정은, 1995 앞의 논문, 92~93쪽
103 이용창, 2018 앞의 논문, 60~61쪽
104 「검거자 800명 수원지방」, 『매일신보』 1919년 4월 23일, 3면

한가지 주목할 것은 장안면·우정면 시위 관련자로 판결을 받은 27명에 내란죄를 적용하려 했다는 점이다.[105] 조선총독부가 3.1운동과 관련해 내란죄를 적용하려 했던 사건으로는 '손병희 등 48인 사건[3.1]', '황해도 수안사건[3.3]', '경기도 안성사건[4.1]', '평북 의주사건[4.2]' 등이 잘 알려져 있다. 그런데 장안면·우정면 만세시위 피고인들에 대해 예심법원이 형법 제77조(내란)에 해당하는 것으로 결정한 사실은 잘 알려져 있지 않다. 결국 고등법원이 다른 내란죄 적용 사건과 함께 1920년 3월 22일에 다음과 같이 내란죄 불성립을 결정함으로써 최종적으로는 내란죄가 적용되지는 않았다.

> 장안면과 우정면 사무소 및 주재소를 습격하여 그 사무를 집행할 수 없게 하는 것으로써 시위운동 방법으로 삼았음에 그쳤으며, 특별히 조선독립의 목적을 달성하는 수단으로써 행한 것이 아니므로 소요죄를 구성하지만 내란죄를 구성하는 것은 아니다.[106]

흥미로운 건 조선헌병대사령관 코지마(兒島惣次郎)가 장안면·우정면 사건이 내란죄에 해당한다고 강변한 사실이다. 제암리 학살 사건이 조선인들의 폭동을 진압하기 위해 어쩔 수 없이 벌어진 정당방위라는 점을 강조하려는 의도에서 나온 주장이라 할 수 있다.[107]

일본 정부는 제암리 학살 사건에 대해 불가피한 일이었다고 주장했다. 폭도가 무장 저항하므로 하는 수 없이 발포한 것으로 정당방위였다는 것이다. 또한 3.1운동이 일어나지 않았다면 제암리 학살 사건도 일어나지

105 이용창, 2018 앞의 논문, 56쪽
106 고등법원, 「김현묵 외 26인 판결문」 1920년 3월 22일
107 이용창, 2018 앞의 논문, 67~68쪽

않았을 것이니, 3.1운동을 일으킨 기독교인 지도자들이 결국은 제암리 학살의 주범이라는 궤변을 내놓기도 했다. 일본 민본주의자들의 단체로서 3.1운동에 대해 동정적이던 여명회(黎明會)에서 활약하던 도미나가(富永德磨) 목사조차 일본의 식민 지배가 아니라 독립운동이 제암리 학살사건의 원인이라고 주장했다.

> 이번의 한국문제에 대해서 세상 사람들은 두 가지를 혼용하여 생각하고 있다. 하나는 수원사건과 같은 잔인무도의 사건이다. 두 번째는 한국 독립을 위한 소요사건이다. 두 가지가 밀접하게 관련되어 일어났던 것은 사실이지만 결코 두 가지가 같은 문제는 아니다. 수원사건 및 그와 같은 종류의 일은 말할 것도 없이 천인공노할 사건이요, 일본의 대치욕이었다. 그러므로 국민으로서도 회개하고 그 책임자를 엄중히 규탄, 처벌해야 한다. 총독의 경질도 부득이하다. 만일 수원 사건이 이번 한국 문제의 기인이라면 일은 그렇게 어렵지 않다. 아니 모든 분규가 총독부의 실정이나 악정에만 기인되어 있다면 한국 문제는 의외로 간단하다. 그러나 사실은 반드시 그렇지만은 않다. 수원사건은 오히려 결과이며 우발적 사건이다. 수원사건을 필연적으로 생기도록 했던 정치적 방식이 오랫동안 실행되어 왔음은 사실이나 수원사건은 다른 힘 때문에 유발된 것이다. 즉 그것은 일부 한국인에 의한 독립운동이다. 그것이 없었으면 수원사건도 일어나지 않았다.[108]

그럼에도 일본 정부는 수원에서 일어난 무모한 학살에 대해 완전히 묵살하지는 못했다. 조선군사령부는 1919년 7월 아리타 중위를 군법회의에 회부했다. 수촌리와 화수리에서 방화와 살상을 벌인 지휘관들도 문책했다.[109] 이러한 일본 정부로서 예외적인 조치를 내린 것은 수원에서 일본군

---

108 富永德磨, 「朝鮮關見解」, 『基督敎世界』 1919년 9월 4일(서정민, 1997 「제암리 교회 사건에 대한 일본측의 반응」 『한국 기독교와 역사』 7, 85쪽에서 재인용)

에 의한 탄압과 살상이 그만큼 가혹했음을 입증한다고 할 수 있다.

4. 맺음말

앞에서 살펴본 것처럼 수원의 만세시위는 3월 말과 4월 초에 절정을 이뤘고 어느 지역보다 폭력적이고 공세적이었다. 이에 대해 조선총독부는 본보기를 보이려는 듯 혹독하게 탄압했다. 경찰, 헌병은 물론 보병까지 동원해 마을에 불을 지르고 무고한 사람까지 죽였으며 제암리 학살 사건이라는 참상을 저지르고 말았다. 조선 지배의 심장부인 서울에서 가까운 수원에서 일어난 공세적 시위에 대해 무력을 동원한 방화와 살상으로 강력히 대응했던 것이다. 일본 정부와 조선총독부는 이를 통해 일본 통치에 저항하는 조선인의 투쟁의지가 발본색원되기를 기대하며 제암리 학살 사건을 정당방위라고 주장했다. 하지만 제암리 학살 사건은 바로 다음날 서양 외교관, 선교사 등에 의해 우연히 발견되면서 오히려 3.1운동과 그에 대한 일본의 야만적 대응을 세계에 알리는 역할을 했다.

수원의 3.1운동은 1919년 3월 1일 평화로운 만세시위로 시작된 3.1운동이 어떤 양상으로 변화했는지를 잘 보여주는 전형성을 갖고 있다. 만세시위의 기운이 고조되면서 식민지 행정체계의 말단에 자리한 면장, 면서기는 물론 구장들까지 나서 처음부터 폭력시위를 계획했다. 시위대는 면사무소를 파괴하고 방화했으며 경찰을 죽였다. 이에 대해 조선총독부는 경찰, 헌병에 군대까지 동원해 잔인한 보복을 가했고 일본 정부는 1919년 4월 6일 추가 파병으로 대응했다.[110] 이렇게 수원에서 몽둥이와 곤봉으로

---

109 강덕상, 1967 『현대사자료26 : 조선(2)』 29, みすず書房, 312쪽

무장한 시위대와 총칼로 무장한 공권력이 맞붙으며 3.1운동이 절정으로 치달았던 것이다.

---

110 신주백, 2019 「3.1운동과 일본군 동향, 그리고 제국 운영」 『3.1운동 100년』 3, 휴머니스트, 179~180쪽

참고문헌

김정인, 2009 『천도교 근대 민족운동 연구』, 한울
_____, 2019 『오늘과 마주한 3.1운동』, 책과함께
김정인·이정은, 2009 『국내3.1운동－중부·북부』, 한국독립운동사연구소
박 환, 2007 『경기지역 3.1독립운동사』, 선인

김정인, 2018 「1919년 3월 1일 만세시위, 연대의 힘」 『역사교육』 147
_____, 2018 「3.1운동, 죽음과 희생의 민족서사」 『정신문화연구』 153
박 환, 2002 「경기도 화성 송산지역의 3·1운동」 『정신문화연구』 89
_____, 2004 「수원군 우정면 화수리 3.1운동의 역사적 성격」 『정신문화연구』
        27-1
_____, 2011 「경기도 수원·화성의 3.1운동 관련 학살유적과 평화적 활용 방안」
        『근현대 전쟁 유적 그리고 평화』, 동북아역사재단
서정민, 1997 「제암리교회 사건에 대한 일본측의 반응」 『한국 기독교와 역사』
        7
신주백, 2019 「3.1운동과 일본군 동향, 그리고 제국 운영」 『3.1운동 100년』 3, 휴
        머니스트
이덕주, 1997 「3.1운동과 제암리사건」 『한국 기독교와 역사』 7
이동근, 2003 「수원 3·1운동에서 천도교의 역할 － 우정·장안면을 중심으로 －」,
        『경기사학』 7
이용창, 2018 「재판 관련 기록으로 본 화성 장안·우정면 3·1만세운동」 『한국독
        립운동사연구』 62
이정은, 1995 「화성군 장안면 우정면 3.1운동」 『한국독립운동사연구』 9
최홍규, 2002 「수원지방의 3.1운동과 1920년대 민족운동」 『경기사학』 6

수원 만세시위의 양상과 특징」

한 동 민(수원화성박물관장)

　본 발표문은 수원지역 만세시위의 특징을 주도세력, 시위방식, 진압 양상이라는 큰 틀에서 재조명하고자 한 글이다. 이에 지역별 만세시위 양상을 1)수원면, 2)송산면, 3)성호면, 4)장안면·우정면으로 대별하여 살피고 있다. 수원지역에서 만세시위가 가장 활발했던 곳을 대상으로 하고 있는 셈이다. 또한 수원 만세시위의 특징으로 1)주도세력, 2)시위방법, 3)진압양상으로 나누고 고찰하고 있다.

　우선 수원지역 만세시위의 주도세력을 '종교인과 하급관리'로 보고 이들이 이끈 만세시위라는 해석이 주목된다. 하급관리는 면장(장안면장 김현묵)과 면서기(송산면서기 홍준옥)를 염두에 둔 용어로 추정된다. 그런 점에서 장안면장 김현묵의 이중적 태도를 밀도있게 짚어볼 필요가 있을 듯하다. 실상 우정·장안면 연합시위나 송산면 시위에서 구장(區長)들의 역할이 종교인들보다 중요했다고 볼 수 있다. 구장(區長)을 하급관리로 볼 수 있느냐는 또 다른 문제라 할 수 있다. 구장을 하급관리로 보는 것은 타당한 것일까요?

　3월 28일(음 2. 27) 사강장 시위와 3월 29일(음 2. 28) 오산장 시위 및 3월 31일(음 2. 30) 등 5일장이 서는 장날에 만세시위가 대대적으로 전개되었다. 장날에 온 장꾼들에 따라 만세시위 소식은 빠르게 전파되었다. 이런 점에서 3월 31일 발안장날 시위는 제암리 사건을 이해하는데 중요한 계기를 제공한다고 할 수 있다.

발안은 수원과 안중, 남양과 오산 및 조암 등 5개 지역을 잇는 사통팔달의 교통 요지로 각광을 받아왔다. 그만큼 만세시위의 파급력이 상대적으로 크다고 할 수 있다. 발안장의 소식은 인근 지역에 빠르게 확산될 수 있는 조건이다. 3월 31일 발안장 시위는 우정·장안면 지역에 널리 알려지면서 4월 3일 우정·장안면 만세시위에 큰 영향을 주었다고 할 수 있다.

또한 제암리·고주리 학살사건은 우정·장안면 만세시위와 화수리 주재소 가와바타 처단과 연동되어 설명되어야 한다. 4월 3일 우정, 장안면 연합시위는 주곡리에서 시작하여 석포리, 수촌리를 거쳐 장안면사무소와 쌍봉산, 우정면사무소, 그리고 화수리주재소까지 삼괴(조암)반도를 한 바퀴 도는 노정이었다. 장안면사무소와 우정면사무소 및 화수리주재소를 불태우고, 가와바타 순사를 처단하며 제국주의에 반대하는 지역민의 의지를 드높인 위대한 하루를 만들었다.

수원지역 3.1운동의 특성 가운데 가장 눈에 띄는 것은 일제의 경찰 2명을 처단한 일이다. 수원군 송산면 사강리에서 노구찌 순사부장을 처단하고, 우정면 화수리에서 가와바타 순사를 처단한 사건이다. 3.1운동기 일제 경찰을 처단한 것은 수원 지역이 유일하였다. 이에 언론에서는 '수원사건'이라 명명하고 대대적으로 보도하고 있다. 따라서 수원지역 만세시위에서 일본 경찰을 처단한 역사적 사실과 의의를 보다 부각시키는 것이 필요해 보인다.

일본의 진압방식이 방화와 학살로 나타나는 것은 충격과 공포를 통해 3.1운동이 확산되는 것을 막고자 한 것이고 그 최종적 선택지가 제암리·고주리인 였던 셈이다. 제암리·고주리는 발안리의 옆 마을로 인근 지역으로 풍문과 소문이 빠르게 전파될 수 있는 조건이었기 때문이다.

'제암리 학살사건'이 3.1운동을 전 세계에 알리게 된 계기가 되었다는 지적은 지극히 타당하다. 미국 영사 커티스의 보고서의 제목이 「일본군이 교회 안에서 한국인 37명 학살」 이후 보강 조사되어 「제암리에서 일본군에 의한 한국인 37명 학살과 촌락 파괴」라는 제목의 보고서가 제출되었다는 점도 주목할 필요가 있다. 교회에서 제암리로 바뀌고 있다는 점이다.

한편 일본에서 발행되는 영자지에 재팬 크로니클은 4월 20일자에 '수원 대학살' 보도 이후 '쇼킹한 만행, 한 기독교 예배당에서 대학살'이라는 기사가 나갔다. 이후 보도는 기독교인 살해 및 교회 방화에 초점이 맞추어져 확산되어 갔다.

현재 교회 보다는 지역명인 '제암리 학살사건'으로 널리 쓰이고 있다. 그러나 제암리 학살사건은 같은 날, 같은 사건의 연장선상에서 고주리 학살이 이어진 동일한 사건으로 이해해야만 한다. 고주리 학살사건의 대상자가 천도교인이라는 시각과 교회에서 일어난 학살사건이라는 측면에서 제암리 학살사건으로 제한하는 것은 정확한 역사인식이라 할 수 없다. 따라서 제암리 학살사건은 '제암리·고주리 학살사건'으로 명명하고 역사화해야 한다. 이에 대한 고견을 듣고 싶다.

사족

'경찰의 사망', '순사를 죽이는' 등의 표현보다 주민들의 주체적 처지에서 '경찰을 처단'하는 등의 표현이 보다 적절한 것으로 보인다.

행정구역 명칭의 착오가 보인다. 주로 주곡리와 화수리를 장안면으로 잘못 쓰고 있다.

4쪽. 장안면에 사는 차희식 → 우정면 주곡리에 사는 차희식

6쪽, 장안면 화수리에 주재소 → 우정면 화수리

우정면 화수리, 주곡리 / 장안면 석포리, 수촌리

주곡리와 석포리는 이웃 마을이지만 행정구역상 우정면 주곡리와 장안면 석포리로 나뉜다.

안성군 3.1운동의 새로운 이해*
- 만세시위의 다원적 의미와
지속되는 지역공동체 -

허 영 란(울산대학교 역사문화학과 교수)

1. 머리말

3.1운동을 연구하기 위한 공간적 구획은 기본적으로 연구 시점의 행정구역을 따른다. 그런데 1919년 당시는 말할 것도 없고 해방 이후 현재에 이르기까지 행정구역의 변화가 컸던 만큼, 각 지역에서 전개된 3.1운동을

---

* 『역사와현실』113호(2019)에 「만세시위의 다원적 의미와 지속되는 지역공동체 - 안성군 3.1운동의 새로운 이해 -」라는 제목으로 수록된 논문임.

연구하기 위한 공간적 범위도 그때그때 재구획되었다. 서울만 하더라도, 1919년 당시에 서울[경성부]은 경기도에 속했으며, 왕십리나 영등포 등 지금은 서울에 속하는 지역들이 경성부에 포함되지 않았다. 마찬가지로 3.1운동 당시에는 부산부가 아니라 경상남도 동래군에 속해있던 동래와 구포, 기장과 일광의 만세운동이, 지금은 경상남도가 아니라 부산광역시의 역사로 다루어진다. 이것은 현 시점의 행정구역을 기준으로 하는 3.1운동의 공간적 범주화가 어느 정도는 작위적일 수밖에 없다는 것을 의미한다.

이 논문은 1910년대 중반에 일제 당국에 의해 개편된 행정구역이 3.1운동의 '지방사'를 서술하는 중요한 기준으로 활용되고 있지만, 그런 개편 이전의 지역공동체에 대한 공속감이 3.1운동에서 구조적 수준의 영향력을 행사했다는 문제의식에서 출발한다. 본문에서 밝히겠지만, 현행 행정구역을 기준으로 하는 3.1운동 이해는 운동 참가자의 경험이나 인식과는 상당히 괴리되어 있다. 지역의 만세시위는 개인의 자율적인 결단만이 아니라 다양한 네트워크의 대중동원을 기반으로 일어났다. 지방 농촌에서는 장시 같은 관습적 자원이나 전통적 지역공동체가 가장 유력한 대중 동원의 기제였다. 다만 3.1운동 당시 일제 군경과 행정기관에서 작성한 시위 동향이나 진압 관련 기록이 공적 행정 체계를 엄격하게 따르고 있다는 점은 기억해 둘 필요가 있다.

1919년 당시 다양한 네트워크와 다원적 연대를 매개로 이루어진 만세운동의 공간적 작동방식은 일제에 의해 개편된 행정 체계와는 거리가 있었다. 그러나 위로부터 설계된 치안 체계에 따라 보고와 진압이 이루어졌기 때문에 공식적 행정구역을 무시하는 것 역시 타당하지 않다. 이 논문에서는 당대의 행정구역이 갖는 의미, 그것과 별개로 작동하는 전통적 촌락 공동체의 네트워크, 그리고 동일한 안성군 안에서 확인되는 만세운동의 다양한 양상을 재검토하여 '안성군'의 3.1운동을 새롭게 이해해보고자 한다.

전국 각지에서 벌어진 3.1운동에 대해 참가자나 목격자를 대상으로 하는 증언채록은 1960년대에 접어들어서야 본격화되었다. 정치적 맥락에서 3.1운동이 소환되기 시작한 것은 해방 직후부터였지만, 학술적인 연구나 당사자에 대한 체계적인 조사까지는 상당한 시간을 기다려야 했던 것이다. 저널리즘에서 각 지방 3.1운동을 소개한 것으로 눈여겨 볼만한 것은 1965년『신동아』3월호에 실린 수기들이다. 3.1만세운동 참가자들은 짧은 수기를 통해 역사적 사건에 대한 경험과 기억을 되살리고 있다. 물론 당사자의 기록이라고 해도 그것 또한 40여년이 지난 뒤의 회상이기 때문에 변형이나 왜곡, 회상 시점의 영향으로부터 자유롭지는 않다.

정치와 저널리즘 수준에서 주로 다루어지던 3.1운동에 대한 최초의 학술적 연구 성과는『3.1운동 50주년 기념논집』(1969, 동아일보사)이었다. 이어 1971년에 정부 주도로 편찬된『독립운동사』(전10권) 제2권과 제3권에 3.1운동의 도별 전개 양상이 기술되었다.『독립운동사자료집』(전17권) 제4~6권에는 3.1운동 자료와 재판기록 등이 수록되었다. 이 시점을 전후하여 3.1운동은 동시대사와는 구별되는 역사적 사건으로 전환되었다. 그 과정에서 1960년대 이후 본격적으로 생산된 3.1운동 참가 생존자들의 다양한 증언도 이른바 '정사(正史)' 안으로 들어왔다. 3.1운동 당시 작성된 일제의 관변문서와 1971년의『독립운동사』를 비교해보면 1960년대 이래 채록된 다양한 증언이 거의 그대로『독립운동사』에 반영된 것을 확인할 수 있다.

3·1운동 당시 안성군 지역에서 일어난 만세시위에 대해서는 여러 편의 논문이 발표되어 있다.[1] 그 중에서도 1987년 발표된 이정은의 논문은

---

1 이정은, 1987 「안성군 원곡·양성의 3·1운동」『한국독립운동사연구』 1 ; 황민호,

공식사료에 더해 당시까지 생존해 있던 참가자와 유족, 목격자들에 대한 직접 조사를 토대로 작성되었다는 점에서 특히 주목된다. 3.1운동이 가진 지역사적, 민중사적 의미를 고려할 때 엘리트층 외에 각지의 일반 참가자와 목격자에 대한 직접 조사의 의미는 매우 크다. 그런 점에서 이정은의 논문은 사료적 가치도 내장하고 있다. 한편 3·1운동 백주년을 맞이한 금년 초에는 관변자료를 토대로 구체적인 시위 양상과 인물 정보 등을 망라한 데이터베이스가 국사편찬위원회의 홈페이지에 공개되었다.[2] 이 글에서는 새로 구축된 데이터베이스와 기타 자료, 기 발표된 논문을 참고하여 안성군 3.1운동에 대한 새로운 해석을 시도해볼 것이다.

전국의 다른 곳과 마찬가지로 안성에서도 3월 말에서 4월 초순 사이에 만세시위가 집중적으로 일어났다. 경기도 남단에 위치한 안성의 만세운동도 기본적으로 다른 지역과 유사한 특징을 공유한다. 그 중에서도 4월 1일 밤부터 이튿날 새벽까지 이틀에 걸쳐 전개된 원곡·양성 만세시위는 인접한 두 면을 오가면서 펼쳐진 대규모 만세운동이라는 점에서 특별한 주목을 받아왔다. 그렇지만 기독교나 천도교 등 종교계의 개입이 뚜렷하지 않은 점, 안성읍내, 양성면과 원곡면, 죽산지역의 만세운동이 각각 별개의 특징을 갖고 전개되었다는 점, 원곡·양성 만세시위는 마을공동체를 기반으로 하는 민중의 자발적 연대가 최고조로 고양된 사례라는 점에서 의미 있는 차별성 또한 갖고 있다. 그러한 차이들을 지역사적 관점에서

2006 「안성읍내와 죽산지역 3·1운동의 전개」『한국민족운동사연구』 46 ; 박환, 2007 『경기지역 3·1독립운동사』, 선인 ; 허영란, 2009 「3·1운동의 지역성과 집단적 주체의 형성: 경기도 안성의 사례를 중심으로」『1919년 3월 1일에 묻다』, 성균관대학교 출판부 참조.

2 <국사편찬위원회 삼일운동 데이터베이스>(http://db.history.go.kr/samil/)를 볼 것. 필자도 이 데이터베이스의 서울과 경기도 지역 만세운동 개요 집필에 참여했다.

재해석할 때 3.1운동의 의미는 더욱 풍부해 질 수 있다.

2. 안성군의 지역적 조건과 만세운동의 전개

1) 지역적 조건

'독립선언'에 이름을 올린 '민족대표'의 엘리트적 인식이나 비폭력 구상과는 달리 여러 지방에서 만세시위는 대중화하고 폭력화했다. 그 주된 요인으로 고종의 죽음과 그것을 둘러싼 소문들이 불러일으킨 동요, 일제의 식민 통치 자체에 대한 불만과 구체적으로 시행된 정책에 대한 반감 등이 거론되어 왔다. 경제적으로는 1904~5년 화폐개혁을 전후하여 조선 상인이 급격히 몰락했으며 1910년대에는 일본상인의 상권 침탈이 완료되었다는 점, 특히 철도역 주변에 새로 조성된 일본인 거점을 중심으로 상업구조가 재편되어 전통적인 대규모 시장과 상업중심지가 쇠퇴하게 되었다는 점 등, 조선 후기 이래의 상공업 발달지였던 안성과 관련해서는 그러한 일제의 경제 침탈이 만세운동의 주된 배경으로 강조되어 왔다.[3]

일제의 침탈과 경제구조의 재편이 3.1운동의 구조적 배경이겠지만 그것은 지나치게 일반적인 설명이기도 하다. 우리가 3.1운동이라고 부르는 역사적 사건은 전국 각지에서 일어난 최소 1,692건의 시위를 포함해서 2,500건에 이르는 철시와 동맹휴교, 파업, 실행에 이르지 못한 수 백 건의 계획을 포괄한다.[4] 그 모든 사건들이 3.1운동이라는 하나의 역사로 수렴

---

3 황민호, 2006 앞의 논문, 54~57쪽
4 <국사편찬위원회 삼일운동 데이터베이스>에서 확인되는 개별 사건들의 총수이다. 객관적으로 확인되는 수치라는 점에서 의미가 있지만, 이것 역시 식민당국에 의해

되지만, 지역에 따라, 참여주체에 따라, 운동의 양상에 따라 실제로 벌어진 사건에 개입했을 다양성은 상상의 범위를 넘어선다. 안성만 보더라도 조선의 전통적인 상업중심지 중에서는 일본인의 '직접적인' 이주와 경제침탈이 가장 효과를 거두지 못한 지역이었다. 경부철도 부설 이후 중계상업지로서 안성장(安城場)의 전통적 위상은 약화되기 시작했다. 그러나 안성장은 1910년대에도 경부선 평택역에 새로 조성된 평택장과 양립하며 '지역내 대시장'으로서의 위상을 유지했다.[5] 일제시기 안성의 경제적 침체는 일본인 상권의 직접적인 침탈에 의해서라기보다는 철도 위주로 이루어진 유통구조의 전반적 재편이라는 구조적 요인에 의해 서서히 진행되었다. 말하자면 지역내 대시장으로서의 위상은 일정기간 유지되었지만, 안성을 거점으로 삼아 전국을 대상으로 이루어지던 물자유통이 감소하면서 전국적 경제 구조에서 안성장이 차지하는 위상은 약화되지 않을 수 없었다. 안성주민들은 일본인들로부터 성공적으로 상권을 방어했다는 사실에 대해 높은 자부심을 갖고 있었다. 그럼에도 불구하고 간선철도망에서 배제됨으로서 심화된 구조적 취약점이 지역사회의 발전을 가로막는 현실에 직면하게 되었고, 이 문제를 해결하기 위해 1920년대에 안성 주민들은 천안과 안성을 연결하는 안성선 철도부설운동에 매진하게 된다.[6]

드디어 1925년에 안성[장] 주민들의 바람대로 안성선이 부설되었다. 다른 지역과는 달리, 철도역 주변에 일본인 중심의 신시가지가 건설되거나 혹은 철도를 매개로 한 일본상인의 상권 잠식은 이루어지지 않았다.

포착된 것들만을 포함하기 때문에 최소 수준의 수치라고 할 수 있다.

5 허영란, 1997 「1910년대 경기남부지역 상품유통구조의 재편」 『역사문제연구』 2, 160~191쪽

6 허영란, 2007 「시가지 개조를 둘러싼 지역주민의 식민지 경험-안성의 철도·시장·공원 그리고 지역주민-」 『역사문제연구』 17, 47~50쪽

[표 1]에서 알 수 있듯이 1920년 말에도 안성읍내의 일본인 호수는 56호로 전체의 3.6%에 불과했다. 1939년 말에 일본인은 72호 252명으로 늘어났지만 전체 인구 증가율에 미치지 못하는 수준이었다.

[표 1] 안성읍내 호수 및 인구수

시기	조선인		일본인		외국인		합계	
	호	인구	호	인구	호	인구	호	인구
1920년 말	1,571	7,951	56	225	25	58	1,652	8,234
1939년 말	2,458	12,538	72	252	7	26	2,527	12,816

출전 : 「자고(自古)로 상업의 중심 안성」『동아일보』1940년 6월 25일

1930년 전후 조선 전체 인구 중 일본인 비율은 약 2.5%였는데, 도시부에 해당하는 부(府) 지역의 비율이 20% 가량으로 높았다. 지방도시 가운데 상공업이 특별히 발달했던 안성읍내의 일본인 호수 비중은 도시 지역이나 다른 시가지와 비교해서도 낮은 편이었다. 더욱이 안성의 일본인들은 대부분 관공리나 교사, 관변단체 직원 등이었고, 상업호수는 많지 않았다. 1926년 현재 안성장에는 조선인 점포가 120여 호였던 반면, 일본인 점포 6호, 중국인 점포 9호가 영업하고 있을 뿐이었다.[7]

경기도 최남단에 위치한 안성군의 중심부[구 안성읍내]는 안성천에 의해 형성된 평야지대에 자리 잡고 있다. 조선총독부는 1914년에 군면을 통폐합하면서 구 안성군, 구 양성군, 구 죽산군을 통합하여 안성군으로 만들었다. 당시 3개 군에 속해있던 각 면들을 대상으로 3~5개 면을 통합하여 하나의 면으로 개편했다. 이 세 곳의 전통적 중심지는 안성읍내, 양성면 동항리, 이죽면 죽산리였다([그림 1]).[8]

---

7 허영란, 2007 앞의 논문, 46쪽

행정적으로는 안성군에 강제로 통폐합시켰지만 주민들 사이의 이질적인 지역 소속감까지 제거되지는 않았다. 안성 각지에서는 시기적으로 3월 말부터 4월초까지 비슷한 시기에 만세시위가 일어났다. 그런데 공간적으로는 전통적 군현제의 틀을 벗어나지 않는 형태로 만세운동이 전개되었다. 또 안성장이 열리던 안성읍내에서는 상인들이 중심 역할을 수행한 반면, 구 양성군에서는 마을 단위로 동원된 농민들이 만세운동의 주역이었다. 구 죽산군의 경우 이죽면 소재지에 위치한 보통학교 학생들과 상인들, 그리고 인근 농민들이 합세하여 만세운동을 벌였다. 그런데 원곡면과 양성면 농민들이 구 양성군의 중심지였던 양성면 동항리로 결집한 것과는 달리, 구 죽산군에서는 일죽면과 이죽면, 삼죽면에서 각각 시위를 벌였기 때문에 구 양성군 지역에서처럼 폭발력을 발휘하지는 못했다.

[그림 1] 안성군 3.1운동

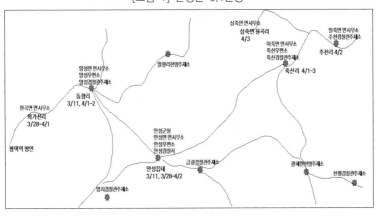

출전 : <국사편찬위원회 삼일운동 데이터베이스>에서 제공하는 지도정보를 활용하여 작성함
비고 : 3월에서 4월 사이에 안성군에서 일어난 만세운동의 장소와 일자를 표기

8 [그림 1]에서 월향리헌병주재소는 용인군, 광혜원헌병주재소는 진위군, 천평경찰관 주재소는 음성군 소속이다.

일정한 기간 동안 전국 각지에서 연쇄적이면서도 집중적으로 만세운동이 벌어졌다는 점에서, 일제의 무단통치에 대한 불만, '민족자결주의'가 격발시킨 독립의 의지, '독립'에 대한 포괄적인 공감과 동조 등과 같은 원인들이 지역적 차이와는 별개로 공통의 동인으로 작동했다는 것을 짐작할 수 있다. 그러나 그와 같은 불만과 의지, 공감과 동조가 집단적인 행동으로 표출되기 위해서는 구체적인 격발의 계기가 있어야 한다. 또한 그것이 집단행동으로 분출되기 위해서는 다양한 주민들을 기동시키는 기제가 작동해야 한다. 따라서 안성 각지의 만세시위 현장에서 민중들의 참여를 이끌어낸 구체적인 계기와 기제가 무엇인지, 그것을 개별 지역의 시공간적 역사성 위에서 살펴보는 것이 필요하다.

일제의 식민 통치와 수탈은 전국에 걸쳐 이루어졌다. 그러한 전일적 식민 지배는 3·1운동의 전국성을 설명하는 조건이다. 그러나 안성군에서 나타나듯 동일한 행정구역 안에서도 지역 간에 차이를 보이는 경우가 적지 않았다. 그러므로 특정 지역에만 해당하는 구체적 요인을 밝혀내거나 해당 지역의 운동을 설명해 줄 수 있는 지역적 맥락과 의미를 찾아내는 것은 여전히 남겨진 과제이다.

2) 안성군의 만세운동

[그림 1]에서 알 수 있듯이 안성군에서는 구 안성군의 중심지이자 안성장이 열리는 안성읍내, 구 양성군 지역인 양성면과 원곡면, 그리고 구 죽산군 지역인 일죽면, 이죽면, 삼죽면에서 만세시위가 벌어졌다.[9]

---

9 특별한 인용이 없는 경우는 <국사편찬위원회 삼일운동 데이터베이스>를 참고한 것이며, 별도로 추가한 내용이 있을 경우에는 각주를 붙였다.

(1) 안성읍내

안성읍내에서는 3월 11일에 안성공립보통학교에서 시위의 조짐이 있었으며, 밤에는 안성장 상인 수십 명이 만세를 불렀다.[10] 이후 한동안 잠잠하던 안성읍내에서 3월 28일부터 4월 2일 사이에 연속해서 만세운동이 벌어졌다.

28일 밤에는 읍내면 동리에서 주민 약 20명이 마을 산 위에 올라가서 조선독립만세를 외쳤다. 그 다음날인 29일에도 동리 바로 옆에 있는 읍내면 장기리에서 주민 수십 명이 조선독립만세를 불렀다.

3월 30일 밤부터 만세운동이 본격화되어 안성장 부근에서 군중 200~300명이 모여 만세를 부르며 시위를 벌였다. 저녁에는 400~500명으로 불어난 시위 군중이 안성경찰서로 몰려가 만세를 부르고 돌을 던져 순사보에게 부상을 입혔다. 이어 면사무소로 가서 대기실의 문과 유리창을 부수고 다시 안성군청으로 몰려가서 밤늦게까지 만세를 부르고 해산했다.

3월 31일에는 전날 밤에 있었던 시위의 영향으로 안성장 일대의 상점들이 문을 닫았다. 낮이 되자 다시 읍내면 여러 곳에서 주민들이 만세를 부르기 시작했는데 시위 군중 가운데 일부는 자동차 영업을 하는 이택승의 집을 찾아가 '자동차를 이용해서 수비병을 운반하는 것은 조선민족 독립운동을 방해하는 것이다. 영업을 중지해라. 만약 이에 응하지 않으면 주택에 불을 지르고 태워 버리겠다'고 위협했다. 또 읍내의 중국인 잡화상 왕수산(王壽山)의 집에 가서는 '무슨 이유로 문을 열고 있는가? 빨리 문을 닫아라'고 외치며 돌을 던져 가게 문을 닫게 만들었다. 오후 4시경에는 안성조합 기생들이 일제히 만세를 부르기 시작했다.[11] 이에 주민들이 가

---

10 국회도서관, 1979 『한국민족운동사료』(3.1운동편 期3), 국회도서관, 46쪽
11 「騷擾事件의 後報(안성)」 『매일신보』 1919년 4월 3일

세하여 천여 명으로 늘어난 군중은 군청, 경찰서, 면사무소를 돌며 시위를 벌였으며, 동리의 언덕 위에 올라가 읍내가 떠나가도록 만세를 외쳤다. 저녁 무렵에는 3천여 명으로 불어난 군중이 군청과 면사무소를 돌며 만세를 부르고 등불행진을 벌였다.

이튿날인 4월 1일 밤에도 읍내면 안성장 일대에서 500~1,000명에 이르는 군중이 태극기를 앞세우고 조선독립만세를 위치며 시위를 벌였다. 이날 시위에서는 윤순철 등이 자신들이 낮에 제작한 태극기 70여개를 주민에게 나누어 주고 함께 독립만세를 외쳤다. 4월 2일 오후 2시경에도 안성장에서 수십 명이 조선독립만세를 외치며 시위를 벌였다.

(2) 양성면과 원곡면

3월 11일 오전에 양성면 동항리에 있는 양성공립보통학교 학생 수십 명이 교정에서 일제히 독립만세를 외쳤다. 이후 4월 1일까지 양성면에서는 만세운동에 대한 별다른 기록이 보이지 않는다. 그런데 만세운동 당시 14세로 양성공립보통학교 학생이었던 김영한은 4월 1일 이전에도 여러 차례 학교에서 만세를 불렀다고 증언했다.[12] 4월 1일 밤에는 동항리 인근 각 마을의 농민들이 양성면사무소 주위로 모여들어 만세를 불렀는데, 이날 밤에 원곡면에서 온 시위대가 이들과 결합하면서 격렬한 만세운동으로 발전했다.

원곡면에서는 3월 28일부터 외가천리에 있는 면사무소에서 연일 만세 시위가 있었다.[13] 28일 낮에 원곡면 내가천리 주민들이 외가천리에 있는

---

12 이정은, 1987 앞의 논문, 156쪽
13 일제 관변 기록에는 3월 28일부터 시위가 시작된 것으로 보고되어 있지만, 3월 25~26일 경부터 시위가 벌어졌다는 당시 원곡면 면서기 정종두의 증언이 있다(이정은, 1987 앞의 논문, 158쪽).

원곡면사무소로 몰려가서 독립만세를 불렀다. 가까운 칠곡리와 지문리 주민 수십 명도 원곡면사무소로 와서 만세를 불렀다. 이날 시위 군중은 면장의 설득으로 해산했다. 29일에도 원곡면 지문리 주민 수십 명이 원곡면사무소로 몰려가 만세를 불렀다. 30일에는 외가천리, 칠곡리, 지문리 등지의 주민들이 원곡면사무소에 모여 만세를 불렀다. 31일에는 칠곡리 주민 200~300명을 비롯해 외가천리와 지문리 등의 사람들이 원곡면사무소에서 만세를 불렀다. 이처럼 여러 날에 걸쳐 원곡면사무소에서 만세시위가 벌여졌으며, 4월 1일 저녁에도 면사무소에 모이라는 연락이 각 마을에 전달되었다.

4월 1일 저녁에 외가천리와 내가천리, 월곡리, 칠곡리, 죽백리 등 각 마을의 주민들이 원곡면사무소로 모여들었다. 밤 8시경 원곡면 각 마을 주민 약 1,000명은 면사무소 일대에서 조선독립만세를 외쳤다. 군중은 면장과 면서기에게 만세를 부르도록 강요하고 태극기를 들게 하여 앞세운 다음, 횃불을 밝히고 만세를 부르면서 경찰관주재소가 있는 양성면 동항리를 향해 행진하기 시작했다. 원곡면에서 양성면으로 넘어가는 길목인 성은고개에 이르러서는 이유석, 최은식, 홍창섭, 이덕순, 이근수, 이희룡 등이 나서서 차례로 시위운동을 격려하고 독려하는 연설을 한 다음, 고개를 넘어 내려오면서 길가에서 돌과 몽둥이 등을 구해서 들고 동항리로 진입했다.

이날 밤 9시경 양성면 동항리에서도 양성면민 수백 명이 모여 경찰관주재소 앞에서 만세운동을 벌였다. 밤 9시 50분경에 해산하고 귀가하려는 차에 원곡면에서 고개를 넘어온 군중이 동항리로 몰려 들어왔다. 원곡면에서 온 시위 군중은 해산하려던 양성면민들에게 시위운동에 동참할 것을 요구했다. 밤 10시경 2,000명 이상으로 늘어난 시위 군중이 경찰관주재소로 몰려가 조선독립만세를 외치며 돌을 던지고 몽둥이를 휘둘러 유리창, 벽, 기물들을 부수고 주재소 사무실, 순사 기숙사 건물과 각종 문서, 기물을 전부 불태웠다. 이어 군중은 양성우편소로 몰려가 시설물, 전화기, 서류물품, 가구 등을 파괴하고, 전화선을 절단했으며, 우편소 부근 전주 3개도 넘어뜨렸다. 또 일본인 상인과 대금업자 집을 공격하여 건물과 물품을 부수거나 불태우고, 양성면사무소로 몰려가 서류와 물품을 파괴하고 소각했다. 주재소 순사들이 발포했지만 탄환이 부족해 시위대를 진압하는 데 실패했다. 원곡면 시위 군중은 4월 2일 새벽 4시경에 다시 원곡면 외 가천리에 있는 원곡면사무소로 되돌아가서, 숙직실에 불을 지르고 서류와 물품을 전부 불태웠다. 이날 시위에서 5명이 사망했으며, 안성경찰서는 사후에 원곡면과 양성면 주민 수백 명을 만세시위 연루자로 체포했다.

(3) 이죽면, 일죽면, 삼죽면

구 죽산군 지역에서는 4월에 만세운동이 일어났다. 이죽면 죽산리의 만세운동 역시 공립보통학교 학생들에 의해 시작되었다. 4월 1일에 죽산 공립보통학교 학생 50여명은 교정에서 조선독립만세를 외쳤다. 같은 날 이죽면 두현리에서 도로 수선 부역에 동원되었던 인부들 사이에서 조선 독립만세를 부르자는 선동이 있었고, 이죽면 장계리 주민 수백 명이 죽산 리 소재 죽산경찰관주재소와 이죽면사무소로 몰려가서 만세를 외쳤다.

이튿날인 4월 2일 오전부터 4월 3일 새벽까지 죽산시장에서 전개된 대규모 만세운동이 이죽면 죽산리 중심가 일대를 뒤흔들었다. 이날 이죽 면 장원리, 매산리, 용설리, 장계리 등지에서 모인 주민 수천 명이 죽산리 죽산시장 일대로 모여들어 만세를 불렀다. 군중은 죽산경찰관주재소, 죽 산우편소, 이죽면사무소, 죽산공립보통학교 등을 돌면서 시위를 벌였다. 죽산공립보통학교 학생 수십 명도 태극기를 앞세우고 죽산시장, 죽산경찰관주재소로 가서 조선독립만세를 외쳤다. 시위대는 오후 4시에 일단 해산했는데, 밤 8시경 다시 2,000명이 죽산시장에 모여 죽산리 일대를 돌며 시위를 벌이다가 4월 3일 새벽 1시에 해산했다. 새벽 5시경에는 삼죽면 덕산리 방면에서 100여명 군중이 만세를 외치면서 이죽면사무소로 몰려왔다. 안성에서 지원을 온 보병 79연대 군인들이 경관과 함께 진압에 나섰는데 죽산리 입구에서 군중과 충돌해서 시위대 중 3명이 사망하고 8명이 부상을 입었다.

일죽면에서는 4월 2일 밤에 주천리 시장에서 약 200명이 모여 만세를 부른 뒤 주천경찰관주재소, 일죽면사무소 앞으로 이동하여 조선독립만세를 외쳤다. 일죽면 장암리의 구장인 곽대용은 독립시위를 하고자 주민들과 함께 주천리로 몰려가 태극기를 흔들며 조선독립만세를 외쳤다. 일죽면 월정리의 주민 약 100명도 주천경찰관주재소로 몰려가서 조선독립만세를 외쳤다. 군중은 함성을 지르며 기와와 돌을 던져 유리창을 부수었다.

삼죽면에서는 4월 3일에 율곡리의 면사무소에 300명의 군중이 모여 만세를 부르다가 경관의 발포로 해산했다. 그 과정에서 2명이 죽고 5명이 다쳤다.

3. 만세시위의 다원적 의미

1987년 이정은이 현지 조사에서 만난 82세의 김영한 옹은 3.1운동 당시 양성공립보통학교에 다니던 14살의 학생이었다. 양성면 도곡리에 살던 그는 학생들의 시위에 대해 "큰 사람들이 부르자니까 <u>뜻도 모르고</u> 학교에서 만세를 불렀는데 나이 많은 학생들이 많았으므로 교사들이 이를 제지하지 못했다"고 설명했다. 4월 1일도 "학교에서 만세를 부르고 집에 와서 저녁을 먹는데 동네 사람들이 그를 찾아와서, 만세를 불러야 되는데 어떻게 부르는 거냐고 물었다 한다. 그가 만세 부르는 법을 가르쳐 주자 동리 장정들이 만세를 부르고는 함께 양성으로 갔다"고 한다.[강조는 필자][14]

학교에서 나이 많은 학생을 따라 '뜻도 모르고' 만세를 불렀던 소년이 동네 장정들에게 '만세 부르는 법'을 가르쳐주었고, 마을 사람들은 소년에게 배운 대로 만세를 부르고는 면 전체 시위에 가담하기 위해 면사무소로 향했다. 이 이야기는 만세시위가 벌어졌던 현장의 모습에 대해 중요한 사실을 말해준다. 증언 시점을 고려해보면 '뜻도 모르고'는 '억지로'나 '강제로'라는 취지의 진술은 아닐 것이다. '무엇을 위한 것인지, 어떤 목적을 지향하는 것인지 구체적인 것도 모르고'라는 의미에 가깝다.

그런데 3.1운동 당시 체포된 민중들 중 다수는 당국의 처벌을 피하기 위해 '나는 무식해서 모른다'는 것을 무죄의 알리바이로 주장하는 경우가 많았다.[15] 그 못지않게 처벌을 피하기 위해 내놓은 흔한 변명이 장을 보러 갔다가, 지나가다가, 의리 때문에 어쩌다가 참가했다는 '우연한 가담'의 논리였다.[16] 당시 사람들이 외쳤던 '만세', '독립만세'의 의미를 맥락에 따라, 주체에 따라 되새겨 볼 필요가 있는 것이다. '뜻도 모르고'는 3.1운동 당시의 '만세'를 정연한 민족주의적 '독립만세'의 의미로만 해석해서는 실제로 나타났던 만세운동의 폭발력을 이해하기 어렵다는 것을 말해주는 열쇠말 같은 것이다. '무식해서' '우연히' '뜻도 모름'에도 불구하고 다원적인 주체들이 함께 만세를 외쳤기 때문에 3.1운동이라는 역사가 만들어

---

14 이정은, 1987 앞의 논문, 157쪽

15 천정환, 2009 「소문·방문·신문·격문－3.1운동 시기의 미디어와 주체성」 『1919년 3월 1일에 묻다』, 성균관대학교출판부, 261~269쪽

16 허영란, 2018 「삼일운동의 네트워크와 조직, 다원적 연대」 『사학연구』 132, 555쪽

졌다. 물론 표면적인 주장과 달리 일제 식민통치에서 벗어난다는 독립의 의미를 제대로 인식하고 있는 참가자들도 많았는데, 그럴 때조차도 그 구체적인 의미에는 상당한 편차가 있었다.

지금까지의 많은 연구가 '만세'에 담긴 차이보다는 민족주의적 동질성에 주목했다면, 그 속에 내포된 다원적인 의미를 살펴보는 것도 중요하다. 왜냐하면 운동에 참여한 주체들 대다수는 정치, 사회, 경제, 문화 등 어떤 측면에서 보더라도 엘리트가 아닌 일반 민중이었기 때문이다. 그들이 상상하거나 표현하고자 했던 것들은 주로 '뜻도 모르고'라는 식으로 표현되는 경우가 많았다. 그래서 그 다원적 의미는 묻혀버리고 일제 당국과 민족주의 지식인에 의해 일원적으로 규정되곤 했던 것이다.

일반적으로 종교 및 학교, 학생 네트워크는 서울에서 일어난 만세 운동을 전국적으로 전파하는 역할을 수행한 것으로 알려져 있다. 특히 학생들은 서울의 시위 소식과 독립선언서, 태극기 등을 소지하고 지방의 고향이나 친척집을 방문하여 시위 소식을 전함으로써 운동의 전파자 역할을 했다. 안성군 만세시위에도 근대 교육을 받고 서울의 네트워크와 연계되어 있는 학생들의 참가가 확인된다.

3월 31일 안성읍내의 시위에 가담한 혐의로 체포된 박용태(19세)는 보성학교 출신으로, 죽산시위에 적극 가담한 조선약학교 학생 이인영(19세)과도 아는 사이었다. 박용태는 공판과정에서 시위 참가 혐의에 대해서는 부인하면서도, "조선독립을 바라고 있었는가"라는 재판관의 질문에 대해 "마음으로 바라고 있었다"고 진술했다.[17] 이인영은 4월 2일 이죽면 죽산 시장 장날에 모인 군중에게 '고문(告文)'이라는 제목으로 "조선독립 목적을 수행하려면 영구히 내지인과 동화하여서는 안 된다"는 내용을 담은 문

---

17 국사편찬위원회, 「3·1독립선언 관련자 공판시말서」 『한민족독립운동사자료집』 18

서를 배포했다. 또 군중을 향해 "우리들은 지금까지 쇠망건을 쓰고 있었으나 이제는 벗을 수가 있게 되었으니 기쁜 일이다. 여기에 여러분과 함께 조선독립만세를 부르자"며 군중을 선동했다.[18]

이처럼 안성군 만세시위에도 근대 교육을 받고 서울의 네트워크와 연계되어 있는 학생들이 참가했다. 그들은 조선독립의 의미를 이해하고 있었으며 그에 대한 소신과 의지도 분명했다. 그렇지만 그들이 사전에 안성의 만세운동 준비에 조직적으로 참가했다는 증거는 발견되지 않는다. 박용태는 연일 시위가 벌어진 안성군 읍내면 중심부에 체류하고 있었다. 이인영의 경우는 서울에 살고 있었지만 3월 5일에 벌어진 남대문역 시위에 참가했다가 부친에 의해 안성군 이죽면 매산리의 친척집으로 보내진 상태였다.[19] 그런데 마침 죽산시장에서 죽산공립보통학교 학생과 시장 상인, 농민이 참여한 시위가 벌어지자 스스로 격문을 돌리고 군중을 선동했던 것이다. 이인영은 수비대가 파견되자 3일 서울로 피신했다.

1919년 3월 말에서 4월 초 사이에 연이어 벌어진 안성군내 세 지역의 만세시위는 주도층, 시위 군중의 동원 방식, 주된 참여자 등에서 뚜렷한 차이가 있다.[20]

안성읍에서 시위를 주도하거나 참여하다가 체포된 사람들은 대부분 안성장을 근거지로 생활하는 소상인, 행상, 날품팔이, 고용일꾼, 장을 보러 나오거나 놀러 나온 농민 등이었다. 안성읍내 기생조합 소속의 기생들

---

18 국사편찬위원회, 「이달승 청취서(1919.8.27.)」 『三一運動 III』(韓民族獨立運動史
　　資料集 13)
19 국사편찬위원회, 「3·1독립선언 관련자 공판시말서」 『한민족독립운동사자료집』
　　19(문서번호 대정8 형공 제1006호 판결).
20 안성군내 각 지역 만세시위의 참여자에 대한 세부 내용은 <국사편찬위원회 삼일운
　　동 데이터베이스> ; 이정은, 1987 앞의 논문 ; 황민호, 2006 앞의 논문 ; 허영란,
　　2009 앞의 논문을 참조.

도 시위에 참여했다.

3월 28일 읍내면 동리에서 마을 사람들과 함께 만세를 부른 서순옥(36세)은 날품팔이를 하는 사람이었다. 그는 4월 1일에도 만세시위에 참여하여 많은 사람들과 함께 동리, 서리, 장기리 등 읍내면 일대를 돌아다녔다. 3월 29일 시위에 참여했다가 체포된 진공필(40세)은 읍내면 장기리에서 음식점을 하는 사람이었다. 3월 30일 시위에 주도적으로 참여했던 이성옥(33세)은 읍내면 서리에서 음식을 파는 상인이었는데, 31일에도 3천여 명이 참여한 만세시위에 적극 가담했다. 그는 4월 1일에도 수비병의 안성도착 이후 조선독립만세를 크게 외치는 사람이 없는 것에 분개하며 서리의 도로에 모여 있던 주민들에게 '수비병이 도착했다고 해서 조선독립운동을 중지하는 것은 괘씸하다. 용기를 내어 이 운동에 참가하여 진력하라'며 참가를 독려하다가 체포되어 징역 3년을 선고받았다.

안성의 만세시위에서 주목되는 것은 기생들의 참가이다. 조합 소속 기생들이 3월 31일 오후 3~4시부터 시위대에 앞장서서 안성군청으로 갔다. 시위 군중은 군수에게 독립만세를 부르도록 강요하고 시위대가 만세 부르는 것을 허락해 달라고 요구했다. 군수는 폭력적으로까지 나가지 않는 한 만세시위를 허락한다고 답했다.[21] 기생이 앞장서고 군중의 요구에 따라 군수가 만세를 불렀으며 심지어 만세시위를 허락한 안성읍내의 만세운동을 조경달은 '축제적'인 것이라고 설명했다.[22] 조경달의 기술은 구체적인 사실 관계에 오류가 있기는 하지만, 오늘날 3.1운동을 바라보는

---

21 기생이 앞장선 이 시위가 일어난 날짜에 대해서는 관련기록에 따라 편차가 있다. 관련자의 재판기록이나 『매일신보』 4월 3일자 보도 등을 참고할 때 3월 31일의 일로 보는 것이 합당할 것이다.

22 조경달, 2009 『민중과 유토피아 — 한국근대민중운동사』, 역사비평사 참조. 단, 그는 3월 31일의 만세시위를 4월 4일에 일어난 것으로 잘못 기술하고 있다.

사람들의 상투적인 결연함과는 좀 다른 감각을 환기시킨다는 점에서 흥미롭다. 기생들도 단체로 독립운동에 나설 정도로 거족적인 사건이었지만, 동시에 기생들이 선두에서 군중을 이끌 정도로 평화롭고 흥겨운 분위기였던 것이다. 그날 기생들이 부른 '만세'의 의미는 무엇이었을까.

안성읍내 시위의 참여주체가 다양한 만큼 그들의 참가논리 역시 제각각이었다. 적극적으로 조선독립운동을 선동하는 읍내면 서리의 이성옥 같은 상인이 있는가 하면, 4월 2일 안성읍내 시장에서 시위에 참가했다가 안성경찰서로 연행된 신발장사 이사원은 그렇지 않았다. 그는 "다른 사람들로부터 선동을 받은 일은 별로 없으나 수일 전부터 읍내의 사람들이 만세를 불러서 나도 어쩐지 만세를 부르고 싶은 생각이 나서 다중에 가세하였다." "2일 낮에도 순사가 사람들이 만세를 부르는 것을 체포하여서 나는 그것을 그저 보고 있을 수가 없어서 만세를 불렀"다고 진술했다.[23] 같은 날 머슴으로 일하는 김보희는 "읍내로 가서 시장 부근을 돌아다닐 때에 군중이 모여서 조선독립만세를 부르고 있었으므로 그 군중과 함께 만세를 불렀." "여러 사람들이 모여 있었고 만세를 불러서 누가 선동을 하였는지 그것은 전혀 모른다."라고 말했다.[24] 또 며칠 뒤 검사 앞에서는 "술에 취하여 한차례 불렀으나 선동은 하지 않았"으며, "다수가 모여서 부를 때에 아무런 생각 없이 나도 부른 것"으로 조선독립운동을 하겠다는 생각 같은 것은 절대로 없었다고 답했다.[25]

---

23 국사편찬위원회, 「이사원 신문조서(1919.4.2.)」『三一運動 17』(韓民族獨立運動史資料集 27)

24 국사편찬위원회, 「김보희 신문조서(1919.4.2.)」『三一運動 17』(韓民族獨立運動史資料集 27)

25 국사편찬위원회, 「김보희 신문조서(1919.4.18.)」『三一運動 17』(韓民族獨立運動史資料集 27)

안성읍내의 시위과정에서 체포된 사람들 가운데 농민은 드물고 안성 장을 근거지로 살아가는 소상인과 행상이 많다. 각종 자료를 통해 안성읍 시위에서 체포된 사람들의 직업을 정리해보면, 생선장수, 주막상인, 자전 거 수선업자, 망건상, 미곡상, 신발장수, 날품팔이, 담뱃대직공, 고용일꾼 등이다. 농민이 거의 대부분을 차지하는 원곡·양성 시위나 농민이 다수를 차지하는 구 죽산군 시위의 참가자와는 판이하다.[26]

원곡·양성 연합 만세시위는 4월 1일 밤에 마을 단위로 시작되었는데, 주변 동리의 사람들이 읍내로 향하는 것을 보고 마을 단위로 합류하면서 거대한 시위대를 이루었다.[27] 공통적으로 '이웃 마을에서 하니 우리 마을 도 하자'는 것이 출발점이었다.

면사무소가 있는 동항리에서 2킬로미터 가량 남쪽에 있는 양성면 덕 봉리에서는 약 2백 명이 4월 1일 밤에 동네 산 위에 올라가 독립만세를 불렀다. 동항리에서 북쪽으로 2.5킬로미터 떨어진 산정리에서는 이날 저 녁에 이희봉이라는 사람이 "조선 독립으로 각지에서 만세를 부르니, 우리 동리에서도 오늘 저녁 모여 일제히 만세를 부르자"고 하여 마을 사람들이 모여 마을 길에서 만세를 부른 후, 읍내로 갔다. 또 동항리에서 2.5킬로미 터 북동쪽에 위치한 도곡리[도골]에서는 이웃 마을에서 만세를 부르기 시 작하자 이 마을에 사는 양성보통학교 학생 김영대가 "우리 동리에서도 만세를 부르는 것이 좋겠다"고 하여 십여 명이 자기 마을 뒷산에서 만세 를 부른 후 이웃 마을 사람을 따라 면사무소로 향했다. 한편 동항리 동쪽 1.8킬로미터 거리에 있는 추곡리에서도 이날 밤 여러 마을 사람들이 만세

---

26 3월 1일부터 5월말까지 시위 운동으로 체포되어 입감된 사람의 약 58%가 농민이 었으며, 상공업 조사자는 약 14%였다(정연태 외, 1989 「3·1운동의 전개양상과 참 가계층」 『3·1민족해방운동연구』, 청년사, 238쪽).
27 이정은, 1987 앞의 논문, 6~9쪽

운동을 한다는 소식을 듣고 "다른 동리 사람들이 하니 우리 동리도 하지 않으면 안 된다"고 마을 주민들이 상의하여, 저녁 식사 후 장년 10명이 나가서 마을에서 만세를 부른 후, 봉화가 양성 읍내로 향하는 것을 보고 합류했다.

양성면 추곡리에 사는 농민 홍병옥(30세)은 "4월 1일 밤에는 면내 각 마을 인민들이 양성에 집합하여 만세운동을 한다는 것으로, 그것은 누가 말했는지는 모르나 일반 소문이었고, 이미 다른 마을에서는 그 준비를 하고 있는 모양이므로 우리 마을에서도 그 운동에 가담하지 않으면 뒤에 형편이 나쁘다고 생각했으므로, 나는 동민을 권유하여 함께 참가하기로 했는데 동네에서 함께 가자고 한 사람이 7~8명 되었다"고 진술했다.

원곡면의 경우는 좀 더 조직적으로 동원되고 있다. 몇 차례 원곡면사무소에서 시위를 전개한 주도 인물들은 마을 단위로 연락을 취해 4월 1일 "오늘 면사무소에서 독립 만세를 부르니 모이라"고 통보했다. 저녁에 원곡면사무소에 집결하라는 연락을 받은 각 마을 주민들은 면사무소로 모이거나 혹은 시위행렬이 양성면사무소로 향하는 것을 보고 중간에 합류하기도 했다. 농민이 중심이 된 원곡·양성 지역의 만세시위에서는 마을 단위, 즉 전통적인 촌락공동체의 농민 동원 방식이 작동했다. 그것은 19세기 말에 있었던 민란의 농민 동원 방식과 일맥상통하는 것이었다.

원곡·양성 만세시위에 참가했던 한 농민은 예심판사 앞에서 '총독정치'에 대해 불평이 없고 "합병 이래 모든 일이 발전했으니까 좋기는"해도, 비록 "독립하게 될는지 어떨지는 모"르지만 "독립국의 백성이라는 말을 듣는 편이 더 좋으므로 독립을 바"랬다고 말했다.[28] '독립국의 백성'으로

---

28 국사편찬위원회, 「이한기 신문조서(1919.6.26.)」 『三一運動 XIV』(韓民族獨立運動史資料集 24)

살고 싶다는 이 농민의 소망은 시위에 참가한 농민 누구에게나 그다지 생경한 바람이 아니었을 것이다. 각각의 참여 주체가 가졌던 불만과 그들이 놓인 상황과는 별개로, '독립만세'라는 구호는 민중들의 어떤 바람이라도 담을 수 있는 열린 구호였기 때문이다.

한편 구 양성군 지역인 양성면과 원곡면 농민들이 연합시위를 펼친 것과는 달리 구 죽산군 지역인 이죽면, 일죽면, 삼죽면은 각 면별로 시위를 벌였다. 행정중심지인 이죽면 죽산리의 경우, 읍내 보통학교 학생의 조직적 준비와 참여, 시천교도의 사전 준비 등이 주목된다. 중요 관련자 중에 학생과 시천교도가 있고 죽산시장에서 장사를 하는 상인도 보이지만, 장날을 이용해 시위를 벌였기 때문에 전체적으로는 농민의 비중이 높다. 구 죽산군 지역의 만세운동에는 상대적으로 약하기는 하지만 안성읍내와 원곡·양성 시위의 특징이 혼합되어 나타났다. 장날을 이용해 일어난 대규모 만세운동으로 농민뿐만 아니라 상인 등 다양한 사람들이 시위에 참여했다. 다른 한편으로 구 죽산군 일대를 아우르는 연합시위로 발전되지는 못했지만 4월 2일에서 3일 사이에 구 죽산군의 읍치였던 죽산리를 향해 인근 각 마을로부터 계속해서 시위대가 몰려오는 것을 볼 수 있다.

죽산시장 장날인 4월 2일을 맞이해 오전부터 이튿날 새벽까지 죽산리의 장터 일대에서 수천 명이 만세시위를 벌였다. 이날 최창혁(26세, 농민)과 김용규(24세, 농민)는 죽산공립보통학교 학생 수십 명에게 독립만세를 부르자고 권유해, 학생들과 함께 구한국 국기를 앞세우고 죽산시장, 죽산경찰관주재소로 가서 만세를 외쳤다. 윤규희(38세, 농민)는 자기 집에서 구한국 국기 3개를 만들어 죽산공립보통학교 학생에게 배포한 후 학생 수십 명과 함께 죽산경찰관주재소 앞으로 가서 약 1,000명의 군중과 함께 조선독립만세를 외쳤다. 문재홍(25세, 농민)은 오전 10시경 죽산시장의 일본인 상점에서 물건을 사는 보통학교 학생에게 '일본인으로부터 물품을 사지 말라'고 타이르고, 시장에서는 군중들 앞에서 '조선이 독립하면 일본지폐는 소용이 없다'고 소리치며 자신이 가지고 있던 10전 지폐를 찢어 버렸다. 그런데 위에 언급한 인물 가운데 최창혁과 윤규희는 1920년대에 청년회 등 죽산지역 사회운동을 주도하고 1920년대 후반에는 죽산농우연맹 및 신간회 안성지회 활동에도 참여했다.[29] 여러 행적을 종합해 보면 그들은 뚜렷한 민족적 소신을 갖고 시위운동을 이끌었던 것 같다. 따라서 동일하게 '농민'으로 분류된다 하더라도 그들 내부의 정치의식에도 상당한 편차가 있었다는 것을 짐작할 수 있다.

3. 지속되는 지역공동체의 전통과 재배치

1910년대의 한반도는 철도나 우편 등 근대적 네트워크가 정비되어 갔지만, 그와는 별개로 전래의 자기충족적인 지역공동체와 농촌공동체도 강고하게 존속하고 있었다. 전체 인구수에 비해 조직된 종교인의 비중은 높지 않았으며, 지방과 농촌으로 갈수록 종교계의 영향력은 미약했다. 따라서 서울과 평양 등지에서 조직적으로 독립선언을 준비했던 종교계 인맥이나 조직이 영향을 미치지 못하는 지역이 많았고, 대도시가 아닌 대부분의 지방에서는 전문학교나 중등학교 학생 대신 보통학교 학생들이 시위 군중의 일익을 차지했다. 균질적이지 않은 지역 네트워크의 특징으로 인해 각지의 만세운동은 인접한 지역 사이에서도 매우 다양한 양상을 보였다.[30]

---

29 김해규, 2000 「일제하 안성지역의 사회운동」, 공주대학교 교육대학원 석사논문, 34쪽
30 3·1운동 당시 각 지방에서 이루어진 다원적 연대에 대해서는 허영란, 2018 앞의

원곡면 시위의 주동자 가운데 한 사람인 이유석은 서당을 운영하는 한 학자였다. 지방의 만세시위, 특히 농촌 지역에서는 마을 내부의 계몽적 지식인이나 명망가들이 주민 동원에서 중요한 역할을 했던 것이다. 그러나 기본적으로는 향촌사회의 전통적인 동질성을 바탕으로 하는 일차적 관계 또는 촌락공동체적 네트워크가 농민 동원의 일반적인 기제였다.

3월 말에 수차례에 걸쳐 원곡면사무소 앞에서 만세시위를 이어가던 원곡면민들은 4월 1일 밤에는 경찰관주재소와 면사무소가 있는 양성면 동항리까지 진출했다. 이날 밤부터 다음날 새벽 사이에 2천여 명의 군중이 양성면과 원곡면을 오가며 만세시위를 벌이고 면사무소, 주재소, 우편소, 일본인 상점과 가옥 등을 파괴하거나 불태웠다. 구 양성군의 중심지인 양성면 동항리에 모여서 만세운동을 한다는 소문, 우리 마을만 참가하지 않으면 좋을 것이 없다는 농촌의 공동체 사고와 정서에 따라 함께 마을을 나선 농민들이, 처음부터 그와 같은 공격적이고 폭력적인 대규모 만세운동을 예상했던 것은 아니다.

원곡·양성 시위의 경우, 마을 단위로 한 두 사람의 선동으로 만세 부르기가 시작되어 각 마을의 만세운동이 서로 상승작용을 일으켰다. 이어 마을 단위로 주민들이 합류하면서 시위의 규모가 커지고 과격해졌다. 참가자 대부분이 평범한 농민들인 원곡·양성 시위는 주로 장년층의 주도하에 시작되었으며, "누구누구 할 것 없이 동리 사람들을 모았다."[31] 또 "각 곳에서 만세를 부르므로 자기 동리에서도 부르지 않으면 면목이 없었기 때문"에 시위에 가담했다.[32] 마을 단위로 시작해서 이웃 면민과의 연대시

논문 참조.

31 독립운동사편찬위원회, 1972 『독립운동사자료집』 5, 542쪽
32 독립운동사편찬위원회, 1972 위의 자료

위로 발전한 원곡·양성에서는 마을과 마을, 면과 면의 즉흥적 연대에 의해 시위 규모가 폭발적으로 커지는 모습을 볼 수 있다.

양성면 추곡리 농민 남상훈은 4월 1일 저녁에 같은 마을 주민들이 "오늘 밤은 양성으로 가서 만세운동을 할 것이니 함께 가자"고 해서 저녁을 먹은 뒤에 마을 사람들과 함께 양성면 동항리로 갔다. 밤 9시 경 면사무소가 있는 양성면 읍내에 도착하니 여러 마을 사람들 수백 명이 모여 있었다. 남상훈 일행도 가담하여 함께 만세를 부르면서 주재소까지 갔다가 보통학교로 돌아왔다. 그런데 그곳에 천 명이나 되는 원곡면민이 횃불을 비추면서 몽둥이 같은 것을 들고 몰려와서 "너희들은 벌써 돌아가는가, 그것은 안 된다, 한 번 더 주재소로 가자"고 했다. 그들은 "할 수 없이 따라서 다시 주재소로 가서 함께 만세를 불렀다." 그리고 관공서와 일본인 가옥에 대한 투석과 방화, 폭행이 이어졌다.[33]

남상훈은 마을 사람들과 함께 밤길을 걸어 면의 중심지인 동항리까지 가서 시위에 합류했다. 밤이 깊어지자 이웃 원곡면에서 대규모 시위대가 고개를 넘어 경찰관주재소가 있는 동항리에 도착했다. '벌써 돌아가느냐, 안 된다, 다시 주재소로 가자'라고 외친 주인공은 무명의 원곡면 농민들이다. 그들이 양성면 농민들에게 그와 같은 연대를 요구한 배경에는 구 양성군의 폐지와 안성군으로의 통합에 대한 공통적 불만이 자리하고 있다.

원곡·양성의 운동이 마을 단위에서 구 양성군 단위로까지 확대되어 갔던 배경에는 1910년대에 군면 제도 개정에 의해 안성군으로 통폐합된 이 지역 주민들의 불만과 소외감이 반영되어 있다. 지역주민의 생활과 밀접하게 관련되어 있는 장시 문제를 통해 양성 지역 주민들의 누적된 불만

---

33 국사편찬위원회, 「남상훈 신문조서(1919.4.25.)」『三一運動 XIII』(韓民族獨立運動史資料集 23)

을 짐작할 수 있다. 1910년대 후반에 안성군에는 여러 개의 장시가 열리고 있었는데, 3·1운동 당시 만세운동이 일어난 세 지역 가운데 읍내와 죽산에서는 장시가 개설되고 있었지만, 구 양성군 읍내에서 1910년대 초에 열리던 양성장(4·9일)은 폐지된 상태였다.[34] 다음 기사는 1920년대 후반에도 여전히 지속되고 있는 구 양성군 지역의 불만을 알려준다.

> "안성군 양성면 동항리는 구 양성군읍이던 바, 대정 3년[1914] 행정구역 변경에 의해 안성군에 병합 동시에 양성시장까지 철폐되어 이래 십수년 간 동지(同地)는 나날이 쇠퇴. 금일에는 한미한 소촌락이 되어 주민의 생활이 극도로 궁경에 함(陷)했으므로 당지 유지들은 동지(同地)의 발전책을 강구하던 바 시장을 설치함이 가장 유리하겠다는 의견으로 금번 양성시장 설치에 대해 당국에 진정"[35]

양성면 동항리는 구 양성군의 읍치였는데 안성군에 병합되면서 양성시장까지 철폐되어 쇠락의 길로 접어들었다는 것이다. 구 양성군 주민들은 일제의 의한 안성군으로의 통폐합을 지역 쇠퇴의 일차적 원인으로 이해하고 있었다. 이에 주민들은 지속적으로 시장 설치 운동을 펴는 등 지역 발전을 위해 여러 가지 노력을 경주했지만 성공하지 못했다. 조선후기까지 독자적인 군읍으로서 존속했던 지역이 일제에 의해 일방적으로 인근 군에 통폐합되고 지역 발전의 거점인 장시조차 유지하지 못하게 된 데서 오는 상대적 박탈감과 불만이 지역 주민의 공동체적 결속감을 강화시켰던 것으로 보인다.

비슷한 사정은 구 죽산면 지역에서도 발견된다. 죽산장이 열리는 이죽

---

34 안성읍내에서는 안성장[읍내장(2·7일)], 구 죽산군 지역에서는 죽산장(2·7일)과 주천장(3·8일)이 열리고 있었다.
35 「陽城市場復舊를 郡當局에 陳情」『동아일보』 1928년 11월 4일

면 죽산리는 구 죽산군의 읍치였다. 그런데 구 죽산군 12개 면 가운데 일
죽면과 이죽면, 삼죽면은 안성군에 소속되고, 나머지 면들은 경기도 용인
군 또는 충북 진천군으로 소속이 바뀌었다. 다음 자료에서 알 수 있듯이
일대를 통할하던 군사 중심지가 인근 안성군 휘하의 일개 면으로 격하되
어 버렸던 것이다.

> "안성군 죽산시장은 원(元) 죽산군청의 소재지 … 행정구역 변경
> 시 원(元) 죽산군 18면 중 12개면[현 일죽,이죽, 삼죽]은 안성군으로,
> 6면은 혹은 용인군에 혹은 충북 진천군에 사분오열 … 죽산은 일찍이
> 진영(鎭營)이 있어 인군(隣郡) 3, 4군까지 호령하던 곳이 일조(一朝)
> 에 일촌락화한 관계로 동맥이 끊친 사람과 같이 발전은 물론 현상유
> 지까지 곤란하던 바 당지 유지들은 심혈을 경주하여 지방발전을 위하
> 여 각종 시설을 계획"[36]

과거의 위상을 상실하게 만든 행정구역 통폐합에 대한 불만이 기저에
깔려 있지만, 위 기사가 작성된 시점이 1931년이기 때문에 지역발전을 모
색하는 당시의 분위기가 주로 드러나 있다.

3.1운동 당시 죽산에서는 일죽, 이죽, 삼죽면에서 제각각 만세운동이
있었지만, 구 죽산군의 읍치였던 죽산장 일대에서는 4월 2일부터 3일 새
벽까지 대규모 시위가 벌어졌다. 죽산장날을 맞이해 모여든 장꾼들과 농
민들, 그리고 보통학교 학생들이 주요 참가자였다. 그렇지만 늦은 밤에서
새벽까지 인근 지역에서 마을 단위로 모인 사람들이 죽산리로 몰려와서
시위를 벌이는 모습에서, 구 양성군 지역과 유사한 전통적 지역공동체의
존속을 엿볼 수 있다.

---

36 「竹山市場今昔」,『동아일보』1931년 2월 11일

일반적으로 '안성군'이라는 일제시기의 행정구역을 기준으로 만세운동을 파악하지만, 안성읍내와 구 양성군, 구 죽산군의 시위는 공통점 못지않게 차이점이 두드러진다. 그와 같은 차이의 기저에는 수백 년 동안 유지되어 온 전통적인 지역적 공속감이 중요한 요인으로 자리 잡고 있는 것이다.

그런데 4월 1일 밤에서 2일 새벽 사이에 진행된 원곡·양성 만세운동 과정에서 군중들은 양성면 동항리의 우편소와 우편전신 시설에도 큰 타격을 가했다. 민가에 설치된 양성우편소의 소장 사이토(齋藤與茂七)에 따르면, 밤 11시가 넘어 수많은 군중이 몰려들어 우편소가 있는 집에 돌을 던지고 판자담을 부순 다음 침입했다고 한다. 산으로 피신했던 우편소장 등이 군중 해산한 뒤에 가보니 대문이 파괴되고 사무실 용품 등도 전부 소각되어 있었다. 또 전주 3개를 태워 넘어뜨리고 전선을 끊어 불통으로 만들었다.[37]

4월 2일 새벽에 외가천리로 돌아온 원곡면민들은 원곡면사무소를 습격하여 사무실과 물품을 불태웠다. 이어 7킬로미터 서남방에 있는 평택의 경부선 철도 침목을 파손하려다가, 일본 수비대가 온다는 소식을 듣고 모두 피신했다.[38] 이정은의 조사에 따르면 원곡면과 양성면 시위대는 진압 군경의 진입을 지연시키기 위해 안성에서 양성으로 통하는 길의 다리를 절단했으며, 그 덕분에 수비대 진입이 늦추어져 희생을 조금이라도 줄일 수 있었다는 증언이 확인된다.[39]

양성면과 원곡면의 경우, 주민들은 촌락공동체의 운영 원리를 바탕으

---

37 독립운동사편찬위원회, 1972 『독립운동사자료집』 5, 477쪽

38 이 사실은 이정은 조사 당시 여러 사람이 공통으로 증언을 했다고 한다(이정은, 1987 앞의 논문, 161쪽).

39 이정은, 1987 앞의 논문, 161쪽

로 마을 단위로 시위에 참여했다. 그런데 그들의 주된 공격대상은 면사무소와 경찰관주재소, 그리고 근대적 전신시설인 우편소와 전주, 또한 진압 군경을 실어 나르는 철로와 교량 등이었다. 구 양성군의 읍내에서 일으킨 만세운동이었지만, 진압부대를 막기 위해서 안성경찰서 등 외부와 연결되는 통신선과 교량을 파괴하고 심지어 철로 차단까지 생각했던 것이다. 1919년의 지방 농민들은 생존과 공동노동의 토대가 되는 마을공동체 안에서 살아가고 있었지만, 그와 동시에 위로부터 설정된 근대적 치안행정 체계의 통치에 포획되어 있는 상황이었음을 보여준다. 그런 점에서는 '지속되고 있는 전통' 그 자체가 식민지적 통치체제 나아가 식민지 근대의 구조 안에서 재배치되고 있었던 것이다.

5. 맺음말

원곡·양성 만세운동 당시 원곡면민들이 면사무소와 주재소가 있는 양성면을 향해 넘어갔던 구 양성군의 성은고개는 오늘날 만세고개로 이름이 바뀌었다. 2001년에는 고갯마루에 '안성3.1운동기념관'이 건립되었다. 최근의 보도에 따르면 안성시는 "3.1운동의 전국 3대 실력항쟁지 중 남한에서 유일한 지역인 안성이 3.1운동 100주년을 맞아 기념사업의 범위를 전국으로 확대하고, 더불어 북한의 실력항쟁지인 평북 의주, 황해 수안 지역에 서한문을 보내는 것을 시작으로 남북교류를 통한 평화의 역사를 만들어가는 역할"을 주도하겠다는 포부를 밝혔다.[40]

'3.1운동의 성지'라는 안성의 자부심은 만세고개를 오가며 "일제의 통

---

40 「안성시 3.1운동 100주년 기념사업 추진」 『브릿지경제』 2019년 1월 23일

치로부터 완전히 벗어난 '2일간의 해방'을 이루어냈"다는 것,[41] 뒤이은 일제의 가혹한 검거와 보복으로 인해 "현장·옥중·부상 순국자가 26명 발생하였고, 태형 41명, 177명이 투옥되어 최고 12년의 중죄 형량을 선고받고 옥고를 치렀으며, 1인당 최고 409엔에 달하는 손해배상금을 부담"했다는 사실에 바탕을 두고 있다.[42] 현재의 안성시가 지역정체성을 강화하고 자부심을 고양시키기 위해 '안성3.1운동'을 기념하는 것을 탓할 이유는 없다.

그럼에도 불구하고 2천 회 가까이 일어난 전국 만세운동 가운데 하필 평안북도 의주군 옥상면, 황해도 수안군 수안면과 함께 경기도 안성군의 원곡·양성면을 '전국 3대 실력항쟁지'로 꼽는 근거는 무엇일까. 출처는 손병희 등에 대한 「예심종결결정」 문서이다. 여기에 "[손병희 등] 피고들의 선동에 응하여 황해도 수안군 수안면, 평안북도 의주군 옥상면, 경기도 안성군 양성면 및 원곡면 등에서 조선독립을 목적으로 하는 폭동을 야기함에 이르게 한 사실"[43]이 거론되어 있기 때문이다.

일제 사법부가 손병희 등 민족대표들에 대해 작성한 「예심종결결정」이 남한 유일의 '전국 3대 실력항쟁지'라는 자부심이 근거였던 것이다. 일제가 군이 거론할 정도로 강력한 실력행사가 이루어졌다는 점은 의미 있는 대목이지만, 3.1운동의 전국성과 다양성, 참여주체의 다원성을 고려할 때 '전국 3대 실력항쟁지'라는 식의 위계적 타이틀을 학계가 나서서 부여하는 것은 재고할 필요가 있다.[44]

위와 같은 의미부여 방식이 인기를 끌었던 이유는 지금까지 3.1운동을

41 「안성시, '4·1 만세항쟁, 2일간의 해방' 개최」 『서울일보』 2019년 4월 2일
42 안성3.1운동기념관 인터넷페이지(https://www.anseong.go.kr/tourPortal/41/main.do)
43 독립운동사편찬위원회, 1972 「예심종결결정」 『독립운동사자료집』 5, 13쪽
44 "전국 3대 실력항쟁의 하나"라는 표현은 이정은의 논문에서 처음 등장했다(이정은, 1987 앞의 논문, 151쪽).

민족사적 대역사이자 보편적이고 일원적인 사건으로 다루어 왔기 때문이다. 이 글에서는 그런 인식에서 조금 비켜서서 운동에 참여했던 주체들의 다양성에 주목하고자 했다. 거시적으로 보아 3.1운동은 일상에서 서로 다른 지역적 공속감을 가지며 이질적인 직업적, 계층적, 계급적 조건 속에서 살아가는 민중들이 각각 가졌던 '독립'에 대한 상상이 구체적인 시공간에서 구현된 연대의 현장이었다. 그렇지만 '독립만세'라는 외침을 통해 상상하거나 표현하고자 했던 내용은 참여주체의 다양성만큼이나 다원적이었다. 그러한 다원성을 '독립만세'라는 외침에 담을 수 있었기 때문에 그토록 다양한 사람들이 만세시위에 동참할 수 있었던 것이다.

안성군의 3.1운동을 보면 기계적인 행정구역을 기준으로 만세운동을 인식하는 방식이 갖는 한계를 잘 알 수 있다. 1910년대 중반에 일제 당국에 의해 개편된 행정구역은 3.1운동의 '지방사'를 서술하는 중요한 기준이 되어왔다. 그러나 안성군의 만세운동을 통해 개편 이전의 지역공동체에 대한 공속감이 3.1운동에 구조적인 수준의 영향력을 행사했다는 사실을 확인할 수 있었다. 시위 참여 방식 역시 구 안성군, 구 양성군, 구 죽산군에서 각각 다르게 나타났다. 마을 단위의 군중 동원이 일반적인 특징이면서도, 안성읍내에서는 안성장을 기반으로 활동하는 다양한 상인들과 고용일꾼들이 시위의 주도층이자 주된 참여자였다. 안성 시위에는 조합에 소속된 기생들도 단체로 참가했다. 반면 원곡·양성 만세운동에서는 마을 엘리트들의 주도 속에서도 직접적인 군중 동원은 마을공동체를 단위로 이루어졌다. 한편 죽산에서는 기본적으로 죽산장날을 활용해 시장에 모여든 농민들과 상인들이 중심이 되고 여기에 보통학교 학생들이 참여하여 대규모 시위가 진행되었다.

원곡·양성 만세운동은 안성군으로의 통폐합이 가져온 지역적 소외감, 구 양성군 소속으로서의 동질적 유대와 공속감을 기반으로 일어났으며 원곡면과 양성면 주민의 연대에 의해 폭발력을 발휘했다. 그에 반해 구 죽산군 지역의 경우 유사한 소외감을 갖고 있고 그것이 이죽면 죽산리의 대규모 만세운동으로 나타났지만 면들 사이의 통합된 연대 투쟁으로 이어지지는 않았다. 죽산장날을 이용한 시위였고 마을 단위의 조직적 주민 동원이 원활하지 못했기 때문이다. 안성읍내의 시위는 안성장에 터를 둔 시민들에 의해 진행된 일종의 도시형 시위라고 할 수 있다. 기생들이 합류하고, 군수가 함께 만세를 외쳤으며, 군중의 만세시위를 승인하는 등 투쟁적이기보다는 '낭만적'이라고 할 만한 특징을 보여주었다. 그러나 수비대의 진입으로 짧았던 축제적 분위기는 바로 폭력적으로 진압되었다. 최말단의 지역공동체적 네트워크가 지속되는 것처럼 보이더라도 식민지 통치체제는 이미 그것을 구조적으로 포획, 재배치하고 있었기 때문이다.

참고문헌

『매일신보』, 『동아일보』

국사편찬위원회, 『한민족독립운동사자료집』 13·18·19·23·24·27, 국사편찬위원회
국회도서관, 1979 『한국민족운동사료』(3.1운동편 期3), 국회도서관
독립운동사편찬위원회, 1972 『독립운동사자료집』 5, 독립운동사편찬위원회
동아일보사, 1969 『3.1운동 50주년 기념논집』, 동아일보사
박헌호·류준필 편, 2009 『1919년 3월 1일에 묻다』, 성균관대학교 출판부
박 환, 2007 『경기지역 3·1독립운동사』, 선인
조경달, 2009 『민중과 유토피아 ─ 한국근대민중운동사』, 역사비평사
한국역사연구회·역사문제연구소 편, 1989 『3·1민족해방운동연구』, 청년사
김해규, 2000 「일제하 안성지역의 사회운동」, 공주대학교 교육대학원 석사논문
이정은, 1987 「안성군 원곡·양성의 3·1운동」, 『한국독립운동사연구』 1
허영란, 1997 「1910년대 경기남부지역 상품유통구조의 재편」, 『역사문제연구』 2
_____, 2007 「시가지 개조를 둘러싼 지역주민의 식민지 경험 ─ 안성의 철도·시
　　　　장·공원 그리고 지역주민 ─」, 『역사문제연구』 17
_____, 2018 「삼일운동의 네트워크와 조직, 다원적 연대」, 『사학연구』 132
황민호, 2006 「안성읍내와 죽산지역 3·1운동의 전개」, 『한국민족운동사연구』 46

국사편찬위원회 삼일운동 데이터베이스(http://db.history.go.kr/samil/)
안성3.1운동기념관인터넷페이지(https://www.anseong.go.kr/tourPortal/41/main.do)
『브릿지경제』(http://www.viva100.com/news/)
『서울일보』(http://www.seoulilbo.com/)

안성군 3.1운동의 새로운 이해

박 종 린(한남대학교 역사교육과 부교수)

1919년 안성지역에서 전개된 만세시위를 분석한 허영란 선생님(이하 발표자)의 「안성군 3·1운동의 새로운 이해 - 만세시위의 다원적 의미와 지속되는 지역공동체」를 매우 흥미롭게 일독하였습니다. 그리고 많이 배웠습니다.

주지하는 바와 같이 발표자는 오랫동안 안성지역에 대한 관심을 가지고 관련 연구를 진행해 온 전문연구자입니다. 그 결과는 이미 20여 년 전인 1997년에 처음 발표되었습니다.[1] 이후 발표자는 안성지역의 지역사와 3·1운동에 대한 일련의 연구를 지속적으로 발표해왔고,[2] 「안성군 3·1운동의 새로운 이해 - 만세시위의 다원적 의미와 지속되는 지역공동체」도 그러한 연구의 흐름 속에 위치해 있는 글입니다. 발표자는 「안성군 3·1운동의 새로운 이해 - 만세시위의 다원적 의미와 지속되는 지역공동체」를 통해 다음과 같이 주장하였습니다.

안성지역의 만세시위는 기독교나 천도교 등 종교계의 개입이 뚜렷하

---

1 허영란, 「1910년대 경기남부지역 상품유통구조의 재편」, 『역사문제연구』2, 1997.
2 허영란, 「시가지 개조를 둘러싼 지역주민의 식민지 경험 - 안성의 철도·시장·공원 그리고 지역주민-」, 『역사문제연구』17, 2007; 허영란, 「3·1운동의 지역성과 집단적 주체의 형성 - 경기도 안성의 사례를 중심으로」, 『역사와 경계』72, 2009; 허영란, 「3·1운동의 네트워크와 조직, 다원적 연대」, 『사학연구』132, 2018.

지 않은 점, 안성읍내, 양성면과 원곡면, 죽산지역의 만세시위가 각각 별개의 특징을 가지고 전개되었다는 점, 양성·원곡의 만세시위는 마을공동체를 기반으로 하는 민중의 자발적 연대가 최고조로 고양된 사례라는 점등에서 다른 지역의 만세시위와 차별성을 갖는다. 안성지역의 만세시위가세 지역에서 상이하게 전개된 기저에는 수백 년 동안 유지되어 온 전통적인 지역적 공속감이 중요한 요인으로 자리 잡고 있었다.

시위 참여 방식과 이유도 구 안성군, 구 양성군, 구 죽산군에서 각각다르게 나타난다. 마을단위의 군중 동원이 일반적인 특징이지만, 안성읍내에서는 안성장을 기반으로 활동하던 다양한 상인들과 고용일꾼들이 시위의 주도층이자 주된 참여자였다. 안성읍내의 시위에는 조합에 소속된기생들도 단체로 참여하였다. 이렇듯 안성읍내의 만세시위는 안성장에 터를 둔 시민들에 의해 진행된 일종의 도시형 시위라고 할 수 있다.

반면 양성면과 원곡면의 만세시위는 마을 엘리트들이 주도했지만, 직접적인 군중 동원은 마을공동체를 단위로 이루어졌다. 양성·원곡의 만세시위는 안성군으로의 통폐합이 가져온 지역적 소외감과 구 양성군 소속의 동질적 유대와 공속감을 기반으로 일어났으며, 양성면과 원곡면 주민의 연대에 의해 폭발력을 발휘했다.

한편 죽산지역에서는 기본적으로 죽산 장날을 활용하여 시장에 모여든 농민들과 상인들이 중심이 되고, 여기에 보통학교 학생들이 참여하여대규모 시위가 진행되었다. 그리고 구 죽산군 지역의 만세시위는 양성·원곡지역과 유사한 소외감을 갖고 있었고, 그것이 이죽면 죽산리의 대규모만세시위로 나타났다. 그러나 마을단위의 조직적인 주민 동원이 원활하지못했기 때문에 면민 사이의 통합된 연대 투쟁으로 이어지지는 않았다.

이러한 발표자의 주장은 이 글이 기본적으로 1910년대까지 지속되고있던 지역공동체의 전통이 식민지 근대의 구조에 어떻게 재배치되고 있는가라는 문제의식 속에서 안성지역의 3·1운동을 고찰하고 있음을 확인할 수 있습니다. 이를 구체화하기 위해 1914년 지방제도 통폐합 과정에서 구 안성군, 구 양성군, 구 죽산군의 통합을 통해 형성된 '안성군'의 세 지역에서 전개된 만세시위의 주체와 동원 방식 등의 異同性을 검토하고 있는 점 또한 눈에 띈다 할 것입니다. 또한 지금까지 1914년 일제의 행정구역 개편으로 만들어진 행정구역의 공간적 범위가 3·1운동의 '지방사'를 서술하는 중요한 기준으로 활용되고 있지만, 개편 이전의 지역공동체에 대한 공속감이 3·1운동에서 구조적 수준의 영향력을 행사하고 있다는 발표자의 언급도 주목할 만 합니다. 이는 연구 시점의 행정구역에 따른 공간적 범주화의 작위성 문제를 지적한 것이기 때문입니다.

안성지역에 대한 전문가인 발표자에 비해, 토론자는 이 지역 출신의 사회주의자인 박형병과 그의 가문 때문에 안성지역에 적은 관심을 가지고 있을 뿐입니다. 이에 발표문을 읽고 느낀 몇 가지 점을 말씀드리는 것으로 토론자의 역할을 다하고자 합니다.

안성지역의 만세시위가 일찍부터 연구자들의 주목 대상이 되었던 이유는 두 가지 때문이었습니다. 하나는 구 양성군 지역인 양성면·원곡면의 만세시위가 그 규모와 전개 양상의 측면에서 평안북도 의주군 옥상면의 만세시위와 황해도 수안군 수안면의 만세시위 등과 함께 3·1운동의 만세시위를 대표하는 '전국 3대 실력항쟁지'[3] 가운데 하나로 꼽혔기 때문입니다. 또 다른 하나는 1914년 일제의 행정구역 통폐합으로 만들어진 '안성군'을 구성하던 이전의 세 지역(구 안성군, 구 양성군, 구 죽산군)에서 모두 만세시위가 전개되었기 때문입니다.

그러나 선행 연구에서 안성지역 만세시위 전체를 통합적으로 검토한

---

3 이정은, 「안성군 원곡·양성의 3·1운동」, 『한국독립운동사연구』1, 1987, 151쪽.

연구는 전무한 실정입니다. 기존 연구는 주로 양성면과 원곡면의 만세시위를 주목하였고,[4] 안성읍과 죽산지역의 만세시위는 독자적으로 검토되었습니다.[5] 선행 연구가 이렇듯 안성군의 세 지역 만세시위를 각각 검토한 데 비해, 발표자의 글은 안성지역 만세시위 전체를 통합적으로 고찰하면서 그 특징을 도출하고 있다는 점에서 연구사적으로 의미있는 작업이라 할 것입니다.

발표자는 안성지역의 만세시위가 갖는 특징을 '지속되는 지역공동체와 민중의 다원적 연대'라는 관점에서 정리하고 있습니다. 또한 명시적이지는 않지만 상대적으로 원곡면과 양성면의 만세시위는 전자의 특징이 강하고, 안성읍내와 죽산지역의 만세시위에서는 후자의 특징을 강조하고 있습니다. 토론자는 발표자의 문제제기와 주장에 대해 대체로 동의하는 입장이지만, 이하에서 발표문을 읽고 느낀 점 몇 가지를 질문하고자 합니다.

첫째, 발표자가 안성지역 만세시위의 특징으로 서술한 '지속되는 지역공동체'가 안성지역만의 특징인가 하는 것입니다. 1914년 행정구역 통폐합으로 새롭게 만들어지는 '군'의 경우, 생활권과 역사성이 상이함에도 불구하고 행정구역 상 하나의 '군'이 되는 경우가 대다합니다. 그리고 그러한 이유로 인해 안성군의 사례처럼 통합되기 전 원래 지역에서 각각 만세시위가 독자적으로 전개되는 경우가 있습니다. 일례로 울산군이 대표적인 경우입니다. 울산군의 만세시위는 구 울산군 하상면 병영뿐만 아니라, 구 언양군 언양면과 구 울주군 온양면 남창에서도 각각 독자적으로 전개되었습니다. 물론 더 많은 사례들을 확인해야겠지만, 1919년이라는 시점에서 '지역공동체의 동질적 유대와 공속감'에 기초한 '지속되는 전통'은

---

4 이정은, 「안성군 원곡·양성의 3·1운동」, 『한국독립운동사연구』1, 1987; 박환, 『경기지역 3·1독립운동사』, 선인, 2007.

5 황민호, 「안성읍내와 죽산지역 3·1운동의 전개」, 『한국민족운동사연구』46, 2006.

안성지역의 특징이라기보다는 오히려 식민지 조선의 일반적인 현상이 아니었을까 생각합니다. 이에 대한 발표자의 생각을 듣고 싶습니다.

둘째, 발표자가 안성지역 만세시위의 또 다른 특징으로 서술한 '민중의 다원적 연대'도 안성지역만의 특징인가 하는 것입니다. 전통적인 네트워크와 지역공동체의 유대가 강고한 농촌지역의 경우가 아닌 도시지역이나 혹은 시장을 중심으로 전개된 만세시위의 주도층은 각 지역이나 시위별로 상이합니다. 그러나 참여자들의 구성은 발표자가 언급한 '민중의 다원적 연대'가 일반적인 현상이었다고 생각합니다. 이에 대해 발표자께서는 어떻게 생각하시는지 말씀해 주시기 바랍니다.

끝으로 질문은 아니고 궁금한 점 하나입니다. 3·1운동의 경험은 이후 민족운동의 전개에 다대한 영향을 미쳤습니다. 특히 지역의 민족운동에 대한 그 영향은 말 할 필요가 없을 정도입니다. 그렇다면 안성지역의 경우, 3·1운동 이후 1920년대 초 지역에서 전개되는 민족운동에 만세시위 참여자들의 직간접적인 연관은 어떠했는지 궁금합니다. 연관이 있다면 어떤 단체의 누구인지 말씀해 주시고, 만약 아니라면 새로운 세대의 등장으로 지역의 민족운동 주체가 세대 교체되었는지에 대해 말씀해 주시기 바랍니다. 이 문제는 일례로 3·1운동 이후 청도에서 이주한 김태영이 안성지역에서 민족운동의 중심인물로 성장해 갈 수 있었던 요인은 무엇이며, 그런 현상을 어떻게 설명할 수 있을까 하는 물음에 대한 답이기도 합니다. 이상입니다.

저자 소개

도면회

대전대학교 역사문화학과 교수. 한국의 일본 식민지화 원인, 적대적 문화 변용, 20세기 사학사 및 개념사에 대해 연구하고 있다. 「일제강점기 일본인과 한국인의 한국근대사 서술」 「한국에서 근대적 역사 개념의 탄생」 등의 논문과 『한국 근대 형사재판 제도사』, 『역사학의 세기』(공저) 등을 집필했다.

김헌주

충북대학교 역사교육과 박사후연구원. 한국 근대 의병운동의 주체·경계·담론을 분석하는 연구를 진행했으며, 한국 근대 사회운동 세력 간의 義와 愛國을 둘러싼 투쟁이라는 주제로 연구영역을 확장하고 있다. 주요논저로 「자위단에 대응한 의병의 활동과 지역사회(1907~1909」, 「1907년 이후 한국 언론의 '暴徒' 담론 형성 과정」, 「드라마 〈미스터 선샤인〉의 애국서사 분석과 역사콘텐츠의 명과 암」, 「대한제국기 의병운동의 쇠퇴와 사회적 고립 과정」 등이 있다.

최우석

독립기념관 한국독립운동사연구소 연구원. 3·1운동의 사실관계를 밝히고 이를 통해 식민지시기에 대한 새로운 정치·사상적 의미를 밝히고자 연구하고 있다. 주요 논저로 『3·1운동 100년』(공저), 「3·1운동기 김윤식·이용직의 독립청원서 연구」, 「식민지 조선인의 제1차 세계대전 인식과 3·1운동」 등이 있다.

이양희

충남대학교 인문대학 국사학과를 졸업하고, 같은 대학원에서 문학석사와 문학박사학위를 받았다. 한국근현대사를 전공하고 독립운동사와 일제침략사에 지속적인 관심을 갖고 연구하고 있다. 현재 충남대학교 충청문화연구소 연구원으로 활동하고 있다.

한성민

대전대학교 강의전담교수. 근대 이후 극명하게 다른 길을 간 한국과 일본에 대한 문제의식에서 한국과 일본의 근대화과정, 근대 일본의 한국정책 등 근대 한일관계사를 연구하고 있다. 주요 논저로 「을사조약 이후 일본의 '한국병합' 과정 연구」(박사논문), 「구라치 데츠키치(倉知鐵吉)의 '한국병합' 계획 입안과 활동」, 「일본정부의 안중근 재판 개입과 그 불법성」, 「제2회 헤이그 만국평화회의 특사(特使)에 대한 일본의 대응」, 『한국사 한 걸음 더』(공저), 『20개의 주제로 본 한일 역사 쟁점』(공저) 등이 있다

이지원

대림대학교 교수. 한국 근대 다양한 주체들의 문화정체성 사상과 운동에 대한 연구를 하고 있다. 저서로『세계 속의 한국의 역사와 문화』『한국 근대문화사상사 연구』『미래세대의 동아시아 읽기』, 공저로『3·1민족해방운동』『일제하 지식인의 파시즘체제 인식』『3·1운동 100년 1.메타역사』『3·1운동 100년 5.사상과 문화』『Landlords, Peasants & Intellectuals in Modern Korea』등이 있다.

남기현

성균관대학교 박물관 학예사. 한국 근현대 토지소유권 문제, 식민지 민사법제의 운용에 관한 연구를 하고 있다. 주요 논저로「한말 일제 초 토지소유권 법령의 제정과 의미변화―조선총독부 고등법원의 해석을 중심으로―」,「일제하 조선토지조사사업 계획안의 변경 과정」,『일제의 창원군 토지조사사업』(공저) 등이 있다.

김정인

춘천교육대학교 사회과교육과 교수. 민주주의의 시각에서 한국 근현대사를 재구성하는 연구를 하고 있다. 저서로『민주주의를 향한 역사』,『독립을 꿈꾸는 민주주의』,『오늘과 마주한 3.1운동』,『역사전쟁, 과거를 해석하는 싸움』등이 있다.

허영란

울산대학교 역사문화학과 교수. 국민국가와 중앙 중심의 역사를 비판하고 다원적이고 혼종적인 지역사, 문화사, 구술사의 이론과 방법을 모색하고 있다. 주요 논저로「에미 스이인의 『實地探險捕鯨船』(1907)과 혼종적 장소로서의 장생포」,「만세시위의 다원적 의미와 지속되는 지역공동체」,「지방사를 넘어, 지역사로의 전환」,『일제 시기 장시 연구』등이 있다.

홍종욱

서울대학교 인문학연구원 부교수. 식민지 시기 좌파 지식인의 전향 문제, 내재적 발전론의 등장과 전개 등을 연구했고 최근에는 북한의 역사학에 관심이 있다. 주요 논저로『戰時期朝鮮の轉向 者たち-帝國/植民地の統合と龜裂』,『가지무라 히데키의 내재적 발전론을 다시 읽는다』(공저), 「反식민주의 역사학에서 反역사학으로-동아시아의 '戰後 역사학'과 북한의 역사 서술」 등이 있다.

김진호

문학박사, 충남대학교 충청문화연구소 연구원. 공저로『한국독립운동의 역사20-국내3·1운동(남부)』Ⅱ,『3·1운동의 역사적 의의와 지역적 전개』,『경북독립운동사』Ⅲ,『청양독립운동사』,『영덕독립운동사』,『성주 3.1운동과 파리장서』 등이 있다.

고태우

조선대학교 인문한국플러스사업단 HK연구교수. 식민지 개발과 유산 문제, 20세기 한국의 생태환경사를 연구하고 인간과 자연환경의 '지속가능한 공존'을 꿈꾸고 있다. 주요 논저로「일제하 토건업계와 식민지 개발」, 「식민지 토건업자의 '과점동맹'」, 「한국 근대 생태환경사 연구의 동향과 과제」, 『3·1운동 100년 1』(공저), 『3·1운동 100년 4』(공저), 『한국사 한 걸음 더』(공저) 등이 있다.

한승훈

고려대학교 독일어권문화연구소 연구교수. 세계사적 관점에서 근대 한국인의 삶을 연구하고 있으며, 「변경의 접촉지대 삼도(三島), 그리고 거문도(巨文島)의 탄생」, 「'3.1운동의 세계사적 의의'의 불완전한 정립과 균열」, 「1920년 동아일보의 아일랜드 독립전쟁 보도태도와 그 의미」 등의 논문과『한국의 대외관계와 외교사-근대편』(공저) 등을 집필했다.

양정필

제주대학교 사학과 부교수. 개성상인과 인삼을 중심으로 조선시대부터 근대에 이르는 상업사를 연구하고 있다. 주요 논저로「근대 개성 공씨가의 삼포 경영과 자본 전환」, 「조선시대 개성인에 대한 차별과 개성인의 정체성」, 『분단시대 월남민의 사회사』(공저), 『고려왕조와 경기를 보는 시선』(공저) 등이 있다.

배석만

한국과학기술원 강사. 20세기 한국 경제사의 다양한 모습에 주목하여 연구를 진행하고 있으며, 「어느 주물기술자의 일기로 본 기업경영사－大東공업(주), 利川전기공업(주)의 사례」, 「일제시기 입전(立廛)상인 백씨 집안의 경제활동」 등의 논문과 『한국 조선산업사: 일제시기 편』(저서) 등을 집필했다.

한동민

일제강점기 사회운동사와 근대불교사로 중앙대학교에서 석·박사학위를 받았다. 현재 수원화성박물관장으로 재직하고 있으며, 저서로 『경기도 전통사찰을 찾아서』(2005), 『수원을 걷는다－근대수원 읽기』(2012), 『수원야사』(2017), 『불교계 독립운동의 지도자－백용성』(2018) 등이 있다.

박종린

한남대학교 역사교육과 부교수. 한국 사회주의사상사 연구에 주력하고 있으며, 반자본주의 사상과 한국 근현대 학술사 등으로 연구의 폭을 확장하고 있다. 주요 논저로 『사회주의와 맑스주의 원전 번역』, 「해방 직후 한국통사서와 『增訂 中等朝鮮歷史』」, 「해방 후~1950년대 철학과의 설치·운영과 교양철학 강의」 등이 있다.

3·1운동과 경기, 인천지역

2019년 12월 2일 초판 인쇄
2019년 12월 10일 초판 발행

편   저   한국역사연구회
발 행 인   한정희
발 행 처   경인문화사
편 집 부   유지혜 김지선 박지현 한명진 한주연
마 케 팅   전병관 하재일 유인순
출판신고   제406-1973-000003호
주   소   경기도 파주시 회동길 445-1 경인빌딩 B동 4층
대표전화   031-955-9300   팩 스 031-955-9310
홈페이지   http://www.kyunginp.co.kr
이 메 일   kyungin@kyunginp.co.kr

ISBN 978-89-499-4849-2   93910
값 25,000원